시대의 회복 시대의 극복

– 그 문학적 제반 양상

시대의 회복
시대의 극복
– 그 문학적 제반 양상

정 휘 립 제1문학평론집

도서출판 북매니저 Book Manager

자서自序

오롯이 의욕만으로 문학에 숭고한 가치를 부여하며 매진했던 시절, 실없이 써댔던 잡문들이 묵은 서랍에 넘치는 바람에 이제라도 졸저를 엮지 않을 수 없게 되었다.

동향의 문인들로서, 제1부는 현대시조의 위의威儀를 다진 분들을, 제2부는 치열한 삶을 영위한 자유시인들을, 제3부는 수필가와 평론가에 관한 글들을 묶었다. **T. S. 엘리엇**(Eliot, 1888~1965)은 자신의 문학평론들을 '문학총론'(文學總論, Essays of Generalization)과 '작가각론'(作家各論, Appreciations of Individual Authors)으로 대별한 바 있다. 그러한 기준에서 보면, 이 책에 실린 모든 글들은 후자에 속하며, 이는 개별 작가들에 관한 분석적 접근이 되겠다.

모든 작가들은 필연적으로 당대와 어떤 식으로든 불가분의 관계를 맺는다. 가람 **이병기**는 사회학적 이념이라는 외래 사상의 기치를 내건 당대 앞에서 토종의 '민족 정형시가 시대'를 회복하고 일제日帝에 대한 항거를 조준하며 '당대의 겨울나기'를 기도企圖하였다. 눌인 **김환태** 역시 동일한 **카프**KAPF의 공리주의적 시대에 대항하면서 일제라는 시대를 극복하고자 하였다. **이철균**이나 **황길현** 또한 당대와의 길항 속에서 민족 서정의 회복을 향한 정신을 꿋꿋이 견지한다. 그 명성의 파장과 상관없이 이러한 올연兀然한 경향은 '당대나기'라는 공통점으로 집약되는 바, 시조시인인 **장순하**와 **박연신**, 자유시인들인 **이운룡**, **이광소**, **강태구**, 그리고 수필가인 **신영규** 등도 예외는 아니다.

이 글모음이 긍정적 시대의 복원과 부정적 시대의 극복을 겨냥하는 예술 정신의 심원함을 새삼 되새기게 해준다면 더 바랄 바가 없겠다. 졸저의 출판을 쾌히 맡아 책의 체재體裁를 꼼꼼이 챙겨주신 공익사 **김서종** 사장님과 **안나현** 님에 대한 감사한 마음 이루 표달表達할 길 없다.

차례

제1부

제2부

제3부

일러두기

1. 언어 약자略字
   - 그: 그리스어. (이어진 로마자 표기는 발음을 나타냄.)
   - 독: 독일어
   - 라: 라틴어
   - 산: 산스크리트Sanskrit어, 즉 범어梵語
   - 스: 스페인어
   - 영: 영어
   - 이: 이탈리아어
   - 페: 페르시아어
   - 프: 프랑스어
2. B.C.E.(Before [the] Common Era): 기원전. C.E.(Common Era): [서력] 기원. (B.C.(before Christ)와 A.D.(라틴어: Anno Domini, "in the year of our Lord")라는 표현을 쓰지 않았음)

* fl. - 라틴어 floruit("[he/she] flourished")의 약자. [사람의] 활약기, 즉 출생과 사망의 연월이 미상未詳인 경우에 사용함.
* [날짜나 연대 앞에서] c. - **라틴**어 circa 또는 circiter의 약자略字로, '…경, 대략, 약'about을 뜻함.

3. 외래어 표기는 국립국어원이 정한 외래어표기법을 온전히 따르지 않고, 대체로 원어原語의 발음에 주안점을 두고 필자 임의대로 표기했음.
4. 대부분의 외래어와 특히 모든 고유명사들은 굵은 글씨로 표기하였음.
5. 도서나 저작물 등의 단행본은『 』, 작품이나 논문 등 개별 작품이나 글은「 」로, 일간지는〈 〉로, 월간지 등 정기간행물은《 》로 표시하였음. (간혹 내용의 핵심 표현을 강조하는 문구에〈 〉처리를 하였음)
6. 본문의 모든 인용시문에서 굵은 글씨나 사체斜體 및〈 〉등의 처리는 필자가 표기한 것이며, '전문全文'이라는 언급이 없는 경우, 부분 발췌임. 또한 인용시의 맞춤법과 띄어쓰기는 가급적이면 원전을 그대로 따르고자 하였음.
7. 앞표지 하단에 실린 인물 사진의 출처는 뒷표지 안쪽 하단 참조.
8. 대체로 ( )는 앞의 낱말을 대신하여 쓸 수 있는 또 다른 표현이거나, 또는 생년월일 및 특정연대를 나타내는 경우에 사용하였음.
9. [ ]는 1) 그 구절에서 전후 맥락을 보충하기 위해 추가시킨 낱말이나 문구 등을 나타내고, 2) 순 한글의 낱말 바로 뒤에서 그 뜻을 지닌 한자를 나타내는 경우에 사용하였음.

* 예) 글[문文]

10. 수록된 모든 글들은 기발표작이나, 인용 작가의 생몰연대 등을 포함하여 상당부분 퇴고와 첨삭을 하였음.

제1부

난세亂世의 겨울나기, 그 고적한 방향芳香의 궤적을 좇다
– 대우大愚 또는 대우大優 가람 **이병기**의 시조세계

그의 길은 이미 숲 속으로 들어갔다
– 현대 시조의 문제점과 그 타개 방향: **장순하** 작품론

푸른 삶의 행간에 붉은 통한痛恨을 엮어넣다
– **박연신**의 제5시조집『목련꽃으로 피어나고 싶었다』, 그 결곡한 비가悲歌

난세亂世의 겨울나기, 그 고적한 방향芳香의 궤적을 좇다

– 대우大愚 또는 대우大優 가람 **이병기**의 시조세계

1. 격동의 시대

1919년 3·1운동이 터져 전 국민적인 독립 열기가 고조되자, 일제는 문화정책으로 회유책을 쓴다. 이를 기화로, 그 직후인 1920년대 초 한국 문단은 각종 문예동인지들을 발간하고 서구의 문예사조들을 한꺼번에 수용하는 등 활기를 띤다. 그런데, 《폐허廢墟》(1920년 7월 창간) 와 《백조白潮》(1922년 1월 창간) 등의 동인지들이 낭만적 감상주의나 퇴폐적 유미주의로 기울자, 그 관념 문학의 한계를 극복하고 구체적 현실에 바탕한 예술 인식을 보여주기 위하여, 1923년 전후로 소위 '신경향파'라는 사회주의적 문예사조가 등장하여 《개벽開闢》(1920년 6월 창간), 《신생활新生活》(1922년 3월 창간), 《조선지광朝鮮之光》(1922년 11월 창간) 등의 잡지를 통해 활동을 벌인다.

이에 대한 반발로, 1924년 무렵부터 **최남선**(崔南善, 1890~1957)과 **이광수**(李光洙, 1892~1950) 등은 '국민문학론國民文學論'을 내세우는데, 그 핵심이 곧 시조부흥운동이다. 이제 사회주의파가 규합하여 1925년 **카프**KAPF

즉 '조선 **프롤레타리아** 예술가 동맹'(조선**프로**예맹, Korea Artista Proleta Federacio)[1]을 결성함으로 본격적인 **프로**문학이 대두되자, **최남선**은 『백팔번뇌百八煩惱』(동광사(東光社), 1926)를 상재上梓하여 전통계승의 입장을 보이고, 논문 「조선국민문학朝鮮國民文學으로서의 시조時調」(조선문단(朝鮮文壇) 제16호, 1926. 5.)에서 "시조가 조선국토, 조선인, 조선심, 조선어, 조선운율을 통하여 표현된 필연적 양식"임을 선언하면서 이로써 국민문학의 정신을 표출해야 한다고 역설한다. **최남선**에서 시작되어 **이광수**와 **정인보**(鄭寅普, 1893~1950) 등으로 이어지던 초기의 운동이 시조의 민족 문학적 의의 및 그 부흥의 중요성과 당위성을 강조했지만, 당시 창작된 시조들은 평시조의 계승에 집중된 채 기존 형식의 답습을 벗어나지 못하고 단지 고시조의 연장 내지 재현이라는 차원에 머물러 있었다. 또한 '국민'이라는 말 자체가 당시 일제의 소위 '황국신민'을 가리키는 **파시즘** 용어였으므로, 그러한 어휘의 사용 자체가 인식의 과오를 드러냈다. 취지상으로 볼 때, 그 말 대신에 '민족'이라는 용어를 사용했어야 하였다.

바로 이때 천재적인 과감성으로 기존 시조의 낡은 틀을 부정하고 혁신

1) 계급의식에 입각하여 조직적인 **프롤레타리아**(흔히 '**프로**'라고 줄여서 말함) 문학과 계급혁명을 목적으로 한 사회주의 문학단체로, 1925년 8월에서 1935년 5월까지 활동함. 염군사(焰群社, 1922년 결성) 계열의 이념성과 **파스큘라**(PASKYULA, 1923년 결성) 중심인 기성문단의 경향성이 결합하여 계급문단을 집단·조직화하고, 1926년 1월 준기관지 성격의 《문예운동(文藝運動)》을 창간하여 계급문학운동의 조직적 실천을 가시화한다. 1926년 12월 26일자 〈중외일보(中外日報)〉를 통해, **카프**는 임시총회를 열어 강령과 규약을 정하고 위원 선거를 시행하였음을 발표함으로 비로소 조직의 실체를 드러낸다. 이념과 노선, 내용과 형식, 목적의식, **아나키즘**(anarchism) 등의 치열한 논쟁을 벌였고, 특히 예술대중화에 관한 논의에서, 당대 식민지 조선의 대중 대다수가 농민이었기에 농민문학론이 야기되었으며, 1930년대의 본격 창작방법론과 사실주의 쟁점의 활로를 열었다. 일제가 1931년 만주사변(滿洲事變)을 기점으로 **파시즘**의 광기에 휘말리자, 일본 국내에서 사회주의 문학단체가 속속 해산되고, **카프**도 1931년과 1934년 두 차례의 검거사건을 겪는다. 1933년 핵심지도자 **박영희**(朴英熙, 1901~1950)가 탈퇴를 하고, 1934년 제2차 검거사건 직후에 조직의 이론가인 **신유인**(申維仁, 1909~1975, 시인 **신석초**(申石艸)의 이전 필명), **백철**(白鐵, 1908~1985), **신석정**(辛夕汀, 1907~1974) 등이 함께 탈퇴하자, 전향 논쟁 속에 **카프** 조직이 와해로 치닫는다. 결국 1935년 5월 20일, **김남천**(金南天, 1911~1953?), **김기진**(金基鎭, 1903~1985) 등과 협의한 끝에 **임화**(林和, 1908~1953)는 **카프** 해산계를 총독부 관할 동대문서 고등계에 제출하면서, 풍운을 일으키던 한국의 경향문학 운동은 그 막을 내리게 된다. 본문 261쪽 참조.

을 외치며 현대시조의 구체적 모형과 새로운 창작방향을 설정하여 제시한 이가 전북 익산 출신의 가람嘉藍 **이병기**(李秉岐, 1891~1968)이다. 처음 활자화로 발표된 그의 작품은 일종의 산문시 「수레 뒤에서」(《공제(共濟)》 제1호, 1920년 9월)였다. 그런데 1924년 무렵 민족문학론의 시조부흥론이 일기 시작하면서부터 그는 시조를 향한 각성을 새로이 하여 그 부흥운동에 앞장을 선다. 이러한 움직임은 1930년대에 들어서야 비로소 **리얼리즘**의 **프로**문학에 조직적 반기를 든 해외문학파海外文學派와 시문학파詩文學派 및 구인회九人會[2] 등보다도 거의 5년이나 앞선 반反 **프로**문학의 선도적인 활약이었던 것이다.

가람이 1925년 10월호 《조선문단》에 발표한 첫 시조 「한강漢江을 지나며」를 보면, 그의 초기 시조는 아직은 옛 것의 체취가 다분하였다. 그런 그가 시조 혁신에 자각을 일깨운 것은 1926년 무렵부터이었다. 1926년 가람은 '시조회時調會'를 발기하고 1928년 이를 '가요연구회歌謠研究會'로 확대개편하면서 시조의 창작과 병행하여 이론적 체계화에 힘씀으로써, 시조를 민족 문학의 전형으로 등장시키는 동시에 현대 시조의 혁신을 향한 거보를 내디딘다.

외래사상인 사회주의의 유입과 일제 식민지라는 당대의 엄중함을 극복하고 토종 민족정통시가의 시대를 복원하기 위한 소명을 깨우친 양, 그는 「시조란 무엇인고」(〈동아일보(東亞日報)〉 1926. 11. 24.~12. 13.), 「시조에 관하여」(〈조선일보(朝鮮日報)〉 1926. 12. 6.), 「시조와 한시」(〈조선일보〉 1927. 1. 5.), 「시조는 부흥할 것이냐?」(《신민(新民)》 1927. 3.), 「시조와 민요」(〈동아일보〉 1927. 4. 30.), 「율격(律格)과 시조」(〈동아일보〉 1928. 11. 28.~12. 1.), 「시조원류론時調源流論」(《신생(新生)》 1929. 1.~5.), 「시조는 창唱이냐 작作이냐」(《신민(新民)》 1930. 1.), 「시조는 혁신하자」(〈동아일보〉 1932. 1. 23.~

2) 본서 263쪽 각주 9)와 10) 참조.

2.4.), 「시조의 기원起源과 그 형태形態」(〈동아일보〉 1934. 10. 25.), 「시조의 발생과 가곡과의 구분」(《진단학보》 1934. 11.) 등 20여 편의 시조론을 잇따라 발표하면서, 시조의 민족문학적 의의를 재평가하였다. 그는 특히 논문 「시조는 혁신하자」에서, 현대시조의 구체적 창작 방법론을 ① 실감實感·실정實情의 모색, ② 취재 범위의 확장, ③ 참신한 시적 용어用語의 선택, ④ 격조格調의 변화, ⑤ 연작連作 즉 연시조連詩調 쓰기, ⑥ 쓰는 법과 읽는 법 등 6가지 항목으로 제시하였는데, 이는 당시로선 획기적인 창작 노선이었다. 그 주된 개념은 기존에 남발되던 유교 이념 고취와 친자연적 화조풍월의 관념 일색을 타파하고, 타성적인 한문 투의 서술종결형 등 의고주의擬古主義의 전근대성을 극복하자는 선제적인 제안이었다.

또한, 그는 이론만이 아니라 창작에 있어서도 과거의 고시조에서 볼 수 없었던 다양한 형태의 시도와 현대적 감수성의 세련된 언어 감각으로 수준 높은 가작佳作들을 계속 발표함으로써 시조 부흥 운동의 핵심적 역할을 담당하였다. 시조가 과거와 같이 악곡樂曲의 창사唱詞로서가 아니라 우리의 언어적 특성과 민족적 리듬이 응결된 단시短詩 형식으로서 그 회복 즉 복원의 당위성을 역설함과 동시에, 그 구체적인 실천 방안으로서 연시조連時調나 구별배행시조句別排行時調 및 장시조와 같은 새로운 시조 양식을 선보였던 것이다.

2. 시인 김수영과 가람

시인 **김수영**(金洙暎, 1921~1968)은, 자신의 1955년 2월 2일자 일기에서, 전북 군산에 문학 강연을 왔다가 가람 **이병기** 선생을 만났던 경험을 이색적으로 언급한다.[3] 이 날 그는 "가람 **이병기** 선생을 뵈옵고 온 것이 뜻깊

3) 『김수영 전집 2, 산문』(민음사, 1981), 327-328쪽.

은 일"이라고 언급하면서, 선생 및 **신석정** 등과 함께 찍은 사진[4]을 신기롭게 꺼내보곤 하였다. 이어서 그는 "예술의 힘으로 커진 사람은 인간으로도 큰 사람이 된다는 표본 같은 이가 가람 선생이라고 생각한다"면서, 군산 여행으로 인해 "정신의 청량제"를 얻었다고 술회한다. 그는 가람 선생이 수집하고 소장한 민족 설화 및 외담猥談의 상당한 자료들에 대해 "한없이 탐이 난다"고 하면서, "가람은 〈대우大愚〉를 아는 사람이다. 〈겸손〉-그것도 고도의 겸손을 가지고 그리고 〈청춘〉과 〈인간〉을 가지고 있었다. 과연 가람 선생이라고 경탄하였다"고 기록을 남겼다. 좀처럼 남을 칭찬하는 법이 없던 **김수영**으로서는 유별난 소견을 밝힌 셈이다. 그는 그날 일기의 말미에 "귀가교훈歸家敎訓"이라는 것을 스스로 다짐하듯 적어두었는데, 그 내용은 이러하다.

> ① 독서와 생활과를 혼동하여서는 아니 된다. 전자는 받아들이는 것이다. 그러나 후자는 뚫고 나가는 것이다.
> ② 확대경을 쓰고 생활을 보는 눈을 길러야 할 것이다.

원래 시조라는 가사歌辭 **장르**는 고려 말 신흥사대부들이 스스로 신봉하던 유가儒家의 가르침을 설파하기 위한 예술적 도구로서 창안되었다. 중국의 성리학性理學을 숭상하는 사대부들은 당시로선 독창적인 시조 가락을 통해 유교 문물의 도입과 번창을 기도企圖하였다. 마침내 사대부의 주동으로 불교국佛敎國 고려가 멸망되고 숭유억불崇儒抑佛 정책의 유교국儒敎國 조선이 들어서면서, 시조는 정치·학문적으로 본격적인 유학儒學,

---

4) 그 사진 속 뒷줄에 승려복 차림의 젊은 **고은**(高銀, 1933~)이 보인다. 필경 1966년경, **김수영**은 **고은**에게 쓴 편지에서, 한 사화집과 관련 "그 [수록된 시인들 50명] 중에서도 **고은**을 제일 사랑한다"며 "부디 공부 좀 해라"고 권고하는데, **고은**에게서 "천재적인 기질"이 있다고 본 그는 **고은**의 시 「묘지송(墓地頌)」을 자기 아내에게 읽어주기도 한다. 이어서 **김수영**은 그 작품의 "눈에 띄는 재주"를 '**프랑스**적'이라고 규명하면서, "호남 출신의 시인들에게 이런 젊은 재주가 흔히 보이는 것도 재미있는 일이다"라고 토를 달았다. 앞책, 69, 70, 및 315쪽.

컨퓨셔니즘, confucianism 이념의 선전도구가 된다. 하지만, 이를 태반으로 하여 탄생된 시조는 끝내 그 태생적 한계를 넘어서지 못한 채 사대부의 **부르주아적** 여기餘技 문화에 그치고 만다.

막강한 시대의 조류 앞에서, 조선 중 · 후기에 시조는 획기적인 변모를 겪는다. 그 배경에는, 당시 서구의 실용주의적 영향 하에 유입된 중국 문물을 통해 부富를 거머쥐며 부상浮上한 중인과 상업계층 등의 신흥 경제 집단이 존재한다. 신문물에 대한 지식과 축적한 부를 바탕으로 신분 상승을 도모하던 그들에 의해 피지배계층의 의식이 깨어난다. 이미 양반문화와 밀접한 관계에 있던 기생妓生들의 연장선상에서, 실사구시實事求是 사상의 보급 및 중 · 상인 계층의 활성화는 시조가 평민계급의 솔직하고 적나라한 삶을 표출하는 데 결정적 역할을 하였다. 그들이 양반의 시조를 받아들여 제 나름의 정서대로 새롭게 변주하기 시작하면서, 관념일색의 충효 놀음이 아닌 평민적 애정과 풍자의 실생활 정서가 본격적으로 시조에 도입되있다. 그리하여 조선 후기인 18세기의 시조작가 **김수장**(金壽長, 1690(숙종 16년)~?) 같은 이에 이르러, 시조는 내용과 형태에 있어서 엄청난 환골탈태를 겪는다. 탈脫**부르주아** 정신으로 피지배계층의 생활양태들이 작품화되면서, 과감하게 창안된 대표적 **장르**가 곧 장시조長時調이다.[5] 한 마디로, 근대시조로서의 위상 정립에 근본적인 동인動因은 서민정신이며, 이것이 **김수장**의 혁혁한 공로이다. 그가 있음으로 해서, 몇 백 년 후에 가람 **이병기**의 출현이 가능하게 되는 것이다.[6]

가람은 1939년 초기 작품 72편을 모아 한지韓紙에 엮은 첫 시조집『가람시조집嘉藍時調集』(문장사, 1939)[7]을 3백부 한정판으로 상재上梓한다.

---

5) 이 장시조들을 재발견하여 엇시조와 사설시조로 구분하고 체계를 잡은 이가 곧 가람이다.

6) 흥미롭게도 **김수장**은 '전북 완산' 곧 전주 출신이며, 가람 역시 '전북 익산' 출신으로 1950~60년대 한국의 현대사적인 중요한 시절을 전주에서 보냈다. 이처럼 근현대 시조의 진보에 있어서, 전북 전주는 대단히 중요한 본향(本鄕)으로서의 역할을 이행하였다.

7) 이 첫 시조집에는 총 72편이 5개 단락으로 나뉘어, **정지용**(鄭芝溶)의 발문과 함께 수록되어 있다.

[이 초간본初刊本은 1947년 백양당白楊堂에서 재판再版으로 출간된다.] 그는 초기에 순수 서정을 지향한 자연 관조와 인정人情 등의 주제를 다루다가, 이후 옥중작獄中作인 장편시조「홍원저조洪原低調」이후로 사회학적 관심을 보이며 '시조'로서의 본연의 기치를 분명히 내세운다. 가람의 이러한 성과는 1945년 왜병 징용에 차출당한 장남이 끝내 돌아오지 않는 개인사적 비통과 피식민지배의 울분 속에서 이루어졌기에 더욱 빛난다. 그가 이룩한 국문학사적 자료 수집, 학문적 성과 및 민족정형시가인 시조의 현대적 기틀 확립 등의 업적은 한 마디로 '실정정신'이라는 근대 감각에서 발원한다. 이 실정實情 개념에 대한 각성은 가람이 하나의 여기餘技가 아닌 진정한 작가 정신으로 시조 창작에 임했음을 뜻한다. 당시 가람은 비시조적 대상과 언어 탓에 금기시해 왔던 실생활의 소재에 더하여 시사어時事語를 포함한 일상 언어들을 시조에 투여하였다. 이 임상실험은 현대시조의 위상을 독립 문학 **장르**로서 우뚝 서도록 새로운 기운을 불어넣어 주었다. 실생활 정서에 대한 가람의 인식은 훗날 **김수영**에게 깊은 영향을 끼치게 되는데, 그로 하여금 '뚫고 나가는 생활을 보는 안목'을 기르도록 새삼 깨달음을 주었던 것이다.

3. '자연', 그 무위적無爲的 대상물에 담지擔持된 시대의식

잘 알려진 바, 가람의 일생은 시가詩歌, 양화養花 및 주도酒道, 이 세 가지로 전형된다.

> 난蘭을 난蘭을 나는 캐어다 심어도 두고
> 좀먹은 고서古書를 한 옆에 쌓아도 두고

이후 출판된 『가람문선(嘉藍文選)』(신구문화사(新丘文化社), 1966)에는 이 72편이 전기(前期) 작품으로, 나중에 쓴 93편이 후기(後期) 작품으로 실려 있다. 본고는 바로 이 『가람문선』을 **텍스트**로 삼았다.

만발滿發한 야매野梅와 함께 팔八 구년九年을 맞았다.

-「난蘭과 매梅」 두 수 중 첫 수

난초, 매화, 고서 등에 대한 그의 천착은 그의 시조 및 수필 작품들에서 두드러지며, 그 외에 사계절과 자연 풍광 등을 문학적 소재로 상당히 다루었다.

우선, 특히 가람 자신의 생과 불가분의 관계에 있는 난초에 관하여 살펴보자. 난초의 심상이 품은 기의는 다음과 같은 시행들에서 거의 한결같다.

빼어난 가는 잎새 굳은 듯 부드럽고

「난초蘭草 (4)」 두 수 중 첫 수 초장

잎이 빳빳하고도 오히려 영롱하다

-「풍란風蘭」 두 수 중 첫 수 초장

외유내강이라는 군자의 고결한 기품이 청초한 외양을 통해 수묵화처럼 잘 그려졌다고들 평가하는 이 구절들에는 그 이상의 함의가 있다. '방렬芳烈 청상淸爽한 향'[8]으로 표방되는 그 품격은 변절과 영합으로 얼룩진 왜정치하의 인간군상 속에서 지조를 고수하려는 자아의 단호한 의지 표명을 담고 있는 바, 단순한 정신적 위안거리라는 소시민의 호사 취향을 넘어, 시대에 의해 강제된 고뇌와 시련에 대하여 불굴의 자세를 나타내는 것이었다. 그러한 자아의지는 특히 매화 소재의 시편들에서 더욱 뚜렷하다.

외로 더져 두어 미미히 숨을 지고
따뜻한 봄날 돌아오기 기다리고
음음한 눈얼음 속에 잠을 자던 그 매화梅花

---

8) 수필 「풍란(風蘭)」에서. 앞책, 195쪽.

손에 이아치고 바람으로 시달리다
곧고 급한 성결 그 애를 못 삭이고
맺었던 봉오리 하나 피도 못한 그 매화梅花

다가오는 추위 천지를 다 얼려도
찾아드는 볕은 방으로 하나 차다
어느 뉘[세世] 다시 보오리 자취 잃은 그 매화梅花
–「매화梅花-고목古木된 야매화野梅花를 수년數年 기르다 얼려 죽이고」 전문

전기前期에 속하는 위 작품은 혹한에 얼어 죽은 야생 매화의 '곧고 급한 성결'을 추모한다. 매화는 '외로이' 던져진 채 '음음한 눈얼음' 속에 미미하고 하찮게 죽어버린 듯 보이지만, 실은 진짜 죽은 것이 아니다. 단지 잠을 자고 있을 뿐이라고 시인은 믿고 싶어 한다. 어느 누구도 관심 두지 않던 외로운 동사凍死, 그 고독한 생의 종말이 시사하는 바가 절절하지 않은가. 그럼에도 시인은 슬픔의 감정을 잘 다스리면서 담담한 필치로, 그리하여 더욱 애절하게, '찾아드는 볕'이 가득한 밝은 세상의 계절을 희구한다. 임박한 추위가 천지를 다 얼려버리는 엄동설한 시절을 넘어 "어느 뉘"라는 기표로 표상된 미래의 날을 염원하는 바, 살벌한 식민지배의 당시 정치 상황으로서는 보기 드문 투쟁 의식이 아닐 수 없다. 더구나, 행마다 '~고' 또는 '~도' 등의 반복 리듬으로 정형 특유의 율격미를 갖추며, 세 수 모두 종장 마디들을 '그 매화'라는 이름씨로 매듭짓는 각운이 시적 의지의 응결을 더한다. 특히 '야매'의 '야野'라는 어휘가 풍기는 바, 재야의 야성野性이라는 반골정신이 올곧은 뼈대처럼 드러난다. 이 작품은 가람이 '시대의 겨울나기'라는 일관된 주제로 시작에 매진했음을 보여주는 대표적인 사례이다.[9]

---

9) 가람이 구사한 시어와 관련하여, 시의 **데서넌스**(desinance, 시의 끝행 어미) 즉 시행의 **엔딩**(ending) 기법에서 눈에 띄는 것은 '~고'라는 어미 운이 두드러진다는 점이다. 그것은 대등적 또는 종속적 연결어미라는 문법을 떠나, 대위적(代位的) 역할 및 이질적 사물의 은유적 병치로서 리듬감

후기에 속하는 또 다른 매화 작품들 역시 당대의 암울함을 암시적으로 처리한다.

> 자주 된서리 치고 찬바람 닥쳐오고
> 여윈 귀또리 점점 소리도 얼고
> 더져둔 매화梅花 한 등걸 저나 봄을 아외다
>
> —「매화梅花」 세 수 중 끝 수

이 작품의 첫 수는 '시든 국화'를 캐어다 옮겨 심은 뒤 고적한 마음을 술로 달래는 초겨울 밤이 그 배경이다. 추워지는 날씨에 매년 봄을 내다보며 그리워하는 심사는 당대의 음울함을 극복하고자 하는 시적 의지와 상관있다. 매화를 한겨울이나 늦겨울 또는 초봄이 아닌 '초겨울 경'부터 읊은 작품이 어디 있던가. 매화, '저나 봄을 아는' 것이라면, 울적한 시대를 극복한 미래의 도래는 곧 시인 자신이나 아는 것이 아니겠는가?

다음으로, 가람의 고서古書에 대한 애착은 거의 종교적이다.

> 더져 놓인 대로 고서古書는 산란散亂하다
> **해마다 피어 오던 매화梅花도 없는 겨울**
> 한 종일終日 글을 씹어도 배는 아니 부르다
>
> 좀 먹다 썩어지다 하찮이 남은 그것
> 푸르고 누르고 천년千年이 하루 같고
> 걷다가 도로 흰 먹이 이는 향은 새롭다
>
> **홀로 밤을 지켜 바라던 꿈도 잊고**
> 그윽한 이 우주宇宙를 가만히 엿보고
> 빛나는 별을 더불어 가슴 속을 밝힌다
>
> —「고서古書」 전문

있게 가용된 것으로 보인다.

겨울 방안에 여기저기 고서들을 늘어놓고 뒤적거리는 시인은 독서삼매경의 그윽한 '우주'여행을 홀로 향유한다. 매화마저 피지 않는 절대 고적孤寂의 겨울밤, 시인은 시대 및 개인의 가족사적 비극을 극도의 인내로 감당하면서 '당대의 겨울나기'를 이뤄냈던 것이다.

> 갊아 두었던 붓이 거의 다 좀이 먹고
> 난蘭은 향香을 잊고 수선水仙도 자취 없고
> 상牀머리 거문고마저 귀가 절로 어둬라
>
> 화분花盆을 테를 메어 불 담아 곁에 두고
> **보던 책冊을 뜯어 문門틈과 구녁을 막고**
> 설레는 바람소리나 반겨 자주 듣노라
>
> —「해방전解放前—살풍경殺風景」 전문

이 작품은 독서광으로 유명한 조선 후기의 선비 **이덕무**(李德懋, 1741~1793)의 일화를 연상시킨다. 띠풀로 엮은 그의 오두막집은 한겨울에 너무도 추워, 방안에서도 입김이 서리고 이불깃에서 와사삭 소리가 날 정도였다고 한다. 그는 『한서漢書』 한 질을 이불 위에 덮고 자거나 『논어』책을 외풍막이 병풍으로 세워 둘 만큼 절박한 겨울나기를 했었다.[10] 가람도 해방 전후의 혹독한 시절을 정신적·신체적으로 심한 군핍 속에 보냈다. 문자 그대로 '한사寒士의 겨울나기'였던 것이다.

가람은 사계절이나 자연 풍광을 주 소재로 삼았지만, 앞의 인용 작품들에서 볼 수 있듯이, 사계절 중에서 유난히 '겨울'을 배경으로 한 작품이 많다. 이러한 겨울철의 선호는 자연물의 관조라는 피상적 소견을 넘어, 시대적 암울함에 대한 시인의 비판적 관심도를 강력히 시사한다. 밤, 어둠, 비, 바람 등을 소재로 다룬 시조들 역시 이러한 상징성과 무관치 않다.

---

10) 『깨끗한 매미처럼 향기로운 귤처럼—**이덕무** 선집』, 170쪽.

그 **겨울 동지 섣달 추위**도 모르는지
눈 속에 발을 벗고 동무와 달음질치고
볏가리 고드름 따다 이를 서로 겨루다

–「그리운 그날 2」네 수 중 끝 수

눈 눈 싸락눈 함박눈 펑펑 쏟아지는 눈

연일 그 추위에 몹시 볶이던 보리
그 참한 포근한 속의 문득 숨을 눅여 강보에 싸인 **어린애마냥 고이 고이 자라노니**

눈 눈 눈이 아니라 보리가 쏟아진다고 나는 홀로 춤을 추오

–「보리」전문

위 작품 둘 다 엄동설한의 계절을 동시童詩적 상황과 결부시킨 점이 유의할만하다. 유년시절의 추억담이 담긴 전자는 혹한을 이겨내는 어린이들의 유희遊戲로부터 시대를 극복하는 힘을 도출해낸다. 후자는 폭설이 쏟아지는 한겨울 들판에서 '보리'가 지닌 생명력을 투사하여, 혹독한 '해방 후 시대상'을 감내하는 민초의 의지를 '춤'으로서 환호한다. 이 생존 의지와 관련하여, 또 다른 장시조「공손수公孫樹」는 병자호란과 임진왜란 및 동학혁명의 갑오농민전쟁 등 온갖 역경의 세월 속에서도 늙지 않은 채 하늘에 이마가 닿는 '거물' 나무를 통해 소박素朴 장엄莊嚴 침묵沈黙의 민족적 기개와 기상을 표방한다. 이 모두 깊은 밤과 한겨울로 상징된 당대의 암울함을 극복해내는 민족적 생명 의지를 나타낸다.[11] 이처럼, 가람시의 거대한 본류(main stream)를 전반적으로 조망해볼 때, 그 시편들의

11) 총 165편의 시조 작품 중 '장시조'는 딱 4편인데, 저마다 담은 사계절을 통해 시대상을 반영한다. 전기 작품인「풀벌레」와「우뢰」에서, 전자는 깊은 가을밤이 다하도록 울어대는 풀벌레로서 암울한 시대에 대한 저항 의지를 투사했으며, 후자는 한여름 밤에 갑작스레 이는 돌풍과 번개와 벼락과 소나기를 제재로 하여 시절의 수상함을 다루었다. 후기작으로, 상기 언급한「보리」와「공손수(公孫樹)」두 편이 있다.

기의적記意的 자장磁場은 '겨울나기'라는 실재적 **하이파터시스**hypotasis, 근본원리를 중심축으로 굵직한 파문을 그리고 있음을 파악할 수 있다. 가람은 '겨울나기'라는 기본 주제 하에 자신의 시 작업을 도모하였으므로, 가람 연구는 그 핵심 개념을 축으로 삼아 진행해야 비로소 그 진정한 정체성에 근접할 수 있다. 가람이 얼마나 시대를 고독하고도 치열한 민족의식으로 버텨 나왔는지를 보면, 그가 단재丹齋 **신채호**(申采浩, 1880~1936)에 버금가는 민족주의적 반골 의식을 품고 있었음을 알 수 있는 것이다.

이러한 연장선상에서, 다음 작품은 일고의 가치가 크다.

> 고랑 다랑 배미 **살얼음 끼어 있고**
> 퍼런 보리밭에 까마귀 날아 앉고
> 들 너머 먼 산山머리론 아지랭이 잦았다.
>
> 산山은 산山이로되 **돌이나 흙만 남아**
> 소쩍새 한 마리 **깃들일 곳이 없고**
> 갓 나는 잔솔 포기는 그 언제나 자랄는고
>
> 나아가고 보면 점점 트이는 이 골
> 강江과 바다 끼인 옥야沃野 천부天府이지만
> 갈 들어 거둔다 해도 **남을 것이 없다네**
>
> –「도중점경途中點景」 전문

후기작에 속하는 이 **리얼리즘** 시조는 한국전쟁 이후 피폐해진 겨울 농촌의 시대상과 농민의 궁핍상을 여실히 보여준다. 앞이 툭 트여 점점 넓어지는 지세에다가 강과 바다를 아우르는 천부天府 또는 천부天賦의 옥야임에도 불구하고, 살얼음 낀 돌과 흙만 남은 채 '소쩍새 한 마리 깃들일 곳이 없이' 척박해진 땅을 실감나게 묘사한다. 남을 것이 하나 없는 이런 땅에 산기슭 논배미 밭고랑마다 아무리 봄이 온다한들 무슨 미래가 있겠는가하는 시인의 개탄이 쩡쩡 울린다.

다른 자연 풍광을 그린 시편들에서, 이 상황은 허무한 슬픔으로 반영되기도 한다.

> 청靑기와 두어 장을 법당法堂에 이어 두고
> 앞뒤 **비인 뜰**엔 새도 날아 아니 오고
> 홈으로 나리는 물이 저나 나를 울린다
>
> –「계곡溪谷」여섯 수 중 둘째 수

> 썩은 고목 아래 전각殿閣은 **비어 있고**
> 파란 못물 우에 비오리 한 자웅雌雄이
> 온종일 서로 따르며 한가로이 떠돈다
>
> –「봄 (二)」두 수 중 끝 수

여기서 뚜렷한 '비어 있음'의 심상은 단순한 시정詩情 운치용으로서의 공간이나 여백이 아니라, 시인의 시대적 삶이 지닌 공허감과 그로 인한 힘겨운 고독감을 잘 투영하고 있다 하겠다.『가람시조집』의 맨 앞에 실린 작품「계곡溪谷」은 산행 과정에 따라 풍광 묘사를 곁들인 기행시조이다. 고적한 계곡 산길을 힘겹게 거슬러 산행한 끝에 결국 정상에 오르는 희열을 **클라이맥스**로 다루는 이 시조의 주제는 "얼마나 험하다 하리 오르면 오르는 이 길"(여섯째 수 초장)로 집약된다. 특정 목표를 향한 시인의 끈덕진 의지는 평생 그 삶의 궤적으로 나타난다. 그리고「봄 (二)」는 시대의 쓸쓸함을 담은 전각殿閣의 고즈넉한 배경에 다정한 오리 한 쌍을 병치시킨다. 이 오리들의 한가로운 유영遊泳은 오히려 시대적 시간과 공간의 적막감을 고조시킴으로써 봄맞이의 허전한 심경을 드러낸다. 이러한 가람의 문학적 열정과 민족적 시대의식은 타협을 용인치 않는 결사정신의 올곧음으로 이어진다.

4. 삶, 암울한 난세의 한복판에서

가람은 평생 교원생활의 빈한함을 벗어나지 못하였다. 게다가 그는 남다르게 장서벽藏書癖이 심하여 고생을 더 샀다. 박봉의 그가 역사적 문학자료의 발굴에 바친 비용이야 더 말할 것도 없는데다가, 1942년 '조선어학회사건朝鮮語學會事件'으로 투옥되는 바람에 남편의 옥바라지까지 감당해야 했던 부인 광산光山 김 씨(김문수, 金門洙, 1892~?)는 빈처貧妻 형편으로 온갖 내조를 다해야 하였다. 애써 지은 곡식은 공출 명목으로 거의 다 빼앗기고 징병으로 끌려간 장남은 끝내 소식 없는 등 안팎으로 고생이 자심하였는데, 그 처절한 살림을 가까이서 목격한 가람의 외조카(누님의 아들)이자 전주의 향토사학자인 작촌鵲村 **조병희**(趙炳喜, 1910~2002)는 그 집안에 볼품없는 가재도구 외에는 제대로 된 양복 한 벌조차 없을 지경이었다고 술회하였다.[12] 예컨대, 「처妻」 같은 작품은 '가빈즉사양처'(家貧則思良妻, 집이 가난해지면 어진 아내가 생각난다)[13]라는 옛말을 상기시킬 만큼, 가람의 생활이 단지 청빈清貧이라는 말로 미화시키기에는 어림없을 정도로 군핍하였음을 보여준다. 가람은 출옥 후에 귀향(실은 낙향이라 해야 옳겠다)을 결심하고 갱생을 시도하지만, 평생 고된 삶의 언저리에서 쪼달린 삶을 끝내 벗어나지 못하였다.

휑그렁 비인 그 방을 달이 와서 지킨다

– 「그 방」 세 수 중 끝 수 종장

---

12) **조병희**, 『완산 고을의 맥박』, 135쪽.

13) **사마 천**(司馬遷)의 『사기(史記)』 권44 「위세가(魏世家)」에 의하면, 중국 전국시대(戰國時代) 위(魏)나라(403~225 B.C.E.)의 초대 제후인 문후(文侯) **이사**(李斯, ?~396 B.C.E., 재위: 445~396 B.C.E.)가 '가빈즉사양처(家貧則思良妻) 국난즉사양상(國難則思良相, 나라가 어지러워지면 훌륭한 재상이 생각난다)'을 언급하며 인재 등용에 관해 신하에게 자문을 구한다. 교육적인 오언대구(五言對句)들을 엮은 저자 미상의 조선시대 한문초학서(漢文初學書) 『추구(推拘)』에는 '가빈사현처(家貧思賢妻)'라고 되어 있다.

한 포기 꽃도 없는 사막沙漠과 같은 이 생활生活

–「외로운 이 마음」 세 수 중 끝 수 초장

방과 곳간들이 **모두 잿더미** 되고
장독대마다 질그릇 쪼각만 남았으나
게다가 움이라도 묻고 다시 살아봅시다

–「고향故鄕으로 돌아가자」 세 수 중 둘째 수

상기 후기작들이 보여주듯이, 그의 고향살이는 만만치 않았다. 농촌의 열악한 현실상황은 당대 시국의 폭압적 독재라는 정치 상황과 맞물려, 시인을 더욱 깊은 고뇌와 울분 속에 빠뜨린다.

농인農人의 말

지루한 고통苦痛보다는 **차라리 자살**自殺**이 쾌하다**
그 전쟁戰爭 끝에 강도强盜는 자주 나타나고
해마다 풍년豊年은 들어도 주려 죽게 되었다

상인商人의 말

팔리긴 팔린다 해도 배꼽이 배보다 크다
왜물倭物 양물洋物 등 화장품化粧品 나일론으로
한종일 분주奔走하면서도 주반珠盤은 아니 맞는다

–「한 하소연」 전문

그럼에도 가람은 궁핍의 압박에 위축되지 않는 호방한 시 정신을 고수한다. 가람의 후기 시조들 중에서 가장 많이 회자되는 작품을 보자.

밤이면 그 밤마다 잠은 자야 하겠고
낮이면 세 때 밥은 먹어야 하겠고

그리고 또한 때로는 시詩도 읊고 싶고나

지난봄 진달래와 올 봄에 피는 진달래가
지난 여름 꾀꼬리와 올 여름에 우는 꾀꼬리가
그 얼마 다를까마는 **새롭다고 않는가**

태양太陽이 그대로라면 지구地球는 어떨 건가
수소탄水素彈 원자탄原子彈은 아무리 만든다더라도
냉이꽃 한 잎에겐들 **그 목숨을 뉘 넣을까**

—「냉이꽃」 전문

'취침과 식사의 생계'와 '시작업의 예술 행위'를 상호 대립적 기의記意로 맞세운 이 작품은 신생의 역동적 생명력이 그 주제이다. 겨우 자고 먹고 지내는 생계의 근근함 속에서, 시인은 시 쓰기라는 과업의 이행 책무를 절감한다. 왜 시인은 거듭되는 삶의 곤궁에도 생계에 거의 보탬이 안 되는 시 쓰기에 매진해야 하는가? 그것은 날마다 계절마다 해마다 새롭게 다가오는 자연의 생명력 때문이다. 시인은 자연의 순환 섭리가 생성해내는 변화력에 감탄하고 있는 바, 그 불변의 이법理法 속에서 새 생명을 위하여 끊임없이 변하는 그 힘은 곧 신생의 위력이다. 창조물의 활력은 곧 변화 속에서 발산된다. '모든 것 특히 모든 생명은 변화한다'는 사실만이 오직 변하지 않는 진리다. 그 힘은 모진 혹한을 견디고 잎과 꽃을 피워 올리는 흔하디흔한 이 땅 들판의 일개 나물 '냉이꽃'에서 돋보인다. 잡초나 다름없이 흔하고 자디잔 나물의 생명력에 어찌 감히 수소탄과 원자탄의 파괴력을 비할 것인가. 엄청난 인공적 파괴물보다 혹한을 생존해낸 하찮은 자연물의 신생력이 더 거대함을 대위법對位法으로 지적하는데, 사실 그 가공可恐스러움에 관한 한, 하찮고 쬐끄만한 흰꽃의 생명력보다 더 우월한 게 어디 있을까. 자연물의 자아생성력은 인간의 멸절 본능을 넘어선다. 거기에 창조의 힘이 있다. 파괴와 창조라는 극한의 길항 의미소에서 현대인의 현실적 모순에 대한 비판을 길어내면서, 또 한편으로는 반전反戰의 목청을 깊숙이 울린다. 시조작품을 통하여, 반전사상反戰思想을 고취시킨 거의 최초이자 유일한 작품이 아닐까 싶다. 이 작품은 화초나 수목樹木을 통한 고고한 선비정신의 옹립을 반영하는 초기작과는 달리, 불변의 자연에 내재된 변화의 힘을 통찰함으로써 인간 현실의 참혹한 파괴력을 비판하고 있다 하겠다.

한편, 고래로 현대에 이르기까지 감옥 생활을 시조작품으로 쓴 이는 **가람**, **조운**(曺雲, 1900~?) **이호우**(李鎬雨, 1912~1970), **장순하**(張諄河, 1928~) 그리고 **고정국**(高正國, 1947~)과 필자뿐인 것 같다. 1942년 7월 함경남도 홍원읍洪原邑에서 〈조선어학회朝鮮語學會〉 사건이 터지면서, **가람**은 같은 해 10월 21일 경성에서 검거되어 홍원경찰서洪原警察署 유치장留置場으로 이송된다. 그는 이곳에서 온갖 혹독한 취조 및 야만적 고문과 악형惡刑을 받다가, 1년 후인 1943년 10월 같은 도내의 함흥부咸興府 형무소로 이감移監을 기며, 이곳에서 기소유예起訴猶豫로 출소하기에 이른다. [이 고초苦楚로 인하여, 1990년 **가람**은 국가로부터 '애국장愛國章'의 서훈을 받는다.] 그 체험이 절절이 담긴 「홍원저조洪原低調」는 수형생활을 다룬 최초의 시조작품인 동시에, 25수나 긴 호흡을 이끌어가는 **가람**의 가장 긴 연시조連時調이다.[14] '홍원감옥에서 읊은 낮은 가락'이라는 대강 뜻의 이 작품은 징역살이의 고단함이 여실하게 그려져 있어, 조선 후기의 가객歌客 **김수장**의 근대 **리얼리즘**을 마침내 복원시켜낸 현대의 **리얼리즘** 시조가 되겠다. 그 서사구조의 **데뉴망**denouement, 대단원은 이렇다.

---

14) 『오씨장전사본(吳氏藏傳寫本)』에 실린 고시조 중에, [현대어로 소개하면] '멧버들 골라 꺾어 님의 손에 드리오니/ 주무시는 창 바깥에 심어 두고 보오소서/ 봄비에 새 잎 곧 나거든 저를 본 양 여기소서' 라는 작품이 있다. 이 애틋한 이별 연가(戀歌)의 작가가 조선 전기의 기녀(妓女) **홍랑**(洪娘, 생몰연대 미상)임을 밝혀낸 학자는 다름 아닌 **가람 이병기**이었다. (**이병기·백철**, 『국문학전사(國文學全史)』, 신구문화사, 1959) **홍랑**은 함남(咸南) 홍원(洪原) 출신인데, 약 오백 년 후인 일제침탈기에 얄궂게도 **이병기**는 〈조선어학회〉 사건으로 그곳 홍원서(洪原署) 유치장에서 거의 일 년 간 감옥살이를 하게 된다.

종일 꿇고 앉아 철창鐵窓만 바라본다
몹시 소란하던 바람이 잔잔하고
얄포시 비끼는 별도 들락말락 하여라

아직도 여염閭閻에는 고풍古風이 남았지만
팥죽도 없이 **동지冬至도 지나가고**
창살에 비끼던 볕이 한 치나마 자랐다

–「홍원저조」 전체 25수 중 마지막 두 수

옥살이 중 가장 힘들다는 겨울 징역의 노고를 다룬 이 작품은 한 치나마 자란 듯한 창가의 햇볕을 통해 봄의 어김없는 도래에 대한 확신을 담아내는데, 이는 왜정의 종말에 대한 희구와 소통된다. 징역 속의 '겨울나기'라는 관점에서, 이 시조에는 가혹한 상황의 극복 의지가 새겨져 있다.

시대의 현실 상황은 왜정 이래로 가람을 심화된 고독으로 내몰아왔음이 분명하다. 그는 핍진한 삶의 처지를 통해 당대인의 근원적인 인간 고독을 시화하기도 한다.

호올로 술을 대하다 두루 생각나외다

–「매화梅花」 세 수 중 첫수 종장

홀로 일어 앉아 희미한 달빛 속에

–「청매靑梅(1)」 두 수 중 첫수 중장

홀로 밤을 지켜 바라던 꿈도 잊고

–「고서古書」 세 수 중 끝수 초장

이렇게 그의 작품 대부분에는 당대인의 고독이 서려 있다. 한 마디로, '고적한 나의 마음을 적이 위로하여라'(「난초(蘭草) (3)」 첫 수 종장)로 표현되는 가람의 고적감은 현상적 화자가 거의 단수로 제시된다는 점에서 더욱 두드러진다. 만약 그의 작품들을 영역英譯한다면, 모두 복수가 아닌 단수 표기에 유의하여 번역해야 할 만큼 '홀로'의 처지가 현저하다.

이렇게 가람은 **프로블럼즈 드 노 쥬르**the problems de nos jours, 오늘의 제 문제(諸問題)를 통찰하여 암울한 당대를 향한 비판적 소회를 시조에 형상화시킴과 동시에, 삶의 쓸쓸한 서민적 내면을 시적으로 투사시켰다. 그가 시절의 고달픔을 극복하기 위해 고결한 선비의 생애를 추구하는 **미장센**mise-en-scene, 무대장치와 같은 주변상황이 엿보이지만, 그가 실질적으로 추구한 것은 유교적 허위허세가 아니라 무위적 도가의 사상에 근접할만큼 분방한 삶과 정신이었다. 그것은 건국 이래 가장 위대한 시인 **김수영**이 감탄해 마지않은 바, 진정한 '대우大優'의 앎을 실천한 '인간으로서의 생'이었다.

5. '대우大愚'를 아는 이, 그 이름 '대우大優'의 가람

유가儒家의 대표적인 개념 중 하나로 흔히들 '극기복례克己復禮'[15]를 꼽는다. 극기self-denial라는 말이 시사하듯이, '과도한 사심이나 사욕을 극복하여 예禮를 실천하는 것이 곧 인仁을 행하는 것'이라는 뜻쯤 되겠다. 한편, 이 문구의 이면에는 개별적인 독창성을 버리고 집단적인 보편 개념을 따르도록 촉구하는 사상이 담겨 있다. 무한대의 사물 본질이나 시적 진실을 오로지 한정된 기준으로만 파악하고 판단하려는 태도는 다른 사람이나 사물을 맹목적으로 보게 하며, 그러한 집착적인 사람은 흔히 강박관념의 자아중독자로 남는다. 물론 '본질'이란 말에는 ① 배타성과 ② 보편성 혹은 동일성이 함께 담겨 있다. 전자는 사람을 매우 특이하게 또는 독창적으로 만들 수 있으며, 후자는 부류화 또는 범주화라는 집단적 묶음의 한 부품으로 사람을 전락시킨다.

15) 『논어(論語)』 제12「안연편(顔淵篇)」 제1장.

유가 이념을 절대적 국가 **이데올로기**로 철저히 응용한 나라는 일찍이 유학의 본산지인 중국에도 없었던 일이다. 조선왕조는 극명한 사대주의 사상에 예속되어 성리학 국가로 그 정체성을 표방했지만, 건국 태동의 그 이념이 결국은 망국의 결정적 동인動因으로 작용하게 된다. 주자학 일변도의 학풍 속에 갇힌 유학의 폐쇄성은 정통과 이단을 엄연히 구분하였기에, 국가의 사상 체계가 얼마나 경색되었는지 알 만하다. 이단으로 간주된 사상들은 거의 다 사문난적斯文亂賊으로 매도되어 처형되었다. 중세에 **가톨릭**의 독단이 몽매한 이단몰이와 마녀 사냥으로 극암極暗의 시대를 조성한 것과 하등 다를 바 없다. 전형적인 봉건시대의 폐해라고 할 수 있는 것이다.

기실, '학學'이란 선학先學의 것을 그대로 모방하여 학식을 더해간다는 식으로 모방의 사상이 강하다. 그리하여 '학필學筆'이라는 말은 그 나름의 진취적 창의성으로 나아가는 일이 거의 없이 기존의 것을 모방하여 배우고 따를 뿐인 고지식하고 깐깐한 '딸깍발이' 서생書生을 가리키며, 흔히들 그들은 '학삐리'라는 조롱어로 일컬어진다. 제 것을 창조할 줄 모르는 그들은 답습의 처량한 의사擬似, quasi or pseudo 천재에 그칠 뿐이다. 한국의 상당수 인재들이 적성평가와 상관없이 특정 전공들에 편중되어 고작 암기와 답습의 영재로 인생을 접고 만다는 사례들은 그 점을 슬프게 반영한다. 그들은 머릿속의 관념에 치중하며 어떤 틀을 만들어 놓고 그 틀 속으로의 철저한 종속從屬을 즐긴다. 강한 체계를 자랑하는 관료나 회사 등은 **호모 사피엔스**를 참으로 용렬하고 옹색하게 만드는 전형적인 조직구조이다. 그러기에, 조선시대의 유교적 파당 논쟁을 향하여, 하찮은 명분 따위에 국가와 민족의 안위를 헐값으로 팔아넘기는 족당이라는 비난이 쏟아지는 것을 피할 수 없는 것이다. 따라서 유학자들은 조선의 **바리새인** the Pharisees 집단으로 매도되기도 한다.

유림 집안에서 자란 가람은 유교적 충효정신으로 낙맥絡脈된 삶을 영위했지만, 그의 생애를 보면 그가 단순한 학인學人에 그치지 않았음을 알 수 있다. 앞서 언급한 **조병희**는 외삼촌 가람을 이렇게 회고한다.

> 선생의 천품은 대자연이 갖출 수 있는 모든 요소를 구비하였다.
> 겨울의 설한 같이 엄숙한 면이 있는가 하면 백화가 난개爛開한 봄처럼 따스했다.
> 천의무봉天衣無縫처럼 한 군데도 구김살 없는 생활 전모가 선생의 정체라 하겠으니 천진하고, 인자하고, 의리로운 성품으로서 책선責善을 받아들이는 넓은 도량을 가지고 있었다.[16)]

또한, 가람의 제자 **김준영**(金俊榮, 1920~2015)의 회고담[17)] 등에 따르면, 가람이 선비적 삶의 고결함을 추구함으로써 군자의 도리를 따르는양 보였지만, 실질적으로 유가의 허식적인 언행 양태를 꽤나 야유하면서, 소탈하고 호방한 삶을 지향하는 등 노자적老子的 자유분방의 정신이 매우 강렬했음을 보여준다. 그가 어떤 틀에도 스스로를 옥죄지 않는다는 점이 전래 시조의 면밀한 분석 및 시조 양식의 창의적 재발견에서 단적으로 드러난다. 그가 천 편이 넘는 전래 시조 전체를 일일이 따져 분석해본 결과, 그 90% 이상은 **조윤제**(趙潤濟, 1904~1976) 등이 주장한 3·4·3·4 식의 바둑판 틀에 들어맞지 않는다는 의미심장한 사실을 깨우쳤다. 그리하여 그는 전래 시조의 형식을 포괄하는 공통분모로서 3장 8구론을 제시하면서, 시조를 고답적 정형定型이 아닌 정형整形 논리로 풀고자 하였다.[18)] '시조

---

16) **조병희**, 『완산 고을의 맥박』, 138쪽.
17) 『큰 가람 깊은 소리』, 297-302쪽. (국문학자 **김준영** 님은 본고가 작성된 다음 해인 2015년 12월 향년 96세로 별세하였다.)
18) 시조 형식에 대한 3·4·3·4 식의 엄격한 정형 논리는 한 자의 파격도 허용치 않는 일본 단가(短歌)의 7·5조 논리를 그대로 시조에 강제 적용하려는 숭일적(崇日的) 사고이며, 가람의 제자인 시조시인 **장순하** 역시 그러한 바둑판 논리의 시조형식론을 강력하게 비판하였다. 「시조문학의 임상고발」(《현대문학》 1958년 11월호), 『장순하 문학전집 제3권 평론』(대한교육문화신문 출판부, 2010), 15-18쪽. 시조의 3장 8구론에 관하여, 본서 43쪽 참조.

의 정형定型은 곧 정형整形'이라는 탁견은 그가 격식을 존중하면서도 그 격식의 굴레를 초월하고자 하였음을 뚜렷이 보여준다. 그는 전래 시조를 평시조 및 장시조인 엇시조와 사설시조 등으로 세분함으로써, 시조가 지닌 형식과 내용의 일원성을 밝혀냈다. 이러한 형식과 내용의 일원론은 **러시아** 형식주의자들의 개념원리와 상통하는 것이다.

그러면서도, 가람은 단지 민족시가라는 당위성에만 시조 창작의 명분을 달지 않았다. 해야만 하는 것과 하고 싶은 것은 큰 차이가 있다. 시조 창작에 대하여, 가람은 '해야만 하는 것'을 훨씬 초월하여 '하고 싶은 것'으로서 유쾌하게 접근했다. 이 창작의 유쾌성에 창의적 천재성이 있으며, 그 이면에는 무위적 호방함이 강렬하게 자리한다. 바람직한 그 어떤 것을 모두 똑같이 기계적으로 수행하는 벽돌 공장식의 획일 사회보다는, 각자 바라는 바를 하는 온갖 부류의 다양한 사람들로 구성된 조직이 훨씬 더 강하다는 것을 그는 이미 깨닫고 있었다. 그런 호방 속에서 시조 형식에 대해 아무도 생각하지 못했던 3장 8구론을 발견해냈으며, 혁신 시조의 자유로움을 추구했던 것이다. 이것은 가람이 유교적 격식의 폐쇄 정신이 아니라 무위적 대가大家 정신의 소유자임을 입증한다.

이렇듯, 해방 이전부터 줄곧 가람이 평생의 삶과 시 작업을 통해서 보여준 영혼의 고결함, 인격의 소박함, 생활의 단순함 등은 곧 **노자**의 '무지무욕無知無欲'[19]과 상통하는 듯싶다. 이러한 가람의 사상과 인간됨을 감안할 때, 그는 유학적 맹꽁이 선비가 아니라 도학적 경지에 이른 기미가 강하다. 가람을 '청빈한 도인'[20]이라고 한 것은 그를 제대로 본 명명命名, appellation인 것이다.

이 점을 간파한 이가 곧 **김수영**이었다. 그처럼 획일적 사회구조를 혐오한 사람이 없었다. 그런 그가 가람에게서 통찰해낸 위대한 '대우大愚,

19) 『노자(老子)』 제3장. **김용옥**, 『노자와 21세기』(上), 159쪽.
20) 『전라기행』, 264쪽.

a great fool'의 의미는 곧 그런 것이었다. **김수영**이 기왕에 일컬은 바 '크게 어리석음 또는 그러한 이'란 축자적 의미의 '대우'란 말은 곧 '대우大優'를 지시하는 반어법이 되겠다. '대우大優'는 '도량이 넓어 어떤 사세事勢에도 쉬이 흔들리지 않은 자세 또는 그러한 사람'의 뜻으로 흔히 규명되며, 대도大道 또는 대도大度란 말로 직렬연결이 된다. 따라서 '대우大愚'의 기표는 곧 '대지大智, 아주 뛰어난 지혜와 슬기'의 기의를 함의하는 모순어법oxymoron으로서, 시쳇말로 극극상통極極相通의 의미론상에 있는 것이다. **김수영**의 수사修辭는 단순한 **유퍼미즘**euphemism이나 **퍼리프러시스**periphrasis로 통칭되는 '완곡어법' 또는 '에둘러 말하기' 훨씬 이상의 어법diction이다. 그 칭호는 '대우大愚'의 **안티테제**antithesis, 반(反)와 '대우大優'의 **테제**thesis, 정(正)를 '대도大道'의 **진테제**독: synthese, 영: synthesis로 통합시켜내는 역발상의 변증법적 과정을 함축한 발화發話인 것이다. 이렇게 가람 **이병기** 선생은 세계적 무형유산인 민족 정형시가의 대우大雨로서 대우待遇받기에 이른다.

6. 시대의 회복과 당대의 극복을 위하여

1920년대 중반의 시조부흥운동은 민족문학파가 당시를 풍미하던 **프로**문학에 능동적으로 대항하고 민족정신을 되살리기 위하여 그 실천방안으로 제창되었다. 민족 문학은 외래사상인 **프로**문학파의 '계급'에 대해 '민족'이라는 순연한 토착정신으로 맞섰다. 시조만이 시대와 계급을 초월하여 조선의 민족정신을 구현할 수 있는 유일한 문학양식이었던 셈이다. 시조의 부흥은 곧 조선심·조선혼 등 민족문학론의 조선주의를 대표하여 민족의 역사와 전통을 강조했던 실천운동으로서, 현대시조의 창작과 이론적 탐구를 거쳐 시조의 저변 확대와 질적 향상에 크게 기여하였다. 1930년대 **프로**문학의 와해와 국민문학의 퇴조에도 오늘날까지 지속된 시조의 생명력은 그 운동의 찬연한 결과물인 것이다.

왜정이 강제한 식민지 역사의 특수성을 참작할 때, 가람 **이병기**로서는 민족주의라는 보편적 담지를 문제의식으로 간직하는 것 이상의 삶의 명분이 없었음은 명백하다.[21] 하지만 그는 현대시적 서정 문법에 있어서 단순한 정물적 서경을 넘어 자연 탐색을 통한 서정성의 확보에 성공했으며, 대상의 내면적 본질을 파고들며 인생 성찰을 달성하는 동시에, 자신이 살던 시대에 처한 일개 소시민의 절박한 고독과 일상생활 감각을 본격적인 한글 구사로 되살려내면서 역사와 시대 의식을 투사하였고, 비타협적 의지의 반골 정신에 의한 비판 및 그로 인한 절박한 고독감을 담아냈다. 이렇게 가람의 시 작업은 민족적인 정형시가 양식의 시대를 회복하는 동시에 엄혹한 당대의 극복이라는 고적한 방향芳香으로 **아우라**를 형성하였다. 여기서 대부분의 가람 연구가들이 간과하는 오독의 진열대가 드러난다. 판에 박은 듯한 일률적인 **타일** 식 평가의 진열대 뒤에는 '암울한 시대의 겨울나기'를 굳이 외면하려는 수구적 사고관이 숨어 있으며, 그 저변에는 시조라는 정형시가에 대한 무지와 편견이 깔려 있다. 시조를 보수적 유교성의 관념적 측면으로만 보려는 안목에는, 현대시학의 현란한 행진 앞에서 늘 뒤처져 있는 듯싶은 민족 정형시가에 대한 홀대의식이 선점해 있는 것이다. 가람은 시조에 대한 그러한 편견을 불식시키고자 노력한 근대 시인이다. 그럼에도 불구하고, 시조에 대한 보수적 사고 및 지독한 편견와 선입견에 매몰된 일부 후학들은 그 혁신 정신의 유산을 실행하는 데 있어서 직무를 유기하였으며, 그리하여 시조에 대한 전근대적 **렌즈**만을 독자들에게 요구하는 일이 자행되어 온 것도 어김없는 사실이었다.

---

21) 재야민족운동가 **임종국**(林鍾國, 1929~1989)은 그의 저서 『친일문학론(親日文學論)』(평화출판사, 1966)에서, 가람은 일제 때 쓴 '시와 수필의 어느 한 편에서도 친일문장을 남기지 않은 영광된 얼굴'이라고 칭송하였다. 친일파 연구의 효시가 된 그 책은 반독재민주화운동에 있어서 근대사의 이해를 위한 필독서이다.

가람은 시적 대상과의 일체감을 통해 서정적 동일시를 지향하는 한편 그 사물의 이면적 정황을 포착하여 독특한 특성을 언어화하였다. 대개 그의 시조가 자연물을 다룰 경우, 먼저 대상의 겉 자태를 묘사한 다음 그 내면적 개성과 성정性情을 길어내어 병렬시켰다. 이는 구체적 사물에 대한 실정적인 접근방식이 그만큼 치밀함을 의미한다. 대상과의 적절한 거리를 유지하는 객관적 자세를 끝까지 견지하고자 하는 그의 기법은 당시로선 쉽지 않은 **리얼리즘** 작법이다.[22] 오롯이 그 기법만이 사물의 참신한 특성을 길어내는 독창적 서정의 표출을 가능하게 하는 바, 사실적 서경묘사와 감성적 서정의 절묘한 혼효, 이것이 가람 시문학의 성과라 하겠다. 그리하여 시조의 내용과 형식의 차원을 동일시하는 성과를 이룩해냈다. 더 나아가, 그는 주로 겨울과 밤의 심상들이 깃든 자연물 소재를 차용하여 당대 현실과 삶의 질곡에 대한 체험적 고뇌를 적합하게 표상화시킴으로써, 현대 시조에 관한 한 문자 그대로 '공곡空谷의 전성傳聲'을 이루었다.

역사적 맥을 지긋이 짚어볼 때, 여말선초에 유교이념의 선전도구였던 가창歌唱 **장르** 시조는 조선 후기의 **김수장**과 왜정시대의 **이병기**를 거치면서 본격적인 읽기 문학으로 **장르**적 독립을 성취하기에 이른다. 가람은 한때 민족적 당위성의 허상 일색이던 시조를 이론화하고 그 체계를 확립함으로써, 지배적 관념의 알 껍질 깨기를 시도했던 **김수장**의 정신을 복원하고, 마침내 현대시조의 비조鼻祖로 자리매김된다. 전 세계를 통틀어 여남은 개밖에 안 되는 '민족 정형시의 세계 유산'으로 등극한 시조를 감안할 때, 전 세계 수천 민족들 가운데 우리 한민족이 제 고유의 유구한 역사와 민족 정형시가를 동시에 소지한 희소 민족 대열에 들게 된 데에 가람

22) 훗날 그의 제자 **장순하**도 가람의 시조 혁신론을 '**리얼리즘**을 겨냥한 거구생신론(去舊生新論)'이라고 규정하였다. 「현대시조문학(現代時調文學) 건설(建設)의 거점(據點)」(《현대문학》 1959년 2월호), 『장순하 문학전집 제3권 평론』(대한교육문화신문 출판부, 2010), 27쪽.

의 공로만큼 혁혁한 위상을 점하는 것은 없다. 역사 층위를 감안할 때, 문학 예술적 심미성의 구비와 더불어 거듭나는 가람의 혁신성에 있어서, 가장 의미 깊은 자각은 실정실감에 대한 현실 의식이다. 면밀한 관찰과 시대적 통찰을 통해 구체적인 대상을 묘사하고 비시조적 대상이나 언어들을 과감히 시조화함으로써, 그가 선보인 '**리앨리티**에 대한 문학적 근대의식'은 탁월하다. 시대에 대한 암유적 비판, 풍자나 **아이러니**의 구사, 심지어는 직설적인 폭로까지 서슴치 않음으로써, 현대인의 일상적 사유와 정서라는 **프리즘** 영역의 진폭과 자장을 다채롭게 확장시켰다. 이러한 한결같은 작가적 작업으로 가람은 왜정 때와 해방 후의 고달픈 시국들에 대하여 '힘겨운 겨울나기의 삶'을 시조화하였던 것이다.

이제는 고전적 정석定石이 된, **러시아**의 문화기호학자 **유리 로트만**(Yuri Lotman, 1922~1993)의 비유를 굳이 들자면, 바닷가의 수영복 입은 여자와 번잡한 도시 교차로의 수영복 입은 여자를 동일선상에서 보거나, 배경을 무시한 채 반라의 몸매에만 홀려 있다면 무지한 평가를 벗어나지 못한다. 그 여자가 처한 주변상황을 감안할 때에야 비로소 정확한 분석과 이해에 이를 수 있다. 가람의 시편들도 마찬가지다. 당대의 망국적 상황, 개인적인 가족사의 비극 및 민족적 애환의 고뇌라는 흐름에서, 그의 시편들을 시대의 회복과 당대의 극복이라는 개념 하에 읽어간다면, 우리는 가람의 시 세계에 대한 참신한 깨달음과 더불어 가람 문학의 지평을 올바로 확대할 수 있을 것이다.

본래 신흥사대부들이 종교성에 가까운 정치·학문적 야망을 달성하기 위한 도구로 보급시킨 시조 **장르**의 태반胎盤은 유교였다. 태반과 알 껍질을 벗어나지 못하고서는 올바른 성장을 이룰 수 없는 법. 이제, 시조가 관념적 **프로파갠더**가 아닌 참된 문학 **장르**로 독립하여 더욱 더 도약하려면, 조선 중기와 가람 시대에 폭발하였던 엄청난 혁신성이 함의하는 바를 망각해선 안 된다. 그 거듭남의 혁명은 **콘퓨셔니즘**이라는 둥지의 과감한 탈피에서 가능하였다. 그런데도 이를 직시하지 못하고 전근대적인 유교의 망상에 젖은 채 음풍농월로 일생을 축내는 시조인들이 있다면, 그들은 아직도 태반 속에서 양수나 빨아먹고 안주하려는 나태한 유아병증에 중독되어 있다고 볼 수 있다. 현대 21세기를 위한 진일보를 내디디기 위하여 시조인들의 각성이 요망되는 바가 여기에 있다.

(2014년 11월 26일 원광대학교 인문과학연구소 주최 세미나 〈가람 아카데미〉 발표)

그의 길은 이미 숲 속으로 들어갔다
– 현대 시조의 문제점과 그 타개 방향: 장순하 작품론

시가 없다는 말은 완전히 단조롭기만 한 것에서 매 순간 새로운 면을 발견하게 만드는 그 뜻하지 않는 놀라움이 없다는 것이다.

– 장 그르니에

시조의 시조다움은 완결된 3장의 형식을 그 의미구조와 율격구조를 통해 구현하는 데서 비롯된다. 시조는 3장의 형식을 통해서가 아니라, 3장의 형식을 향해서 완성되는 것이다.

– 권영민

1. 글을 시작하며
2. 현대시조의 제반 문제점 재고
   (1) 시조 형식에 대한 왜곡된 고집
   (2) 시의 현대성에 대한 몰이해: 수구적 욕망에 지배된 시대착오의 팽배
   (3) 풍자와 해학 정신의 부재
   (4) 실험정신의 결여 내지는 기피
   (5) 평론의 침체
3. **장순하**의 시조에 관한 일고: 시조의 현대성에 대한 치열한 인식과 실천
   – 해체와 이반離反을 통하여 균제均齊와 통합을 지향하다.
   (1) 시조 형식에 대한 열린 또는 트인 의식
   (2) 시조의 현대성에 대한 통찰: 〈길〉 **시리즈**로 나타난 과도기적 여정
   – 주지주의와 시대의식
   (3) 풍자와 해학: 그 재치와 사설의 문학사회학
   (4) 실험정신: 해체와 이반을 통한 통합과 균제의 지향
   (5) 평론에 대한 역점
4. 글을 맺으며

1. 글을 시작하며

민족 전통 시가의 시대를 복원하고 난세의 위기를 극복하려는 문학적 시도에 있어서, 민족 문학의 정통성과 주체성의 시발점은 '시조'가 된다. 그렇다면, 현대 한국시의 주체성과 관련하여 시조문학이 차지하는 위상은 무엇인가? 단순히 '고유한 전통 문학'이라는 당위성의 명제에 근거한 외침은 이내 공소해지기 마련이며, 그것만으로는 진정한 민족 문학의 중흥을 기대하기 힘들다.

사실, 현대의 자유분방한 시대상은 문예에 있어서 산문과 자유시에 대한 편중으로 나타났다. 이러한 '방만한 자유'를 향한 맹목적인 추종은 문예의 오만한 방종으로 이어져, 문학위기론까지 대두되고 있는 실정이다. 모든 예술이 그러하듯이, 무절제는 '통속의 저급성'을 지향한다. 자유란 무분별한 방임이 아니라, 일정한 테두리 내에서의 무한한 크기와 깊이를 의미한다. '질서는 편하고 자유롭고 아름다운 것'이라는 교통 표어도 자유의 진정성이 '질서라는 적절한 통제'와 유관함을 시사한다. 자유시가 내재의 질서와 운율을 지닐 때 시적인 미를 획득한다면, 이 내재의 미가 형식미와 절묘한 조화를 이루며 빚어내는 정형 미학의 극치란 더 일러 무엇하겠는가. 이리하여, 형식과 내용의 일체성 내지는 동일성이라는 역설을 내세우지 않을 수 없다.

이러한 점은 형식미와 내재미의 통합을 추구하는 시조에 있어서 중요한 **패러다임**이 된다. 일정한 형식을 통해 우주적 자유를 꿈꾸는 정형시, 과연 시조는 그러한 소임을 다하고 있는가? 한결같은 대답이 '그렇지 못하다'이므로, 현대 시조의 제반 문제점을 짚어본 다음, 그 제반 문제를 극복하기 위한 시도의 일환으로 시조에 현대시학적 기법을 도입하고 장시조를 재발굴하여 '복합시조'를 창안해낸 사봉史峯 **장순하**(張諄河, 1928~)의 시적 위상을 재고해 봄으로써 현대시조의 나아갈 바를 모색하고자 한다.

2. 현대시조의 제반 문제점 재고

어떤 다른 **장르**보다 시조문학이 민족적 정통성에 있어서 우위를 선점한다. 하지만, 한국 문학의 '적자嫡子'의 위상에서 소위 '사생아'의 처지로 전락한 시조의 현안 문제점들은 어쩌면 '전통 문학으로서의 당위성에 대한 시조인들의 배타적인 의존과 그로 인한 문학적 해이'가 빚은 필연적인 결과인지도 모른다. 어떤 시조작품이 '현대'의 시점에 쓰였다 하여 다 현대 시조의 범주에 넣을 수 없으며 '현대인의 정서와 의식에 의해 지어졌을 때'에야 진정한 현대 시조라고 할 수 있다. 그러므로 이러한 인식 결여의 바탕에서 드러난 시조문학의 근본 문제들은 흔히 다음과 같이 요약된다.

첫째, 시조 형식에 관한 '바둑판'식 관점, 즉 시조의 엄격한 규격화.

둘째, 시문학의 현대성에 대한 몰이해: 주정주의主情主義와 의고주의擬古主義적 편협성에서 비롯되는 자연친화의 편향, 여성취향적 애상, 대상에 대한 피상적 관조, 천박한 현실의식, 소재주의의 만연 및 상상력의 부재 등 전근대적인 시작詩作 태도.

셋째, 풍자와 해학 정신의 결여.

넷째, 부단한 예술 발전을 위한 실험 정신의 부재 또는 그에 대한 거부 풍조.

다섯째, 본격적인 시조 평론의 부진과 미숙 및 평론가의 양성 실패.

이러한 점들을 좀 더 자세히 살펴본다.

(1) 시조 형식에 대한 왜곡된 고집

일본 정형시형에 대한 향수는 친일 교육하의 일부 문인들과 그 제자들에게서 볼 수 있다. 그들은 '하이꾸'나 '단까'의 멍에를 떨쳐낼 문학적 의지가 부족했다. **박목월**(朴木月, 1916~1978)의 「나그네」나 **이원수**(李元壽, 1912~1981)의 「고향의 봄」 같은 애송시들의 7·5조 리듬이 일본 정형시를 그대로 판박이 한 것임은 잘 알려져 있는 사실이다. 이러한 영향에 힘입어 일부 시조인들이 '3·4·3·4' 운운하는 바둑판 틀을 집요하게 고집함으로, 해방 이후까지 시조의 친일적 종속화를 이어오고 말았다.

그러나 전래 시조의 90% 이상이 이러한 규격을 벗어나 있음은 이미 학계에 밝혀진 사실이다. 이 점을 간파하고, 신토불이 시조 형식을 혁신적으로 정립시킨 이가 바로 가람嘉藍 **이병기**(李秉岐, 1891~1968)이다. 그는 시조가 다음과 같은 3장 8구의 형식을 갖추고 있음을 탐구해내었다.

초장 (첫구) 6–9, (둘째 구) 6–9
중장 (첫구) 5–8, (둘째 구) 6–9
종장 (첫구) 3, (둘째 구) 5–8, (셋째 구) 4–5, (넷째 구) 3–4[1)]

이처럼 **가람**은 시조 본연의 탄력구조를 체계화시킴으로써, 시조의 구조적 완결성을 지향하는 동시에 숭일적 정형시론에 쐐기를 박았다. 단지, 초·중장의 각 구는 되도록 전단후장前短後長의 2음보를 이루도록 노력해야 한다는 조건을 덧붙이면서, 이 형식을 유념하는 것이 중요하겠다.

(2) 시의 현대성에 대한 몰이해: 수구적 욕망에 지배된 시대착오의 팽배

문학의 현대성에 대한 몰이해와 주정주의로 인한 **첫째 증상**은 자연 친화에의 치중 및 대상에 대한 피상적 관조이다. 과거 농경사회에서는 자연친화의 인생관이 보편적이었으나, 사회 상황이 변한 지금, 현대인의 의식과 감정을 지각하지 못하고 옛 **이데올로기**에 젖어 있는 것은 전근대적인 시대착오라고 볼 수 있다.

그럼에도, 근자에 발표되는 시조 대다수가 일제히 자연 산수를 지향한다. 과거 농경사회의 도교적 노장정신이 정서의 바탕에 깔려 있던 차에, 식민 지배와 힘겨운 인생살이의 질곡 등 온갖 내우외환을 겪은 사람들

1) **이병기**, 「시조(時調)와 그 연구(硏究)」, 《학생(學生)》 1928. 12.

은 지친 심신에 대한 위안을 화조풍월에서 얻고자 하였다. 이 기초 위에서, 〈청록파〉의 음풍농월은 쉽게 대중적 영합을 이룰 수 있었다. 특히, **박목월**의 '자유시를 빙자한 일본 정형시 리듬'은 부정적인 영향을 끼쳐 많은 시[조]인들로 하여금 현실도피적 서정에 탐닉하도록 명분을 깔아주었으며, **조지훈**(趙芝薰, 1920~1968)의 '회고 수준에 머문 나약한 선비의 퇴행적 감회'도 그러한 정서에 쉽게 부합되었다. 차라리 **박두진**(朴斗鎭, 1916~1998)의 미래지향적 희구와 신념이 훨씬 더 한국 시문학의 장래에 긍정적인 방향을 제시했음에도, 시조인들은 그러한 건강성을 지향할 내부 역량이 미흡했다. 바로 여기에서 작금昨今 시조의 전근대성이 연유한다.

일찌기 낭만주의 교양소설의 백미인 『파란 꽃』(*Heinrich von Ofterdingen*, 1802)에서 독일 시인 **노발리스**(Novalis, 1772~1801)는 통찰력 있는 자연관을 피력한 바 있는데, 이에 대하여 **김주연**(金柱演, 1941~)은 이렇게 토를 달았다.

> **노발리스**는 자연이 함축하고 있는 양면성을 강조한다.... 그는 시인이란 감정만으로 되는 것이 아니라고 말한다. 또한 격정과 흥분, 환희에 의해서만 이루어지는 것도 아니라고 말한다. 오히려 흥분의 순간에도 그를 감추고 의연히 서 있을 수 있는 힘이 있어야 된다고 말한다. 그것은 마치 즐겁게 지저귀는 봄날의 종달새, 화원에 곱게 핀 한 떨기의 예쁜 꽃에서만 자연을 보는 어리석음과 같다는 것이다. 자연이란 어떤 것인가? 천둥치며 번개 치는 검은 하늘, 폭풍우와 홍수 속의 공포, 산이 무너지고 땅이 꺼지는 태고적 그 날을 자연에 대한 연상 속에 담아 본 일이 있는가 그는 묻고 있다.[2]

시조인들은 이러한 균형 잡힌 자연관이 결핍되어 있다. '안빈낙도'의 주제를 다룬 경우에조차 노장사상老莊思想의 심오한 경지에 이른 작품성

---

2) 『파란 꽃』, **김주연** 역(샘터문고, 1975), 277-278쪽.

은 거의 볼 수 없으며, 그저 자기만족을 위한 저급 시조로 전락한 경우가 허다하다. **윤금초**(尹今初, 1941~)는 이를 **'마스터베이션**masturbation 문학' 이라고 조롱한다. 자연을 대상으로 삼을 때, 현대시조는 현대의 사회적 상황에 맞는 신新서정의 작품을 창출해야 하는 것이다.

둘째 증상은 여성취향적 감상주의와 치열한 현실의식의 부재이다.

한국인들에게 **김소월**(金素月, 1902~1934) 등의 애상시들이 어느 정도 정서상의 위로가 된 것은 사실이다. 그러나 그 시들은 그것으로 시대적 소임을 다하였다. 시대가 변한 지금, 감상 과잉은 곧 낭만주의의 병폐로 통한다. 그럼에도, 극히 감상적인 여성취향성이 현 시조단에 만연되어 있으며, 이것이 젊은 시조 지망생들에게 그릇된 선입관을 심어준다는 면에서 그 폐해는 훨씬 심각하다. 또 다른 부작용은 회고편향성인데, 이것은 기껏해야 무력감에 의한 현실 도피에 불과하다.

시대의식을 다룬 일부 작품조차 현대로 넘어가는 과도기의 특성을 못 벗어나기 일쑤인데, 여기서 짚고 넘어가야 할 시인 중 하나가 **정완영**(鄭椀永, 1919~2016)이다. 그는 1948년 시국에 대한 울분을 느끼며 어느 주점에서 유명한 시조 「조국祖國」을 썼다 한다. 이 작품은 14년 후인 1962년 조선일보 신춘문예 시조부문 당선작이 된다.

> 행여나 다칠세라/ 너를 안고 줄 고르면//
> ***떨리는*** 열 손가락/ 마디 마디 에인 사랑//
> 손 닿자 〈애절哀切히〉 **우는**/ 〈서러운〉 내 가얏고여.//
>
> 둥기둥 줄이 **울면**/ 초가草家 삼간三間 달이 뜨고//
> **흐느껴 목 메이면**/ 꽃잎도 ***떨리는데***//
> 푸른 물 흐르는 〈정情〉에/ **눈물 비친** 흰 옷자락.//
>
> **통곡**도 다 못하여/ 하늘은 〈멍들어도〉//
> 〈피 맺힌〉 열 두 줄은/ 구비구비 〈애정愛情〉인데//

청산青山아, 왜 말이 없이/ 학鶴처럼만 여위느냐.

– **정완영**, 「조국祖國」 전문,

형식과 내용이 잘 융화된 이 시조는 정형이라는 말이 무색할 정도의 매끄러운 흐름과 시대적 고뇌의 절묘한 비유가 돋보인다. 하지만, 그 치명적인 결함은 시어의 편식화에 있다. 다시 말하면, 단 세 연 속에 소위 '울다' 계열의 어휘가 자그마치 5번(굵은 표기)이나 나오며, '떨리다'의 단어(사체斜體)도 2번 중복되고, 〈 〉 표기의 "정", "애정", "서러운", "애절히", "멍들어도", "피 맺힌" 등 감상적 수식어의 남발로 모두가 여성적 애상哀想의 **이미져리**를 형성한다. 또한, '~하면' 식의 조건표시 가정법假定法, the subjunctive mood 어미가 세 군데(방점)나 되어 문장 구사의 한계를 보인다. 이리하여 어려운 조국의 현실에 관해 그저 애달픔에 절어 있을 뿐인 시인의 모습이 뚜렷이 노정되며, 미래지향적 희망의 제시에는 실패하고 있다. 그 결과, 청소년을 비롯한 일부 독자들에게 애상과 비탄만이 지고한 정서라는 심약한 인상을 심어줄 수 있다. 이 점이 **정완영**의 시대적·사상적인 한계이다.[3] 그의 시대의식은 **비젼** 제시에 실패한 현실 비탄으로 그치고 있는 것이다.

여기서 시어의 편식과 애상 성향을 다소 덜어주는 것은 뛰어난 시적 은유와 상상력이다. 가얏고를 타면서, 달, 꽃잎, 푸른 물에 비치는 흰 옷자락에 이어 학처럼 여위는 청산으로까지 치닫는 상상력의 활달한 전개 그리고 사물을 조국의 실상과 환치시키는 능력은 괄목할만하다. 이 점이 현대 시학의 주요 기법 중 하나임은 사실이다. 하지만, 그는 그 이후로 지금

---

3) 작품 「조국」이 당대의 아픔을 빼어난 은유로 다룬 면에서 현대 시조로 넘어가는 과도기적 특성을 보이지만, 그 이후의 시조인들 대다수는 이러한 문학의 유산을 완성시켜야 할 문학사적 책무를 완수하지 못하였다. 그들은 이 작품의 매력에 도취되어 지속적인 매진의 디딤돌로 삼지 못하고 오히려 모방에만 몰두했기 때문에, 진보가 저해된 것이다. 이 사실은 하나의 명작이 향후 발전의 토대가 되지 못하는 경우, 오히려 모방자만 양산하여 정체 내지는 퇴보를 초래할 수 있다는 뼈아픈 교훈을 남긴다.

까지 사상(내용)과 시작법에 있어서 더는 나아갈 바가 없는 것처럼 보인다. 그의 **데뷔**작이나 다름없는 이 작품은 더 나은 후기 작품의 창출에 기여하지 못한 채 지금껏 대표작 자리를 평생 차지하고 있다.

애상적 여성취향은 대부분 시대적 안목의 천박성에서 비롯된다. 시조는 민중문학의 발흥기인 1980년대에 이르러서도 이러한 자아도취적 경향을 벗어나지 못했다. 오히려 시대적 반동에 대한 그러한 암묵적 지원을 긍지스럽게 여기는 경향도 있는 듯하여 경악스럽기까지 하다. 이러한 역사적 과오에 대하여 한 시조인은 이렇게 참회를 했다.

> 기존 타 **장르**들이 이러한 시대상황과 현실의식을 반영하며 분투하고 노동해방문학으로까지 세창하기에 이르는 동안, 우리 현대 시조인들은 시대적 현실과 문학사적 한 시대를 기피하고 애써 외면하는 우를 범했다고 생각한다. 강 건너 불구경하다 조롱 받는 현실을 인식하지 못했다. 내 자신도 시조시인의 한 사람으로서 매우 부끄럽고 문학 생활의 최대의 오점을 남겼다고 반성한다. 그러나 아직까지도 시조단의 문학적 행태들은 권위주의적이고 보수적이다. ***그릇됨을 그릇됨으로 생각하지 못하고, 그것을 발견해 새로운 방향으로 수정하는 발전적 문학의식을 가지지 못한 고집쟁이들***과 흡사하다.[4]

당대의 사회적 요구를 감당하지 못하는 무능함과 역량의 결여는 시대상황에 대한 인식 결핍과 직결된다. 그것은 유구한 시절가조時節歌調의 속성을 망각한 것이며, 무책임하고 안이한 풍월 도취를 순수문학의 고수固守인양 착각하고 혼동하는 무지의 시발점이 된다. 수구적 욕망에 지배된 시대착오적 발상과 관련하여, **윤금초**는 '역사의식으로서의 시대정신'이 빈약함을 그 원인으로 지적하였다. 이어서 그는 '20세기의 물을 먹고 살면서도 그 작품 세계에 있어서는 이조李朝적 똥을 싸고 있는 실정'을 통

---

4) **이재창**(李在昶, 1959~), 《열린 시조》 1997년 여름호, 202-203쪽.

탄해 하면서, '무엇인가 된장냄새 풍기는 한국적 철학의 기초 위에서 현대 감각의 주제를 찾아내자'고 역설한 바 있다.[5)]

셋째 증상은 소재주의에 대한 편중이 드러낸 부작용의 경우이다.

한때 어떤 특정 장소나 사물을 다루지 않으면 일부 중앙지의 신춘문예에 당선될 수 없다는 풍문이 파다하였다. 물론, 구체적인 소재의 취급은 관념을 탈피하고 시상의 명료성을 추구한다는 면에서 중요하다. 하지만, 오히려 그 작법은 현장 특유의 본질적이고 시대적인 의미보다는 관념이나 영탄조의 감상에 함몰됨으로써, 유형화된 기행 시조들을 양산하는 계기를 제공하였다. 그리하여, 소재주의의 부정적인 측면이 착실히 드러났다. 문학의 현대성은 새로운 소재의 발굴에 있지만, 낯익은 소재라 할지라도 새로운 시각 즉 현대인의 관점과 의식에 의해 수정되고 숙성이 된 취급 방식을 통하여 성취될 수 있는 것이다. 이러한 소재주의는 곧 상상력의 결손을 만성화시켰다.

넷째로, 치열한 내면 성찰의 부족과 그로 인한 상상력의 고갈이라는 증상을 들 수 있는데, 이것은 상상력의 홑겹 또는 단순성에서 비롯된다. 인간이 가진 것 중에서 상상력만큼 무궁무진하며 전지전능한 것은 없다. 시조가 현대성을 이룩하는 데 있어서 깊이 있는 상상력이 요망되는데, 이는 논리적이고 지적인 상상력을 말한다. 이 점에 대하여, **이지엽**(李志葉, 1958 ~)은 이렇게 지적하였다.

> 신춘문예 당선 작품들을 볼 때, 과연 ***뿌리째 뒤흔드는 상승 혹은 적출의 힘이 있었는가***를 살펴보면 씁쓸한 생각이 든다.… 가장 큰 비중은 새로운 감각과 신인다운 패기에 역점을 두어야 한다. 왜냐하면, 다소 반란적이라 해도 이들의 참신함은 기존 질서에 새로운 추진력을 보태주기 마련이며, 그러면서 문화는 고여 썩지 않고 흐르면서 변화의 새로운 물살

5) 「현대시조의 주제의식」, 《현대시학》 1974년 3월호.

을 창출해내기 때문이다. 그러나 심사위원들 역시 대부분 이 점에 대해 더 철저한 인식이 부족했다고 할 수 있으며, 뽑힌 작품들 또한 지극히 한정적인 소재와 내용으로 일관되어 왔다고 할 수 있다.[6]

그는 이어 '새로운 상상력과 선택된 사실을 통한 직관의 힘을 부여하는 능력 배양에 힘써 주기'와 '보다 치열하게 내면의 성찰과 다양한 상상력을 활용하여 오늘의 삶에 근접하기'를 촉구하였다. **김제현**(金濟鉉, 1939~)이 기왕에 진단내린 바, '현 시조단은 시조의 형식 미학에 안주하여 내용(사상성) 보다는 말의 경박한 구사법이나 표현상의 안이한 접근태도에 치중함으로써 **매너리즘**에 빠졌고 독자층의 식상함을 초래하였다.'(「현대 시조의 지향성」) 따라서, 활발한 상상력의 발휘를 통한 시조 영역의 확장이 시급하다 하겠다.

(3) 풍자와 해학 정신의 부재

풍자는 현실 체험의 깊이와 이것의 문학적 형상 능력에서 발효되기 시작한다. 현대 시조는 현묘한 술기운처럼 무르익는 풍자의 변경지대를 망각한 지 이미 오래이다.

현대에 들어서, 이러한 풍자 정신의 기피로 인하여, 요설饒舌과 외설猥褻로 전시되는 골계滑稽의 전통은 이미 희귀한 품성이 되었다. 전래의 익살과 해학의 **에스프리**esprit는 위선적 근엄함이라는 흉물스러운 절개지切開地로 파손되어 있다.

(4) 실험정신의 결여 내지는 기피

최근 젊은 시인들이 다양한 시조형식을 시도하는 것은 실험의식의 발로이며, 현대시조의 발전을 위해 바람직한 일일 수 있다. 단지, 자유시와

6) 『90년대 우리시 신춘문예 당선시집』(태학사, 1999), 356-357쪽.

의 변별성은 지녀야 한다. 그렇지 않으면 자칫 자유시와 정형시의 구분이 불가능해진다. 마치 실험이 곧 양식의 파괴에만 있는 양 여기는 것은 몽매함의 발로라 아니할 수 없다. 무차별적인 시행배열은 시조의 고루함을 탈피하고자 하는 몸부림일 수 있겠으나, 진정한 실험은 형태의 무분별한 파괴가 아니라 사상과 기법의 참신성 및 보편적인 인생관과 세계관의 형상화에서 산출되는 것이다. 일각에서 그러한 토대 위에서 진척되는 실험마저 폄하하는 보수적 추세는 시조의 미래를 생각할 때 불행한 일이다. 바로 **정완영**의 시조가 현대성의 완성 면에 있어서 미흡한 점은 시대감각의 미숙 외에 실험정신의 결여에 있는 것이다.

(5) 평론의 침체

시조의 이론가는 있어도 평론가는 없다는 말이 있다. 이것은 기존 시조단이 평론가의 양성에 소홀했음을 뜻하며, 이로 인한 평론의 부실은 현대시조의 뼈대를 날림으로 세워 가는 요인이 된다. 일부 평론조차 타당성이 결여된 주례사식 추켜세우기나 상식적인 수준의 소개에 머물며, 일부 작품론도 문학적 생애의 맥락에서 작품들이 차지하는 위상의 분석이나 미래를 선도하는 비평적 안목이 아니라, 단편적인 취향 소개 또는 방대한 자료의 일방적인 나열이나 자료 정리 수준에 그치고 만다. 일부 월평과 계간평은 작품에 대한 예리한 식견이 전무한 채 과도한 칭송 일색의 낯간지러운 잡문에 그치거나, 작품에 대한 오독誤讀과 몰이해, 심지어는 무식한 혹평으로 시문학의 현대성에 관한 평자의 무지를 보일 뿐인 경우가 즐비하다. 평론의 부진은 시조인 자신들에게 책임이 크다. 작품 분석의 피상성, 입에 발린 찬사의 주고받기, 작품에 대한 몰이해 등의 '도저히 참을 수 없는 시조 평론의 가벼움'은 평론 정신의 실종과 그로 인한 평설의 저질화를 재촉함으로, 애써 발굴한 참신한 신인들을 타 **장르**로 등 돌리게 하는 결과까지 초래하고 있다. 이것은 시문학의 현대성에 관한 몰이해와 더불어 시조의 퇴화를 촉진하는 주요 원인이 된다.

평론은 학위 논문도 아니며 얄팍한 해설 위주의 잡문도 아니다. 평론이란 시인과 작품의 내적 대화를 추출해내는 지각 능력이며, 올바른 분석과 평가로써 작품의 완성도와 그 작품이 차지하는 현대적 위치를 전향적으로 규명해내는, 그리하여 창작의 미래를 열어 주는 선도적 명문名文이어야 한다. 다시 말하면, 문학비평은 해석과 판단을 넘어 계발과 자극을 지향한다.

3. 장순하의 시조에 관한 일고: 시조의 현대성에 대한 치열한 인식과 실천 – 해체와 이반離反을 통하여 균제均齊와 통합을 지향하다.

전북 정읍 출신의 **장순하**는 시조의 전근대성 탈피와 현대성 확보를 위하여, 이상의 문제점들을 인지하고 이를 실천적으로 극복하기 위해 부단한 시도를 기울인 가장 대표적인 현대 시조인이다. 그가 평론과 작품을 통해 어떻게 시조의 현대성을 확보해 왔는지 살펴본다.

(1) 시조 형식에 대한 열린 또는 트인 의식

장순하는 평론 「시조문학時調文學의 임상고발臨床告發」(《현대문학》 1958년 11월호)에서 시조 형식의 고답성을 탈피하자고 역설하였다. 그는 시조의 독자성이 바로 '형식'에 있으며 특히 시조의 탄력성과 유연성이 그 형식의 역동적 의미에서 발원함을 인식하고, 이러한 양식적 완결미가 시조의 독특한 가치 구조를 함유한다고 여겨, 현대시조를 '바둑판'식 규격에서 해방시키고자 하였다. 또한, 엇시조와 사설시조에 대한 지대한 관심으로, 그는 일정한 시조의 틀을 견지하면서도 유려한 시조의 리듬을 회복시켰다. 가령, "처마에 비스듬히 빈 집 걸어둔 채/ 왕거미도 마을 나가 아무렇지도 않은 한낮/ 장닭이 한늘어지게 여백을 읊조린다"(「휴일(休日)」 첫 수, 『백색부』)나 "하여, 내 하늘 한 귀에 둥지 틀고/ 두세 마리 새끼 쳐서 요람 위에 얹어 두고/ 신접난 젊은 것들은 죽지 쉴 새 없구나"(「묵계(默契)」 셋째 수, 『묵계』) 등은 엄연한 시조의 틀을 견지하면서도 형식에 구애받지 않은 활달한 리듬을 이끌어간다.[7)]

(2) 시조의 현대성에 대한 통찰: 〈길〉 시리즈로 나타난 과도기적 여정 – 주지주의와 시대의식

첫째로, **장순하**는 주지주의를 표방하고 이지적 시어의 구사에 힘썼다. 그는 무분별한 자연친화, 여성취향적 애상, 사물 관조의 피상성 등의 고질적인 **매너리즘**을 극복해왔는데, 이것은 그의 '시문학의 현대성에 대한 통찰'에서 비롯된다. 이 점은 그의 대표작인 다음 작품에서 잘 드러난다.

바람이 흘리고 간 시영내 징검다리
구름 흐르는 물에 사변思辨의 발 담근 채
반백班白의 분별을 이고
고즈너기 앉았다.

점點도 선線도 아닌 논리 밖의 저 실존
한낱 돌멩이도 놓일 데 놓이고 보면
시 한 수 허자虛字랑 섞여
관주貫珠 비점批點 되는 그것.

어느 세월이라 갖신 꽃신 닿았으리
나무꾼 심메마니 짚신짝도 뜸하거니
한물에 쓸리고 나면
다시 놓을 뉘 있을지.

–「징검다리」 전문 (『길손』)

---

7) 본고의 **텍스트**로 『장순하 문학전집 제1권 시조』(대한교육문화신문 출판부, 2010)에 수록된 제1시조집 『백색부(白色賦)』(일지사, 1968), 제2시조집 『묵계(默契)』(성지사, 1974), 제3시조집 『길손』(동학사, 1993)을 사용하였다.

시인은 스스로를 '징검다리'로 표상함으로써, 만고풍상의 세월 속에서 '갖신'(가죽신)이나 '꽃신'은커녕 헤진 짚신짝도 뜸한 '초야'에 고적하게 묻혀 있는 자아를 투시한다. 특히, 불안정한 시국에 대한 지식인의 외로움과 고뇌를 묘사함에 있어서, 깊은 사색에서 우러나온 이지적 언어를 구사하는 점은 당대로서는 독특하고도 참신한 특질이라 하겠다.

이 작품은 역사적 파동의 '한물'이 현 처지마저 쓸어 가버릴지 모르는 불확실성 속에서, '다시 놓을 뉘'가 있으리라는 적극적인 기대감을 버리지 않는 데에 그 진취성이 있다. '다시 놓을 뉘 있을지'라는 구절은 '과연 다시 놓아줄 이가 뉘 있겠는가'하는 체념적 한탄, 또는 현재의 고적한 상황이 시대적 변동에 휩쓸리면 어쩌나 하는 안타까움의 발로가 아니다. 이 구절은 이떤 역경과 인생의 질곡 속에서도 '다시 놓을 뉘'가 있으리라는 강한 희원과 확신을 보여준다. 바로 '관주 비점'이 그 점을 시사한다. 인간의 하찮은 이성과 '논리'를 초월한, 명명백백한 '저 실존' 앞에서, '돌멩이'(시인 자신에 대한 겸양의 표현) 같은 것도 제 위치에 놓이고 보면, 마치 '관주'(시문(詩文)의 잘 된 시구 옆에 치는 동그라미)나 '비점'(시관(詩官)이 응시작품의 잘 된 대목에 찍던 둥근 점)이 될 수 있는 것이다. 이미 희끗희끗 머리가 센 나이에 들어선 시인은 비록 초야에 묻힌 채 큰 뜻의 사변 속에 잠겨 있으나, 그 반백의 지혜 또는 '분별'이 있기에, 시대의 불확실성에 대한 우려 속에서도 그 '뉘'에 대한 기대를 고수함으로써 현 상황의 초월 의지를 천명한다. 이 작품은 초야에 묻힌 지식인의 고뇌를 다룬다는 면에서 전통적 주제를 답습한다. 하지만, 그 주제의 형상화에 있어서 고루한 표현 기법을 극복하고, 자칫 허무와 감상에 빠질 뻔한 함정을 피하고 있다. 동의어 계열의 중복이 없이, 지적인 어휘로써 정서의 절제와 대상에 대한 깊은 사고를 창출한다는 면에서 참신하다.

장순하의 〈길〉 연작 시조들도 이러한 시적 기법을 견지한다. 이를테면, "눈 내리는 새벽에/ 홀로 산길 걷는다// 비로소 여는 세계/ 돌아보면 자취 없고/ 선구자 시린 고독이/ 이렇던가 싶어라"(「눈길에서」 첫 수)라는 선구자적 고뇌 속에서도, 시인은 "어디에나 길은 있고/ 어디에도 길은 없나니// 노루와 까막까치/ 제 길을 열고 가듯// 우리는 우리의 길을/ 헤쳐가야 한다."(「지쳐 누운 길아」 첫 수)며 **프론티어** 정신을 스스로 다짐한다. 또한, "살림 다 쓸어 엎고/ 발랑 드러누운 길아// 일어나라 일어나서/ 네 길을 가려무나"(「길아, 네 길을」 셋째 수 초·중장)를 통해, 그리고 길을 "한 가능성/ 영원으로 뻗은 의지"로 정의하면서 "막힌 것 트자고 한다/ 트고 살자고 한다"(「트고 살자 한다」 첫 수 초장과 셋째 수 종장)를 통해, 미시적으로 시조문학 일반에 대하여, 거시적으로 시인이 처한 당대 시국에 대하여 진보적인 극복 의지를 전시한다.(이상 『길손』)

둘째, 현실 인식의 깊이는 예술행위가 당대 세계관의 반영이자 사회적 산물이라는 믿음에서 시원始原한다. **장순하**는 평론 「현대시조現代時調의 상황의식狀況意識」(《현대시학》 1974년 3월호)에서 '시인은 언제나 예언자적 입장에서 시대를 구원해야 할 의무를 짊어진 존재'로서 '이 암울한 시대에 희망을 주고 방향을 잃은 자에게 갈 길을 인도해야' 함을 피력했다. 따라서 시인은 '먼저 시대의 아픔을 자기 아픔으로 하고 시대의 울음을 제 울음으로 삼아야' 하며 '자기가 사는 시대에 대한 정직한 서기가 되어야 하고 충실한 증인이 되어야한다'고 주장한 바 있다.

이미 1957년의 등단작부터, 그는 시대의 아픔을 통감하는 동시에 확고한 미래관을 제시해왔다.

> 정적靜寂이 아람처럼 또옥똑 여무는 밤
> 결코 복수複數일 수 없는 나의 눈발 한 가닥이
> 지그시 과녁 안으로 죄어드는 저 초점.
>
> 강이며 산맥이며 짚어가던 고 손가락
> 이건 무어냐고 제쳐 묻다 잠이 들고
> 호젓이 벽을 바라고 몰아쉬는 숨결이여.

화랑花郎 젊은 손은 세 나라도 모았거니
만萬이 3천이면 하늘인들 못 돌리랴
두둥둥 북을 울려라 메아리도 울어라!

이제 벽은 무너지고 하늘 다시 열리는 날
열 두 줄 가야금의 청아한 목청이랑
널니리 새옷 바람에 덩실덩실 춤추리.

–「관도觀圖」 전문(『백색부』)

한반도의 지도를 짚어가다 '벽을 보고 숨을 몰아쉬는' 상황을 통해, 우국적 심려의 애상이 아닌, 희망의 북과 가야금[8]을 울리며 춤을 추는 미래관을 제시한다는 면에서 이 작품은 사뭇 진취적이다. 특히, 셋째 수 종장에 거침새 없는 시인의 의지와 호연지기가 잘 담지擔持되어 있다.

장순하의 시대 감성은 그의 장시조에 잘 배어난다. 그는 선 굵은 목소리로, 희귀해진 남성적 시조미학이라는 기개氣槪의 전통을 저항과 위반違反이라는 방식으로써 소생시켜냈다.[9]

바람이 분다 바람이 불어, 정읍 고을에 바람이 분다.

장돌뱅이 지어미가 망부석望夫石 오른 밤에 구름 헤쳐 달 밝혀서 멀리 멀리 비춘 바람, 시름 잊은 늙은이가 거니는 봄동산에 꽃 내음 머금어다 도포자락 날린 바람, 미물같이 엎드려서 죽으라면 죽어 살던 순하디 순한 백성 다독여 잠재운 바람.

죽다 죽다 못다 죽어 더 죽을 것 없는 날에, 일어나라 사발통문 고을고

---

8) **정완영**의 「조국」(1962)에 원용된 '가얏고'가 단순한 우국적 심성의 표상물이라면, 이보다 먼저 1957년에 발표된 이 작품의 '가야금'은 미래의 희망과 연계된다는 면에서 흥미로운 대조를 이룬다. **정완영**이 '미래관의 제시 없는 현실 개탄'이라는 소극성을 보였다면, **장순하**는 '찬란한 통일 민족의 새 날을 향한 환희'라는 적극성을 띤다.

9) 필자는 이러한 남성적 시조미학의 음조를 '동편제적 시조'라고 일컫고 싶다. 섬세한 여성적 감성에 의한 치밀함과 더불어, 선이 굵고 기개와 호연지기에 찬 어조도 현대시조의 한 기류를 형성하고 있는 것이다.

을 바람 모아 회오리로 뭉친 날에, 손에 손에 가래 쇠스랑 죽창 별러 치켜들고 제폭구민除暴救民 나선 날에, 황토재 언덕 높이 동도대장군東徒大將軍 흰 깃발 펄럭이고 여시재 마루에서 큰 의리 외친 날에, 귀신 우는 만석보萬石洑 일격에 무너지고 버러지나 잡아먹던 독버러지 철커덩 간 떨어지고 넘어져 고꾸라져 천방지축 줄행랑치고 백성이 하늘인 것을 비로소 깨우친 날에, 잃을 것 다 잃었어도 내 잃은 것 없노라고 껄껄 웃고 간 녹두장군綠豆將軍 큰 바람.

오늘은 서리 친 날에 내장內藏에서 불도다.

–「바람을 주제로 한 정읍 삼절井邑 三絶 휘몰이 조調」 전문(『길손』)

중장 첫 구에서 「정읍사井邑詞」와 「상춘곡賞春曲」을 소재로 하여 도입된 가락은 둘째 구에 이르러 휘몰이조로 폭풍처럼 몰아간다. 동학혁명의 들불과 '잃을 것 다 잃었어도 내 잃은 것 없노라고 껄껄 웃고 간 녹두장군 큰바람'에서, 독자는 영웅적 도량과 기상의 부활을 목격하며 힘줄이 돋는 것을 느낀다. 같은 계열의 장시조 「숨죽인 바람」(『길손』) 역시 화랑 · 세종 · **춘향 · 이춘풍 · 김종서 · 성상문** 등의 역사를 두루 섭렵하면서 바람의 변혁을 예고하는 동편제적 음질의 시조 전통을 이어 간다.

이러한 저항과 위반 의식은 다른 작품에서도 드러난다. 시조로서는 파격적인 소재인, "이리와 들개들과 피가 섞인 햇병아리/ 노란 부리에 담배꽁초 꼬나 문 채/ 남포약 구덩이에서 싸움놀이 한창이고"(「노스트라다무스의 눈」 넷째 수)라는 표현을 통해, 그리고 "박살난 건물들은/ 해골처럼 앙상하고// 철골은 엉크러져서/ 배배틀며 춤을 춘다"(「대파국 앞에서」 첫 수 중·종장)처럼 파국 직전의 적막에 관한 묘사를 통해, 시대의 위기를 예견하는 시인의 예지력이 엿보인다. 또한, '어둠은 하얀 이빨을 드러내고' 있지만 마침내 '지구는 돌고 아침은 오고 이슬은 반짝 빛날 것'이라면서, 외적인 절망 상황 속에서도 희망을 잃지 않는 「밤차」(둘째 수 종장과 셋째 수)나, '한 세기를 이어 내린 저벅저벅 군화소리'와 '울분의 아우성 및 뚝뚝 진 꽃봉

오리'를 병치시킴으로써 4·19의 시대상황을 그린 「신촌에 비가 온다」(둘째·셋째 수의 각 초장)도 이 계열에 속한다. 특히, 「밤차」에서 수인囚人들을 이송하는 한밤의 열차를 통해 시적 앵글을 〈지구 → 아침 → 이슬〉로 **클로즈업**시키는 양식은 전형적인 현대시의 구도 기법이다. (이상 『길손』)

셋째, **장순하**가 포진布陣하는 전략의 다양성은 그 상상력의 활용에서 나온다. 제사題詞에서 언급한 **권영민**(權寧珉, 1948~)의 지적대로, 오늘날 우리가 겪는 현실 상황은 혼돈과 무질서로 치닫고 있다. 시조는 이러한 혼란지경에 정서의 균형과 질서를 부여하려는 시적 상상력을 기반으로 하여, 전체의 언어를 바탕 삼아 경험적 현실과 상상의 세계를 통합한다. 이 통합적 상상력에 의거하는 균형과 조화는 시조만이 추구할 수 있는 거의 유일한 양식적 가치이다.[10]

상상력이 '활용'된 작품으로 「문법文法하는 계절季節」을 꼽을 수 있다.

부시시 자리를 털고
동사動詞들이 일어난다.//
굼벵이는 땅속에서
경칩알은 물고에서//
저마다 기지개 켜고
활용活用들을 시작한다.

형용사形容詞도 일제히
활용을 시작한다.//
민들레는 길섶에서
산수유는 가지에서//
비단필 마름질하여
끝동 대고 고름도 달고.

철 아닌 강추위에

10) 《문학사상》 1996년 3월호, 36쪽.

강물은 되얼어도//
매운 바람 사이
모닥불 나는 불티//
보아라 변칙變則 속에도
어김없는 저 이법理法.

-「문법文法하는 계절季節」 전문 (『묵계』)

이 작품은 '문법'이라는 명사를 동사처럼 어형변화語形變化시킨 특이한 제목 하에, 생동하는 봄의 약진을 품사들의 각개 활용으로 은유한다. '철 아닌 강추위에도' 어김없이 봄을 구성하는 온갖 요소들의 유기적인 합창으로 계절의 생성을 잘 나타내면서, 각 품사들의 유창한 조합을 통해 신생의 생명력을 개진시키는 상상력의 힘은 상투적 진부함에 대한 완강한 거부에서 비롯된다.

(3) 풍자와 해학: 그 재치와 사설의 문학사회학

사실상, 풍자와 해학은 시인의 거침없는 상상력에서 나오지만, 근본적으로 저항정신에서, 저항정신은 심대甚大한 사회의식에서 비롯된다. **장순하** 시조의 현대성은 장시조 특유의 특성 중 하나인 사회 풍자에서 드러나는데, 고도의 **리얼리스틱 심벌리즘**을 통해 시적 성취를 이룬다.

삽사리 선하품에 늘어진 유월 한낮

뒷집진 오리새끼 장죽 물고 거닐다가 사랑샌님 큰기침에 기절초풍 간 떨어져 거꾸러지고 엎어지고 천방지축 뛰는데

장닭은 고개 비틀고 키득키득 웃었다.

-「뜨락에서」 전문 (『백색부』)

하나의 **스토리**를 담론으로 지닌 이 작품의 중핵은 '장죽 물고 뒷짐진

오리새끼'[11]의 허세에 대한 신랄한 풍자라 할 수 있겠다. 짧은 규모에 비교적 많은 인물이 등장하는데, '삽사리'와 '오리새끼'와 '장닭', 그리고 '사랑샌님'이 그들이다. 줄거리인즉슨, '삽사리'가 늘어져 있는 틈을 타서, '오리새끼'가 모처럼 거드름을 피우는데, 이때 느닷없는 '사랑샌님'의 큰 기침 한 방에 오리새끼가 천방지축 놀라 자빠지고, 이 꼴을 지켜보던 '장닭'은 고개 비틀고 키득키득 비웃는다는 내용.

이 작품에는 외견상 한가로운 농촌 마당의 정경을 삽화처럼 보여주는 외연外延속에, 현대 사회의 권력구조와 계층 간의 상관관계에 대한 이죽거림이 내포內包되어 있다. 즉 미국의 문학평론가 **C. 브룩스**(Cleanth Brooks, 1906~1994)와 **R. P. 워렌**(Robert Penn Warren, 1905~1989)의 정의대로, '상징은 원元관념이 생략된 은유'라면, 이 상시조는 상징이라는 현대 시학적 기교를 사용하여 다의적인 의미를 발산한다. '사랑샌님의 기침'이 오리새끼의 오만을 견제하려는 의도성을 지닌 것이라고 보기 어렵다. 삽사리의 나른함이 오리새끼에게 허세 부릴 계기를 제공해 주었을 때, 사랑샌님의 무심한 헛기침은 이 약삭빠른 위선을 졸지에 깨뜨리며, 동시에 오리새끼를 심리적 공황상태에 빠뜨린다. 이러한 어이없는 정황에 대해 장닭으로서 웃지 않을 수가 없는 것이다.

해학은 '오리새끼의 허위虛威'에 있다. 그리고 장닭이 박장대소가 아니라 고개 비틀고 "키득키득" 웃는다는 사실에서 억눌려 사는 서민의 애환이 짙게 묻어난다. 암탉도 아닌 어엿한 장닭으로서 마땅히 웃을 일조차 크게 웃지 못하는 다름 아닌 이유는 장닭이 1) 큰기침도 거리낌 없이 할 수 있는 사랑샌님과, 2) 그의 주구走狗인 삽사리의 눈치를 보고 있기 때문이다. 따라서 이 작품에 함유된 현대 사회의 권력구조는 문학사회학 측면에서 중요하다. 여기서 제1세력인 '사랑샌님'에 대한 사대 근성이 엿보인

11) 물론 여기서 '새끼'란 말은 시어의 운율을 유지하기 위해 덧붙인 접미어로 보이며, 따라서 이 말은 '오리의 병아리'가 아니라 일반 '오리'를 낮춰서 말하는 속어적(俗語的) 표현이라고 할 수 있다.

다. 또한 '삽사리'는 사랑샌님 다음의 제2권력계층을 나타내며, '오리새끼'와 '장닭'은 윗세력의 눈치를 보는 피지배계층을 상징한다. 피지배층은 두 반열로 구성되는데, 지배층의 눈치를 보며 허세 부리는 졸개 근성의 '오리새끼' **그룹**과, 그 허위에 말려들지는 않으나 크게 소리를 높이지도 못하는 '장닭' **그룹**이 그것이다. 작품 배경인 농촌 생활의 느슨한 풍경이 암시하듯이, 이 권력 구조는 그다지 치밀하지 못해서 간혹 권력의 누수로 인하여 하위계층의 허황된 허세를 어느 정도 허용하면서도, 그 구조의 허술함에 대한 도전은 결코 허용치 않는 위엄을 과시한다.

위 시조는 상부구조의 관념형태인 문학이 하부구조의 사회상을 변증법적으로 표출한다는 신新역사주의 비평을 상기시킬 만큼 계급구조적 상호작용과 반작용을 투사한다. 즉, 상위권세의 안이한 틈을 타서 오만과 허세를 부리는 오리새끼 계층을 경멸하면서도, 웃음 한 번 크게 웃지 못하는 장닭 계층에 대한 연민을 시사한다는 면에서, 현대사회의 구조적 속성을 희화화한다. 즉 시인은 비굴한 사대근성을 신랄히 풍자하는 셈인데, 이 사대근성을 대외적인 면에서 볼 것인가 아니면 대내적인 면, 즉 국내의 정치·경제·사회적 측면이나, 더 범위를 한정시켜 권위적 허구성이 가득한 문단, 특히 시조 문단을 풍자하는 것으로 볼 것인가 하는 문제는 오직 독자의 몫으로 남는다.

장순하의 해학은 「탈춤의 계절」에서도 잘 드러난다. "부녀 겁탈 파계하고/ 노승이 춤을" 추는 등 여럿이 춤을 추는데, "문드려져 추한 얼굴/ 차마 바로 볼 수 없어// 눈 부릅떠 성난 얼굴/ 바로 보일 수 없어// 탈박을 뒤집어쓰고 덩실덩실 춤을 춘다"에서 나타나듯이 그의 골계는 바로 저항정신에서 시발한다. 유치장의 인간 군상들을 통해 억눌린 삶의 처연함을 그린 「배리背理」와, 빈처에게서 백 원 한 장 얻어 들고 호기 부리는 가난한 남편의 처지를 익살스럽게 그린 「실의시대失意時代」 역시 시대상에 대한 해학이 두드러진 작품인데, 특히 고달픈 생활고에도 의연히 웃어넘기는 시적 여유가 이 시인의 남성적 도량을 잘 나타내준다.

(4) 실험정신: 해체와 이반을 통한 통합과 균제의 지향

서벌(徐伐, 1939~2005)이 평론 「실험시조의 어제와 오늘」(《현대시학》 1974년 3월 호)에서 지적한 대로, **장순하**는 평시조와 엇시조와 사설시조의 혼작混作을 사상 최초로 실험한 공로는 그 무엇보다 출중하다. 이미 그의 첫 시집 『백색부』에서 그러한 혼합양식의 시조 즉 '복합시조複合時調'를 선보여서 문단에 곤혹스러운 충격을 안겨 주었는데, 평시조-장시조-장시조로 구성된 「기원起源의 장」과 장시조-장시조-평시조로 짜인 「뇌병원腦病院 분원分院」 및 장시조-평시조-장시조로 구성된 「합창-요정妖精들의 초혼가」 등이 그것이다. 특히 「뇌병원 분원」은 1연(장시조)에서 길짐승도 같고 날짐승도 같은 '박쥐'를 상정하고, 2연(장시조)에서 '구성머리 없는 꺾다리'이며 족보 없는 얼치기 곤충인 '거미'를 도출해낸 다음, 3연(평시조)에서 이를 통합하여 '뇌병원'이 '명승지'처럼 번성하는 사회 현실을 빈정댄다. 이후 제3시집 『길손』에 수록된 「천지天池에 올라」는 평시조-장시조-평시조로 구성되어 전체가 한 편의 '거대 시조' 양식을 구축한다.

더 나아가, 그는 「고무신」에서 시각상의 시행 해체를 시도하는 등, 실험적인 현대시 기법을 시조에 도입한 사상 첫 시조작가이기도 하다.

그 중 또 다른 기법은 '의식의 연상'의 도입이다.

> 그것은 왕매미 쓰르라미 소리 쏟아지는 여름 저녁나절이었다.
> 이제는 이름조차 아물아물하는 두 문학청년과 어울려 익산益山에서 선화공주 묘라고 전해지는 무덤을 찾아 모주 한 잔 붓고 돌아오던 길에, 벼이삭 패는 논 물꼬에서 두세 마리 물고기가 게으른 헤엄을 치는 것을 보았다.
> 그들도 **흰**자위 **검은** 눈동자로 우리를 흘겨보았다.

그것은 겨울바람 매서운 아프리카 남단이었다.

대서양 **푸른** 물결이 케이프 만 모랫벌에 **허옇게** 부서지는데, ***손발이 얼어붙는*** 테이블 산 정상 바위 틈에는 **진주황빛** 알로에꽃이 만발해 있는데, 그 곁에서 한 흑인이 **흰**자위 **검은** 눈동자로 우리를 흘겨보고 있었다.

그것은 30여 년 전 익산의 벼논 물꼬에서 본 그 물고기의 눈이었다.

–「인연이야기 그 넷째 · 아프리카의 눈/ 1990년 여름」 전문 (『길손』)

이 장시조는 상반되는 상황을 설정하여 의식을 분산시켜가다가, 그 궤도 끝에서, 이반된 심상들의 극적인 교합과 합체를 겨냥한다. 1연과 2연의 대치 개념들을 정리하면 다음 도표와 같다.

	1연	2연
시 간	여름 (저녁나절)	겨울
장소 1	익산	**테이블** 산
장소 2	물꼬	정상 바위틈
소 리	매미소리	바람, 물결소리
색 깔	벼이삭(익은 벼 색깔)	알로에 꽃(진주황 빛)
눈	물고기의 눈동자	흑인의 눈동자

여기서, 여름을 묘사한 1연은 주요 색채가 '흰자위 검은 눈동자'의 무채색인데 반하여, 겨울을 묘사한 2연은 '푸른,' '허옇게,' '진주황 빛' 등 색깔이 현란하다. 시인의 의도는 무엇일까?

시적 화자가 현재 앉아 있는 물리적 공간은 거실 탁자(공교롭게도 **테이블**) 앞이지만, 그는 의식의 흐름을 통해 '손발이 얼어붙는' **아프리카**의 겨울로 순간이동을 하면서 거실의 무대를 **아프리카**의 고산지대로 전환시킨다. 그리고 30여 년 전 익산까지 시간을 넘나든다. 〈현재에서 → 30여 년 전 과거로 거슬러 올라갔다가 → **아프리카** 기행의 시간으로 다시 거슬러 나옴〉의 시간이동과 〈[서울(?)의] 거실 → 익산 → **아프리카**〉의 공간이동을 통해, 시인은 자유자재로 시공간을 해체 · 합일하는 상상의 삼매경에 빠져있다. 그럼에도 시인은 냉정하게 자동기술自動記述의 연상을 개진시키면서 여름철 하루의 끝인 '여름 저녁'과 한 해의 끝인 '겨울'을 전성기의 결말부에서 통합한다. 여름과 겨울의 상반된 심상을 동일 상황으로 규합시키는 시적 조치는 소위 영미 형이상학파 시의 기상奇想, conceit에 해당되는 바, C. **브룩스**의 말대로, 기지機智, wit의 진지성眞摯性 또는 진중鎭重함을 성취해내는 현대시학의 주요 기법인 것이다.

중요한 사실은 '벼이삭이 패는' 시기가 '비 오지 않는 메마른 때'라는 것인데, 이것은 **아프리카**의 가뭄 심상과 연결된다. 사막의 식물인 **알로에**는 가물어야만 꽃을 피운다고 한다. 선인장 류가 다 그렇듯이, **알로에**는 물을 많이 주면 꽃을 피우는 일이 거의 없다. 가물고 가물어서 생명의 위기를 느낄 때, 그것은 종족이라도 남겨야겠다는 절박감 속에서 찬란한 꽃을 피운다. 꽃은 식물의 생명이 경각에 달린 급박감 속에서 발휘하는 마지막 생명의 불태움이자 사멸死滅에 대한 강력한 저항이다. 그러므로 여기서 시인이 의중에 품은 주제는 원시성과 생명력에 대한 희구이다. 건조의 시기, 또는 손발이 얼어붙는 차가운 혹한의 시기에, 그것도 고산高山 정상의 바위틈에 뿌리박고서 **알로에**가 화려한 꽃을 피우는 정황은 극한의 절대 상황에서 투사되는 자연의 경이로운 생명 의지로 융합된다. 이러한 시적인 각성은 '흰자위 검은 동자'를 가진 '물고기/ 흑인의 눈'에 의해 촉발된 것이며, 시인은 메마른 날 선화공주의 '무덤'에 갔다 오는 길에, 물이 조금 남은 '논 물꼬' 속에서 무력한 물고기의 헤엄질을 목격하는 순간, 죽음·삶의 무료함·인간사의 무상함 또는 사라져 가는 신화의 허무를 넘나들다가, '흰자위 검은 동자'의 강렬한 생명 의지를 간파하기에 이른다. 이것은 사소한 사물에서 화사하고 질긴 생명력을 길어내어 형상화시키는 통찰의 소산이다. 병폐처럼 스며있는 맹목적인 자연 친화나, 여성취향의 감상, 너울처럼 드리워지는 서정의 나약함 등을 벗어나, 해체와 이반을 통해 통합과 균제미를 지향하는 **장순하**의 이러한 이지적 작법은 실험의식으로 넘치고 있다 하겠다.

(5) 평론에 대한 역점

장순하는 창작과 평론의 '쌍칼잽이'를 주장하는 시인 중 한 사람이다. 앞서 언급한 「시조문학의 임상고발」(《현대문학》 1958년 11월호) 외에, 「현대시조문학現代時調文學 건설建設의 거점據點」(《현대문학》 1959년 2월호), 「현대시조現代時調 60년 개요槪要」(《현대문학》 1968년 3월호) 및 「현대시조의 상황의식」(《현대시학》 1974년 3월호) 등의 평론을 통해 '시조의 현대화' 운동을 주장하였고, 이의 실행에 앞장섰다. 이렇게 그는 일찍이 시조문학의 사생아적 실태를 조망하면서, 그 원인으로 시조인의 현대성에 대한 인식 부족을 지적하였다. 바로 이 점이 **장순하**를 가람의 정통 후계자로 보는 주요 이유이다. 1920년대 후반과 30년대 초반을 장식했던 **이병기**의 혁명성은 천재적인 실험정신과 그것의 이론적인 체계화에 있다. 이처럼 **장순하**의 시조론도 시조의 현대성에 대한 선도적 인식 및 그 학문적 이론의 장착과 실천에서 기원한다. **이병기**가 당대에 그러했듯이, **장순하**도 당대에 그를 제외하고는 본격적인 시조평론이 없었다는 점은 그를 **가람** 계보의 제1번 순위에 두는 마땅한 근거가 된다. 그 외 당대 시조인들은 시조창작에 몰두했을지언정, 자신의 시조창작 행위를 이론적으로 뒷받침할만한 평론의 학문적 체계를 구비하지 못했던 것이다.

4. 글을 맺으며

시가 없는 세상은 현대의 숲을 더욱 삭막하게 한다. **장 그르니에**의 말처럼, '매 순간 새로운 면을 발견하게 만드는 그 뜻하지 않는 놀라움'은 건조한 현대를 풍요롭게 가꾸어준다. 이 서구적인 현대에 시조가 가장 한국적으로, **권영민**의 말마따나, '3장의 형식을 향한 완성'을 지향하며 활성되어야 할 명분이 거기에 있다. 일제 치하에서 자란 **장순하**는 해방과 4·19 및 5·18 등의 난세적 역경에서 당대를 극복하고 민족 정형시가 시절의 복원을 앙망하는 혁신적 자세로 현대 시조의 기치를 높이 쳐들어 왔다. 이리하여 오늘날 시조의 '길목'은 '현대'라는 크고 울창한 숲의 한 가운데로 들어가 이미 자리를 틀었다. 시조는 이 현대의 숲을 잘 헤쳐 나갈 것인가, 아니면 숲에 묻혀 그대로 사라질 것인가? 설사 가까스로 숲을 헤쳐 나온다고 할지라도, 끊일 듯 말 듯한 오솔길로 그 흔적만 남길 것인가, 아니면 엄연한 대로大路가 되어 그 행로를 쭉쭉 뻗어나갈 것인가?

이 통과의례에 있어서, **장순하**의 시조 세계가 어떻게 진정한 현대 시조로서의 위상을 확립해 왔는지 고찰해 보았다. 물론, 이러한 그의 시작 기법에 전혀 문제가 없는 것은 아니다. 일례로, 그의 작법이 지나치게 서구적 자유시의 풍취를 띤다는 데 유의할 필요가 있다. 전근대성을 탈피하려는 그의 의욕이 과잉인 것은 아닐까? 여기에 이 땅의 시인 **장순하**의 고뇌, 더 나아가 현대 시조의 애처로운 갈등이 있다. 즉, 시조는 현대에 이르러 진보의 필요성에 압도된 나머지 그 노선을 다름 아닌 서구적 작법에서 모색하고 있다. 모든 심미적 기준이 서구화가 되는 마당에, 타 **장르**와 다를 바 없이 시조마저 그런 식으로 민족 문학의 고유성을 등한시 하지 않을까 하는 국수주의적 기우를 덜 수 없다. 현대 시조는 지금 숲속의 기로岐路를 서성거리고 있는 것이다.

장순하 자신은 들판[야野]에서 자라난 기질로써, 인습으로부터의 '출애굽'을 욕망한다. 지금 그는 자기 나름의 시 세계를 정착시킬 연배임에도, 그 갈망은 아직도 현재 진행형이며 매우 공격적인 성향을 띤다.[12] 그는 낯선 문학적 사냥 기법을 어디서 얻기라도 하면 곧바로 그 신수新手를 시조에 도입시킬 것이며, 앞으로도 그의 야성野性은 그를 그런 방향으로

12) 일찍이 '복합시조'를 선보인 **장순하**가 근자에 꽤 엉뚱한 '경시조(經時調)'에 상당한 관심을 보이는 것은 특기할만한 일이다. 시조의 대중화와 생활화를 위한 노력의 일환으로써, 그것은 '시조의 특수 계층화'라는 취약성을 극복하려는 나름대로의 의지로 보인다. 이 경시조의 성공 여부는 현대 시조의 일반적인 약점이랄 수 있는 '촌철살인적인 단시조 특유의 종장 미학'을 되살리는 데 있다고 사료된다.

계속 내몰 것이다. 이는 현대 시조의 '떠도는 뿌리' 현상을 잘 대변해준다. 하지만, 시조의 생명력은 그 어떤 서구적 기법이라도 제 것으로 용해시켜 흡입해 들일 것이라는 자신감을 또한 그에게서 볼 수 있기에 안도감이 든다. **장순하**는 이러한 과도기적인 희생과 완성 과정을 스스로 감당함으로써, 몇 가지 야심을 드러낸다. 첫째, 그는 이러한 '새로운 가지 뻗기'를 통하여 과감히 시조의 한정적 굴레를 떨치고 고래의 전통을 문학의 드넓은 영역으로 확대시키고자 애쓴다. 둘째, '문단의 사생아 같은' 시조의 환골탈태하는 몸부림을 타 **장르**에 과시함으로써, 그는 정치·경제 일변도의 현 사회에서 문예의 확실한 위상을 구축하고, 또한 오만과 방종에 찬 자유시와 소설 일색의 문단 추세 속에서 시조문학의 고지高地를 확보하려 든다. 그리고 셋째, 후학에게는 문학 연찬硏鑽의 전범典範을 몸소 보여줌으로써, 비록 본인은 무차별한 실험으로 만신창이가 될망정, 진정한 현대 시조의 기원을 여는 '징검다리' 역할을 자원한다. 그는 이렇게 말한다.

> 과거와 현대의 조화만으로 현대시조는 절대로 될 수 없다. 그것은 한국과 현대의 조화에서만 수립될 민족 문화의 필연적인 개념인 것이다. 이 확고한 개념 하에서 대담하고 과감한 공격을 거듭해야 한다.[13]

그런 면에서, **장순하**는 두드러진 혁신의식의 소유자이다. 현대 시조의 문학적 위치를 공고히 하기 위하여, '현대'라는 이름의 깊고 광대한 숲이 오히려 시조의 재탄생을 위한 거대한 태반이 되기를 기대한다. 그러기 위해서는 구舊 서정의 요람 속에서 치기稚氣를 부리며 시대를 역행하는 반동적이고 전근대적인 시조관의 굴레를 벗어나는 일이 시급하다. 그러한 굴레 중에는, 수구적 욕망에 지배된 시대 착오에서 근원하는 바둑판식 형식관, 창唱을 전제해야 한다는 고시조식 논리와 의고주의擬古主義, 폐쇄

---

13) 「현대시조문학 건설의 거점」(《현대문학》 1959년 2월호), 『장순하 문학전집 제3권 평론』, 34쪽.

적인 자연친화와 자아도취, 나약한 감상주의와 여성 취향 등의 낭만주의의 병폐, 및 수준 이하의 평론 기류가 있다.

이러한 구태를 벗어나기 위한 방법의 일환으로, **장순하**는 체계 잡힌 평론과 창작을 통해 이지적인 시어 구사와 절제된 정서의 주지주의를 시도했으며, 문학사회학적 측면에서 저항과 위반이라는 첨예한 시대의식으로 시절가조 본연의 전통을 회복시키고자 하였고, 해체와 이반 방식을 통해 통합과 균제를 지향하는 시법을 모색하기도 했다. 진정한 현대 시조의 완성을 위하여, 이러한 다양한 문학 기법들을 두루 섭렵하고 숙지해 나가는 과정이 필요하며, 특정한 어느 한 방향만이 그 〈길〉이라고 볼 수 없다. 왜냐하면, **김제현**의 지적대로, '새롭게 발견된 사물의 본질적·실존적 의미를 예술적(서정적) 세계로 형상화시켜 나가는 데는 다양한 표현법이 따르기' 때문이다.

이는 문학적인 검증을 거치지 않은 혼돈과 무질서의 만연이 아니라, 생존과 전진을 위한 다양한 시도들의 치열한 탐색을 강조하는 것일 수 있다. 문학의 난세에 있어서, 안이한 문학적 안주의 추세는 시조의 정체와 퇴보는 물론 그 존폐 유무까지 자칫 불러일으킬 수 있다. 숲길을 빠져 나오는 방법은 다양하며, 또 시조는 능히 그러한 온갖 시련 과정을 이수할 역량이 있음을 믿는다. **장순하**의 말마따나, '우리는 스스로를 불사른 초토 위에 생신하고 발랄한 불사조의 알을 부화시키자는 것이다.'[14]

(《시조시학》 2001년 가을호)

14) 「시조문학의 임상고발」(《현대문학》 1958년 11월호), 『장순하 문학전집 제3권 평론』, 23쪽.

푸른 삶의 행간에 붉은 통한痛恨을 엮어넣다

– 박연신의 제5시조집『목련꽃으로 피어나고 싶었다』, 그 결곡한 비가悲歌

사랑을 독차지하는 시간이 지속되기를 원하는 마음은
인간이 타고난 과오이다.
– 앤 모로우 린드버그

1. 글에 들어서며
2. 환기된 회상의 여로
   1) 회억 그리고 상실감
   2) 모친 상실감의 크기: 정한의 체질화
3. 정결한 비가
   1) 눈물의 잔상: 통한의 극지에 홀로 서서
   2) 표랑漂浪, 그 고착된 정한으로부터의 해방
4. 신생을 향하는 시적 풍향계
   1) 적멸, 그 맑은 개화의 희구
   2) 흰색과 붉은색의 대비, 그 처연함
   3) 정제미학
5. 글을 마무리하며

1. 글에 들어서며

약해진 뼈에 골다공骨多孔이 생기듯이 어떤 심적 상처나 충격으로 인해 사람의 마음에도 구멍이 나는데, 이를 심다공心多孔이라 한다. 특히 '나의 근본 소유물'로 여겼던 주변의 인물이나 사물들이 하나 둘 떠나면서, 상실감은 마음에 작은 구멍을 송송 내다가 급기야 커다란 구멍으로 합쳐진다. 그야말로 '텅 비어있다'라는 자의식이 마음 전체를 텅 비워내는 것이다. [그러므로 '마음을 비우라'고 함부로 말할 일도 아니겠다.] 그리하여 삶의 현장 구석구석에는 흔히 상실감, 공허감 또는 결핍감 등의 여러 **코드**들이 균류菌類처럼 자생하기 마련이다.

> 벌레먹은 나뭇잎 고단한 몸 뒤척일 때
> 우리의 무거운 삶 **숭숭 뚫린 구멍까지**
> 속으로/ 속으로 삼킨/ 내출혈을 보았다.
>
> 내 고향 웅포에 가 박꽃을 보고 싶다
> 세상살이 끝마친 듯 적요로 피어난 꽃
> **막막한 칠흑 야삼경** 〈내 갈 길〉이 보이리라.
>
> –「늦가을 그리고 낙엽」(제2부) 첫째와 셋째 수

예술 창작에 있어서, 상실감은 존재와 생성 의미의 한 동력으로 가동된다. 전북 익산 웅포 태생인 시조인 **박연신**(朴姸信, 1942~)의 위 작품에서, '벌레 먹은 나뭇잎'처럼 뚫린 내면의 '구멍'은 '막막한 칠흑 야삼경'으로 예표된 당대의 암울함 및 자아의 좌절감과 무관치 않다. 그 암담함 속에서도, 시인은 하얀 '박꽃'을 통하여 '세상살이를 끝마친 듯한 적요'의 '내 갈 길'을 투시해낸다. 시인의 상실감은 독창적 감수성과 풍부한 상상력에 의해 삶의 숨겨진 의미를 모색하는 쪽으로 자장磁場을 파급시킨다. 즉, 시인의 뛰어난 미적 감각이 시조라는 개성적인 자기연출을 통해 섬세한 내면 정서를 드러내는데, 이 점은 **박연신**의 제5시조집 『목련꽃으로 피어나고 싶었다』((주)여백미디어, 2007)가 내장한 바, 당대의 자기처지에 대한 대처 전략이라 하겠다.

일반적으로 상실감에 잇따른 슬픔은 내면화되면서 '우울감'(이는 '우울증'과 다르다)을 조성하는데, 이 정서의 역동적인 정신 **패턴** 중의 하나가 자기 슬픔에 대한 방어책으로 나타나는 '동일시' 현상이다. **박연신**은 어머니에 대한 그리움을 통해 어머니를 기억 속에 그대로 재생시켜 그 추억과 습관을 재현하고자 하면서, 그로 인한 통한으로 전시되는 자신의 회억을 현재 상황에 복원해내려는 전이轉移 현상을 보인다.[1] 그의 '어머니'는 궁극적으로 시인 자신의 삶터 또는 본향을 전형한다. 어머니의 상실은 곧 고향의 분실을 말하며, 삶터의 상실은 발근拔根 즉 '뿌리 뽑힘'uprooting or dislocation을 뜻한다. 그리고 이는 곧 존재의 떠돎을 유발한다. 그 상실감은 오히려 본향에의 강한 갈망으로 부상浮上하는 것이다.

〈비극〉의 이 바다에 내 배가 **침몰하고**
휘날리던 깃발이 애통으로 〈빛을 **잃고**〉
내 육신 〈검은〉 머리칼 다 **뽑혀** 날아갔다.

상실의 화살촉 살 속에 깊이 박혀
〈폐선〉이 된 철선이 큰소리로 울부짖는
〈어둠〉 속 이 〈밤〉의 비명 **절망**의 강은 아니리라.

–「영원으로 가지는 않으리라」(제1부) 전문

굵은 표기들의 주 개념은 '상실'로 집약되며, 이 시어는 **박연신**의 시세계에 관한 대표적 **테마**가 된다. 밑줄 친 시어들의 정서적 파고波高 속에서 시인은 특유의 감성으로 세상을 바라보는 동안, 일반 경험으로부터 자기만의 특별한 기억, 즉 '비극'과 '폐선'으로 규명된 전반적인 삶의 현장을 낚아 올린다. '화살촉'과 '철선'의 언표言表가 시사하는 그 강세强勢로 고통 속 슬픔의 밀도를 높여가면서, 시인은 슬픔·아픔 등의 정서를 자신과 일체화시키고 자아의 근원적 상실감을 단단히 체험한다.

자신에게서 뭔가 중요한 것이 결핍되었다는 압도적인 텅 빈 느낌에 대

---

1) 흔히 그러한 방어기제에 의하여 강박증적인 고립과 부정(否定) 및 자학이 강화되기도 한다. 특히 **박연신**의 경우, 어머니에 대한 끊임없는 애처러움은 자신에게 슬픔과 무력감의 정서적 압도라는 부정적인 역전이(逆轉移)의 현상을 초래할 수 있는데, 그의 시집 『어머니 곁에 제가』(태학사, 2001)는 그 한 예증이 되겠다. 다양한 방어기제에 관하여는, 본서 제3부 216–218쪽 각주 3) 참조.

하여, **박연신**은 그 빈칸을 채워줄 어떤 이상을 탐미적으로 갈망하며, 현실이 아닌 상상을 통해 시적 사유의 공간을 정교하고 감각적인 언어 미감으로 채워간다. 잘 풀리지 않는 생生의 숙제를 시의 주요 화두로 삼으려는 그의 창작행위는 상실 이전의 아름다웠던 과거에 대한 향수의 문제가 아니라, 현실의 정신적 상실이라는 문제, 또는 뿌리 뽑힘의 의식에 대한 필사적인 대처의 문제일 것이다.

2. 환기된 회상의 여로

1) 회억 그리고 상실감

1984년 〈조선일보〉 신춘문예에 시조 「골동품」이 당선되어 문단에 나온 **박연신**은 1998년 한국시조시인협회상 등을 수상하였다. 장애우를 위한 유명한 잡지 계간 《열린 지평》지의 편집인으로 활약하는 그는 이미 『산목련 이야기』 등 4권의 시조집과 수필집 2권을 상재한 바 있다.

늘 그렇겠듯이, 그의 작품론도 등단작부터 짚고 넘어갈 필요가 있다.

> 일월日月에 예 앉아/ 삶을 되살린다//
> **좀 먹고 썩은** 목기木器/ **이끼 앉은** 연자방아//
> 가물한 기나 긴 여로旅路에/ 정情이 새록 쌓이고.//
> 기승 떠는 마음을랑/ 따독따독 만져주는//
> **주름살 패인 결**을/ 어머닌듯 보듬고서//
> **야윈 손 엉기는 핏줄**/ 옛이야길 주워 담네.//
> 〈청자 빛 하늘가〉에/ 한 조각 마음 싣고//
> 〈백자白磁 흰 빛깔〉에/ 슬기 찬 목숨이어//
> 〈천년학千年鶴〉 보람을 찾는/ **구원久遠**으로 사는 길.
>
> – 「골동품」 전문, 〈조선일보〉 1984년 1월 5일

시인은 [굵은 글씨가 나타내는 바,] 현 '골동품'의 사물에게서 '천년학'으로 표상되는 시공 초월의 정신을 건져낸다. 볼품없는 외관에 새겨진 '기나긴 여로의 정'과 '옛 이야기'를 거치면서, 마침내 시인은 영원성의 이상적 가치라는 급상승구조의 절정에 이른다. 그 가치는 '청자빛 하늘'이나 '백자 흰 빛깔' 및 '천년학' 등으로 구상화되며, 그 시어들이 지향하는 궁극적 목표는 '구원久遠' 즉 영원무궁성이다. 바야흐로 폐기처분이 될 지경에 이른 하찮은(?) 골동품을 통해서, 시인은 '천상의 높이에 이른 구원久遠의 삶'을 내다보고 있는 것이다.

이 이상적 삶에 대한 고고한 지향성은 이후 시편들에서 현실적인 고통으로 하강곡선을 그린다. 고통이란 모친 상실의 개인적 경험이며, 그 개인성은 한국전쟁이라는 역사적 현실의 공시성으로 거듭난다.

그가 현실 상황에 접근할 때 애용하는 극복 기법이 그리운 이들에 대한 회상인데, 이 시집에서 회상으로 환원되는 상실감의 비애는 이전 시집들에 비해 한결 맑아져 보인다. 이를테면, 「아버지의 미소」(제2부)에서 시인의 '유년'은 이상적 행복으로 가득 차 있다. 그 곁에 있으면 화살이 박혀도 아픈 줄 모르는 '아버지'의 존재를 통해 시인이 그리워하는 것은 유년을 가로지르는 '고향 산천'이다. 즉, 시인은 '아버지'라는 절대반지를 통해서 '고향'을 도출해내면서, '아버지 또는 고향의 상실'에 처한 자아의 현재 상황을 투영한다. 지금 아버지로 표상되는 고향이 더는 없기에, 시인은 배고프고 아픈 것이다. 이렇게 그는 작품의 기호 이면에 현재 처지의 아픔을 가득 품고 있다.

상실감으로 채색된 시인의 심리상황은 다음 작품에서도 볼 수 있다.

> 오뉴월 지나서 칠팔월 **내 집**은/ 꽁꽁 얼은/ 얼음동굴//
> 나는 〈누워 살고〉/ 접시꽃도/ 못 피웠네.//
> 에너지/ 증발해 버린/ **내 집**은/ 사막이네.
>
> —「홀로 아파 흐느끼며」(제1부) 전문

시방 시인의 집은 한 여름에도 '얼음동굴'이며 '사막'이다. 얼음의 냉한冷寒과 사막의 열사熱沙라는 상호 대치의 심상은 두 번이나 거듭된 '내 집'에 초점을 맞춘다. 그러한 상황의 요인은 '내가 누워 사느라 접시꽃 하나 못 피웠기 때문'이다. 따라서 시인이 현재의 지난至難한 생과 관련하여 '집' 즉 고향의 문제를 안고 있음을 알 수 있다. '누워있음'은 고독한 투병과 같은 절박한 생의 고뇌와 관련될 터이다.

이처럼 시인은 유년기의 행복 상실로 인한 비통을 넘어, 현재의 삶에 뚜렷하게 흔적을 남긴 그 상처를 아파한다. 그의 상실감은 뿌리 뽑힘의 자의식에 대한 치열한 시적 대응인 셈이다.

2) 모친 상실감의 크기: 정한의 체질화

시인의 지독한 외로움은 어머니와의 별리를 축으로 하여 방사선을 그린다. 이 점은 시인의 초기 시 세계에서 주요 구도를 형성한 바 있는데, 그의 일부 근작들이 그와 같은 궤를 그린다.

> 전라도 땅 바닥에/ 내 눈물 자국 남았다면/
> 그것은 **유월 대낮**/ **목화꽃**으로 필 것이고/
> 내 살과/ 피와 뼈 조각/ **희어져서** 아플 거다.
>
> 산골짜기 등불처럼/ 〈빈 들녘〉 막막한 생존/
> 아침 먹고 점심 먹고/ 세끼 밥 먹고 서서/
> 고프단/ 이 말 밖에는/ 다른 말은 다 잊었네.
>
> 어제 밤엔 〈홀로〉 서서/ **달빛**을 마시면서/
> 독작하던 이태백이/ 친구하자 불렀지만/
> 술주정 그도 사치인가/ 어머니가 달래시네.
>
> –「엄마 생각하는 허수아비」(제2부) 전문

중심은 한국전쟁 때 '유월'에 헤어진 어머니로 쏠린다. [백색 심상에 관해 뒤에서 논하겠지만,] '목화꽃', '희어져서', '달빛' 등은 죽음의 심상을 지닌다. 특히 낭만적인 은은함을 벗어나 고독의 심사를 더하는 '달빛'은 '홀로', '빈 들녘' 등의 공허감을 고조시킨다. 모친에 대한 시인의 그리움은 '내 살과/ 피와 뼈조각'으로 육화되어 나타난다.

이러한 노선에서, 시인은 '싸리꽃/ 떨어진 자리'에서 별을 도출해내는 시력을 견지하면서, '울 엄마 이쁜 엄마 울 엄마 슬픈 엄마/ 비 내리는 날이면 더 간절히 그리워/ 다리를 절으면서도 무작정 걷는'(「꽃 옆에 서면 오관이 터진다」, 제2부) 보행을 감행한다. 화육化肉 되어 나타난 그의 상실감은 「나무로 오시는 어머니」(제2부)에서도 보이는데, 유년시절에 돌아가신 어머니는 '우뚝 선 나무'로 살아있어서 시인에게 닥쳐오는 눈보라를 막아주신다. 하지만, 그러한 비현실적 상상은 현실적인 상실의 크기만 재확인시켜줄 뿐이므로, 시인은 못내 '우우우/ 우우우/ 소리내어' 흐느낄 뿐이다. 이 상실감이 어찌 돌비석 하나 세운들 그 무게가 좀이라도 덜어지겠는가. 또한, 이 시집의 첫 작품 「인사동에서 시를 읊으며」(제1부)에서 알려주듯이, 시인은 모친에 대한 그리움 탓에 '엄마빛 청자가 있는 인사동'을 떠나지 못한다. 사나흘 밤낮을 울고서 그가 쉴 수 있는 곳은 '인사동'뿐이므로, 고집스레 '시월상달' 한밤에도 '달려서 달려서' 돌아와 '인사동 내 집' 즉 어머니 품에서 안식을 취하고자 한다. 이렇게 어머니는 때때로 '우뚝 선 나무'나 '청자'로 현신하거나, 또는 밤길 '골목집/ 대문 앞의 가로등'으로 현현되면서(「가로등」, 제2부), 시인이 처한 현재의 고충을 어루만져주고 갈 길을 안내해준다. 이럴 정도로 그는 어머니에 '씌여 있는' 즉 빙의憑依된 preoccupied 것이다.

이상 살펴본 바, '우뚝 선 나무', '돌비석 세우기', '청자', '가로등' 등의 공통 요소는 곧 직립 형상이다. 시인은 어머니의 회상을 통해서 마냥 좌절하여 누워있기를 거부하는 것인데, 삶의 역경 속에서도 올곧게 직립하여 서 있으려는 결연한 생존의지는 다음 작품에서도 나타난다.

칠하고 칠하고 덧칠해서 진초록 된
울창한 숲 속에 사유의 길을 트고
혹한도 두렵지 않는 **직립**으로 걸었네.

– 「생존법」(제2부) 둘째 수에서

이렇게 시인에게 있어서, 어머니는 지난 추억의 서러운 존재일 뿐만이 아니라 현재의 그를 버티고 서 있게 해주는 동력의 원천이자 현존재의 기준으로 역할한다.

3. 정결한 비가

1) 눈물의 잔상: 통한의 극지에 홀로 서서

부재 가족에 대한 회상으로 환원되는 그리움의 강도는 시인이 처한 현 상실감의 깊이를 반증하는데, 그 비애가 이전 작품들에 비해 한결 맑아져 보이는 것은 그가 생의 질곡을 감당해가는 연륜과 상관될 터이다. 상실감은 마음의 원怨이 되는 '별리別離'에서 기원한다. 어머니와 같은 존재 위상의 상실은 궁극적으로 본향 상실과 직렬연결이 된다. 그러한 별리는 한의 앙금으로 고여 있다. 가령, 작품 「이별의 아픔으로」(제1부)에서, 통한은 꽃이 진 후 '혼자 남은 오동잎'과 같은 단계를 거치며, '애통한 이별'의 슬픔으로 그 뿌리를 뻗는다. 별리로 인한 고독감이 얼마나 지독한지, 시인은 목하 '만신창이' 상태에 처해 있는 것이다.

이 경우에, 그 고통은 필경 주변 인물로부터 파생되는 생의 고달픈 문제일 수도 있으나, 주로 그의 신체적 투병과도 연관되어 있을 성 싶다.

해열제를 사 먹고도 신열은 안 풀렸다.

반 조각으로 뜬 **낮달 충혈**로 벌겋다
수면제 그 독성으로는 나를 재우지 못했다
불현듯 **부스럼**이 부풀어 올라왔다
눈두덩 터지도록 울다 울다 지쳤으니
구월엔 **서릿발** 먹은 **홍초꽃**이 되고 싶다
헛소리에 눈을 뜨고 문 열고 바로 앉아
목마름에 관절 쑤시고 뒷골이 아렸다
세척제 거품이 되어 증발하고 싶었다.

－「불면 그리고 꽃」(제1부) 전문

이러한 신체고통은 체질화된 정한 및 고독감과 버무려지면서, '절절절/ 끓는 신열을/ 묵언으로' 삼키거나, 심지어는 '가슴 속/ 끓는 **핏덩이**를/ 울컥울컥 쏟을 밖에' 없는 절박한 상태에 이르기도 한다. (「그 겨울 비가」, 제1부) 사실, 투병생활처럼 천하에 외롭고 힘든 것은 없으며, 또 그것만큼 '어머니'를 생각나게 하는 것도 없다. 「병상에서 또 나는」(제1부), 「내 피를 마르게 하지 말라」(제1부)[2], 「병원 가는 날」(제2부) 등의 작품에도 처절한 투병의 현황이 실려 있다. 고통은 '흰 살이/ 녹아내려/ 몰골이 처참하니/ 노래는 멈추고/ 모가지는 길어졌네'라는 서러운 지경까지 시인을 몰아가기도 하는 것이다. (「슬픔에 겨운 새」, 제1부)

2) 표랑漂浪, 그 고착된 정한으로부터의 해방

비극이란 원래 서구적 문학 개념이며, 한恨은 지극히 한국적인 개념이다. 이 두 사상은 얼마간의 상치相値 부면을 넘어서 일부 공통분모를 지니는 바, 원한과 정한의 정서로 교차되는 한恨의 역학은 한국적인 의미소를 구비한다. 꼭 구분하자면, 정한이 한숨·탄식·체념 등의 소극성을 지닐 때, 원한은 그러한 포기의 경향을 넘어서 보복하려는 적극적 의지를 보인

2) 이 시집에는, 제1부의 「내 피를 마르게 하지 말라」, 그리고 제2부의 「숲의 탄식」, 「가슴으로 하는 말」, 「강가에서」 등 총 4편의 장시조가 수록되어 있다.

다고나 할까. 후자인 원한의 의지력을 바탕으로 하여 소위 서구적 의미의 비극이 탄생하게 된다.[3)]

시인의 체질적 고독감은 '혼자', '하나', '한 채' 등의 표현들이 조성하는 '홀로'의 심상으로 응집된다. 주로 '어머니'로 표상되는 본향의 상실감은 시인을 고독한 '유랑'의 길로 내몬다. 어쩌면 '유랑'이라는 단어가 유발하는 '유민流民'의 심상보다 더 깊은 마음의 방랑을 표시하는 데는 '표랑漂浪'이라는 어휘가 가당可當할까 모르겠다. 예컨대, 「초록 오월이 오니」(제1부)에서 보이듯이, 그는 마음에 구멍을 내는 '녹슬은 대못 하나/ 핀센트로 뽑아내고' 혼자서 한없이 걸어가고파 한다. 이는 별리로 인한 본향 상실의 정한을 극복하려는 지순한 노력에 다름없겠다.

그러한 표랑의 희구는 다음 장시조에서도 잘 드러난다.

> 나도 저처럼/ 푸르른 강이었음.
>
> 북한강 매운 줄기 눈물나게 푸른 빛깔 하얀 달빛 **활활 풀어** 저녁이면 더 고운 물결, 그 무늬 천년의 숨결 선녀처럼 곱고 고와 발끝에 채인 한숨 저리로 가버리고 우수의 검은 머릿단 해초처럼 찰랑이네. 진종일 지친 눈가에 시퍼런 상흔들 주렁주렁 매달려도 입술 꽉 깨물고 이렇게만 **가리라**.
>
> 머릿단/ **풀어놓은 채/ 유장한** 이 강으로.
>
> –「강가에서」(제2부) 전문

유랑 또는 표랑의 심상은 여기서 '유장한 흐름'으로 변모되는데, 그 심상은 대동소이하겠다. '하얀 달빛 활활 풀어' 놓으며 푸른 강처럼 '머릿단' 마음껏 풀고 유장하게 흐르려는 심사는 고착된 현실로부터의 해방 의지

---

3) 우리 고유의 '한'을 서구적 개념인 '비극'의 관점으로 보려는 것에 대하여, '서구 이론'으로 '한국 문학'을 재단하려든다고 투덜대면서, 사뭇 쇄국적 용렬(庸劣)함을 드러낼 자 누구 있을까 싶다.

또는 당대의 극복 의지로서, 이는 곧 자유의 추구를 뜻한다. '푸른'과 '하얀' 색깔 계통의 시어들이 겨냥하는 결구는 그러한 표랑적 자유, 즉 체질화된 정한으로부터의 탈출 욕구를 암시한다. 근본적으로 시인은 '자유 추구'라는 기본 동기로 시작에 임해온 것이다.

4. 신생을 향하는 시적 풍향계

1) 적멸, 그 맑은 개화의 희구

이번 시집에서 유난히 '꽃'의 소재가 많은 것은 삶의 개화에 대한 시인의 의욕을 표출하는 것이 아닐까. 거개가 그 꽃들은 '피어나는' 확장 의미소를 구비한다. 그 '개화'의 경지가 사실상 '낙화'를 전제로 한다는 데 그 의미가 사뭇 심장하다. 즉 시인은 '개화 곧 낙화'라는 등식을 도출하면서 '피고 짐'의 동질성을 강구한다. 이것은 '적멸寂滅'에 관한 불교적 인식과 상관있다. 또한 낙화는 곧 '결실'이라는 생산적 기의와 연결시켜 볼 때, 그 적멸은 단순한 소멸 자체로 그치지 않는다.

이러한 경향은 작품 「겨울 밤 꽃을 사고」(제1부)에서 볼 수 있듯이 '오늘 밤/ 내 목숨은/ 낭떠러지/ 바람결'에 선 절박함 속에서 '장미꽃/ 두 송이'를 사는 행위로 나타난다. 막바지 좌절 속에서 시인이 사드는 장미꽃송이의 화엄은 처절하도록 아름다우며, 본질적으로 그것은 극한의 대척 상황을 하나로 통합시키고자 하는 자기구원의 의지로서 규명된다. 이 시집의 표제작인 「목련꽃으로 피어나고 싶었다」(제1부) 역시 겨우내 '위장발작'의 중병을 앓으면서도 '봄날 목련꽃'으로 피어나고자 하는 신생의 욕망을 표명한다. 계절의 순환을 통해 삶의 이법을 의식하고 봄날의 소생을 기대함으로써, 시인은 철저한 자연주의자인 양 그 섭리 또는 순리에 순응하는 자세를 보이는 것이다.

불교적 삶의 이치를 통해 감성의 자유와 환희를 강구하는 그 적멸 지향은 이렇게도 나타난다.

> 연기 나는 마을에서/ **사라져가는 것**을 생각했네
> 추운 날의 고드름도/ **녹아서 없어진다는** 사실
> 만상은/ **적멸**을 향한/ 한 장의/ **소지**였네.
> –「소멸을 위한 가을 시」(제2부) 전문

'연기', '고드름'과 '소지燒紙' 등 소멸 심상의 언저리에는 늘 어머니의 환상이 곁들여져 있다.

> 내 마음 속 초가집에 울 어머니 모셔오리.
> 꽃향기 우리집에 넉실넉실 춤을 추리
> 내 몸이 가루되어서/ **삭아 없어져도**.
> –「세상에서 제일 하얀 꽃」(제2부) 전문

애절하기 그지없는 이 서정성을 자유시로 풀어냈더라면 이만한 압축미학과 정서적 정제미를 갖추기 힘들었을 터이다. 이렇게 '사라져감'을 향한 지향은 시적 자유와 감성적 고양의 경지를 모색하는 자세와 동일시됨으로써, 시인은 자아의 음울한 염세적 경향을 거뜬히 넘어선다.

2) 흰색과 붉은색의 대비, 그 처연함

주로 순결 심상의 흰색은 다른 색과 잘 조화되며 활기찬 건강미의 인상을 주는 한편, 흰색에 경도된 사람은 흔히 자기과시적인 완벽주의자로서 순수한 정신을 존중한다. 주관과 고집이 강하며, 기품이나 고귀한 인품을 추구하거나 가끔 불가능한 이상을 품는 유형이기에 친구가 적은 편이어서, 고독하게 지내기 십상이다. 부정적인 요인으로 이 색깔은 두려움이나 무기력을 표현할 수 있다.

그렇다면 빨강색은 어떨까? 이 색은 인류가 최초로 의식한 것으로서 고분古墳 내부나 동굴벽화에 꼭 나타난다. 이것은 피 색깔과 연관되어서인지, 외향적인 사람들이 선호하고, 주의집중을 분산시키거나 발산하는 인상을 띠며, 불이나 생명을 상징하여 삶을 고양시킨다. 자극 유발적이며 격렬하고 열정적인 이 색채는 성자聖者와 범죄자, 사랑과 증오라는 상반성을 지니기도 한다.

박연신의 시편에는 색채의 잔상 대비가 진하다. '잔상'殘像, afterimage or residual image이란 빛이나 색각色覺의 외부 자극이 있은 뒤 그 자극제가 사라진 후에도 원래 자극의 시각적인 느낌이 잠시나마 계속 남아있는 감각 현상을 말한다. 진한 색상일수록 그 잔상이 더 강하다. 망막에는 [명암을 느끼는] 간상세포桿狀細胞와 [색깔을 감지하는] 원추세포圓錐細胞가 있는데, 진한 색상을 보면 원추세포가 피로를 느끼기 때문이다. 이 잔상은 '정正의 잔상'또는 양성잔상(陽性殘像), positive afterimage과 '부否의 잔상'또는 음성잔상(陰性殘像), negative afterimage으로 구별된다. 전자는 비교적 큰 빛의 자극을 단시간 받을 때 그 자극된 빛과 동일한(동질적인) 색감의 빛이 잔상으로 남는데, 이처럼 동색同色 잔상의 지속성으로 인해 생기는 경우를 말한다.[4] 반면에 후자는 자극과 반대의 이질적인 색감인 보색이 잔상으로 남는 경우를 말한다.[5] 심리적 보색의 현상인 후자는 보색잔상補色殘

4) 겨울철에 쥐불놀이용(用) 깡통을 돌리면 불의 원이 이어져 허공을 빙글빙글 그리는 것으로 보이는 것이 그 대표적인 예이며, 또한 TV의 촬영관이나 수상관에서 일어나는 잔상효과는 이 양성 잔상을 이용한 사례이다.

5) 대표적인 예가 수술 시에 의료진들이 녹색 수술복을 착용하는 경우이다. 수술할 때 환자가 흘린 빨간 피를 보다가 만약 하얀색의 **가운**을 보면, 보색인 녹색 잔상이 보인다. 이 현상은 시야를 혼동 시켜 집중력을 떨어뜨릴 수 있으므로, 이를 방지하기 위해 흔히들 수술복은 녹색으로 제작하는 것이 보통이다. 또한, 빨강과 파랑의 색점(色點)들을 **모자이크**처럼 교차시킨 다음 멀리서 보면 시각적 잔상 효과 탓에 보라색으로 보이는 경우도 이에 해당한다.

像 또는 여색잔상餘色殘像이라고도 하며, 색의 채도彩度[6]나 명도明度[7]가 높을 때 나타난다. 초록의 잔상은 엷은 빨강으로, 빨강의 잔상은 엷은 청록으로 보이며, 배경을 흰색으로 사용하는 것은 보색을 반영하기 쉬운 탓이다. 흰색이 명도와 채도 및 휘도輝度[8]까지 높으므로, 모든 예술가들은 별 고뇌 없이 쉽게 백색 심상에 의존하는 경향이 있다.

> 내 몸에/ **불** 붙어/ 오장육부/ **불길** 번져/ 간덩이도/ **불** 타고/
> 내 **울음**도/ **타** 버렸다./ 그리고/ 오늘 온종일/ **하얀 눈**이 내리네.
>
> －「하얀 눈이 내리네」(제1부) 전문

> 4월의/ 목련꽃/ 이제 보니 등불이네/ **흰꽃**이/ **촛불**처럼/
> 세상을 밝히네/ 오빠와/ 내 마음 모아 / 저렇게 피고프네.
>
> －「하얀 목련꽃」(제1부) 둘째 수

이 절절한 단수는 색상대비, 특히 흰색과 붉은 색의 병치가 선명하다. 한동안 빨간색을 보다가 흰 벽면을 보면 [빨강의 보색인] 청록색의 잔상이 잠시간 보이며, 이는 피로해진 시각기관이 평형상태를 이루기 위해 생긴 음성잔상으로서, 이를 미술학 용어로 계시대비繼時對比, Successive Contrast라 한다. 상기 작품들은 **흰색**과 **붉은 색**의 **처연한 계시대비** 효과를 이끌어내어 청록색의 잔상을 유발시킴으로, 그 처연함을 보다 강렬하게 고양시킨다. 앞서 인용했던 「불면 그리고 꽃」(제1부)의 경우에도, '낮달'과 '충혈', '서릿발'과 '홍초꽃', '끓는 밤 불길'과 '세척제 거품' 등의 보

---

6) 색의 3요소(three attributes of color: 색상, 명도, 채도) 중 하나로, 색이나 빛의 맑고 탁한 정도. 유채색에만 있으며, 회색을 섞을수록 낮아진다. 순색(純色)이 채도가 높으며, 여러 색상을 섞을수록 채도는 낮아진다.

7) 색이나 빛깔의 밝고 어두운 정도.

8) 물체를 일정한 방향에서 보았을 때, 그 물체의 관측 방향에 수직인 광원(光源)의 단위 면적에 대한 밝기 정도. 단위는 제곱미터당 **니트**(nit), **스틸브**(stilb), **람베르트**(Lambert) 따위를 쓴다. 또한 물리학용어로, **텔레비전** 등에서, **브라운**관 상(像)의 광점(光點) 밝기를 가리키기도 한다.

색대비가 선명한데, 이 역시 계시대비를 통해 붉은 색감이 시사하는 신열과 병증의 농도를 강화하는 동시에, '한밤의 어두움'에 청록빛 잔상을 덧칠함으로 절망과 고통의 심도를 가중시킨다.

화사한 색채대비를 통한 절망의 극대화는 이미 전에도 시도된 바 있다.

> 아주 아주 **불**이 타서/ **큰 불**이 활활 타서//
> 죽으면 어떨까/ 죽어지면 꺼질까//
> **흰 핏톨 소금** 뿌리고/ 침몰하던 **놀빛** 절망
>
> –「진달래 그리고 어머니」(제4시조집 『어머니 곁에 제가』)에서

여기서도, 만발한 진달래가 그려내는 '큰 불'의 붉은 색과 '흰핏톨 소금'의 흰 색채가 병치됨으로써 계시대비가 형성된다. 이를 통해 붉은 '노을빛'에 청록빛을 잔상시킴으로써, 침몰하는 절망의 심상이 부각되는 것이다. 어쩌면 호사스럽다 할 만큼 이러한 유미주의적 색감은, 그간 만성적으로 남발되어 온 현대 시조의 무채색 성향으로 볼 때, 괄목할 만큼 찬란한 영지領地를 닦고 있다 하겠다.

붉음과 하양의 대비는 시인의 절망을 극대화시키는 효과가 있다. 가령, '할퀴고/ 물어뜯기고/ 쫓기고/ 꼬집히는/ 거지같은 세상에서/ 눈 쑤시고 **충혈되어/ 잘 익은/ 감** 보러 간다/ 나 혼자/ 먼길 간다'(「2004년 가을」, 제1부) 또는 '저 감은/ 낙목한천落木寒天에/ 매달린/ 나의 **절망**'(「겨울감」, 제1부) 등의 물상화 기법들에는 그러한 의도가 잘 담겨 있다. 또한 '눈사람'과 '용암분출 …/ 가슴 속/ 끓는 핏덩이'를 대비시킨 「그 겨울 비가」(제1부)나, '흰 빨래'의 바탕에 '악성 빈혈'을 도입시킴으로써 봄의 생기를 역설적으로 길어 올리는 「봄빛」(제2부)도 이의 계열에서 멀지 않다. 다른 작품 「선인장 빨간꽃」(제2부)은 '꽃이 꽃이 아니고/ 호소이고 애원일 때'에야 '선인장의 빨간 빛깔'이 감탄사로 뜨겁게 되살아난다고 함으로써, 사랑의 아픔과 그로 인한 마음의 성숙을 그린다. 그리하여 '사랑이 진짜일 땐 닿을수

록 아프더라'는 모순어법이 입증된다.[9] 이처럼 **박연신**의 빨간색은 시인이 겪는 고통과 절망의 정도를 드높인다.

3) 정제미학

박연신은 자신의 절망과 슬픔을 표출하는 기법 중 하나로 색채 미감을 잘 활용하는데, 이는 유미적唯美的 감각을 향한 그의 관심도를 반영한다. 무채색 풍조를 벗어나 현란한 총천연색시대에 **칼라** 감각을 추구하는 그의 탐미성耽美性, aestheticism은 주로 시어의 끈덕진 선별 의지에서 비롯된다. 고질화된 회한과 그 극복 의지를 피력함에 있어서 자아의 정서를 정교하게 통제하는 기력을 지닌 시인이 언어의 정제화에 집중하는 것은 낭연한 귀결이라 하겠다.

예컨대, 작품 「흰 꽃으로 피어」(제1부)에서, 시인은 자신의 '맑은 눈물'을 완전히 분쇄시켜 '미립자 없는 분말로 완전증발'시키고자 한다. 이때, 시인의 지향점은 '완전증발'의 경지이다. 물론 이것은 동양철학적 초월의 경지를 뜻하는 표의表意이지만, 여기서는 인생 질곡과 그 역경으로부터의 초극超克에 중점을 둔다. 그 다짐은 즉흥적이거나 일회성이 아님을 다음 작품에서 볼 수 있다.

> **절망**을/ 한참 본다/ 도마 위에/ 올려놓고/
> **비극**은/ 〈분쇄시켜〉/ 한 번에 처리했다./
> 말끔히/ **완전증발**을/ 시도했다/ **미립자까지**.
>
> –「결별을 위한 해법」(제2부) 전문

앞서 언급한 작품에서 '분쇄'의 의미상의 목적어인 '눈물'이 여기서는 '비극'으로 추상화된다. 심지어 분쇄의 도구인 '회전채 칼'까지 동원하여

9) 이 작품은 첫 수 초장에 결론을 설정해 놓고 그 결론을 풀어나가는 연역법을 구사하는데, 종장의 역할을 초장에 설정해 놓는 이 특이한 구조 기법이 시적 의도를 선명하게 드러낸다 하겠다.

'완전증발'을 노리는데, 물론 '눈물' 또는 '비극'의 원관념은 '절망'이다. 제목이 시사하듯이, 시인은 삶의 고질적인 불행으로부터 '결별'을 모색하는데, 그 치열성에도 불구하고 시인은 탈출 욕구에 압도되지 않는다. 오히려, 시어를 간결하게 다듬어내는 언어 절제의 힘은 비극적 눈물로부터 말끔히 벗어나려는 시적 의욕을 더욱 비장하게 만든다.

이런 식으로 시인이 추구하는 언어의 정제미는 향후 초극적 삶에 대한 각오를 다진다.

> 난 잎을 **닦다보면** 마음 밭이 **맑아져서**
> 구름 낀 하늘도 그저 그냥 무심해져
> 산 너머 고갯마루도 지척인 듯 손잡힌다
> **맑아지면** 그 먼 길도 한눈에 다 보이니
> 날마다 마음 헤우는 일이라 생각하고
> 혼자서 창가에 앉아 **닦으면서** 기다리네.
>
> -「맑은 마음 일깨우려」(제2부) 전문

시어의 정련精鍊은 곧 시심의 줄기찬 제련製鍊에 의한 소산이다. 그리고 시인은 이러한 맑음이 꾸준한 '닦기'의 산물임을 자각하고 있다. 이번 시집에서 '맑음'에 대한 시인의 동경이 유독 눈에 띄는 것은 순수지심에 대한 선망이 간결하고 정제된 언어의 탐색으로 표출되는 까닭이겠다.

5. 글을 마무리하며

시조 창작이란 '관념과 이론 탐구에 치중하는 강단 철학'과 다른 생활 철학이며, 감정을 중시하는 심리학과는 달리 사유적 서정에 무게를 둔다. **박연신**의 시 전반에 배어 있는 상실감의 의미 층위는 생활 깊이 체화體化된 것으로서, 그의 모든 사유과정에서 중심 사고로 떠오른다. 그리고 그것은 과장된 허위 정서의 잔치가 아니기에, 그 진실한 여실성에 있어서 독자의 감응 작용을 수반한다.

흔히 시인의 시작 행위는 삶의 불행을 미적 창조력의 원천으로 여기는 탓에, 자아의 세계 속에 과도하게 몰입되어 일상으로부터 벗어나기 일쑤이다. 많은 시인들은 평범한 일상의 중요성을 무시하고 스스로 격조 높은 고상한 존재로 인식하면서 주변사람들로부터 벗어나려 하기에, 오만하다는 소리를 듣기도 한다. 자신이 소속된 현실의 물리적 토대를 망각한 채 정신적 가치에 집착하는 자신만의 느낌 속에서 영원한 청춘으로 머무르려는 경향은 삶을 미적으로 아름답게 꾸미려는 강한 욕구에서 나온다. 이 성향에 있어서, 능동적인 직설법보다는 암유적暗喩的인 간접표현으로 사기삼성을 느러내고 삶의 의미를 주구하기 때문에, 긍정적일 때는 미적 창조력과 예술성으로 표현되지만, 부정적일 때는 인위적이고 조작적이며 부자연스런 모습을 보일 수 있다. 무릇 시인들은 자신과 환경에 대해 직관적으로 느낀다. 그들은 객관적인 사실을 알지 못해도 느낌에 의한 통찰력으로 상황을 파악한다. 자신의 감정에 누구보다도 솔직하므로 타인의 느낌도 잘 아는 편이다. 이들의 근본 문제는 질투심일지 모른다. 자신의 삶에 뭔가 늘 부족하다는 의식 때문에 자신이 갖지 못한 것, 가령 우아하며 세련되고 지적이어 자기보다 뛰어난 자질 등을 가진 사람들에게 줄창 질투를 느끼며, 끊임없이 이상을 꿈꾸면서 현실에 발을 딛지 못하고 만족하지도 못한다. 자신이 갖고 있지 않은 다른 것을 추구하느라 곧잘 현실에서 벗어나기에, 삶에 주어진 축복들을 알아차리지 못할 때가 많다.

이 문제를 극복하기 위해서 〈인간은 본질적으로 완전한 사랑을 향유할 수 있는 모든 자질을 자신 안에 풍부하게 가지고 있다는 사실〉을 시로써 나타내야 한다. 더 나아가, 〈인간은 필연적으로 타인과의 상호 유대관계 속에 존재하므로 타인과 나의 삶은 어떻게든 하나로 전체적인 통합 연결 구조를 가진다〉는 사실을 잊지 말아야 한다. 이럴 때 시인은 자신의 내면을 진실하게 탐구하여 감정의 균형을 이룸으로써, 타인에 대한 내적 통찰력을 시로써 전시할 수 있게 된다.

박연신의 최근 시조들은 그러한 생존 의지에서 발원하는 장강長江의 기세를 구비한다. 그의 유미적 색채 감각과 회화적 생동감의 도입은 시에 들어있는 심상들의 정서적 절제와 완성도를 더욱 조밀하게 다진다.[10] 미끈하면서도 왠지 슬프게 잡아낸 뒷태의 여인과도 같은 작품들에서, 깊은 사유의 여정을 거쳐 마침내 성취하는 교감 같은 것이 독자들은 느껴지지 않은가? 시인은 매순간 깊은 감동에 대한 갈망으로 희로애락의 감정을 느낄 때 스스로 살아있음을 의식한다. 그는 통한으로 몸부림치면서 자신의 현 존재를 절감하며, 그것을 통해 성장해가는 것이다.

박연신의 시에 등장하는 어머니는 시인 자신의 심정적 본향을 표상한다고 볼 때, 어머니의 상실은 곧 삶터의 박탈이겠다. 본향으로부터의 뿌리 뽑힘 의식과 그리고 그 본향으로의 회귀 갈망은 시인의 현재가 표류상태에 있음을 증명한다. 상실감을 극복하고자 구태여 애쓰지 않는다는 데 그의 시적 독특함이 있다. 그는 상실감을 오히려 향유하며 탐미적으로 즐기는 것 같다. 재론하는 바이지만, 그의 창작 행위는 단순히 상실감 이전의 아름다웠던 과거에 대한 향수만의 문제가 아니라, 자신의 현실문제 곧 자아존재의 실향失鄕과 뿌리 뽑힘에 대한 필사적인 대처의 문제로 요약된다. 즉, 통한과 허무에 대한, 어쩌면 그것을 즐기는 듯한 탐미의 시도가 그 특유의 대응방식이며, 그의 살과 피에서 배어나온 화려한 시적 축조 이면에 숨겨진 허무의 자각이 교감의 현을 떨게 한다.

이번 시집에서, 시인은 켜켜이 쌓인 사모곡의 앙금을 정리하고 그것과 작별하려는 경향도 보인다. 그가 '어머니'의 주제에서 완전히 벗어날 수는 없으나, 모성의 문제에 접근하는 방식에 있어서 색다른 진로를 추구

10) **박연신**의 경우, 강렬한 색채 대비 등을 통해서 투영된 절망은 결국 의지의 소생으로 거듭난다.

할 것 같다. 미국의 작가 **앤 모로우 린드버그**(Anne Morrow Lindbergh, 1906~2001)가 수상집 『바다의 선물』(*Gift from the Sea*, 1955) 「제4장 해돋이조개*Double-Sunrise*」에서 말한 대로, 사랑을 독차지하는 시간이 지속되기를 원하는 마음은 인간의 운명적인 과오이다. 사랑의 독점이라는 욕망에서 벗어나야 정녕 신생의 길을 닦을 수 있을진대, 인간은 흔히 그러지 못한다. 슬픔의 정리란 그냥저냥 잊어버리는 것이 아니라, 그 고통에서 벗어나 자신의 감정을 기탄없이 느끼고 표현하고 해결할 수 있게 됨을 뜻한다. 슬픔을 자유롭게 느끼면, 기쁨처럼 인생살이의 여타 감정들도 더 자유롭고 섬세하게 느낄 수 있게 된다. 그리하여 이지적 서정을 고수하는 언어미학의 절제력과 문학적 균정미均整美는 아름다운 시인지감수성詩認知感受性을 화려한 빛으로 일깨운다. 그리하여 시인 스스로 사기 생의 질곡에 대해 개방적이고 정직한 관계를 맺기에 이른다.

박연신은 기왕에 시도한 바 언어의 정제와 색채 감각을 어떻게 현대시조의 **캔버스**에 더욱 노련하게 붓칠해 나갈 것인지를 향후 과제로 안게 되었다고나 할까. 많은 시인들에게 삶의 체험을 시적 회화로 그려내는 작업은 용이치 않다. **콘퓨셔니즘**confucianism에 의한 전통시조의 고답적인 무채색 엄숙주의 탓이다. 하지만, 그의 경륜이 보여주듯이, 자신의 처지에 대한 관용과 폭넓은 시계視界를 확보해감에 따라 그가 인지하는 미감의 다양성은 더욱 풍성해져 갈 것이다.

(시집 『목련꽃으로 피어나고 싶었다』((주)여백미디어, 2007)의 평설문)

제2부

이철균의 시 세계에 나타난 동경의 제반 양상과 현실 의식

> 인간은 제 내면적 삶을 봉인함으로써 자신의 규정적 본성의 특징을 재발견한다. 인간이 이 일을 행하는 까닭은 그가 자유로운 행위자로서 외부 세계로부터 자신을 향한 완벽한 소외를 없애기 위해서다.
>
> **– 헤겔**

1. 글머리 및 시집 『신즉물시초新卽物詩抄』 개괄

18~19세기 낭만주의는 관념적 경험을 중시하는 주아주의主我主義로서, 모든 가치 기준을 자아의 해석에 둔다. 이러한 주관성에의 치중은 객관성이 결여된 대상을 향한 동경憧憬으로 나타나며, 이러한 동경은 흔히 시간, 공간 및 내적인 것으로 구분된다. 1) 시간적 동경은 미지의 절대적 영겁이나 영원성과 **합일**하기 위하여 현실의 '땅'에서 수직 축을 타고 초월하여 천상의 경지로 치솟고자 하는 태도를 말한다. 2) 공간적 동경은 **익조티시즘**exoticism, 신비한 이국(異國) 정서을 갈구하거나, 자연의 신비경

에 몰두하는 **초월적 자연관**을 설정하며, 3) 내적 동경은 무한계의 절대자나 이상적 이성에 대한 **흠모**와 **그리움**을 미화하는 경향으로 발현된다.

동경이란 객관적 현실의 대상이 없이 무한한 내적 관념의 공상에 의존하는 유동流動의 미학이다. 예술가는 자신이 창조한 작품에 머물지 않고 항상 보편적인 무한 이념을 향해 초출超出하려는 자유의 존재인데, 한때의 절대적 이상이 절대성을 상실하면, 그 대상에 대한 집착이 표백되고 빛이 바래어 새로운 대상을 찾아내며, 다시 그것에 절대성을 부여하고 흠모한다. 이것이 곧 '무목적無目的의 표백漂白'이라는 과정이다. 즉, 예술가는 새로운 절대를 위해 이전의 절대를 파괴하는 등 극지 설정을 부단히 달리하는 운명적 굴레를 자초함으로써, 절대성의 남발이라는 자의적인 유희에 대해 씰연코 실망을 느끼는 자기모순에 빠지며, 그리하여 인간으로서 인간이기를 거부하여 신적神的인 세계를 지향하지만 끝내 인간성을 벗어날 수 없는 한계, 그 제한의 덫에 치이고 만다. 이를 낭만적 **아이러니**'독: die romantische ironie, 영: romantic irony[1]라 한다. 스스로 설정한 절대적 이상을 스스로 파괴함으로써 자아당착의 노예로 전락하고 마는 이러한 상황은 현실로부터의 유리流離 탓에 현실적 체험의 대상이 없이도 성립되는 공상적인 자유방종의 결과물이다. 이러한 관념적 인식론은 체험적 인식작용을 중시하는 현대시의 반동反動을 유발한다. 즉 현대시는 낭만주의 시학의 **안티테제**Antithese로서 출현하는 바, 관념시론이 체험시론에 의해 축출되는 것이다.[2]

독일 학자 **후고 프리드리히**(Hugo Friedrich, 1904~1978)에 따르면, 현대

1) 독일의 낭만주의자 **카를 슐레겔**(Karl Wilhelm Friedrich [von] Schlegel, 1772~1829)은 낭만적 **아이러니**를 이론적으로 정립하면서, 그것에 내재된 모순이란 일종의 '자기창조와 자기파괴의 변화'로서, 어떤 종점[또는 목적이나 조화]를 향하던 것이 부조화와 모순 자체로 머물게 되는 변화를 뜻한다고 보았다. 모든 예술작품이나 문학적 글쓰기 자체가 창조와 파괴의 변화를 끊임없이 전개해 나가는 기표(記標)의 움직임 즉 **아이러니** 자체라는 것이다.

2) **박진환**(朴鎭煥), 『현대시학이론(現代詩學理論)과 실제(實際)』(자유지성사(自由知性社), 1993), 18-23쪽.

시는 불협화不協和, Dissonanz와 이상성異常性, Abnormitat을 그 특징으로 삼는다.[3] 전자는 혼돈으로 인한 긴장감을 낳으며, 후자는 부정적否定的인 비정상성 또는 비규범성을 가리킨다. 둘 다 '안정'과 대척관계에 있다. 비안정성이란 불연속不連續, discontinuity 즉 단절과 단속斷續을 가리키는바, 단절의 벗은 '소외'이고, 단절과 소외의 합작으로 '고독'이 산출되며, 고독의 얼굴은 '침묵'이다.[4] 그 침묵의 절대음絶對音은 우주적 본질과 연관되며, 그것은 진리의 각성이라는 본류로 이어진다. 인간이 그러한 득도의 경지에 쉽게 이르지 못하는 까닭은 멍에와도 같은 육체적 한계와 현실적 삶이라는 제반 인간조건 때문이다. 이 억압적인 조건들로 인하여, 삶은 흔히 진리와 깨달음의 본줄기를 일탈하여 고뇌와 고통으로 뒤틀어지곤 한다. 여기에 인간 존재의 생리적 불안과 공포가 있다. 그 정서는, 비록 도로徒勞에 그친다 할지라도, 죽음에 대한 원초적 저항으로 그 물꼬를 트고자 한다.

전북 출신으로 순 전주토박이인 유인有人 **이철균**(李撤均, 1927~1987)은 초기의 낭만적 동경에서 시발하여 현실주의로 진입한 과도기적 시인이라는 면에서 이상의 거론은 불가피하다. 그는 1944년 전주고등보통학교(당시 5년제)[5]를 졸업한 후 일본 와세다早稲田 제1고등학원을 다녔고, 귀국

---

3) **후고 프리드리히**, **전광진**(全光珍) 역, 『근대시문학론(近代詩文學論)』(을유문화사, 1975), 25-30쪽. 원제: 『현대 서정시의 구조: **보들레르**에서 현재까지』(*Die Struktur der Modernen Lyrik: Von Baudelaire bis zur Gegenwart,* Hamburg: Rowohilt Taschenbuch Verlag GmbH, 1956), 1968년도 개정증보판.

4) 미국의 문학평론가 **M. K. 스피어즈**(Monroe Kirklyndorf Spears, 1916~1998)는 그의 저서 『**디오니소스**와 도시: 20세기 시에 나타난 **모더니즘**』(*Dionysus and The City: Modernism in Twentieth-Century Poetry*, New York: Oxford University Press, 1971)에서, 현대문학에 나타난 '단절 현상'을 형이상학적 단절(metaphysical discontinuity), 심미적 단절(aesthetic discontinuity), 수사학적 단절(rhetorical discontinuity) 및 시간적 단절(temporal discontinuity) 등 네 가지 기본 유형으로 분류하였다.

5) 해방 이후, 미군정(美軍政) 때 문화교육정책 자문기구였던 조선교육심의회가 수업 연한이 6-3-3-4제인 단선형 학제를 시행하면서, 1946년 9월 1일 전북공립중학교(6년제)로 개칭되었다. 그리고 전시(戰時)인 1951년 9월 1일부터 각각 3년제의 전주북중학교와 전주고등학교로 분리되어 지

뒤 1949년부터 1958년까지 모교인 현 전주고등학교에서 교편을 잡으면서 잡지 《인물계》의 편집을 맡기도 하였다. 그즈음 1953~54년에 걸쳐 《문예文藝》[6]지에 시 「염원念願」(1953년 2월호), 「한낮에」(1953년 6월호), 「소리」(1954년 3월호)로 **서정주**(徐廷柱, 1915~2000)의 3회 추천을 받아 문단에 나온다. 이후로 철부지 같은 기행奇行으로 많은 일화를 남긴 그에 관하여, 전주지역의 지인들은 전설적인 회고 속에 추억하곤 한다. 격동하는 현대사의 주변부에서 5척 단구의 독신으로 가난과 소외 속을 평생 떠돌던 그는 1987년 7월 6일 향년 60세로 질곡의 생을 마감하였다. 사후 5년 만에 전북문인협회 **이운룡** 회장을 비롯한 후진들이 그의 문학적 업적을 기려 유고시집 『신즉물시초新卽物詩抄』(전북문인협회, 1992)를 발간하였다. 이 시집에는 총 6부로 편성된 시 약 90여 편과 함께, 제7부인 말미에 지자의 독특한 시론과 평설 두 편이 수록되어 있다.

시집 『신즉물시초』[7]에서, 각 6부의 표제들은 서두에 실린 「서시」와 연관성이 깊다.

금에 이르렀다.

6) 민족문학의 확립을 지향하며 1949년 8월 1일 창간된 순수문예지. 정부 수립 이후 한국전쟁 전후의 유일한 문예지로, 전쟁 이후 간헐적으로 발행하다가 1954년 3월호 통권 21호로 종간하였다. 발행인은 **모윤숙**(毛允淑, 1910~1990)이며, 편집인은 **김동리**(金東里, 1913~1995)였다가 이후 **조연현**(趙演鉉, 1920~1981)으로 바뀐다.

7) 1920년대 독일에서 표현주의(Expressionism)에 대한 반동으로 일어난 신즉물주의(新卽物主義, 독: Neue Sachlichkeit)는 자아의 감정 표현을 억제하고 객관적 사실에 바탕하여 그 사실 자체로 진술하게 하는 사실적 기법이다. 표현주의가 주관의 표출에 전념한 나머지 대상의 실재 파악을 등한시하여 비합리주의로 흐르자, 이에 반발하여 즉물적 대상 파악에 의한 실재감의 회복을 겨냥한 이 신현실주의는 일종의 **모더니즘** 계열로서 사물의 본질을 냉철하게 표출하려는 존재론적 입장을 취한다. **이철균**의 동시대를 감안할 때, 그가 1970~80년대 일본의 독문학자 **스즈키 슝**(1931~)이 도입한 신즉물주의 사조로부터 영향을 받은 것 같지는 않다. 그때는 이미 그의 활발한 창작시기가 지난 이후였기 때문이다. 사물이나 관념을 통해 존재로서의 자신을 파악하고 확인하는 측면에서, **이철균**의 신즉물주의는 '자아와 배치되는 대상과의 즉물적 합일'과 연관될 성싶으며, 이는 그가 몰입한 실존철학과 불교사상에 잇닿는 것 같다. 삶의 이상을 시화하는 작업과 그 해명 과정에서, 특히 그의 초기 시는 주관적 관념론에 빠진 채 생경한 철학용어에 과도하게 의존하며 선문답의 모양새를 띤다. 자신의 인생관을 설파하려는 의도가 문학적 형상화를 앞섰다고나 할까. 그는 자신의 시론을 좀 더 구체적이고 실천적으로 규명했어야 하였다.

당신은 청산유인青山有人
당신은 공산무인空山無人
당신은 청산무인青山無人
당신은 공산유인空山有人
그래서 유인有人은
거즉자渠卽自 자즉거自卽渠

나의 안 만 리萬里 길, 소리
없는 모란 피고 진다.

–「서시序詩」 전문

관념적인 이 난해한 선시禪詩[8)]는 **이철균**의 시 전반에 관한 주요 단초를 제공한다. '청산유인은 청산무인이고 공산무인은 공산유인', 즉 청산에 사람의 '있음'은 '없음'이나, 또 '없음'은 '있음'이나 마찬가지라는 이 절대 단독자의 오도적悟道的 경지는 역설적 등가等價 또는 동일시의 세계를 의미하며, '색즉시공色卽是空 공즉시색空卽是色'이라는 불교적 경지를 상기시킨다. 또한 "有人"(시인 자신의 아호)은 '渠(우두머리 거)' 즉 삼라만상의 단독자적 수장首長임을 스스로 밝히며, 자아의 '안'이 '만 리 길'이라 함으로써 자아내면의 무한성을 천명한다. 이어서 '모란'의 피고 짐을 통하여, 우주 질서의 순환적 진리와 그 연계망이 광대한 영구적 시공간 속에 놓여 있음을 설파하는 바, 우주음宇宙音의 경지인 '소리 없음'은 음파와 음량과 음속을 초월한 초극의 세계를 가리킨다.

서구의 실용적 가치와 동양의 정신적 경지가 충돌하던 격동의 1950~60년대에 현실의 바닥없는 나락과 고고한 이상의 틈새에서 '단독자적 자유'를 갈망했던 **이철균**의 시 작업은 민중문학과 **포스트모더니즘**의 끝자락에서 **뉴 에이지**New Age의 시문학을 탐색하는 현 21세기에 시사하는 바

8) 이 용어는 청록파 시인 **조지훈**(趙芝薰, 1920~1968)이 그의 시론「시선일미(詩禪一味)」와「현대시와 선(禪)의 미학」에서 맨 처음 사용한 용어로 알려져 있다.

가 크다. 그것은 인간의 주체적 존재방식에 대한 탐구가 지금도 여전하며, 그 탐색의 요원함과 고단함이 삶의 불안과 불확실성 탓에 더욱 심화되기 때문이다. 이제 반세기전 한국시의 한 영역을 담당했던 그의 작품세계를 조명함으로써, 우리는 외면당했던 한국시의 미개척 영역을, 그리고 장차 우리 시가 나아갈 바를 점검해 볼 수 있을 것이다.

2. 시간적 동경: 대립소들의 형이상학적 합일을 지향하다

서구 사상이 '인간 생 및 존재의 중심'을 대립소對立素들 간의 항구적 양립과 충돌 선상에 놓는다면, 동양적 사고는 그 대립요소들의 동위성同位性 즉 동시적 합일을 지향한다. 정正과 반反의 변증법적 길항을 통해 통합**진테제**, Synthese이 성사되는 것이라면, **헤겔**(G. W. F. Hegel, 1770~1831)의 변증법은 동양적 일체성으로 귀납되는 셈이다. **이철균**은 그 변증법적 사고를 기반 삼아, 다양한 삶에 의한 대립성분들의 궁극적 일체를 겨냥하는 낭만주의의 이상적 관념론으로써, 대립소의 합일이라는 형이상학적 경지를 추구하는데, 그것은 동양의 불교철학과 무관치 않다.

> 우리 인간의 실재實在는 유물도 유심도 아닌 그 양극의 단일성이다. 생生과 사死도, 소멸消滅과 생성生成도, 유有와 무無도, 선善과 악惡도, 미美와 추醜도, 시간時間과 공간空間도 동시동위적同時同位的인 절대모순적絶對矛盾的 자기동일성自己同一性인 것이다.
>
> – 시론 〈현대시現代詩의 상관물적相關物的 즉물성卽物性〉에서[9]

나름의 존재론과 더불어, **이철균**은 사물들의 인연관계 아래 '법신法身, 즉 진실과 현신現身, 즉 사실' 등의 불교적 의미들을 사변적으로 전개하면서 **사르트르**(Jean-Paul Sartre, 1905~1980)의 '존재와 무' 사상으로 발전해간

9) 시집 『신즉물시초』, 177쪽.

다. 이 과정에서 그의 시작詩作은 온갖 대립적·모순적 양상들의 변증법적 융합과 해방을 지향한다. 우주를 비롯하여 자연과 인간 삶의 모든 구성체계가 대립적 상반 요소들로 조성된다는 이분법에 관해 논란이 없진 않지만, **이철균**은 그 대립소들을 '모순'이라는 용어로 총칭하는 바, 그 어휘는 '삶의 다양한 긴장 관계'를 망라한다. 그는 그 모순들의 일체화를 시작업의 최대 목표로 여겼다. 따라서 유무와 명암과 생사의 대립소들이 결국은 하나라는 동양철학적 이상은 그 시업의 진지한 주제가 되는 것이다. 앞서 거론한 「서시」 외에도, 일체감을 향한 의지는 여러 군데에서 볼 수 있다.

이면裏面도 표면表面과 같다는 뜻이다//
일一도 십十도 같다는 뜻이다//
반우주反宇宙도 반反 인간人間도 같다는 뜻이다//
죽음까지도 불타 버리는
나의 무한미소無限微笑를 보자는 것//
망각忘却으로 백지白紙로 돌아가는 영원한 기물器物

–「거울의 의미意味」(제1부)에서

안개는 해다
안개는 별이다
안개는 보리밭이다
안개는 강江이다
안개는 인분人糞이다

–「안개」(제2부)에서

강江은 산山이 되려하고
산山은 강江이 되려는지도 모른다

–「설화說話」(제4부)에서

이상의 취지는 존재의 유有가 무無 없이는 성립될 수 없기에 유와 무란 절대모순의 대립개념인 동시에 하나의 존재를 형성하는 공존요소이며, 긴장을 유발하는 그 모순들의 동일화가 곧 자아존재의 현상이라는 것이다. 이 사상을 삼라만상 전체에 확대 적용시킴으로써, 사물들의 실존적 동일성을 모색하였던 시인은 표면과 이면, 강과 산, 일과 십, 우주와 인간 등 상치개념과 이질적 사물들의 동질화를 끈질기게 강구한다. 영원 속의 만물 유전과 순환이라는 지극히 불교적인 사고와 긴밀하게 이어진 이러한 사상은 다음의 칠언율시七言律詩 게송偈頌에서 잘 나타난 바 있다.

일중일체다중일 一中一切多中一
일즉일체다즉일 一卽一切多卽一
일미진중함시방 一微塵中含十方
일체진중역여시 一切塵中亦如是

하나 속에 모두가 있고 여럿 속에 하나가 있네.
하나가 곧 일체요 [여럿의] 일체가 곧 하나라
티끌 하나 속에 온 우주가 담겨있고
모든 티끌마다 온 우주가 들어있네.

–「[의상조사義湘祖師] 법성게法性偈」[10] 7–10행

'하나가 곧 전체이고 전체가 곧 하나'라는 불교적 사고는 '안개'를 통해서 형상화된다. 즉 안개는 [해와 별의] 천상계와 [보리밭의 들과 흙, 강물 및 인분의] 지상계의 뚜렷한 구분을 무력화시키는 매개물로서 천지인天地人의 우주적 일체화를 도모한다. 그리하여 '안개'의 효용성은 모든 것이 무위無爲로 돌아가고 마는 영원 속의 윤회輪回로 변용된다.

---

10) 신라 승려 **의상**(義湘, 625~702)이 지은 「법성게」(668)는 7언(言) 30구(句) 210자(字)의 게송으로, 〈화엄경(華嚴經)〉의 핵심사상이 담긴 칠언율시(七言律詩)이다. 이를 54각의 네모꼴로 도표화한 도인(圖印)이 〈[화엄일승]법계도([華嚴一乘]法界圖)〉이며, 이를 '해인도(海印圖)'라고도 한다. 이 명문(名文)은 해동화엄(海東華嚴)의 발원지가 되며, 대승불교 유식설(唯識說)의 「유식삼십송(唯識三十頌)」(c. 383~391)에 비견할 '화엄삼십송'이라 하겠다.

자네, 내 장중보掌中寶의
소식을 듣고 싶거들랑
저승에서라도 와 보게나
그 바람밭에서 씨나 거두었거든

내 손바닥 안
짙은 안개 속
일월日月도 비비며
들어와 빛나고

서럽고 서럽던
백제百濟 뒷장독 마지막 접간장
고구려高句麗의 우물가 마지막 석류石榴
이제는 맑은 대추씨빛 그것 되었네

굴리는
음陰과 양陽/ 유有와 무無/ 우주宇宙와 반우주反宇宙를

천상천天上天, 구름밭에 달그림자
천하천天下天, 아슬한 갈대꽃이랑

아 무량미소無量微笑 같은 고요
아 무량자비無量慈悲 같은 빛살

첩첩 고이는
가을 산협山峽 되었네
늘그막에
땅 한 평 없네만

* 소식消息 — 해탈解脫의 동의어同義語이기도 하다

* 장중보掌中寶 — 가래를 말함. 나 30년이 되게 구멍 뚫린 가래 한 쌍을 손아귀에 만지작거리고 있다. 처음에는 색도 없이 우중충했던 그것은 손때가 묻을 대로 묻어 이제 불타는 대추빛보다도 더 맑게 반지르르 빛나고 있다.

–「소식消息」(제2부) 전문

백제와 고구려에서부터 현재의 궁핍한 처지에까지 두루 훑는 역사적 통시성과 공시성을 내장한 이 작품에서, '안개'는 그것과 섞이는 모든 사물들과 상호 동일개체의 호환互換을 이루는 매개체로 작용한다. '소식'이란 낱말은 꽤나 다의적인데, 우선 '사라질 소消', '숨 식息' 즉 '호흡이 소멸한다'는 축자적 의미가 상기된다. '식息'은 '휴식休息'이라는 말에서처럼 '쉰다, 그친다'라는 뜻도 있으며, '서식棲息'에서처럼 '살다'의 뜻도 지닌다. 또한 '소식'은 '없어짐과 생김', '줄어듦과 불어남', '변화', '왕래'라는 뜻도 있는데, 여기 맨 나중의 의미가 '안부'의 뜻으로 전의轉意되면서, '편지'나 '통신'의 뜻도 안게 되었다. 즉 시인은 죽은 친구에게 전언하는 소식의 형식을 빌려 자신의 죽음을 예감하는데, 원주原註가 암시하듯이 이 죽음은 곧 '해탈'을 함의한다. 시인은 묻힐 땅 한 평도 없는 무소유의 처지에서, 몸에 지닌 단 하나 소유물이라곤 '장중보' 즉 손에 쥐고 만지작거리는 마른 추자알(또는 호두알) 뿐임을 피력한다.[11] 삶의 극한 속에서도, 시인은 '음과 양/ 유와 무' 같은 대립소의 합일을 통해 그리고 '천상천'과 '늘그막의 빈곤'을 통합시킴으로써, 삶과 죽음의 불가분을 설파하는데, 이 '생사동일시'의 경지는 '무량미소'나 '무량자비'처럼 불교적 개념이다.

> 부정否定의 거울에서 어김없이 **내**
> **맨 처음의 얼굴을 찾아내는 것**이다/
>
> 그리고 모순矛盾의 못물 속에 온갖 것
> **미소**微笑로 무한해방無限解放해버리는 것이다.
> –「시법 — 신즉물시新卽物詩」(제1부)에서

---

11) 호두알은 손에 쥐고 와그락짜그락 비벼 돌리는 지압용 노리개로, 온갖 신경이 다 모인 손바닥에 자극을 주어 머리가 맑아지고 치매를 예방하는 효과가 있다. 오래 굴리다보면 정 들어 잠잘 때도 머리맡에 두어야 마음이 놓인다. 씨알 껍질의 봉합선 수에 따라 양각, 삼각, 사각 호두 등이 있는데, 각이 많을수록 부딪치는 소리가 요란하고 명쾌해서 값이 더 나간다. 전남 장흥의 '귀족호두'가 가장 유명하다. 호두알은 먹는 것과 못 먹는 것이 있는데, 주로 후자를 '가래' 또는 '개호두'라 하여 손 노리개로 쓴다. 한편, 가래나무는 호두와 유사한 토종인 추자(楸子)나무를 말하기도 한다. **페르시아**가 원산지인 호두는 '오랑캐나라에서 온 복숭아 닮은 열매'라는 '호도(胡桃)'에서 나왔으며, 중국 당나라의 추자라 하여 당추자(唐楸子)라고도 부른다.

내가 달빛일 때/ 너는 언 호수湖水가 되고//
내가 물살일 때/ 너는 갈대밭 새가 되고//
내가 돌일 때/ 너는 그 중심中心에서 **미소**微笑짓는 아지랭이

–「돌」(제3부) 전문

진정한 자아의 확인과 깨달음의 경지를 나타내는 '미소' 역시 불교철학적 사상과 연루된다. 앞 작품에서, 대립과 모순으로 가득한 부정의 현 세계를 초월하여 '내 맨 처음의 얼굴' 즉 자아의 실상을 확인하고자 하는데, 이는 온갖 삶의 모순들을 해탈의 미소로 '무한해방'해 버리려는 시도로써 나타난다. 상하上下와 확축擴縮의 대비를 열거해 나가다가 모순과 상치相馳를 통합하는 그 변증법적 절차는 마침내 '염화미소拈花微笑'라는 불교 개념과 어어지는 것이다.

3. 공간적 동경: 순수 이상계를 향한 초극적인 자기구원의 행위

삶의 고충 속에서도 순수 절대세계에 대한 시적 갈망을 멈추지 않는 **이철균**은 인간조건의 절대모순과 허무를 초극하고자 한다. 생의 제반 한계들을 포함한 현실적 시공간을 초월하여 무한대의 우주성을 향하는 그의 추구는 현실적 고뇌와 정서적 결핍의 보상을 위한 그리고 궁극적으로 자기 구원을 위한 몸부림의 일환으로 보인다.

영嶺 너머
구름이 가고

먼 마을 호박잎에
지나가는 빗소리

나비는 빈 마당 한 구석
조으는 꽃에

울 너머
바다를 잊어
흐르는 천년千年이
환한 그늘 속 한낮 이었다.

–「한낮에」(제4부) 전문

그의 등단작 중 하나인 이 작품은 초월적 자연관으로 특징짓는 공간적 동경의 전형적인 사례이다. '흐르는 천년이/ 환한 그늘 속 한낮'의 시공간 속에서, 나비는 '조는 꽃'에 심취하여 '울 너머 바다'를 잊는 경지에 잠긴다. '천년이 환한 한낮'은 잔잔한 시간 진행의 흐름을 넘어 죽음 너머까지 관통하는 존재의 항구성을 나타낸다. 나비가 '[속세의] 바다를 잊을 정도까지' 대상['꽃']에 경도傾倒되는 합일合一의 상황은 정신주의적 일체감으로 고양된다. '흐르는 천년' 세월의 여정이라는 영원한 동動의 세계와 '그늘 속 환한 대낮'이라는 찰나적 정靜의 세계를 교행交行시킴으로써, 존재 현상의 등가성等價性을 드높인다. 밑줄친 부분이 시사하는 바, 고도로 절제된 언어를 통해 시인은 미세한 움직임 속에서 순간 정지된 존재의 현상, 즉 정중동靜中動의 은은한 미동微動을 떠내며, 그리하여 형성하는 형이상학적 서정미는 가히 압권이다. 여기에 **이철균**의 동양정신이 자리한다. 그는 서구적 실존주의의 영향을 동양적 서정의 경지로 끈기있게 변용시켜 가면서 초극의 경지를 지향하는데, 형이상학적 심상의 거리와 높이를 지닌 그의 시편들은 행간마다 많은 여백과 의미를 내포함으로써, 그 특유의 생략과 함축미가 담긴 언어미학을 전시한다.

무서우리/ 찢어질 듯 고요의 골짜기/ 그 **영겁**永劫**의 회랑**回廊에서

–「부재不在의 새」(제1부)에서

버선은/ 외딴 집에서/ **천년**千年을, **천년**千年/ 푸른 귀로 듣네

–「버선」(제3부)에서

무량無量 **무변**無邊의 속삭임이여/ 순간瞬間을 순간瞬間으로 연소燃燒하는/
영원에의 질서

–「바다를 보면」(제3부)에서

억천億千의 수령창을 스쳐간/ 꽃 같은 발자국이/
하늘인가 또 바다 밑에서/ 오늘은 고요히 걷는 소리다

–「소리」(제4부)에서

위의 굵은 표기들은 시인이 공간적 동경을 통해 추구하는 미학의 영원성이란 궁극적으로 항구적 초극의 경지임을 알려준다. 삶의 현상에 산재한 대립소들의 일체화는 무한한 해방으로의 개방 즉 자기구원이라는 해탈의 경지를 지향하는 것이다. 그 점은 이렇게 결구화結句化되기도 한다.

영원永遠에의 개방開放//
순간瞬間에의 개방開放//
등차等差에의 개방開放//
자무自無에의 개방開放//
무한개방無限開放, 그러한/ 하나의 빛보조개

–「빛 보조개」(제1부)에서

4. 내적 동경: 사랑 또는 그리움, 그 서정적 비애의 원천

미적 가치의 가변성과 일시성이 현대시의 한 특징을 담당한다는 측면에서, **이철균**의 초기 시는 낭만주의 계열로 분류된다. 그가 피력한 생의 철학이나 시론 등을 참작할 때, 대립적 모순들의 세계 속에서 그리고 소외된 단독자의 고독 속에서, 그의 지향처는 미학적 가치의 항구성 밖에 없었는지도 모른다. 그의 시편들은 마치 물 먹은 **스폰지**처럼 고적감孤寂感을 뚝뚝 흘리며, 때로는 고의적인 미완결 시행을 통해서도 깊은 여운을 길게 남긴다.

쑤꾸기 소리 따라 감꽃은
하나 둘 피어났는가?

다시는 오지 못할 푸르름 밑에
하마트면 뜨지 못할 나의 눈빛이

진정 새로운 뜻으로만 피어났는가?

의좋은 어느 집
어린 형제와 같이
돌담 위에 서로의
손짓이 보일 듯

어제 밤 너와 나와의
아쉽던 가슴 위엔
저기 저 감꽃이
쑤꾸기 소리 따라 피어났는가?

–「감꽃」(제4부) 전문

이 보기 드문 순 한글시의 주제는 '너'를 향한 그리움이다. 사실, 감꽃은 '피어난' 것이 아니라 마당 위엔 한가득 져있다. 그런데도 '쑤꾸기 소리 따라' 수북이 진 감꽃을 마치 핀 것처럼 본 까닭은 '어제 밤 너와 나와의/ 아쉽던 가슴' 탓이다. 시적 화자는 그 아쉬움이 진정 새로운 뜻으로만 '피어났는지' 의문과 함께 강한 기대를 함의하면서, 단란한 관계의 회복과 지속을 모색한다. 진 감꽃을 '피어났다'고 역설적逆說的으로 역설力說함으로써, 시인은 '어제 밤'의 아쉬움을 넘어서고자 하는 것이다.

이러한 하염없는 연모는 슬픈 아름다움을 조성한다.

늑골肋骨[12]을 날아간 새

12) 텍스트에는 뜻이 불분명한 '조골(助骨)'로 되어 있으나, 이는 오식(誤植)인 듯하여 필자가 고쳐

괴괴한 골짜기

저무는 나목림裸木林의
삼베올 실가지 털끝들

갈대숲 속 언 웅뎅이
먼 잔설殘雪 황토黃土밭빛

기우는 초가草家
백년百年 감나무

까치울, 안개밭 실낱 연기
깜박이는 파창지破窓紙
바튼 기침소리

그러한 투신낙과投身落果
바늘구멍 그 겨울바다

눈물은 종일終日 사랑으로 그리[화畵]고 있지야

–「겨울나무」(제1부) 전문

겨울 산속 → 마을 인근의 갈대숲과 밭 → 초가집 → 찢어진 창호지로 **앵글**을 좁혀가다가 창에 난 바늘구멍을 통해 '겨울바다'를 활짝 열어 보임으로써 광각적으로 펼쳐지는 반전反轉의 전망은 시적 화자의 농축된 연정을 펼쳐놓는다. 온통 명사로 맺어진 연들이 마지막에서 서술형으로 풀어짐으로써 그리움의 정서를 고양시킨다. 회화적인 정靜의 세계를 더욱 깊게 하는 방안의 '바튼 기침소리'는 나이 든 시인 자신을 암시적으로 묘출한 것이겠다.

그밖에, '배꽃'과 '달'과 '피아노 소리'의 공감각적 조응을 통해 '옛사랑'

인용하였음.

을 향한 그리움과 '저승'의 죽음을 결부시킨 작품 「그 집」(제3부)이나, "불러도 대답 없고/ 너만 푸르러 오는// 잔인한 사랑"의 애달픔을 읊은 「영아嶺峨」(제3부) 등은 첫사랑을 향한 그리움과 그로 인한 고독을 읊는다. 사랑의 목마름 또는 굶주림에 대한, '투신낙과'로 표상되는 비극적 인식은 '모친 상실'과 무관치 않은 듯싶다.

> 풀섶, **어머님의 까칠한/ 손등 위에서**/ 가을 강江 우는 소릴/ 듣다 잠들었네// 귓창에, 귀똘 귀또르르/ 등불 켜지는/ 낮과 밤의 사이 코스모스 길// 홀로 갔다가// 해에서 떨어진 깃털/ 황금빛 은행잎/ **서로 껴안은 섬과 바다**// 벼랑끝 능금 한 알/ 물푸레나무 울리는 새/ 만났지야/ 빈 털터리 다시 돌아와/ 가을강江 우는 소릴 또 듣네만// 무대舞臺 위에 귀또리/ 비올롱, 관객觀客// 내 눈 속 솔방울씨까질/ 또랑또랑 보고 있는 줄// **어머님의 손가락 사이**/ 불 켜진 먼 코스모스 길/ 가보아서 나는 알겠네
>
> –「귀또리」(제1부) 전문

귀뚜라미 소리가 촉발하는 유년시절은 서러움으로 가득 차 있다. 이는 그가 일찍 모친을 여읜 탓에 평생 사모思母의 회한에 젖어 지냈다는 사실과 무관치 않다. 그의 모친 상실에서 유발한 그리움과 고독감은 현실적 사랑의 실패로 인해 더욱 가중되었던 것이다.

5. 현실주의, 불협화와 불연속성 – 소외와 부재 및 죽음의 심상

독신이라는 삶의 양태가 그러하듯이, **이철균** 역시 특이한 성격과 그로 인한 사회적응의 실패로 인해, 소외와 경제적 궁핍의 고단한 삶에서 쉬이 벗어나지 못했다.

> **쉰의 배고픈 밥사발에**
> 이슬이 괴여
> 어떻게 한 방울의 눈물은

산山이 되어 가는가를
어떻게 한 방울의 눈물은
바다에 침몰하는가를
어떻게 한 방울의 눈물은
날개로 날으는가를
너는 모른다 울지 않아서
이 **새벽녘**에도

－「그리고 또 한 방울의 눈물이」(제1부) 제1연

겪어보지 못해 울지 않았을 '너'로서는 알지 못할 찰가난 속에서, 시인은 시방 나이 '쉰'이 되었어도 못 벗어난 '배고픈 밥사발'의 눈물에 젖어든다. '산'의 상승과 '바다'의 하강이라는 대칭구도 속에서 고달픈 현실을 '날개'의 비상으로 극복하려는 그 간절함이 오히려 좌절과 무력감을 심화시킨다. 이 시의 다음 연들은 '눈발', '새벽달', '갈매기', '번개', '천둥' 등을 동원하여 '무한상승'과 '무한낙하'를 반복하는 '새벽녘'의 고뇌를 보여주는데, 남루襤褸와 소외는 상호 무관치 않다.

가랑잎이우두커니내려와서나를쳐다보는날이있다말똥말똥한눈짓만이살아있는그러한미소微笑만이남아있는가랑잎이가을이오면으레그러하지만누구에게라도편지한장쯤띄워보내고싶거니와받아보고싶은것이다그러나나에게는**아무리사방을둘러보아야그러한곳하나없는것이다**

－「가을에 서서」(제5부)에서[13]

스산한 가을녘에 '편지 하나 주고받을 곳 하나 없는' 단절과 소외감은 '부재不在'와 죽음의 심상을 수반하면서 더욱 비극성을 띠어간다.[14]

---

13) 시집에서 이와 같이 띄어쓰기를 무시하고 이어 쓴 특이한 산문시가 6편이나 된다. 한없이 이어지는 의식과 상상의 교차는 그가 의도한 시적 고뇌를 그대로 드러낸다. 때로는 행간의 시각적 효과를 노린 시도도 보인다. 또한, 아주 드물게 쉼표를 사용한 경우가 있으나, **이철균**은 마침표를 전혀 쓰지 않았다. 필시 의도적으로 마침표를 배제함으로써 끊임없는 대립적 삶의 합일과 순환을 나타내려 했는지도 모른다.

14) 시인이 겪는 가난과 '고독'은 늘 죽음의 그림자를 수반한다. 일례로, "적막강산"에 "홀로" 우는 소쩍새와 가난한 며느리의 설화를 다룬 「이 가난은」(제2부)의 2-3행은 죽음의 심상이 다분하다.

비 맞은 지리산智異山 잣나무//
옷저고리 걸어 놓고 와서//
내 안에 너와 나는 **부재**不在//
눈 감으면 아득한 물이랑//
낮달은 풍경風磬소리//
돌의 얼굴빛//
바닷가 한 점 해바라기//
한낮

–「부재不在 (1)」(제1부) 전문

시인은 '눈을 감고' 회상에 잠긴 채, 상호 무관한 사물들의 나열을 통해 '깊은 지리산 속 잣나무'와 '바닷가 한 점 해바라기' 사이라는 시공간의 틈새를 메우면서, 산 속에 옷저고리를 놓고 온 자신의 '부재'를 통찰한다. 이는 곧 '너와 나의 부재'로서 '너'라는 시적 대상과의 단절에서 야기되었다. 즉, '나'의 부재는 곧 '너'로부터의 단절과 그로 인한 짙은 소외감의 소산인 셈이다. 이 소품은 독립적 심상들의 비약과 그로 인한 행간 여백을 잘 구축하고 있다.

죽음이란,/ 밤바람이// 골방 문지방을 건너서/ 숲속길 산책散策을 갔다가// 잃었던 옛 물건을 줍듯/ 제 옷을 갈아입지야// 이승의 내 발걸음마다/ 저승의 별들이여 빛나고// **저승**의 내 발걸음마다/ 이승의 별들이여 빛나고

–「별들이여」(제2부)에서

.... 이승과 **저승**은/ 논두렁 하나의 사이[15]// ... // 저녁때가 되면 나도 가봐야지/ 저승길 주막酒幕집

–「코스모스」(제3부)에서

15) 여기 두 행의 거의 동일한 문구가 제6부의 「내가 강江물이 되어 우주宇宙를 흐를 때 – 먼 훗날의 나에게 띄우는 편지」 제4연 제1행에서 한 행으로 반복되고 있다.

죽음의 터널/ 기억의 저편은 아주 잊었어도/ 그 거리距離야 측정할 수 없지만// **죽음**의 밤바다에/ 내리는 눈발과/ 그 바닷가 등불, 주막酒幕 집의/ **외로운** 바람도 보았습니다

–「쑥국을 먹으면서」(제2부)에서

앞의 두 인용시는 이승과 저승을 가볍게 넘나들 수 있는 양, '죽음'을 '잃었던 옛 물건을 줍듯이 제 옷을 갈아입는 것' 또는 '논두렁 하나 사이'로 친근감 있게 묘사한다. 하지만 세 번째 인용시를 보면, 시인이 '죽음의 밤바다'[16]에서 보는 것은 '바닷가 주막의 외로운 등불'이며, 시인은 고독과 절망의 산물인 그 죽음 의식 즉 끊임없는 자살에 대한 강박관념에 시달렸던 것 같다.[17]

시인이 겪는 생사의 압박감은 다음 작품에서도 여실하다.

옷가지 한 두 벌 벽에 걸려 있고
원고原稿 뭉치 구석에 굴러 있으며
책 몇 권 아무렇게 쌓여 있는
그것뿐 가난한 지지리 가난한 여숙방旅宿房 풍경이

지금까지는 아무렇지 않다가 갑자기
아내도 자식도 돈도 없이
근로자합숙소勤勞者合宿所 주변을 지나
유행가流行歌처럼 **한 방울 눈물**로

16) '죽음'과 '바다'를 결부시킨 또 다른 시편들로는 제2부의 「무덤과 바다」 및 「밤 바다」 등이 있다.
17) '죽음'의 심상은 '잠'의 심상과도 긴히 연루된다. 예컨대, 작품 「종달새」(제3부)는 "그 꽃들을 가득 싣고/ 배는 바다를 건넜다.// ... 하늘과 땅은 **널짝**[관(棺)]으로/ 만물(萬物)을 **제물**(祭物)로 **잠**이 들고"를 통해서, '널짝[관]'과 '제물'의 죽음 심상을 잠과 결부시킨다. 「선유도(仙遊島)에서」(제1부)도 '널짝[棺]'과 '아주 깊은 잠'을 통해 "**자무(自無)** 속을/ 아슬히 • • 찍고 **사라져 가네**"라며, 먼 수평선으로의 소실(消失)을 나타낸다. 또한 「빛의 생리(生理)」(제1부)도, "고양이 **낮잠** 졸 듯/ 다 개방(開放)해 버리고/ 영원 무한 날아다니지// 상승(上昇)도 낙하(落下)도 동시에/ 한 때 한 자리 한 •에서"라고 함으로써 대립소의 합일을 조준한다. 〔•은 '점(點)'이란 말을 그림문자로 표기한 듯하다.〕 이렇게 시인은 죽음과 잠의 병치를 통해서, 궁극적으로 소멸을 통한 초월과 초극의 사상을 피력한다.

볼을 흐르는 것은, 옆에 찬 소주병 하나 때문일까
아니면 지나간 결백潔白이 어족魚族처럼
새삼스레 후회되기 때문일까

아니면 어둑한 창窓 밖에 아쉽고 억울하게도
죽음의 눈발이 내리고 있기 때문일까
아니다 그 너머야 너무나도 알고 있는 터에야
한 방울 눈물로 태어나서
다 벗어 던지고 역시 ***당신 옆에*** **한 방울**
눈물로만 그러한 빛으로만 돌아가고 싶기 때문이다.

–「순수내부純粹內部」(제1부) 전문

이철균의 대표작 중 하나라 할 수 있는 이 슬픈 연가는 썰렁한 여관방의 삶이라는 처참한 극빈 속에서, '당신'에 대한 순수한 연정을 극진하게 그려낸다. 그 기력은 '한 방울 눈물'의 '결백'으로부터 샘솟는다. 그리고 그는 자신이 품은 그리움의 병적인 상태를 인지했음이 분명하다.

죽은 자者보다도 **살아서/ 죽음의 세계로 가는**/ 남한산성南漢山城 가랑잎 손/ 겨울 꽁초를 줍는 가랑잎 손// 산성山城 도토리묵 먹으며 사슴마냥/ 춘일春日, 멀리 거꾸로 얼어붙은/ **흰** 폭포瀑布소리 듣는다.

–「가랑잎 손」(제1부) 전문

담배꽁초나 줍는 '가랑잎' 같은 제 손을 통해, 시인은 궁색하고 처량한 처지를 너머 '죽음'을 내다본다. '멀리 거꾸로 얼어붙은 흰 폭포소리'를 듣는 춘일의 상념은 봄날에 대한 시인의 미약한 소망인데, 그 소망은 모든 것을 일체로 회귀시키는 그 어떤 융화의 세계로 집약된다. 그것은 '흰'색으로 표상되는 바, 곧 죽음인 것이다.

이와 관련하여 짚어볼 작품은 「관계關係」이다. 이는 4번의 물음표 외에는 문장부호와 띄어쓰기를 완전 배제한 한 단락짜리 산문시인데, 죽음의 심상이 처절한 서사로 표출된다. 겨울날, 오갈 데 없는 시적 화자는 '기갈飢渴의 하루'를 공원에서 보내는데, 그림자마저 없는 그 절대고독의 처지에 '노파 하나'가 형체 없는 '아지랭이처럼' 화자의 옆을 따라붙는다. 노파는 화자가 밤의 시가지를 배회하는 데뿐만 아니라 그의 집까지 따라온다. 문득 화자는 자신이 살아오면서 '관계를 살육'했음을 깨닫는다. 노파는 화자의 탄생 시부터 따라다녔으며 전쟁 때는 물론이고 지금껏 따라다녔던 것이다. 급기야 화자 스스로가 죽음을 상징하는 그 노파를 점점 닮아가고 있음을 절감한다. 시인은 이 노파의 신원 확인을 통해 자신의 죽음이 임박했음을 의식하는 것이다.

이러한 관계의 상실 또는 '불연속성'이라는 고독자의 처지는 다음 작품에서도 볼 수 있다.

> 아/ 바위며/ 새의 나래깃도/ 곰의 눈초리/ 다 나일레// 날품에 주름진 할멈과/ 간밤에 같이 잠자던 창녀娼女도/ 소유를 깡그리 앗아간 벗까지/ 봄 또 그전 봄의 저승에서 나와는/ 한 줄의 다정한 꽃들이었거니
>
> –「인과因果의 장章」(제3부)에서

이 작품에는, 친구에게 사기당하고 유곽을 전전하는 현실적 고충을 '한 줄의 다정한 꽃들'로 승화시키고자 하는 시인의 처량한 여망이 오롯이 나타난다.

한편, 그는 해방과 이후 4·19 등 당대 시국에 관해 사회학적 관심을 크게 보이기도 한다.

> 서라, 사월四月은 무덤에도 꽃 피던 날
> 생각은 쇠문門 가에 아직도 쓰러져 있고
> 총성銃聲이 쓸고 간 허허虛虛 돌밭엔
> 나부끼지 않는 자유自由가 흐느끼고 있다
>
> –「사월四月은 무덤에도」(제6부)의 첫 연〔및 끝 연 비교〕.

이 시는 동학혁명과 3·1운동의 연계망 속에서 4·19를 보는 시대적 안목이 두드러진다. 이와 함께 「4월月에 지는 꽃」(제5부) 등은 첨예한 시대의식의 분출을 통해, 좌절적인 삶으로 인한 욕구불만을 해소하고자 하는 시적 도모가 엿보인다. 녹록치 않은 시대의 변두리 및 죽음의 언저리를 배회하면서 현실적 자아의 부재와 그로 인한 고뇌를 극복하기 위한 일환으로 해탈의 경지와 같은 진정한 자유를 희구하는 일은 자기구원 행위에 다름 아니었던 것이다.[18] 이렇게 시인은 시대적 울분과 개인적 불우함으로 인한 죽음의 의식을 끼고 살면서, 그 처지로부터의 해방을 꿈꾸었다. 그리하여 그는 모든 부재와 허무의 상황을 초월할 수 있다고 여겼을 터이다.

6. 마무리 글

유인 **이철균**은 초기에 맑은 동경의 낭만주의 서정으로 우주적 해탈을 꿈꾸면서, 순수 시 미학의 영원성이라는 깊이를 추구하였다. 그에게 있어서, 시간적 동경은 상호 모순된 대립소들의 형이상학적인 일제화로 나타나며, 공간적 동경은 순수 이상계를 향한 초극적인 자기구원의 행위이었고, 내적 동경은 일찍 여읜 어머니와 첫사랑의 실패로 야기된 그리움을 서정적 비애의 원천으로 삼은 데서 드러난다. 이러한 동경은 현실적 대립소들의 초극과 궁극적인 자기구원을 목적으로 한다. 그의 시편들은 형이상학적 이상론과 관념적 낭만주의 → 현실과의 현격한 괴리에 직면한 사회 부적응의 현실주의 → 파탄에 이르는 비극적 생의 과정을 이수한다. 낭만주의에서 대내외적 난세의 현실주의로 넘어가는 과도기에, 그가 끊임없는 동경의 목표에 거의 이르러 병든 몸으로 지상을 하직하면서 생의

---

18) 「섬」과 「K 씨(氏)」 등 특히 제5-6부의 시편들에서 '감옥'과 관련된 표현들이 다수 발견되는 것은 의미심장하다. 시인은 속박과 해방이라는 사회학적 심상을 통해서도 문학적인 자아구원을 도모하였던 것 같다.

자취로 남긴 것은 다만 삶의 행적에 관한 일부 기록이나 구전口傳과 몇 편의 산문 및 단 한 권 분량의 시집 원고뿐이었다.[19)]

당대의 지성인으로서 사회적 단절과 소외라는 왜곡된 삶의 현장에 처하여 그 고뇌를 절절이 읊었던 그에게 있어서 나름의 문학적 이상을 향한 집요한 노력은 곧 당대의 극복 의지에 관한 표방이었다. 그는 현실적 삶의 주행 속도가 빨라질수록 고단해지는, '부재'라는 말로 총괄되는 삶의 절대 모순, 불화로 충만한 그 세속성의 길이와 높이와 넓이의 형이하학을 항구적인 시적 가치로 극복하고자 하였다. 인간 존재의 상호모순적 현상을 인식하고 '자기동일성'이라는 독특한 개념으로 모순적인 길항요소들의 통합을 모색함으로써, 처절한 생의 질곡에 의한 허무와 애환 및 죽음을 향한 현실적인 공포를 넘어서고자 하였던 그의 진면목은 온전한 해방의 행선지에 끝내 이르지 못하고 행길의 갓길에서 서성거리거나 배회하는 모습일지 모른다. 당대를 극복하려는 치유책의 의지는 여전히 관념적 철학의 이상론을 벗어나지 못하였음에도, 그의 특이한 처세는 오히려 그러한 괴리로 인한 시적 고뇌를 더 잘 표상한다. 그가 보여준 기인奇人 성향은 흔히 현실적 삶의 고충과의 괴리에 기인하며, 정치·사회적 혼란기의 당대를 넘어서기 위한 부단한 노력의 표출이다. **헤겔**의 지적대로, 인간은 자신의 내면적인 삶을 봉인함으로써 제 본성의 특징을 재발견하는데, 이는 자유 행위자 인간이 외부세계로부터의 소외를 극복하기 위해 시도하는 몸부림의 일환인 것이다.

이철균은 자신의 시적 이상주의를 호락호락 용납하지 않는 거대하고 질긴 사회 현실에 대하여 일관된 자포자기적 삶으로 맞대응하였으나 승

---

19) 예술의 중앙 편중화는 재정자립도가 영세한 지방 예술의 홀대를 가중시켜왔다. 서방의 식민 문화적 침탈이 강화되면서, 천민자본주의의 주변부로 밀려난 제3세계 대중의 사회상과 인권에 대한 관심이 고조되는 이즈음에, 그 문학적 역량이 만만찮은 변방의 무명 문인들을 재발굴하는 일이 시급하다. 따라서 전주 출신의 **이철균** 시인에 관한 재조명은 우리 현대시의 한 장을 밝히는 일이며, 이는 평론가의 본분이기도 하다.

패가 뻔함을 인지하고 있었음이 분명하다. 이 유고시집에 실린 '미리 준비된 「자서」'는 자신의 시 세계를 이렇게 규명한다.

> 여기 실은 작품作品들은 무수한 자살自殺에 직면하면서 그 위기危機를 새로운 차원次元에로 극복해 간 나대로의 피고름 눈물들이요, 내 존재存在의 집들이다.
>
> 술집을 들랑날랑거려도, 화석化石에의 긴 긴 여행旅行을 떠나도, 깊숙한 암굴暗窟에 한 점 바람이 언제나 그림자도 없이 홀로 앉아 있는 거와 같았다.
>
> 출발出發부터 동양적東洋的 무無의 절대모순적絶對矛盾的 자기동일성自己同一性을, '즉卽'의 철학哲學을, 실존철학實存哲學과 더불어 굴착해 갔던 나는 이제 와서사 이들을 터득한 것 같다. 내가 나의 시詩들을 신즉물시新卽物詩라 이름지은 이유理由이다.
>
> ─「자서自序」에서

그는 불교적 색채가 다분한 '일즉다一卽多 다즉일多卽一'의 '자기 동일성'이 삶의 궁극점임을 인식하면서 "결핍缺乏에서 완전포화完全飽和에로의 전인全人"을 추구하고자 했으나, 부재로 충만한 삶의 현장은 그러한 초월을 쉬이 용납하지 않았다. 그는 유년시절의 모친 사망으로 인한 정서적 결핍과 충격으로부터 끝내 벗어나지 못한데다가, 그 결핍을 메워주지 못한 첫사랑의 실패는 절망을 더욱 깊게 해주었다. 더욱이 현실적 삶의 고달픔과 생계 유지에 대한 그의 천성적 무관심은 그를 정신의 피폐 상태로 몰아갔다. 삶의 질곡에 대한 시편들은 자폐적 사고의 산물이다. 그것은 시적 이상과 현실의 동일시가 원할하지 않거나 불가능할 때 분출되는 절망에 다름없다. 그리하여 시인 당사자는 극단의 소외와 죽음에 대한 강박관념으로부터 쉬이 자유로워지지 못했다.

이철균이 생의 철학을 생경한 어휘 그대로 시에 담아내려는 의도에 압도된 나머지 사변적 논리와 생경한 철학용어에 도취된 것은 약점으로 작용한다. 뜻한 바를 시에 반영하려는 시론적 노력은 자칫 사상 전달에 몰입한 목적주의로 흐르기도 하여, 문학적 형상화의 측면에서 문제시된다. 문학 **텍스트** 자체가 시인의 의도를 온전히 반영한다는 과거의 관점은 신비평의 지적대로 언필칭 '의도의 오류'intentional fallacy를 범하는 것일 수 있다. **텍스트**와 작가의 의도가 꼭 같은 것은 아닌 것이다. 그가 난삽한 관념적 철학을 넘어 시상의 관념과 시작詩作의 형이상학적 괴리 사이의 간격을 메우며 시적 완성을 이루는 것은 '초극'을 주제로 한 그 특유의 서정적 미학이다.

김병욱(金炳旭, 1939~) 같은 이는 그의 시를 '순수 서정의 극치'이자 '생과 사의 등가성'[20]라고 평가하지만, **이철균**은 사변적인 관념을 빌어 자연과 인간 간의 교감적 교류를 지향함으로써 우주 질서에 대한 존경의 염을 드러낸다. 그의 시는 진솔한 삶의 애환을 표출하는 데서 시작하여 그 애환을 극복하려는 초극적 이상理想의 서정으로 마무리 지음으로써, 현실적 고충의 진솔한 시화를 통해 길항요소들의 규합을 목표로 삼았다. 절대 모순 상황의 동일시를 향한 그의 확고한 의지는 시적 영원성의 지향이라는 내적 동경으로 두드러지는 바, 그의 상당수 시편들을 사변성으로부터 절묘하게 벗어나게 한 주된 도구는 '정겹고 아스라한 서정미와 시적 삶의 진솔성'이다. 동양적 삶의 철리를 추구하는 이러한 소박성이 곧 그를 철학자가 아니라 시인으로 남게 한다. 그의 절친한 친우였던 동향의 시인 **하희주**(河喜珠, 1925~2004)는 그의 시 세계를 이렇게 규명하였다.

> 생경한 철학적 어투와 관념적 개념 용어가 이 시인의 결함인데, 흔히 논리적이거나 사변적 함정을 피하게 해주는 것은 그의 순수하고 정겨운 서정의 경지이다.

---

20) 시집 『신즉물시초』, 26쪽.

이처럼 **이철균**은 시 기법상 사물에서 명징한 심상을 추출해내어 간결한 언어로 순수서정의 이상계理想界를 지향함으로써, 설익은 관념을 서정성으로 극복하고자 하였다.

21세기라는 시대적 도전을 맞이하여 새로운 시의 절실한 필요와 요구에 부응하는 데 있어서, **이철균**의 시편들은 가르쳐주는 바가 크다. 광복과 전란 직후의 시대적 혼돈과 소용돌이 와중에, 그는 단독자單獨者로서의 불우한 인간 조건을 절감하면서 서정적 시로써 실존주의적 구원을 갈망하였다. 당대를 극복하며 절대 모순과 대립적 요소들의 융화를 추구하고 순수 절대세계의 복원을 이룩하기 위하여 그가 의존했던 바는 동양 사상과 그것의 서정적 형상화이었다. 그러한 진지한 자세는, 이 거대한 신세기가 진행되면서 한국 시문학의 향방이 극미極微한 사소주의些少主義의 근처에서 혼조를 거듭하는 이즈음, 다양한 동양적 사고에 바탕한 한국시의 확립이라는 신흥 위상을 제시해 줄 수 있는 것이다.

(이 글의 초고(草稿)가 〈전북문인협회보〉 제20호(2002년 9월 7일자) 4쪽에 실린 바 있음.)

역설적 은유의 상상력에 의한 내면적 항거, 그 모더니즘
– 황길현의 시 세계에 관한 논고

1. 글의 허두를 떼며
2. 역설의 은유, 그 포괄적 조합의 상상력
   – 제1시집 『꽃은 미움의 비탈에 피고』(1964)의 경우
3. 내면적 상처의 추상화: 그 저항의 은유
   1) 현실적 척박함을 반항의 언어로 채색하다
   – 제2시집 『앙가바리의 반항反抗』(1974)의 경우
   2) 현실 감각과 현대적 언어미학
   – 제3시집 『그리고 다시』(1979)의 경우
   3) 소외와 추억
   – 제4시집 『아픔은 땅에서』(1984)의 경우
4. '땀' 과 '빛': 육체성과 정신성의 길항 사이에서
   – 제5시집 『땀 그리고 빛』(1990)의 경우
   1) '땀'의 세계
   2) '빛'의 영역
5. 정正과 부否의 합일: 그 변증법적 통합 논리의 사변성
   – 제6시집 『풀잎은 한을 삭이고 자란다』(1997)의 경우
6. 글의 말미를 접으며

1. 글의 허두를 떼며

모든 예술은 현실과의 괴리에서 태동하는 경향이 강세하다. 특히 문학은 필설의 위력을 빌어 당대 세계에 대한 불화를 공공연히 표출하는 바, 민족적 외우내환이 다반사인 현대사에 직면하여 이 땅의 시인들로서 어찌 시대적 감성의 더듬이를 마냥 방기해두겠는가. 내외적 제반 길항요소가 지닌 장력張力의 강도에 따라, 문학은 스스로의 분연奮然한 성격을 규명하며, 그 풍향계의 높이를 설정한다. 시가 당대의 삶과 교직交織을 이

루는 정도는 시 작업의 진정성을 가늠하는 잣대가 된다. 물론 무의식적인 경험이나 초현실적인 선험 같은 것도 삶의 일부이며, 그것들 역시 다층적인 인생살이가 잠재의식 속에서 은밀하게 이룩한 교역행위의 산물이다.[1)]

모름지기 시란 체험된 어느 삶의 순간을 무한히 재생산해내려는 욕망의 산물이라고 할 때, 현대시학은 인간 내면이 체험한 추상적 관념을 구체적인 언어 감각으로 풀어내는 미로의 여정에 있어서 온갖 난해한 우여곡절을 다 지닌다. 특히, 정치 · 사회적 부조리의 통제 사회에서 자유를 구가하려는 예술가의 경우, 그 대응자세는 대체로 두 가지 성향을 보이는데, 하나는 정면으로 **리얼리즘**의 골격을 내세우는 것이거나, 다른 하나는 **알레고리**와 상징어법의 풍자 안에 귀의하는 경우이다. 한국문학에 있어서, 전자의 최근 사례로는 1970~80년대의 소위 민중노동문학이 있으며, 후자는 좀 더 거슬러 올라가서 특히 17~18세기 이후의 후기 조선사회에서 장시조나 탈춤과 판소리 등으로 그 전형을 이루었다. 반면 일부는 그 두 추세 사이에서 혼효적 입장을 취하여, 때로는 항거의 전언을 띄우면서도 그 내면적 항거를 은유적 수사로 비틀어 표방한다.

이제 거론하려는 전북 남원 태생의 시인 **황길현**(黃吉顯, 1933~2001)은 그 혼효의 궤적을 그리는 것으로 보인다. 1959년 **신석정**의 선選으로 『자유문학』의 추천을 받아 문단에 나온 그는 첫 시집 『꽃은 미움의 비탈에 피고』(여수: 동아사(東亞社), 1964)를 상재한 이래, 제2시집 『앙가바리의 반항反抗』(서울: 배성출판사(培盛出版社), 1974), 제3시집 『그리고 다시』(전주: 대흥출판사(大興出版社), 1979), 제4시집 『아픔은 땅에서』(전주: 신아출판사(新亞出版社), 1984), 제5시집 『땀 그리고 빛』(인천: 유림사, 1990), 그리고 마지막 제6시집 『풀잎은 한을 삭이고 자란다』(전주: 신아출판사, 1997) 등을 상재하였으며, 전북문화상(문학부문)과 제1회 백양촌 문학상을 수상하였다.

---

1) 그런 의미에서, **리얼리즘**의 영역을 초현실주의까지 넓히려는 광의적 견해가 일부 있는 것도 사실이다.

황길현은 당대와 그 삶에 대하여 상당한 비판 기조를 이어갔다는 지적부터 해야 할 것 같다. 스승 **신석정**의 중·후기 시 세계로부터 영향 받았음이 분명한 그의 대對 사회의식은 종종 고도의 지적인 사유를 빌어 시대를 파고든다. 그의 **모더니즘** 기법은 한국전쟁의 후유증이나 경제적 궁핍이라는 현실의 아픔을 추상적 색채로 번져내는 역설적 언어미학에서 강렬해진다. 그가 구가한 관념의 경지 한 끝 또는 내면의 공간에서 심상의 변증법적인 사유가 용출하는데, 그 이지적 언어로 길어 올린 변주곡의 질긴 음향이 공명을 타고 울려 퍼지면서, 공상을 극복한 상상력의 영역을 활달하게 넘나든다. 그는 이질적이고 역설적인 시어들을 여권旅券으로 지닌, 미적 진실의 외로운 사냥꾼이기도 하다. 단지 내면적 주관을 객관적으로 기호화하는데 있어서, 그는 주로 은유라는 수사법의 망사 안에 자신의 속내를 가리려 했으나, 한편으로는 간간이 그 알몸을 들키기도 했다. 그는 그만큼 사변적으로 매혹적인 낯선 여행자이다. 알 듯 모를 듯 그 현묘한 모호성의 매력이 독자의 말초적 문학 성감대를 자극하여, 때때로 읽다 지친 손을 다시 내밀어 시집을 들게 하는 마성의 모험가인 것이다. 그 오묘한 애매함의 유혹, 그것이 곧 현대시학의 중독성 있는 감칠 맛 아니겠는가.

본고는 **황길현**의 전체 시집들에 대한 거시적인 개관을 통해 시적 주제와 기법에 일단 역점을 두기로 하였다. 향후 그의 시 작품들에 대한 좀 더 미시적인 분석이 나오기를 바란다. 이 글이 미래의 더 나은 연찬硏鑽을 위한 토방이 된다면 그것만으로도 소기의 목적을 달성하는 셈이 되겠다. 참고자료가 거의 없는 **황길현** 시인에 대한 활기찬 조명이 이 글을 초석 삼아 본격적으로 이루어지기를 기대하는 것만으로도 그를 향한 탐사는 흐뭇하였다.

2. 역설의 은유, 그 포괄적 조합의 상상력
– 제1시집 『꽃은 미움의 비탈에 피고』(1964)의 경우

첫 시집 『꽃은 미움의 비탈에 피고』(1964)의 서문 전체는 이러하다.

> 〈빛발이 시리어 멍든 그늘 아래 등을 댄〉 나는 황홀한 구름의 사슬에 얽힌 층계에서 바람 부는 아침의 나무만큼 창 앞에 **서고** 싶을 뿐이다. 풍화된 몸짓을 부르다가 눈 먼 장소의 풍속을 흥어리는 그 안에 나의 혈맥이 뻗어 있거늘 정작 **정리**의 공포 속에 〈스스로의 무덤〉을 본 것뿐이다.
> 〈무덤만을 상속받은〉 나에게 이 편지를 쓴다.

이 글을 보면, 시인의 자아인식은 꽤나 절망적이다. '빛발이 시리어 멍든 그늘 아래 등을 댄' 그의 위상은 '스스로의 무덤만을 상속받은 자'로서의 비극적인 신원 확인에 발판을 둔다. 시인은 그러한 좌절에도 불구하고 부단히 '창 앞에 **서고** 싶어'하는 의지를 표명한다. 그 핵심어는 '정리'이다. 이것은 어떤 '정리'를 말하는 걸까. '올바른 도리'를 뜻하는 정리正理일까, '일정하게 정해져 있는 원리나 이미 진리로서 증명된 일반적 명제'의 정리定理일까. 아니면 '인정에 따른 도리'의 정리情理이거나 '질서 있게 정돈하여 말끔히 처리함'의 정리整理일까. 나는 가장 시적인 의미를 택하기로 한다. 그것은 '헤어지기로 정해져 있음'의 〈정리定離〉로서, 흔히 '회자정리會者定離'란 사자성어에 쓰인 그 '정리'로 풀어본다.

이 점을 감안하면서, 첫 시집의 표제작이자 첫 번째 수록 작품을 살펴보자.

〈1〉

찬란하게 〈낮차운〉/ 지붕을 한 걸음 디디고 **서서**//
장미의 훈장을/ 목에 걸고/ 뒹구는 강물은/

목쉰 장터의 〈언저리〉를 맴돌다가/
그만/ **돌아눕고** 만다.//
춤추는/ 창 문을 〈닫고〉//
능금나무 〈그늘〉을 영그는/ 〈무한한〉/ 그 층층계 위에 **서서**

〈2〉

〈**아무도/ 찾아주지 않는 곳**에서만〉 행하였다.//
서로 믿고/ 서로/ 의지하는 버릇을 밀치고//
끝끝내는/ **작별** 속에 영광을 보내는/ 풋풋한/ **저립**佇立.//
강물로 흘러오다가/ **모두 엇갈린 역두**에서//
미치고 싶도록/ 달려온 것은/ 어느 날에 바래야 할/ 또/
하나의 푸른 몸짓이어야 겠는가.//
다만/ 그림자처럼 **살다 갔다**.

〈3〉

〈넘어나면/ 막혔다 트인 것을/ 돌아나면 트였다 막힌/ 골짜구니〉//
아실 아실한 풍속을/ 구울려/ 움벙을 키우고/
모자란 발돋음은 그 안에 뿌려야 하던 것.

〈4〉

모든 심판을 가누고/ 풍화된/ 생활의 유역을 **서서**//
허구많은 나로 하여금/ 주고 받은 증거로/ 이웃한/ 미수未遂./
바람의 뇌까림은/ 단장斷腸하는 바위의 아람을 소소렸다.//
안으로 밝힌/ 대화對話/ 〈꽃은 미움의 비탈에 피고〉//
요요한/ 눈빛 속에/ **낙목落木이 소소한/ 정상**頂上//
몇 년 몇 밤을 갈[경耕]아도/ 다함없는/ 〈오늘을/
그러나 한 묶음 엮어서 궁글리고 있는 것〉이다.

–「꽃은 미움의 비탈에 피고」 전문

〈2〉의 끝 행은 위 작품이 사별死別의 시임을 입증해주며, '작별', '엇갈린 역두驛頭' 등의 심상들은 이에 부합된다. 굵은 표기 중 '서서'나 '저립佇立, 우두커니 서 있음' 등이 의미하듯이, 망자를 떠나보낸 뒤에 화자는 스스로가 '단장斷腸'의 슬픔 속에 홀로 서 있음을 깨닫는다. 〈1〉의 〈 〉 표기가 보여주듯이, 외부와 차단된 단절의 고립 심상이 작품에 가득하다. 살아남은 자의 서러운 처지가 〈4〉의 "안으로 밝힌/ 대화對話/ 꽃은 미움의 비탈에 피고// 요요한/ 눈빛 속에/ 낙목落木이 소소한/ 정상頂上"이라는 구절에 처연하게 배어 있다.

그 제목 자체보다, 먼저 떠난 자에 대한 애증愛憎의 그리움을 더 잘 나타내는 모순어법이 또 있을까. [아름다운 사랑의 표상인] '꽃'이 [위험하고 순탄치 못한 척박함의 땅인] '미움의 비탈'에서 피어난다는 역경 극복의 역설적 은유가 오히려 애증의 심사를 절절하게 고양시킨다. '낙목이 소소한 정상'에 홀로 남은 고독의 심경은 "몇 년 몇 밤을 갈[경耕]아도/ 다함없는/ 오늘을/ 그러나 한 묶음 엮어서 궁글리고 있는 것"이라는 가구佳句로써 극대화된다. 이제 시인은 '참담한 오늘'을 '한 묶음'으로 엮어 궁글림으로써, 마치 추수된 수확물을 잘 갈무리하듯이, 마음을 정리하고자 하는 것이다. 이렇게, **황길현**은 초기부터 '꽃'과 '미움의 비탈'이라는 상반된 심상의 생소한 결부를 통해 이항대립적 의미소들의 조합을 조성한다. 이와 유사한 어법이 다른 작품 「능금의 피로 얽힌 단면」에서 "미움 속에 사랑을 가꾸고/ 사랑을 불태운 역사의 절애絶崖"로 피력되기도 한다.

당시 풍조가 그러했듯이, **황길현**의 작품들도 1960년대 특유의 관념적 은유, 간결하게 절제된 시어 및 **모더니즘** 계열의 **이마주**image 형성이 두드러진다. 게다가, 상기 작품은 그의 평생 화두가 되는 독특한 기제들을 시사한다. 예컨대, 〈3〉의 "넘어나면/ 막혔다 트인 것을/ 돌아나면 트였다 막힌/ 골짜구니"나 〈4〉의 "안으로 밝힌/ 대화對話" 등의 표현들에서 볼 수 있듯이, 시인은 과감한 모순어법상의 역설적 은유를 배치 또는 병치시킴으로써 포괄적 상상력의 백미를 선보인다.

그런데 이색적이게도 이 역설적 은유의 상상력은 빈번하게 죽음의 심상을 수반한다.

무덤 속의/ 무덤을 파고/ 무덤을 쓰고

—「바다의 신화神話 (2)」에서

한 낮에도 맨발로 해후되는 광장에서/ **끝내 살아야 할 까닭이 있다면/**
끝끝내 죽어야 할/ 이 길을 가야만 했다.

—「슬픈 양지에 핀 무덤의 에피로그」에서

밤중보다 어두운/ 한낮의 궁전에서//
대낮보다 빛밝은/ 한밤의 동굴에서

—「바다의 신화神話 (1)」에서[2)]

위에 인용된 바, 빛과 어둠 또는 낮과 밤 등으로 표출되는 대립 성분들은 흔히 대구법對句法의 형태를 지니며, 이후 **황길현** 전매특허의 언어 유희로 자리매김한다. 이러한 죽음 의식과 관련하여, 작품「만종晩鐘」의 경우, 사별의 슬픔을 알리는 조종弔鐘소리는 "가슴을 찢긴 상흔傷痕의 언저리를/ 기루어 흘린 피에 목이 젖어" 노래를 울려 퍼뜨린다. 이런 식으로, 현실적 상처를 역설적 은유의 포괄적 조합으로 풀어내는 시인의 상상력은 마치 "낯선 짐승의/ 언어가/ 빈 손을 허우적일 때"(「독감毒感」) 산출되는 듯하다.

관념적 성향의 언어미학은 그의 시 작업에서 줄곧 이어져 나타나는데, 이는 종종 현실적 아픔에 기인한 항거정신과 거의 어김없이 연루된다.

항시/ 아릿한 솜씨를 뒤감는 **항쟁의 지평**은 서려올랐고/
〈혈화산〉의 말씨를 불태운 자리

—「오월五月의 밀도密度」에서

끊어진 지층地層의 함성을/ 무수히 학살한/ 마을 앞/

---

2) 이와 흡사하게, "밤/ 의/ 낮"(「밤중에 배달된 편지 〈1〉」)이라는 역설적 은유의 표현도 참작해 볼 필요가 있다.

한번이던가는 **항거의 눈빛**을 자세하고

—「농민農民」에서

민간인의 학살 현장을 그린 후자의 경우, 무구한 백성의 학살이 아니라, 인민이 '항거'의 결과로 학살당했다는 점이 유별나며, 여기서 민중의 저항정신이 부각된다.[3] 오월이 항쟁의 대명사로 굳어지는 것은 이후 수십 년 뒤의 현대사이건만, 전자의 인용시에서 이미 시인은 '오월'을 항쟁의 요소와 단단히 결합시키고 있다.[4] 이러한 예언적 혜안과 저항의식은 '혈화산'이라는 자극적인 용어로써 부각되는데, 이 시어는 한국전쟁의 참화를 상기시킨다.[5]

한국전쟁에 관한 시인의 당대의식은 도처에서 드러난다.

〈아무도 찾아 주지 않는〉/ 제 철을 휘저어 가다/ 산너울이/
아쉬운/ **금속성 바람**을 이고/ **허리 잘린 일요일**을 눈짓했다.

—「오후의 실루에트」에서

이 시는 분단을 야기한 1950년 6월 25일의 일요일을 다루면서, '금속성 바람' 즉 철제무기의 잔혹한 만행을 비판한다. 시국에 대한 우려와 그로 인한 소외감은 '아무도 찾아주지 않는' 단절상태를 심화시키는데, 한국전쟁과 관련된 시인의 통한은 현실의식의 기운을 안고 자주 표출된다. 가령, 「대밭」은 유혈과 고통의 현장 속에서도 푸른 빛을 잃지 않는 대나

3) 다른 작품 「바다의 신화(神話) (1)」의 끝부분도, "불모(不毛)의 모랫벌을 빨래하는/ 절정(絶頂)은/ 한 잔/ **항거**의 목을 축인다"라고 함으로써, 바다의 파도를 '암울한 시대상황에 대한 항거 정신'에 비유한다.

4) 수십 년 후, **황길현**은 한국현대사에서 '오월'이 군사역적의 군사반란과 군사독재에 대한 민중항쟁의 대명사가 되고, 오랜 후의 제5시집 등에서 스스로가 '오월'에 관한 시편들을 또다시 쓰게 되리라는 것을 과연 미리 예견했을까. 본고 제4부 142쪽 참조.

5) '혈화산(血火山)'이란 시어는 **황길현**의 첫 시집에 수록된 「해바라기」, 「밤중에 배달된 편지 〈3〉」 등의 작품에도 거듭 언급된다. 흥미롭게도, 한국전쟁의 참화를 지리산의 핏빛 노을과 연루시킨 작품 「노고단」에는 "황금빛/ 혈화(血火)의 바다"라는 표현이 사용되기도 하였다.

무에의 '청청한 사랑'을 노래한다. 다른 작품 「해인사」 역시 동란의 피맺힌 역사를 다루며, 시인은 더 나아가 "아무렇게나/ 끊어놓은/ 자유"(「바람이 거센 날을 피워문 피날레」)를 피력함으로써 토막난 자유의 훼손을 개탄한다. 시대정신에 의거한 시인의 역사적 상상력은, 한국전쟁 이전을 거슬러 올라, 황폐한 역사 현장에 대하여 "하늘은 파랗게 찢기운 가슴"(「남고산성초(南固山城抄)」)이라고 소회를 밝히기도 한다.[6)]

또한, 이 시집에는 〈가난〉의 주제가 진지하게 다루어진다. 일례로, 생계에 급급한 젊은 빈처貧妻의 새벽 노동을 다룬 「가난한 새벽」이랄지, 초근목피의 처절한 궁핍 속에서 "식은내 나는 낱말이 뒹구는 단칸방"을 노래한 「보리고개」나, 자살자의 아내를 소재로 하여 "가난하게 살았다는/ 죄소려운/ 자랑"의 역설적 비극을 다룬 「밤중에 배달된 편지 〈3〉」 등이 그 대표적인 사례이다.

한편, 그러한 현실 감각 외에도, 이 첫 시집은 영원한 이상성理想性을 함의한 전근대적 요소가 간간이 곁들여져 있어 과도기의 특성을 보인다.

> **천년**을 눈뜨고 목을 맑힌 학울음의 풍속은 없는가
>
> —「행동行動」에서

> **억년**을 헐어 말린 아침 나절
>
> —「푸른 해협海峽」에서

관념적 은유로 현대시학의 언어미를 궁구하는 **황길현** 시인으로서는 다소 의아할 정도로, 그러한 사례들은 기법상 낭만적 정서에 의한 인습적인 어투의 흔적으로 남는다.

대체로 **황길현**의 역사적인 첫 시집은 현실에 대한 저항정신을 해조음

---

6) 반(半) 산문시라 할 수 있는 「맨드라미 꽃을 통해서 본 밤의 의미(意味)」를 제외하면, 「남고산성초(南固山城抄)」는 이 첫 시집에 실린 유일한 산문시이다. **황길현** 시인이 말년에 산문시에 거의 몰입한다는 점을 고려할 때, 이 첫 산문시의 역사적 의의는 자못 의미심장하다 아니할 수 없다.

으로 들려준다. 이는 당대의 현대사적 고뇌를 내심 극복하려는 시적 의지의 소산이다. 때로는 죽음이나 가난의 심상을 가동하여 역사의식의 상상력을 개진하는데, 이 과정에서 시인은 대립적 의미소들을 역설적으로 조합함으로써 인간사 정리定離의 회한과 고독을 풀어나간다. 독자가 유념해야 할 사실은 시인의 항거의식이, 사회학적 상상력의 속류俗流에 의한 **리얼리즘**의 치열한 노선을 따르지 않고, 당대 특유의 관념적 은유를 곁들인 시적 수사修辭의 경지에서 조성된다는 점이다. 주로 은유로 피어나는 이 놀라운 비유의 참신함과 독창성은 현대 **모더니즘** 시의 혁혁한 수준을 과시하는 것이라 하겠다.

3. 내면적 상처의 추상화: 그 서항의 은유

1) 현실적 척박함을 반항의 언어로 채색하다
– 제2시집 『앙가바리의 반항反抗』(1974)의 경우[7]

제2시집의 서문에서, 시인은 "내 생각은 오름길에 매력이 있다. 그러나 다리가 짧다. 그렇다고 뒤돌아 설 수는 없다. 맨 뒤에라도 올라가야 하기 때문이다"라고 허두를 뗀다. 짧은 다리의 숙명적 약점을 안은 채, 앞으로만, 그것도 오르막길로만 거슬러 올라야하는 운명이란 얼마나 얄궂은 것인가. 주어진 경로가 가파르고 힘든 먼 길일 때, 별 뾰쪽한 대책이 없이 '짧고 옥은(즉 굽은) 다리를 가진 자' 곧 〈앙가발이〉가 맞서야 하는 숙명적 애환이란 얼마나 절망적이겠는가.

이 시집은 그러한 통한의 자아인식과 그 극복 의지로 충만되어 있다.

> 빛을 거부한 빛으로 일깨운 탄생.
> 〈가쁜 주소의 끝번〉에서

7) 시집의 표지에는 "앙가바리"로 쓰여 있으나, 수록된 표제작의 제목은 "앙가발이"로 표기되어 있다.

산과 바다, 별의 이슬밭에 누운
아침의 성을 쌓고
맨발로 **눕이다가 닳아빠진** 노래여 노래.
〈먹칠한 하늘〉 끝에 와 서는
땅도 세월도
핥히운 숫자.

놀 비낀 언덕에 손을 **묻고**
손을 닦는
빛나는 언어의 그림자

〈메마른 눈의 통곡〉이 **부서지는**
〈**금속성** 메아리〉의 뒤란을 감고
〈그 안팎의 가난〉을 엿듣는 거리를
우리는 걸어야만 했다.

–「앙가발이의 반항」 전문

1연의 '빛을 거부한 빛의 탄생'으로 시작한 구도는 끝 4연에서 가난의 거리를 걸어야만 했던 인생행로에 대한 회한으로 맺는다. 앙가발이의 탄생과 반항적 인생행로는, 굵은 사체가 보여주듯이, 아침부터 놀 비낀 저녁까지 그 여정이 순탄치 않다는 데에 긴장은 가중된다. 굵은 표기의, '눕다', '닳아빠지다,' '묻다,' '부서지다' 등의 동사들이 함의하는 하강과 소멸의 의미소들은 〈 〉 표기의 '메마른', '금속성', '가난' 등의 피폐한 심상과 무관치 않다.[8] 다시 말하면, 이 시에는 광물적 건조성의 삭막한 사회가 강제하는 빈곤을 무력하게 수용해야 했던 시인의 분노와 반발이 들어 있다. 이는 "한바탕 역사의 층계가/ 무너진 발판"(「당신의 눈은」)의 현실인식이나, "퀴퀴한 시궁창 주변의 아침 청소 같은/ 분노"(「아직 늦지 않으리」) 등

8) 같은 시집에 실린 작품 「창」을 통하여, 시인은 "**금속성** 폭포로 내려앉은 노을에 서면" 등의 빛나는 비유로 당대 역사의 광물적 현실과 삭막한 정신을 노래한다. 우리는 이미 제1시집의 작품 「오후의 실루에트」에서 언급된 "금속성 바람"에 관하여 논의한 적이 있다. 본고 123쪽 참조 및 132쪽 하단 비교.

의 울분과 그 거리가 멀지 않다.[9)]

이 표제시에서, 시인은 힘겹고 벅찬 현실을 대면하여, 포기 없이 끝끝내 부딪혀가겠다는 저항의 결의를 다진다. 이러한 각오는 '노래,' '빛나는 언어의 그림자' 등이 표상하듯, 노래의 언어를 다듬는 시인의 길을 꿋꿋이 가겠다는 의지의 표명으로 밝혀진다. 따라서 군데군데 배치된 소멸의 심상들은 그 의지의 단호함을 대비적으로 부각시키는 역할을 한다. 그러한 삶의 영위자세는, 다른 작품의 표현을 빌면, "겨울 한 가운데쯤 조용한 혁명을 다스리는/ 창을 닫고 딩구는 말씨"(「눈보라」) 또는 "역사의 균열을 물고 흐느껴 번지는/ 자맥질"(「이 밤에 별이」) 등의 행위로 시현示現된다.

한편, '빛을 거부한 빛으로 일깨운 탄생'이란 표현이랄지, 썩 길지도 않은 길이의 작품에 '~의'라는 소유격조사가 7번이나 사용된 예[10)] 등은 난해한 1960년대 특유의 관념적 은유 기법을 그대로 노정한다.

시인의 시대의식은 다른 작품에서도 그 선혈이 낭자하다.

> 초조하게도 웅성거렸지?/
> **최류탄흔** 속의 현미경을 보다가……/ **홍건한 피의 여울**을 멈춘 거리/
> **죽음의 재**를 날리는 우주여행의 틈바구니엔/
> 빼스가 누워 있고 서 있는 열차/
> 그 옆에서 **목이 없는** 그 사람은/ 어린애를 데리고 어데로 갔었지?
>
> –「온실溫室」에서

> 잡목밭/ 소나무밭을/ **숱하게 짓이긴 군홧자국을 씻고/**
> 해가 지도록 도란거린다.
>
> –「도란거린다」에서

---

9) 시인의 저항성은 단순한 사회학적 현실의 차원을 넘는 것도 같다. 이를테면, 작품 「사금파리」는 "신은 죽어서 자유로왔듯"으로 시작하여 "신은 죽어서 행복을 누렸듯"이라는 놀라운 토로로 끝을 맺기도 한다.

10) 예컨대, 「Cecilia의 손」 같은 작품에는 소유격조사 '~의'가 자그마치 12회나 거듭 사용되었다. 훗날 **황길현**의 제5시집 해설문에서, 평론가 **오하근**은 **황길현**이 관형격(소유격)조사 '~의'를 지나치게 자주 사용한 것에 관한 문제점을 지적하기도 하였다.

한바탕 **역사의 충계**가/ **무너진 발판**을 본다

–「당신의 눈은」에서

상기 굵은 표기들은 학살의 처참한 현장을 지시指示하는데, 그 주범은 '군홧자국'과 연관이 있다. 이것은 **황길현**의 작품에서 간과할 수 없는 **리얼리즘** 요소이다. '현미경'과 '우주여행' 등 극미極微와 극대極大의 간격을 넘나드는 그 시각視覺으로 볼 때, 1960년대의 정치 · 사회적 상황에 대한 그의 시적 감도感度는 꽤나 섬세하고 예리하면서도 강렬하다.

이러한 증거는 다음 작품에서도 나타난다.

숱한 침묵의 데모 – **화려하게 식어간**/
피의 일렁임 속에서 아버지가 되고/ 아들이 되어/
오늘의 빈지문에 문패를 달곤/
문패를 물고 빛을 빨아당긴 꼭두새벽
복사꽃잎은 봄나들이 가데나.//
바다를 〈막으려다 쓸려간 다음〉/
아버지가 된 아들은 **바다**를 보곤//
숱한 갈대의 속삭임 – 소소한 바람 속/
묻어난 사랑의 할아버지가 되고/ 손주가 되어

–「봄나들이」에서

한때의 현실적 열정은 '바다를 막으려다 쓸려간' 것처럼 무너진 채, 아버지가 되고 할아버지가 되는 무심한 세월의 흐름에 그만 쓸려간다. 다시 찾아온 '봄철', 필경 4 · 19와 같은 시대적 열의를 상실한 채 손주를 데리고 봄나들이나 다니는 속절없는 자아를 돌이켜봄으로써, 시인이 느끼는 것은 사그라진 옛 젊은 날의 뜨거운 정열에 대한 회한일 터이다.

그럼에도 시인은 현황의 좌절에 매몰되지 않는다. 그가 나락의 변경을 헤매면서도 끊임없이 추구하는 것은 그로부터의 해방 또는 소생이다.

영광과 오욕을 밝힌 손짓은/ **아스라진 민주주의**의/
한 조각을 주워들고/ 〈능금처럼 익어가는 조국〉을 새기고 있다.

–「다리 위에서」에서

죽음의 재가 눈에 엉긴/ 소소한 낙엽 밭의 바람을 꺾어들고/
흐느끼는 바위가/ 〈푸른 눈을 뜰 때〉

–「풍경 피날레」에서

'능금처럼 익어가는' 민주주의에 대한 염원은 '죽음의 바위가 푸른 눈을 뜰 때'에 대한 지향과 맥이 통한다. 비록 군사 **쿠데타**로 그 기대는 오랜 뒤로 미뤄져야 하였지만, 당시에 지성적 시인이 시대의 아픔 속에서도 희망찬 미래를 기대하는 심사의 일면이 선연하다 하겠다.

한편, 이 시집에서도 여전히 시공 초월의 개념을 관찰할 수 있다.

억겁인들 갈고/ 닦아 윤나는 미소를 본 석공처럼

–「아직 늦지 않으리」에서

번뇌의 창에 **영원**을 수놓는다.

–「화분」에서

불교적 분위기로 영원성을 동경하는 이러한 성향이 현대 언어미학의 관념을 파악하려는 시도임에도 불구하고, 시인이 아직은 인습적인 시어의 상투성을 완전히 떨치지 못했음을 보여준다. 그의 현란한 수사에 비해, 이런 어휘들은 고답적인 면이 강하다.[11]

또한, 이항대립 의미소들의 대치기법이 여전히 애용되는데, '물소리'를 "절망과 소망의 아우성"(「물소리」)이라고 규정한다든지, 또는 "태양은 무덤 속을 날고 있었다."(「사금파리」)라는 식으로, 상반된 요소들의 변증법적

---

11) 그밖에 "**억겁** 위에 자리한/ 눈부신 미소로"(「외돌괴」), "**찰나의 억겁** 위"(「구룡폭포」) 등이 눈에 띈다.

전개를 통해 정正과 부否의 합일을 시도하며, 이 점은 시인의 마지막 제6 시집과 관련하여 흥미로운 과제로 남는다.[12)]

특히, 관념적 은유의 사변성을 전시하는 다음 사례들은 난해하면서도 경이로운 현대시학의 수사를 거침없이 선보인다.

> 그리고 존재의 과녁을 응시한 채/
> 던져진 자리에 있어 생활을 바래는 공백
>
> –「생각하는 병瓶」에서

> 그러다가도 한나절/ 태양의 너울을 쓰면/
> 잠을 잃은 죄인의 손을 들고/ 밤을 감는다.
>
> –「풍경 (2)」에서

> 뜨거운 언어의 깃을 떨다 흐드러지게/ 피어나는/
> 침묵의 밭에서 몸을 일으킨 응혈凝血.
>
> –「이 밤에 별이」에서

여기서 **황길현**은 특유의 **모더니스틱**한 관념과 은유를 동반하여, 시대적 저항과 비판을 설계한다. **리얼리즘**의 직설류直說流에 편승하지 않고 오히려 고도의 절제된 시어로써 관념적 추상을 조형해내는 수법은 동시대의 시 작법 기류와 소통하는 것이기도 하다.

한 마디로, 제2시집은 민주주의를 좌절시킨 광물적 금속성의 정치 체제와 그 현실사회가 강제하는 빈곤의 삶을 어쩔 수 없이 감당해야 했던 시인의 분노와 반발을 여실히 보여준다. 이는 또한 당대의 압박과 그 무게를 극복하려는 일개 소시민의 부단한 몸부림이기도 하다.

---

12) 본고 148–149쪽 참조. 또한 이 시집에서, 대립적 의미소의 나열은 검은 색과 흰색을 거듭 병치시키는 「홍도(紅島) 갈매기」나, "어제와 내일을 금긋는"(「산정(山頂)」), 또는 시 「구룡폭포」의 첫 행 "당신의 눈에는 한낮에도 은하가 흐릅디다"와 그 마지막 두 행 등에서도 살펴볼 수 있다.

2) 현실 감각과 현대적 언어미학 – 제3시집 『그리고 다시』(1979)의 경우

제3시집에 수록된 시편들은 한결같이 시어가 더 간결하다. 이 시집은 인상적인 서시序詩로 페이지를 여는데, 그것은 **황길현**이 추구하는 시적 투사投射의 사정거리를 가늠하는데 유용하다.

> 있을까 다시/ 이는/ 해일/ 그 몸부림 앞에/
> 얼마나 값진/ **지구의 아픔**을/ 노래할 수 있을까//
> 그리고/ 다시/ **사나운/ 체온 앞에/ 떳떳할 수 있는**/ 거울/
> 그 앞에 세워 놓을/ 거울일 수 있을까
>
> –「서시序詩」에서

굵은 표기가 뜻하는 바, 이 시집의 **테마**는 '지구의 아픔'이다. 포괄적인 지구의 통증이 구체적으로 내포하는 바는 "사나운 체온 앞에 떳떳할 수 있는 거울"이라는 말로 축약된다. 대對 사회적 기제에 있어서 '거울'은 그 특성상 **리얼리즘** 기법을 시사한다. 그러나 이 시집이 그 기법을 충실하게 이행한 것 같지는 않다. 저항적 언어 외에도, 이전 시집에서 보여준 사변적 관념의 구사랄지, 낭만적인 이상의 추구 같은 잔재가 아직도 진한 열기의 불토막으로 남아 있기 때문이다.

이 시집에서 가장 인상적인 작품으로, 「빨래」와 함께, 다음 작품이 거론될 수 있겠다.

> 미루나무 가지를 걸고 ***떠는***/ 바람을 보고 한 개의 **돌**이 된다
>
> 찌르는 송신탑의 하늘/ 꼭대기를 ***떠는***/
> 햇빛 속의 한 마리/ **솔개**가 된다
>
> ***시궁창을 기는***/ 아메바의 생성/
> 그걸 흘기다가 한 그루/ **푸라타나스**로 〈선다〉

모든 어둠이 질주하는 로타리/ 소나기로 쏟아지는/
행렬 속에서 바다 밑으로부터 굽일은/
설화의 새순을 가꾸는/ **한 마리 벌레**

우리의 심장을 헤쳐 놓은 페이지마다/
너와 나의 이름은 **싸늘한 등을 대고**/ 물구나무를 〈선다〉

–「그때 그곳」 전문

관념어를 최대한 배제하고 구체적인 시어들이 동원된 이 시에서, 무엇이 '돌'이나 '솔개,' '푸라타나스'가 된다는 걸까. 마지막 연에서 그것은 '너와 나의 이름'으로 밝혀진다. '싸늘한 등'을 마주대고 물구나무 서 있다는 것은 죽음을 뜻하지 않을까. 그렇다면, 끝 연 첫 행의 '우리 심장을 파헤쳐 놓은'이라는 문구가 풀린다. 즉 '너와 나의 이름'은 죽어 묻히게 될 '그때의 그 곳'을 내다보고 있는 것이다. '너'의 신원은 독자에 따라 여러 해석이 가능하겠다. '너와 나의 이름'은 '하나의 돌, 솔개, 푸라타나스, 벌레'라는 광물, 날짐승, 식물, 곤충 등의 변모를 통해 상상력의 변주곡을 펼친다. '떠는,' '기는,' '시궁창' 등이 시사하듯이, 이 모두는 피억압적인 낮은 위치나 자세를 표상한다. 이제 시인은 '설화의 새순을 가꾸는' 한 마리 벌레로 자처하며 일어서기를 부끄러워하지 않는다.

이처럼 **황길현**은 기민한 상상력의 개진을 통해, 자아에 관한 미천한 존재 의식을 드러낸다. 이러한 자아판단은 광물적 금속성으로 상징된 고단한 사회현실을 향하여 줄곧 그 나름의 시대정신과 비판의식을 견지하려는 의지와 무관하지 않을 것이다.[13)]

금속성/ 초음속에 밀린/ 마음을 담갔다/ 팔다리에 건다/
오염된 때자국/ 거기/ 〈하얀 겨울이 발버둥치고〉/

13) 제1시집부터 지금까지 시어 "금속성"이 꾸준히 사용되어왔음에 이미 유의한 바 있다. 본고 126쪽 각주 8) 참조.

선인장의/ 입김 속에/ 〈산수유 꽃망울을 띄운다〉

— 「빨래」에서

탱자바위는/ 자유다/ 민주주의다

— 「탱자바위 — 지리산 배암사골의」에서

전흔과 죽음의 재/ 제왕의 욕망으로/ **오염된 기류의 계곡**을/
다만/ 시민의 발설이 자랄/ 내밀한/ 때를 이은/
〈— 땅이 꿈틀거린다/ — 땅이 꿈틀거린다〉

— 「삼월(三月)」에서

굵은 표기는 삭막한 현실의 혼탁함을, 〈 〉 표기는 암울한 시대를 극복하려는 부단한 저항의지를 묘사한다. 첫 인용시는 '오염된 때자국'의 현실을 '발버둥치고' '꿈틀거리며' 벗어나, 시인은 '애띤 아침의 숨결'에 이르기를 갈망한다. 둘째 인용시는 한국전쟁의 비극적 최후가 담긴 지리산 현장에 대한 소회를 담았다. 셋째 인용시에서 '전쟁의 상흔과 온통 죽음뿐인 잿더미 및 독재자의 욕망으로 점철되어 오염된 계곡' 등으로 상징된 악의 현장은 다른 작품에서 '악마의 뜨락' 또는 '겨울의 골목'(「토우(土雨)」)으로도 규명된다. 그럼에도, 신산스러운 저항의 말미에서 '산수유 꽃망울'은 미래지향적인 긍정과 희망을 함의한다. 또 다른 시 「겨울비」는 "동결된/ 마음의 창을 닦고/ 오염된 기류氣流/ 한번은/ **그 숨결을 맑히는**/ 때와 곳을 바꾸어 놓는다"고 토로하는데, 여기서 겨울비는 혹한과 억압의 심상이 아니라 '상처마다 **싹이 트는**'(「속(續) 겨울비」) 신생의 원천으로 역할한다. 전작들에 비해 이번 시편들은 미래지향적 안목이 선명하다.

이 시집은 서민적 일상의 요소들에 상당한 관심을 기울인다. 뚝배기, 김치, 빨래, 인형, 손수레꾼 황보씨의 눈, 새와 금붕어, 건널목 등을 다룬 여러 시편들이나 우산수선공들을 다룬 「손바람」 등이 그 본보기라 하겠다.

한편으로, 시인은 여전히 영원성에 대한 내적 경향을 버리지 못하고 있다.

억년을 바래도/ 눈이 모자란 세월의 밑바닥에서

–「죄罪」에서

억겁/ 그 골짜구니에서 땀을 훔친다

–「반신返信」에서

상기의 굵은 표기들은 꽤나 인습적인 어휘들로서, 시공 초월의 어떤 이상에 대한 시인의 끊임없는 동경을 내포한다.[14)]

제2부에서 시인의 원죄의식이 엿보이는데, 이는 가족의 개인사적 불행과 함께 민족사적 수난의 표의表意를 지닌다. 예컨대, 애증愛憎과 같은 이항적 대립요소들의 병치 내지는 대치가 눈에 띈다

미움과 미움/ 그 위에 깔리는/ 사랑과 사랑

–「삼월三月」에서

태어남보다/ 살기보다/ 어려운/ 죽음 …(중략)…
죽음보다/ 살기보다/ 어려운/ 태어남을 두고 …(중략)…
실상 걸어온 지점은 멀고 먼데/ 바라보면 여긴데

–「까닭」에서

이 배열은 결국 대립성분들의 융합으로 귀결되는데, 그 점은 "빛과 어둠이 하나/ 하늘과 땅이 하나"(「건널목」)와 같은 구절에서 명료해진다.

죄의식의 통합적 극복은 다음과 같은 중요한 시편에서도 나타난다.[15)]

---

14) 그밖에, "그대의 **천년** 세월은 둥글다"(「뚝배기」), "**억겁**을 쪼개놓은/ 틈바구니"(「건널목」) 및 "**억년**을 스쳐질 바람의 소문을 진맥하고 있었다"(「열병기(熱病記) (3)」) 등의 사례가 눈에 띈다.

15) 제1시집에서 단 1편에 그치고 제2시집에서는 단 1편도 없던 산문시가 제3시집에 2편 실리는데, 「경칩(驚蟄) 무렵」과 「목백합(木百合)」이 바로 그것이다. 이후로 말년까지 **황길현**은 산문시에 줄곧 천착한다는 면에서, 그러한 산문시의 시도에 주목하지 않을 수 없다. 이 작품들에 피력된 시인 본연의 죄의식과 그 극복은 겨울 즉 동절기로 표상된 시련기의 감내와 연관이 깊다.

철들 무렵의 나의 상처에서는 아직도 피가 흐른다 냇물에 흘린 피는 사위어 맑아질 때 나의 눈으로 들어오지만 땅 위에 흘린 피는 흙과 더불어 살아서 꿈틀거린다 뱀이 되어 엉키고 자라서 나의 길을 막는다 치고 잉개도 기하급수로 늘어나 나의 상처를 핥으며 심장을 누른다

–「경칩驚蟄 무렵」에서

'철들 무렵의 상처에서 흘린 피'에 대한 요설적 변주는 상상의 물감을 타고 질긴 언어 유희를 이끌어간다. 냇물에 흘린 피는 곧 맑아지지만, 땅 위에 흘린 피는 꿈틀거리며 살아서 뱀이 되고 오히려 더 자라 원래의 상처를 핥으며 심장을 누르는 자책의 기능을 발휘한다. 이 작품은 곧 철들 무렵의 상처에 대한 진한 회오를 다루고 있다.

보아서 보이지 않는 것 피어서 시들지 않는 것 우주의 귀퉁이 한 쪽 접어 엮은 손짓으로 자리하고 오늘의 심연에서 시늉내지 않은 한국의 빛깔을 끌어안음이 – 언젠가는 이렇게 버티어 설 수 있음이리라

–「목백합木百合(4)」에서

북미산 외래수종인 목백합은 한국에 잘 적응한 교목으로서, 가을철이면 한국 고유의 노랑빛깔을 띠며 울울창창해진다. 이 나무를 통하여 시인은 시들지 않는 생명의지의 적응력을 감지한다. 이러한 산문시의 사변성은 그 구체적 대상을 소재 삼아 관념적인 수사의 공교로움을 업고서, 모호하면서도 감칠 맛 나는 현대시학의 한 경지를 보여준다.

유의해야 할 또 다른 특색은 모든 문장부호를 의도적으로 배제했다는 점이다. 필경 시인은 내면의 표현과 깊은 호흡에 한층 더 신중한 의미를 부여하고자 한 것인지도 모른다.

어둠의 그림자를 밟고/ 심장의 건반을 누른다/
차마/ 눈 뜰 때 지켜온/ 바람은/

피의 무덤 안에 형성의 골격을/ 새기는/ 만백성의 언어

–「빛과 소리의 영상映像」에서

이처럼, **황길현**의 제3시집은 현실 비판과 아울러, 전형적인 1960년대의 관념적 은유와 사변성, 절제된 시어의 언어 유희 등으로 **모더니즘** 시학의 수법을 드러낸다. 전혀 사라진 것은 아니지만, 소유격 사용이 전작들에 비해 현저히 감소되면서 관념의 무게를 덜려는 의도가 엿보인다.

3) 소외와 추억 – 제4시집 『아픔은 땅에서』(1984)의 경우

이 시집의 책머리는 "**아픔의 땅**에서 나와 같이 사는 내 친구에게 이 시를 바친다"라고 발간의 소회를 간략히 밝힌다. 이전 시집들의 맥락을 이어, 이번 역시 당대의 사회현실에 대한 고뇌를 짚어나가고자 함이 분명하다.

바람이 불 때마다 깨어난/ 눈들/ 그것은 나의 이마에 머물고/
머물자마자/ **모진 세월의 아픔**을 빨아당긴다

–「풍문(風紋)」에서

그 '모진 세월의 아픔'과 관련하여 흥미로운 단서를 제공하는 것은 다음 작품이다.

누군가가 〈추방한 시인〉이 걸어오고 있다//
가시로 감은 온 몸이 기린의 목으로 자라// …(중략)…
〈추방된 시인〉은 꽃을 꺾꽂는 버릇을 삼키고/
다만 거기 **말라붙은 웃음의 그림자**로 아침을 호흡하게 하는 안간힘을 쓰고 있다

–「꽃기린」에서

시인은 자아의 존재 현상을 '가시로 감겨 있는 온몸' 또는 '말라붙은 웃

음의 그림자'로 묘사한다. 그 상황적 굴레는 '추방된 시인'의 위상에 관한 자의식의 발로라 하겠다.

참 오랜만에 잔을 잡고
고추장에 아스파라가스 순을
들면 잔은 크고 큰 잔을 받을 때마다
봄은 한 치씩 크더니 이내 겨울이었다
내 **하얀 밤**을 깎아 〈봄〉을 새기고
어두운 낮을 갉아 〈봄〉을 그리는 것은
언제나처럼 돌아와 남는 빈 잔 때문

–「작은 진실」 전문

이 시집에서 가장 아름다운 시편 중 하나인 위 시는 '봄'을 희구하는 소시민의 암울한 현실을 그린다. 특히 굵은 표기들은 역설미학의 극치를 이룬다. '하얀 밤'에 깨어 있고 '어두운 낮'에 잠을 자는 뒤바뀐 일상, '봄이 크더니 곧 겨울이 되어버리는' 세월의 가차없음을 볼 때, 현실적 삶이 주는 '빈 잔'의 좌절과 공허가 성큼 손에 잡힐 듯하다. 이 허탈감은 필시 병환과 연관된 듯싶으며, 이 시기에 시인은 모종의 투병생활을 했음이 틀림없다. 작품 「병실病室」, 「객혈喀血」, 「불황」 등이 그것을 입증한다. 이 시기의 작품들은 어느 때보다 죽음의 심상이 유독 강한 것이다.

– 여보/ 요사이 아무 일도 없으셨어요?
– 아니/ 왜?
– 꿈에 **하얀** 손수레를 타고 **멀리 가셨거든요**
– 그래서/ – **흐르는 눈물**만큼 따라가다 깼거든요
– 그래 이렇게/ **검정 넥타일** 매고 서 있지 않소?

–「겨울의 빛깔」 전문

온전한 대화체 양식의 이 시를 보면, 검정 넥타이를 매고 선 시적 화자

는 거울에 비친 제 모습에서 서늘한 죽음의 기운을 길어내는데, '하얀'색은 초상집의 색깔이며 '검정넥타이' 역시 장례를 연상시킨다. '멀리 간다', '흐르는 눈물'의 심상 역시 같은 기의記意 안에 머무른다. 이 무렵 시인은 자신의 주변에 임박한 죽음의 그림자를 의식했음이 분명하다. 다른 작품 「위 그리고 아래」 역시 거울에 비친 모습을 통해, '무수하게 포장된 내부의 균열' 즉 '산 것 같지 않음'의 현상을 분석한다.

이 시집은 시인의 시대적 현실에 대한 고뇌보다는 오히려 일상적 삶의 고단함에 역점을 둔다. 이를테면, 대중교통을 이용하는 출퇴근의 노고를 토로한 「만원버스」는 시인의 시선이 부쩍 일상주변의 속세로 기울어 갔음을 반영한다. 이러한 일상의 **리얼리즘**은 은유의 사변적 관념과 대척관계에 놓인다. 그리하여 이 시집에는 '억겁', '억년' 등의 전근대적 가치를 지닌 인습적 시어들이 거의 사라진다. 시인은 시적 소재로서의 일상적 가치를 파악하며, 투병 또는 죽음에 대한 의식과 더불어 훨씬 더 **리얼리스틱**한 기법을 가동하는 의미심장한 변화를 보여주는 것이다.

물론 이 시집에서 그 특유의 관념적 은유가 아주 사라진 것은 아니다.

> 바다는 걸어간다 고단한 몸을 풀까 살찌는 몸부림을 씻을까 드러난 뻘밭 고동치는 갯땅의 숨결이 고깝다 고군산열도가 귀를 맞대고 소곤거리는 그 너머 하늘이 내 눈시울에 걸치고 썰물의 내장을 짓씹게 한다
>
> 바다는 걸어온다 개펄에 자란 잔잔한 파도에 실린 인공양식의 하루가 지고 또 하루가 큰다 바다는 시간에 따라 변신의 빛깔 그 말씨로 언제나 다시 출렁이지만 사람은 뻘밭의 술잔을 들이키고 나면 내 눈시울에 걸린 하늘 한 자락으로 남아 바다 위를 거닐고 있는 것은 아닐까
>
> –「걷는 바다」 전문

일상의 의미를 되살려낸 이 걸작에서, 시인은 자신이 걷고 있는 갯벌 위로 '바다가 걸어오거나 간다'고 표현한다. 황해의 갯벌을 걸으며 고된

삶의 의미들을 반추하는 언어들은 관념적 추상어가 아닌 구상적인 보통 명사와 동작 동사들이 주를 이룬다. 하지만 수사적 은유의 골이 깊어 꼼꼼한 읽기를 요구하고, 관찰과 상상을 곁들인 사색적 비유들은 독자로 하여금 시 읽기의 긴장을 만끽하게 한다.

압권은 시집의 표제가 된 장시 「아픔은 땅에서」일 것이다. 총 6부로 된 이 작품의 각 부분은 또 다른 소부분으로 구분된다. 일부를 제외하고는 거의가 산문시인 것도 특징이다. 문장부호는 여전히 사용되지 않았다. 이 작품은 초반에 왜정과 한국전쟁 등을 소재로 삼지만, 후반으로 갈수록 그의 특기인 사변적 관념의 은유를 현란하게 구사한다. 시인은 자신의 시세계가 역사와 현실이 초래한 이 땅의 아픔에서 바탕한 것임을 숨기지 않는다. 그리한 소견은 긴국 설화를 곁들이며, 다음과 같은 가무의식歌舞儀式을 통해 미래의 희망을 예약함으로써, 장시의 **피날레**를 장식한다.

> 핵우산 속의 아픔은 철조망에 찢긴 절름거림 이산가족을 찾은 눈물 그 안의 마늘과 쑥을 달여 먹고 애벌레 되어 궁글 수 있다면 하늘엔 노을이 뜨고 강 푸르게 흐르는 틈 따스한 체온에 지평과 수평을 끌어 날개로 몸치장을 하고 훠이훠이 노래와 춤을 키워 아픔의 피를 달랠 것이거니
>
> –「아픔은 땅에서 – 6. 내가 밟고 선 땅」에서

이렇게 **황길현**은 줄기차게 당대의 역사현실에 대한 저항과 비판을 숨기지 않는 반면, 관념적 은유를 전가傳家의 보도寶刀로 활달하게 구사한다. 이 특성은, 시집 말미에서 "경험적 현실이 진정한 자아와의 통합이 불가능해질 때, 그는 반어나 상징이나 은유를 통해 그 괴리상을 노래하게 될 것이다"라고 평설자가 지적한 바와 다소 상통한다. 통합을 불가능하게 보는 자의식에 의해 선택된 반어적 어휘들은 현실적 고충에 대한 고육지책의 지적인 대응이겠다. 또한, 주변 일상에 대한 소소한 사실적 관심들이 **리얼리즘** 기법으로 심대해지는 동시에, 여전히 문장부호를 사용하

지 않는 표기법은 **황길현** 본연의 작법으로 남으며, 10편 가까이 실린 산문시는 본격적으로 그 특유의 선호시형으로 부각된다.

4. '땀'과 '빛': 육체성과 정신성의 길항 사이에서 – 제5시집 『땀 그리고 빛』(1990)의 경우

난해시에 대한 **오하근**(吳河根, 1941~2017)의 분석적 해설문이 곁들인 **황길현**의 제5시집은 그 책머리를 이렇게 장식한다.

> 아직도 나의 거울에는 **민둥산**이 남아 있다. 생각으로서야 불도자로 밀어서 논밭을 일구거나 계단식 과수원이라도 만들고 싶지만 그게 그리 쉬운 일이던가?
>
> 우선 호미와 괭이로 잔디랑·패랭이랑·아카시아랑 심어 보기는 했지만 거센 바람은 그때마다 열병을 몰고 와 영양실조와 겹친 **민둥산**은 재통·갓통을 앓게 되어 부끄럽게도 허약한 매무새를 벗어날 길이 막연했다.
>
> 이러구러 꽃과 새를 그리는 여유를 만들지 못한 채 세모꼴·네모꼴·사다리꼴·둥그스럼하거나 울퉁불퉁한 사람의 모양을 그리면 그들은 나의 **민둥산**에서 만나게 되고 막걸리잔에 가라앉은 **땀과 사랑과 빛의 앙금**을 건져내고 그 작은 힘을 빌어 나의 **민둥산**에 언어의 모자를 씌워야 견딜 수 없이 황홀한 풍경을 이겨 내겠기에 시시하나마 나의 작업은 계속되고 있는지 모른다.

위 서문은 **황길현**의 후반기 시세계를 이해하는 데 중요한 단서를 비쳐주며, 흔히 그의 시 세계를 사변적인 관념시로만 보려는 풍조에 색다른 시각을 제시한다. 여기서, 그는 자신의 시 작업을 '제대로 일구지 못한, 거울 속의 민둥산 가꾸기'에 비유한다. 그 민둥산에 그려 넣은 울퉁불퉁한 사람의 모양에서 시인은 '땀과 사랑과 빛의 앙금'을 길어 올리고자 했던 것이다.

1) '땀'의 세계

'땀'은 현실적인 육체성을 지시指示한다. 때로는 타락하기도 하는 육체적 현실 즉 자아의 한계를 극복하기 위하여 땀을 흘리는 행위는 신성한 노동으로 간주될 필요가 있다.

> 해방 이후 실종된 혼이 살아나서/ 데모/ 분규/ 전장의 소용돌이를/
> **자유**로 일으킨/ 물빛
>
> -「직소폭포 앞에서」에서

직소폭포의 곧은 물줄기에서 시인이 감지해내는 것은 해방 이후의 국가적 소요를 극복하고 일어선 '자유의 물빛'이다. 하지만 그의 시적 고뇌는 그 자유가 제대로 보장해주지 못하는 삶의 고충에서 발아한다. 이를테면 다음 시편들을 살펴보자.

> 그 갈채 속에 **라면과 수제비**로 어린 동생들을 이끌고 얼굴이 **노랗게**
> **바랜 소년**의 **물먹은 눈빛**이 보름달처럼 떠오르고 있었다.
>
> -「연기 [Ⅰ]」에서

> … 가멸찬 **아홉해째의 모자란 가실마치기**에 도둑맞은 농사꾼의 마음이
> 허허연 비행운 되어 가을 하늘을 동서로 가르고 있었다.
>
> -「연기 [Ⅱ]」에서

> 아버지의 노둣돌 위에 어머니의/ 손을 모아 다리를 놓았지만/
> **장마철 그 흙탕물**은/ 어머니의 손을 앗아갔거늘
>
> -「징검다리」에서

> 흐린 얼굴 위에 **라면의 거품**이 부풀고/
> 〈그 밑에 깔린〉 아우성의 눈은 깜박거리는데// …(중략)…

〈그 아래 엎드린〉 **갯땅의 함성**이 귀를 세우는데

–「다시 목로에서」에서

상기의 사례들은 순차적으로 일반가정의 경제적 곤궁부터 시작하여, 거듭되는 농사일의 손실, 자연재해 앞에 무력한 노동의 도로徒勞 등등으로 전개되면서 마침내 '깔리고 엎드린' 민중의 저항정신을 대변하는 '갯땅의 함성'으로 응결된다. 작법상, **황길현**은 사변적인 관념의 은유를 덜고 훨씬 **리얼리즘**에 근접하고 있음을 관찰할 수 있다. 이러한 동시대 현실의 실상에 대한 예민한 감각은 다음과 같은 구체적인 항거 정신으로 표명되기도 한다.

〈달나라 폭풍의 바다 속에 잠긴 부처의 밑둥에 마음을 감추어 두고나선 거인〉에게 항거하다가 **작은 빗돌로 깎이어 차디찬 이름표를 달고** 그대는 구름에 가린 달만 바라보고 섰는가 늙은 어머니의 하얀 마음의 헝겊에 **젊음의 함성**을 묻혀 닦고 닦아 돌아오는 **오월의 푸른 눈**을 번득이지만 다시 사는 바람은 빈터에만 맴돌고 달에게는 미치지 못하여 **끈적거리는 피멍울**이 장미의 꽃잎 되어 무더기로 타오르는가

–「달바라기 소묘」에서

이 작품은 오월 광주항쟁의 망월동 묘지, 또는 민주화 운동으로 사망한 한 젊은이의 묘소와 관련 있다. 굵은 표기가 나타내는 바, 달빛 아래 처연한 한 젊은이의 '작은 빗돌' 앞에 선 채, 시인은 타오르는 오월 장미의 꽃잎에서 '끈적거리는 피멍울'을 본다. 그 피멍울에는 아직도 늙은 어머니의 회한이 서려 있으며, '오월의 푸른 눈'을 번득이는 '젊음의 함성'이 울려난다.[16] 이렇게 현실적 실패일 수도 있는 '죽음' 앞에서 시인은 풀리지 않는 피멍울과도 같은 어머니의 한, 여전히 번득이는 푸른 눈과 우렁찬

16) 본고 123쪽 각주 4) 비교.

함성 등을 도출해냄으로써, 항거의 의지와 기력을 고양시킨다.

위 시는〈 〉표시된 상징적 도입부을 제외하면, 거의 전체가 **리얼리즘** 시이다. 바로 이 부면에서 **황길현** 시의 난해함이 뻗는다. '거인'은 압제의 주체 즉 구체적으로 군사역적의 학살독재정권을 지시하겠지만, '달나라 폭풍의 바다 속에 잠긴 부처의 밑둥에 마음을 감추어 두고'라는 구절이 의미하는 바에 대해서는 해석이 구구하겠다. 당시 군사역적이 자신의 불의에 대한 종교적 합리화를 강구했던 불교계와 상관되느냐의 여부는 논외로 치더라도, 난해한 독해를 요구하기는 마찬가지다. 이렇게 **황길현**의 일부 작품은 상징적 은유와 **리얼리즘**의 경계가 혼조 되어 있음으로 해서, 뚜렷한 선 긋기가 애매해지곤 한다. 관념적 은유의 사변성은「춘향소묘春香素描」,「남원 고란主」,「너 또는 나 모악산을 넘으며-」등 또 다른 작품들에서 돋보인다.

제2부에 수록된「꿈에 관한 노우트」연작과「못다 미친 사람의 이야기」연작은 일정한 행 가름과 단락 구분을 힘들게 하는 산문시형으로, 의식의 흐름이나 무의식의 자동기술법 같은 실험적 기법을 발휘하여 관념의 내부와 그 저변을 더듬어 들어간다. 앞으로 이 부면은 **황길현** 시 연구의 좋은 과제가 될 것이다.

한편, 시인은 아름다운 우리말로 언어미학의 싱그러운 유희를 우려내기도 한다.

> … 따스한 먼 바닷나울의 눈금을 헤아리는 몸과 꿈의 철 철철 힘이 넘쳐
> 나도 다함없는 먼 길인데 모아온 땀의 돌각담 돌고 돌아 나온 발톱 산수
> 유 눈망울 망울 자라는 바람의 나선 위에 엉긴 숨결 숨결 숨결인 걸
>
> –「딸꾹질」에서

이 시는 유성음有聲音의 **리드미컬**한 반복과 긴 호흡의 유장함으로써, 끝없을 듯 나오는 딸국질의 상상세계를 풀어낸다. 음울한 절망의 기색이

없이, 곱게 휘어지는 산길처럼 돌아가는 휘모리장단으로 읽기의 신명을 유발하는 힘이 그 장점이라 하겠다.

2) '빛'의 영역

시인의 시대정신은 '땀' 곧 현실성을 근간으로, '빛'이라는 정신의 고비를 향해 치닫는다. 인간적 현실의 한계를 초월하여 순수상태의 정신적 영역으로 진입하려는 태도는 **황길현**의 시가 갖는 또 하나의 이율배반적이면서도 합리적 납득을 구하는 예술적 **에스프리**esprit로 남는다.

> 한겨울의 추위를 툹아 하늘을 짜놓은 그 바탕에 꽃술의 발설을 수놓은 산수유나뭇가지에는 또 풀리지 않는 고와 고 그 꿈과 땀의 오솔길에 마파람비는 이슬이슬 초록의 힘을 새끼손가락만큼씩 키우고 젖은 옷을 말릴 겨를이 모자란 얼굴들은 **아침놀의 숨결**을 모아 꽃샘의 함성을 빨아당긴다 다시 묵묵한 갈채를 캐어낸 하늘은 열리고
>
> －「하늘은 열리고」 전문

매끄러운 유성음들의 진열이 선사하는 묘한 운율과 더불어, 모진 겨울의 강추위를 이기고 피어나는 산수유의 화사한 개화를 통해, '초록의 힘'과 '꽃샘의 함성'의 갈채를 구가하는, 즉 울적한 기운을 떨치고 환한 신생의 기운을 전시하는 이 산문시의 발랄함은 **황길현** 특유의 은유적 관념시의 관점에서 볼 때 이색적인 면이 없지 않다.

삶의 긍정성을 야기하는 빛의 정신과 관련되어, 이 시집의 후반부 작품들에는 '아침'이란 시어가 빈번하게 사용된다. 앞서 인용한 작품과 「눈」, 「나래질」 외에, 다음은 그 예증이 된다.[17)]

17) 그 외에, 「다시 호락질」, 「옥란(玉蘭)」, 「서울의 달빛은」 및 「봄은 다시 우리의 눈을」 같은 작품에도 '아침'이 언급된다. 다른 경우엔, 「술래」, 「어제 그리고 내일」처럼 시어 '빛'을 동원하거나, 하다못해 '봄'이나 '새벽' 또는 그와 흡사한 **이마주**가 조성된 작품들이 상당히 있다.

아침을 향한 꽃눈의 편지를 읽을 때/ …(중략)…
아침을 몰고 있거니/ 대낮을 향한 **아침의** 편지를 읽을 때

–「꽃샘눈」에서

〈억겁을 자란 한恨〉이 시방은 사랑보다 거대한 정원을 다듬고 보이지 않는 가시울을 가꾸는데 바람을 날다가 구르는 돌의 **눈빛** 산도라지**꽃빛** **아침을 몰고** 할륵인다 쉬지 않는 밤의 한가운데 회오리 되어 단별 옷을 떨치고 그 흐르는 **아침**의 산도라지**꽃빛 눈**은 항시 껌벅이고 있다.

–「눈」에서

'억겁을 자란 한'에 덧붙여, '산도라지꽃빛 눈'이 껌벅이는 '아침'의 도래를 얹어 놓음으로, 시인은 찬란한 삶의 긍정성을 비쳐낸다. 이러한 빛의 정신이 주준하는 '아침'의 심상은 이 시집에 조성된 주요 개념들 중 하나이다.

나비 한 마리 날고 있다//
엎드린 텃밭 위/ 포크레인의 서슬은 푸르고/ 웃자란 대추나무 한 가지//
깎인 살의 강을 이루고/ 가장자리/ 모랫뻘의 몸살을 엮는 숨결들//
이슬을 골라 꿰는/ **아침은 타고**//
나비 한 마리 날고 있다.

–「나래질」 전문

'**포크레인**의 서슬'이 펴런 상황에서 '깎인 살의 강'과 '모랫뻘의 몸살'이라는 역경을 딛고 아침 이슬을 골라 꿰며 날아오르는 나비의 비상을 통해, 위 시는 맑고 힘찬 상승구도의 기운을 뻗친다.

언젠가/ 파도의 기슭에서 눈 뜬/ 여름은//
세월을 포개어 다둑이는/ 해일의 뒤 끝에/ **뿌리를 내리고**//
모래를 일구어 씻은/ 다음/ 갈고 닦은 착색// …(중략)…
언젠가는/ 파도의 **몸을 일으킬**/ 여름은/

〈순간 속에 잠자는 영원〉을/ **깨우고 있네**

–「여름이야기」에서

파도의 기슭에서 눈을 뜬 여름은 참혹한 '해일의 뒤끝'에도 굴하지 않고 뿌리를 내리며 모래를 일구어 씻은 다음, '순간 속에 잠자는 영원'을 깨운다. 그 행위는 여름이 향후 '파도의 몸'을 일으키기 위한 전단계이거나 그럴 힘을 비축하는 예비단계이겠다. 중요한 것은 '순간 속에 잠자는 영원'이라는 이상적인 목표를 설정한다는 점이다. 낭만주의적 이상의 동경이 아직도 시인의 내면에서 도사리고 있다가, 숱한 사변적 관념의 '땀'을 헤쳐 나와, 하나의 '빛'이라는 초월적 순수의 정신으로 발현되는 것 같다. 이러한 정신은 앞서 거론한 '아침'의 심상과 연계되는데, 이는 '빛'의 **이마주**가 부여하는 삶의 긍정성과 잇닿으면서, 활기찬 새 미래에 대한 희원을 잘 표상한다.

이 시집에서 참여적 역사의식이 전무한 것은 아니다. 예컨대,「달궁 **엘리지**」의 연작은 지리산 달궁의 '빨치산'으로 대표되는 역사 현장에 대한 지식인의 회한을 전시한다. "당신과 잡은 손 안에 흐르는 피눈물이다가 튕겨진 탄피에 얼룩진 함성이다가"(「달궁 엘리지 [II]」) 같은 구절도 그 점을 예시한다. 그밖에,「능금 그리고 별 – 유치장에서 만난 한 소년 –」과 같은 특이한 체험을 소재 삼은 경우는 상습적 절도 혐의로 갇힌 한 소년범에 관해 인상적인 상상의 힘을 전시한다. 이 보기 드문 이른바 〈깜빵 시〉에서, 시인은 전과前科를 나타내는 '별'의 심상을 기묘한 방식으로 상승 기조에 편승시킨다. 즉 "어둠이 내리면/ 창살 없는 어둠이 내리면", 소년의 '별'은 로켓처럼 날아올라 '하늘의 별자리'를 이루고 "다시 태어난/ 능금의 별로/ 영원토록" 빛나기를 바라는 것이다.

황길현은 제5시집에서 땀과 빛이라는 상호이질적이면서도 불가분의 관계를 조성하는 두 요소를 미분한다. '땀'으로 표상되는 현실의식은 시대적 항거로 분출되며, 이를 바탕으로 '빛'이 표상하는 바 고도의 정신성은 초월적인 이상의 영역에 도달한다. 그가 아직도 현실적 저항과 비판의식을 견지하면서도 관념적 언어 구사를 선호하는 것은 그의 등록상표로 자리매김한다. 문장부호를 사용하지 않는 표기법이 여전하며, 수록작 총 67편 중 51편으로 76%나 되는 산문시는 그의 주요 시형으로 자리를 굳힌다. 이 시집에서, 시인 특유의 현실의식과 사변적 관념이 적절한 접합점을 찾아 '땀'과 '빛'이라는 외연적 사물로 형상화된다는 점을 감안할 때, 개인적으로 나는 이 시집을 **황길현** 문학의 정점으로 정리하고 싶다.

5. 정표과 부좀의 합일: 그 변증법적 통합 논리의 사변성 – 제6시집 『풀잎은 한을 식이고 자란다』(1997)의 경우

황길현의 생전 마지막 시집으로서 사적 의미가 유별난 이 시 모음집에는 **프롤로그**와 **에필로그**를 포함 총 58편이 실렸는데, 딱 9편[18]을 제외한 나머지 49편이 모두 산문시라는데 그 특징이 있다. 그 9편이 지닌 언어의 간결미와 더불어, 나머지 산문시들은 사변적 관념이 진하여, 말년에도 여전히 그가 **모더니즘** 영토의 지킴이 노릇에 진지하게 몰입하였음을 한 눈에 보여준다. 또한 이 시집은 얼마의 물음표 외에는 쉼표와 마침표가 거의 쓰이지 않은 채 숨 가쁜 호흡으로 진행된다는 점이 색다르다.[19] 제1부 「풀잎은 눈을 뜨고 자란다」, 제2부 「풀잎은 아픔을 먹고 자란다」, 제3부 「풀잎은 한을 삭이고 자란다」, 제4부 「풀잎그림자」 등 연작집의 수록작

---

18) 행 가름을 한 [즉 산문시가 아닌] 일반 자유시들은 제2부 「풀잎은 아픔을 먹고 자란다」 연작의 (12), (13), (14), (15)번 및 제4부 「풀잎 그림자」 연작의 (1), (2), (3), (18), (20)번이다.

19) 이 시집에서 딱 하나, 제3부 「풀잎은 한을 삭이고 자란다」 (2)번 작품의 첫 문장만 마침표로 끝난다. 오식(誤植)이 아니라면, '풀잎은 웃지 않는다'와 그 다음 '밖에서 밖으로 널려 있는 파렴치와 멧돼지의 이빨' 사이에 의식적 단절을 꾀함으로써 심각한 비윤리성과 폭력성을 부각시키려는 의도로밖에 볼 수 없다.

들은 풀잎을 소재로 하되, 풀잎 그 자체가 아니라 풀잎의 '자람' 즉 생장력과 그 생동성에 집중한다. 이 시집은 **김수영** 이래로 '풀잎'이 표상하는 바 민중의 굴하지 않는 생명력을 염두에 두었던 듯싶다.

> 풀잎은 구름에 **짓눌리고** 바람을 일으키어 버르집다가 사과 깨스에 움츠리고 군화의 산성비에 빠르적거리다가 꽉 막힌 숨통을 뿌리고 뿌리로만 열다가 철철철 얼음이 녹는 철이면 **일어나서** 하늘의 눈 **별**이 되고 땅의 몸짓 **꽃**이 되고 **사랑의 말씨** 우리의 **가슴**이 되어 풀잎은 다시 아픔을 먹고 〈자란다〉
>
> –「풀잎은 아픔을 먹고 자란다(1)」 전문

풀잎 고유의 저항성과 불굴의 의지는 '최류탄', '군화' 등의 좀 더 노골적인 심상들과 함께 당대의 정치·사회적 시대상을 투사한다. 온갖 핍박 아래 짓눌려온 와중에도, 풀잎은 일어나서 하늘과 땅의 아름다운 별과 꽃이 되고, '사랑의 말씨'로서 우리네 가슴이 되어 자라간다는 내용. 한 마디로 풀잎은 시대의 '아픔'에 대한 항거를 통해 자라는데, 그 원동력은 투쟁 자체가 아니라 곧 '사랑의 말씨'와 관련된다는 데 의미가 있다. 시인은 역경의 극복이나 투쟁을 넘어 풀잎이 지닌 변증법적 생장력에 더 관심이 크며, 이의 추진력으로 줄곧 '사랑'을 설정한다.

> 풀잎은 **어둠 어둠**을 비벼 뿌리를 내리고 풀잎은 **밝음 밝음**을 빨아당긴 눈을 뜨고 〈자란다〉 … (중략) … 얼크러진 사슬에 걸려 찢기고 찢긴 눈은 이 땅의 거리에 흩어져 펄렁이는 **사랑**을 줍는다
>
> –「풀잎은 눈을 뜨고 자란다(1)」에서

> **있는 듯 없고 없는 듯 자리한 없음**의/
> 당신은 **있고 없음**의 위 아래를/ 한 잎 옷자락을 나부끼고 있는가?
>
> –「풀잎 그림자(1)」에서

위의 시편들에서 시인은 이항대립소 즉 '어둠'과 '밝음'의 운율적인 반복과 열거를 통해 풀잎이 지닌 정正과 부否의 통합 능력에 초점을 맞춘다. 전자에서, 융화의 논리는 '사랑'을 줍는 행위로 가능해진다. 그러므로 **황길현**의 '풀잎'은 단순한 민중적 생명의지를 넘어 인간적인 삶의 전반을 망라하는 것으로 보인다. 후자는 존재 유무有無의 경지에서 '한 잎 옷자락'을 날리는 풀잎을 묘사함으로써, 존재론적 의문을 궁구하는 선시禪詩의 영역을 건드리기도 한다.[20]

> 산꼭대기에서 시궁창까지 시궁창에서 산꼭대기까지 〈날개를 달고 날다가〉 **발목을 부러뜨려** 뒹글다가 굼벵이처럼 뒤틀다가 우뚝 멈춤 그 아래로 강물은 흐르고 그 위로 흐르는 역사의 틈사구니에서 풀잎은 **귀를 연다** 심장으로 흘러드는 **삐저린 아우성소리 살가운 노랫소리**를 감고 감은 풀잎은 시궁창에서 산꼭대기까지 〈오르다가〉 산꼭대기에서 시궁창까지 **떨어지다가** 〈우뚝 서서〉 **맑은 숨결**을 저미어 저민 숨결을 맑게 밝힌다.
>
> –「풀잎은 눈을 뜨고 자란다(2)」 전문

이 작품 역시 '산꼭대기'와 '시궁창'의 극지를 오가며, 풀잎이 겪는 시련을 그린다. 날개를 달고 나는 시절이 있었던 풀잎은 이내 발목을 부러뜨려 굼벵이처럼 바닥에 뒤틀리다가, 강물 위로 역사가 흐르는 틈새에서 마침내 귀를 열고 아우성소리와 노랫소리를 듣는다. 굵은 표기가 드러내는 바, 상승과 하강을 반복하는 곡절 많은 인생의 질곡을 거쳐, 〈 〉 표기의 상승 의미소가 보여주듯이, 급기야 풀잎은 '우뚝 서서' '맑은 숨결을 맑게 밝히는' 경지에 다다른다. 이러한 조응은 낭만적 색채를 띤다. 왜냐하면 현실과 이상의 넝쿨이 엉켜들어, 몇 겹 새끼줄을 땋아 올리기 때문이다.

---

20) 이러한 합일과 융화의 시도는 시인 **이철균**(李撤均, 1927~1987)의 시가 지닌 주요 특징, 즉 상호 모순적 대립요소들의 본질적인 합일화를 연상시킨다. 본서 90–115쪽 참조.

너는 뭐지? 1) 텅빈 마음으로 살아가는 그림자지 그러나 당신처럼 마구
조이는 뇌까림은 언제나처럼 **마구 흩날리는 재**인 것을
그대는 뭐지? 2) 바람에 바람을 앗긴 풀잎 지붕이지 그렇지만 **탈을 쓴
바가지는 항상 깨어지고 마는 것**을
당신은 뭐지? 3) 바위와 나무와 별과 함께 나누는 풀잎 체율이지 그나
저나 당신의 **풍요로운 파렴치**는 굼벵이의 재주도 아닌 것을
너는 도대체 뭐지? 4) 모두는 살아있는 거 그처럼 뻗고 감각하고 털어
내는 풀잎 날개지 그러니까 당신의 그 몰골은 **깊은 땅 속에서 나분대다
파헤쳐진 웃음**인 것을

–「풀잎은 눈을 뜨고 자란다(7)」 전문

위 작품을 필자 임의껏 4연으로 구분해 보았다. '너', '그대', '당신', 그리고 다시 '너'로 거듭되는 상대 2인칭은 누구일까. '너'는 1) 텅 빈 마음으로 살아가는 그림자, 2) 바람에 바람을 앗긴 풀잎 지붕, 3) 풀잎 체율, 4) 살아있는 것처럼 움직이는 풀잎 날개 등으로 은유된다. 시인은 매미의 울음소리를 따라 독특한 역설적 심상의 상상력을 펼친다. 이제 '너'는 1) 흩날리는 재와 같은 뇌까림, 2) 깨어지고 마는 탈 쓴 바가지, 3) 굼벵이의 재주도 못되는 풍요로운 파렴치, 4) 깊은 땅 속에서 나분대다 파헤쳐진 웃음 등으로 귀결된다. 위의 3)에서, 밑줄친 바 이 작품 유일의 부정성否定性은 은근한 빈정거림의 기미가 완연하다. 선명한 시청각 심상을 사용하여, 시인은 시끄러울 뿐 허망하기 짝이 없는 매미 울음소리와도 같은 인간사의 '풍요로운 파렴치'와 그 깨어질 운명 등에 대해 이죽거린다 하겠다.

제2부는 후반기 **황길현**의 관심사를 더욱 구체적으로 보여준다. 장날에 등장하는 몇몇 인물들의 묘사를 통해, 또는 틀림없이 시인 자신의 체험과 유관한 병실 풍경과 환자들의 실태를 소재로 취함으로써, 민중적 애환의 신경부위를 건드린다.

제3부에 이르러 시인은 좀 더 분명하게 참여적인 저항성을 보여준다.

풀잎은 울지 않는다 **안에서 안으로 맺힌 울분과 통곡**을 새의 노래로 뽑고 나비의 날개로 새긴다.

–「풀잎은 한을 삭이고 자란다(1)」에서

풀잎은 웃지 않는다 밖에서 **밖으로 널려 있는 파렴치와 멧돼지의 이빨**
그 지석 위 다 헤지고[21] 구린 군화의 묘비를 세운다

–「풀잎은 한을 삭이고 자란다(2)」에서

전자는 어떠한 삶의 고충 속에서도 굴하지 않는 당대 시인의 직무를 표방한다. 모름지기 시인이 시대의 부조리에 대한 외면으로 일관한다면 그 본연의 책무를 다하는 것이 아닐 터. 내적 울분을 '새의 노래'와 '나비의 날개'로 형상화시키는 의지야말로 당대 시인들에게 가장 요망되는 소명이 아닐까. 후자는 시대의 엄중한 압제에 대해 경솔하게 임하지 말아야 할 시인의 과업을 강조한다. 자신만의 유치한 감상에 함몰되어 시대로부터 도피하는 것이 아니라, '다 해지고 구린 군화의 묘비를 세우는 일'에 소매를 걷고 나서야 하는 것이다.

제4부 역시, 광주항쟁과 관련하여 군사독재에 대한 저항을 다루거나, 혹은 장날 등의 풍경을 통해 가난에 찌든 민초들의 애환을 그린다. 몇몇 겨울시편들은 현실과 이상의 대치를 통해, 고난에 찬 인생의 역정歷程 속에서 꿋꿋하게 번지는 서정성을 창출한다. 여전히 추상적 관념의 애매성을 즐겨 곁들이는 그의 작법은 사유에 기초한 이지적 언어의 발화를 통해 시적 상상력의 혼몽함에 취하도록 독자를 이끌어 간다. 이것이 **황길현** 시의 마력 중의 하나이다.

사변적 언어유희의 난해성이나 시어 조형의 현란함으로 인한 곤혹감에도 불구하고, **황길현**의 시는 꼼꼼한 읽기를 통해 납득할만한 이해를 선사하기도 한다. 그 모호성 속에 도사린 여러 의미에 대하여 끈덕진 탐사

21) 아마 '해지고'의 잘못인 듯.

가 성취해내는 지적 쾌락의 묘미란 이루 형언할 길이 없다. 그는 상투적인 인습을 깨는 파격미의 유혹을 끝내 뿌리치지 않았으며, 독자 역시 그 은근한 쾌미의 마력魔力에서 쉬이 벗어날 길이 없다. 군데군데 드러나는 절묘한 수사는 현대 언어미학이라는 영지領地의 변경邊境을 개간하는 바, 전근대적 구서정의 아류 짓거리에 이골난 짝퉁 시인들의 노쇠하고 고루한 안목으로는 도저히 범접할 수없는 **모더니즘**의 사유를 성취해내었던 것이다.

6. 글의 말미를 접으며

시란 체험된 어느 삶의 순간을 무한히 재생산해내려는 욕망 자체이다. 또는 그 순간을 무한히 연장시키려는 고달픈 시도이다. 그러한 재생과 연장, 또는 복원의 노고가 여간 만만치 않은 탓에, 그 기획은 종종 처절하다. 시인이 재생시키고자 애쓰는 순간, 그 폭의 너비는 체험을 꼭꼭 되새기는 사유의 치밀성에 좌우된다. 현실에 대한 의미 깊은 길항을 주된 전략기제로 삼는 시문학의 경우, 삶의 다층적 단위가 언어미학의 형상을 빌어 그 진솔함을 드러낸다. 그러한 괴리가 인간 내면의 추상적 관념과 구체적 감각의 언어라는 폭포를 거치며 **래프팅**rafting하는 여정에 있어서, 여기 전북 출신의 고 **황길현** 시인은 당대를 극복하고 서민적 순수의 시대를 회복하고자 노력함으로써, 시대적 관심사에 대한 **리얼리즘**적 항거의 정신을 날줄로 삼고 고도의 관념적 은유와 역설적 언어의 상상력을 씨줄로 엮어내어 독특한 **모더니즘** 시의 피륙을 높이 짜 올렸다.

사진에 나타난 고인의 용모 그대로 전형적인 전라도 개땅쇠로서의 아름다운 광대뼈와 부리부리한 눈매는 그가 지닌 시정신의 비범함을 실감케 한다. 그는 현대적 심상의 창출과 회화 기법을 실제 감각으로 재생산하는 동시에, 보이지 않는 것을 보이게 하려는 그 무리하고 겁 없는 도전

정신이 시 작업의 근본원리라는 사실을 터득하여, 모순어법의 검법을 통해 역설적 언어의 조합과 융화를 시도하였다.

거칠고 미흡한 면이 없지 않았지만, 거의 사상 최초로 **황길현** 시인의 작품세계 전반에 관한 일별을 마쳐간다. 그가 전시한 현대시 줄기의 지대한 양상들을 감안할 때, 이따위의 글은 주마간산走馬看山에 불과하다. 이 거시적인 고찰을 보완하기 위하여, 좀 더 미시적인 연구가 요망된다. 여기에는 60년대 특유의 상상력이 지닌 관념적 언어의 측면, 즉 시인이 고도의 언어 장치와 사변적 수사를 통해 얻고자 했던 바가 무엇인지, 무엇이 그로 하여금 지적 사유의 서정에 천착하게 만들었는지에 대한 연찬과 더불어, 현대시의 발달과정상 그러한 요소들을 장차 어떤 방향으로 진작시켜 나갈 것인지에 대한 통찰도 수반되어야 할 것이다. 또한, 그의 시편들에 빈번히 배어 있는 가난과 죽음 그리고 현실적 항거 정신 등의 주제적 상황에 대한 원인과 양상도 탐구할 가치가 크다.

황길현의 첨예한 시대감각이 느끼는 통증은 평생 지속되었을 터이다. 그의 시 전편에 그 통증으로부터 샘솟은 저항의식이 배어 있다. 당대의 모순상황을 극복하기 위한 수단으로서 그가 장착한 시적 도구는 직정적인 토로보다 은유 쪽에 기운다. 그가 '시'라는 총신銃身에 현대적 언어미학의 수사修辭를 장착하였기에, 그의 시편들은 난삽한 추상적 심상으로 넘쳐난다. 그는 은유라는 수사법의 망사 안에 제 알몸을 보일 듯 말 듯 비추어냈다. 독자의 문학적 오감五感은 **황길현** 시의 모호성에 일단 중독되면 결코 뗄 수 없는 포로로 전락한다. 그의 시편들에 내장된 죽음과 가난의 심상들은 그가 현실과 쉽게 타협하지 못하는 자의식적 성격 속에서 얼마나 시 작업에 지난至難하게 몰입했을지를 넉넉히 방증한다. 현실적 요인들의 시화에 있어서, 그의 자책에 가까운 연민은 얼마나 고된 시적 고투를 벌였더란 말인가. 지극한 현실의식을 품고 있으면서도 **리얼리즘**의 유혹을 거부하면서 시적 수준을 상승시키려고 노력한 항쟁은 대단한 시

적 고투의 결과물이 아닐 수 없다.[22)]

전근대적인 인습의 비유와 낡아빠진 시어들에 발목이 묶인 후진성 사고들이라면, **황길현**의 화사한 **모더니즘**으로부터 배울 게 어찌 그 몇 수뿐이랴. 특히, 그가 말년에 심취한 산문시의 묘미와 관련지어, 현대 도회지 사회의 산물인 산문시 영역의 연구는 앞으로의 과제가 아닐 수 없다. 맵고도 감칠 듯한 현대시학의 수사에 매료됨에 있어서, 독자는 그가 해방 이후 전북 현대시가 낳은 가장 창의적인 시인이자 현대시학의 물줄기를 온 몸으로 체득한 대표 시인 중의 하나임을 인정하지 않을 수 없다. 의지에 찬 정신력으로 구축한 그의 지적인 **모더니즘** 사유가 때로는 독자를 벅차고 힘들게도 하지만, 정독을 하면 할수록 정선된 언어의 심미학에서 깊은 맛으로 우러나오는 변증적인 상상의 약효는 현대성의 바른 인식에 바탕한 그윽한 내공을 제시해준다.

고 **황길현** 시인의 낡은 시집 여섯 권을 앞에 놓고 앉아 있는 나의 심정을 어떻게 표현할 수 있을까. 몰아닥친 폭풍우의 깊은 밤이 가고 처연히 밝아오는 새벽 무렵에 망연스레 창가에 앉아 온갖 생각이 뒤얽힌 노곤함에 젖어 있노라니, 한 인간의 생애가 남겨 놓고 간 시적 여로가 한 눈의 조망 안에 쏙 들어오는 듯도 하다. 시인 **황동규**의 어투를 빌자면, 생전에 거의 한 번도 못 만난 듯한 1960~70년대 선배시인의 시들을 다시 보려니 한없이 과거의 일을 하는 것도 같았고 막연히 낯선 미래의 일을 하는 것도 같았다고나 할까…[23)]

(《전북 Pen 문학》 2008년 제7호)

---

22) 이른바 '**인텔리**는 행동에 약하다'라는 말로서 예술가들을 폄훼시키려는 언사가 나올 수 있다. 그러나 운동권 인사가 몸으로 투쟁을 한다면, 예술가는 정신으로 항쟁한다. 정신은 신체에 못지않은 인간의 막강한 병기가 될 수 있는 것이다.

23) 시인 **황동규**(黃東奎, 1938~)는 고 **박정만**(朴正萬, 1946~1988) 시인의 시선집『해지는 쪽으로 가고 싶다』(도서출판 나남, 1989)를 편찬하면서, 그의 해설문 말미에 이렇게 토를 달았다. "생전에 한 번도 못 만난 40대 시인의 시들을 다시 보려니 한없이 과거의 일을 하는 것도 같았고, 낯선 미래의 일을 하는 것도 같았다."

자아의 초월 의지, 차안此岸에서 피안彼岸으로

– 이운룡 시집 『푸른 별 노둣돌』에 나타난 정신주의

나로선 하등 관심이 없는 날이 둘 있는데
그건 다름 아닌 어제와 내일이지.
– **오마르 하이얌**, 「루바이야트」

1. 시 공예工藝 또는 시 공학工學
2. '당신'과 '오늘' 그리고 정신적 고양의 전성展性과 균제미
   1) 지난 삶에 대한 회오에서 시발된 자의식
   2) 지상에서 천상으로
3. 자연의 이법理法과 모성성
   1) 모성성
   2) 절대순수의 세계, 천진난만한 동심의 발로
4. 활달한 행보의 작법
   1) 시간의 공간성, 그 균제미
   2) 귀납법과 연역법의 구사
5. 사랑과 자유, 그 궁극적 이념

1. 시 공예工藝 또는 시 공학工學

한때 문학 작품에 관한 모든 것은 오직 **텍스트**만이 말해준다는 교조주의적 폐쇄성에 구금되기를 즐겼던 적이 있었다. 그러한 태도는 비평의 정교한 해부에 기여한 바가 적지 않았지만, 일개 작품이 단순한 언어의 축을 넘어 개인의 내적 경험 및 외부세계의 발견과 복잡한 회로망을 조성한다는 사실을 간과함으로써 이른바 '형식주의의 과오'를 저질렀던 것도 사

실이었다. 모든 시적 체험은 주체와 세계와 언어라는 세 가지 축의 체계 질서를 결성하며, 이 축들은 대척관계를 넘어 연속적 보완의 관계망을 이룬다. 문학작품에 집도執刀하여 임하는 평자라면 그 회로의 코드를 풀어보려는 광기에 휩싸이지 않고서는 주관적 인상주의로의 역주행을 피할 수 없을 뿐더러 그 연계망 속에 구축된 언어 고유의 힘도 도출해낼 수가 없다.

시인의 작업은 자아 속을 굴착하는 동시에 끊임없이 외부로 향한다. 이 이중적 극한작업의 천형天刑을 자청하는 '광인족狂人族'으로, 전북 진안 출신의 대표적인 현역 시인인 **이운룡**(李雲龍, 1937~)은 1964년에서 69년까지 장장 5년에 걸쳐 《현대문학》지의 3회 추천을 거치며 문단에 나왔다. 그의 작품세계는 편의상 전반기와 후반기로 대별할 수 있겠는데, 제1시집 『가을의 어휘』부터 제5시집 『버버리의 노래』까지의 전반기와, 제6시집 『사랑의 반지름』 이후 작금까지의 후반기가 그것이다. 전반기가 사회학적 상상력에 바탕하여 경직된 정치 현실에 대한 항거적 성격을 띠었다면, 후반기 특히 90년대 이후로는 대외적 병리현상에 대한 부담을 털고 자아의 존재 의미 쪽으로 방향을 튼다. 우국지사적 현실의식에서 개인사적 인생질곡에 이르기까지 진폭이 활달한 그 시맥을 통시적으로 짚어볼 때, 이번 시집 『푸른 별 노둣돌』(이랑과이삭, 2019)은 굳이 시적 '맵시'나 '진지함'에 연연하지 않는다. 오히려 공예가로서의 장인성이 두드러지는데, 그 점을 '공학'工學, engineering이라는 학술 용어보다, 고도의 기예가 행간에 매복해 있다는 의미에서 '공예'工藝, craft라는 말로 잠정 규정해본다. 물론, 이 용어의 차용은 어의語義상의 응용예술적인 실용성이 아니라, 일품제작一品製作에 임하는 장인의식匠人意識을 가리킨다. 생산 공예에 있어서, 기계공예가 아닌 전통적 수공예handicraft 즉 도자공예, 칠공예, 목재공예, 섬유공예나 종이공예 등처럼, 인위성을 최대한 자제한 채 자연성을 행간 구석구석마다 빼곡히 챙겨 내재했다는 뜻도 된다.

이 시집에서 시인은 현 연배의 자아를 돌이켜보면서 당면한 삶의 회오를 초절주의超絶主義[1]의 시력詩力으로 극복하고자 하는 바, 그 과정에서 유독 표출되는 것은 정신주의적 구도의 자세이다.

2. '당신'과 '오늘' 그리고 정신적 고양의 전성展性과 균제미

시집 제목의 '푸른 별'과 '노둣돌'[2]은 대척관계의 동질적 역설을 내포한다. 지구를 '초록별'로 칭하는 동화적 발상으로 '푸른 별'과 '노둣돌'은 동격 지칭이 될 수도 있는 반면, 그 명사들은 문장의 구성 요건에 따라 달라질 잠재성이 있다. 가령, '노둣돌에서 바라보다'라고 술부를 달면 '푸른 별'은 동떨어진 즉 격리된 피사체가 되면서 먼 이상이나 동경의 대상으로 부상浮上하고 , '노둣돌'은 시인의 현실적 상황을 함의한다. 그리하여 이상과 현황 사이의 간극에 관한 분석이 요망되며, 갈등이나 반목인지 아니면 융화와 합일을 향한 도정인지 살펴보지 않을 수 없다. 즉, 상호관계성이란 것이 주요 **테마**가 되는 것이다.

1) 지난 삶에 대한 회오에서 시발된 자의식

이운룡의 경우, 정신주의적인 자아초월의 의지가 현실적 처지에 대한 회오로부터 비롯된다는 점에서 관념의 굴레를 벗어나며 그만큼 공감대

---

1) 문학사에서 초월주의(超越主義, Transcendentalism) 또는 초절주의(超絶主義)는 1830~40년대 미국에서 당시 본격화된 산업혁명과 근대국가로의 전환기를 기저 삼아 일어난 사상 개혁 운동이다. 그것은 직관적 지식, 인간과 자연에 내재하는 신성 및 불굴의 인간 가치에 대한 신념을 망라하는 일종의 이상주의적 관념론으로, 낭만주의의 말기적 계열에 속하므로 '선험주의(先驗主義)'라고도 한다. 하지만, 여기서는 동양적 사고의 관점에서 자아극복과 구도적 자세를 지시(指示)하는 범칭(汎稱)으로 쓰고자 한다. 이에 가장 근접한 표현으로 '정신주의'란 유파가 있는데, 이는 한국에서 1980년대 후반 이후로 1990년대 들어 급격히 부상한 바, 동양정신과 생명사상에 바탕을 둔 일련의 시작업을 일컫는다. 물론 이 용어에 논란의 소지가 아주 없는 것은 아니다. 본서 244쪽 각주 14) 참조.

2) 노둣돌은 하마석(下馬石, a horse block or stepping stone)의 순 우리말로서, 승마용 발판 즉 말을 타고 내릴 때에 디딤돌의 용도로 대문 앞에 놓은 큰 돌을 가리킨다.

가 협폭狹幅을 넘어선다. 주로 제1부와 2부 및 제3부의 일부 시편들이 그 주제를 반영하고, 제4부는 미래를 향한 희망과 자아 극복의 열망으로 충만되어 있다.

먼저, 「그림 없는 액자」(제1부)에서, 시인은 자아의 현존재를 맹물만 처바른 '마음이 빈 액자' 또는 구겨진 '그림 없는 풍경' 또는 '청맹과니'로 인식하면서, '빈 액자'의 공허감에 젖어 있다.

> 한평생 살아온 몸집 한 구석이 어긋나
> 걷고 허리 굽힐 때마다
> 뿌지직 무너지는 소리가 더 무거워진다.
>
> 젊어서 두들겨 박은 불의 못은 녹슬어 삭고
> **검은 구멍**만 더 커지고 깊어지더니
> 찬바람이 가부좌를 틀고 앉아
> 오뉴월에도 온몸이 으쓱으쓱 시려온다.
>
> –「불의 못」(제2부)에서

여기서, 현 처지에 대한 자아응시의 결과, 시인은 더 크고 깊어진 '검은 구멍'의 몸집이라는 자기판단에 이른다. 도드라진 채 굳은 상흔에는 통증이 더 이상 없다. 통증이 부재한 상처의 현존에서 과거의 아픔을 재생해내는 역추적 자체가 시인은 고통스럽다. 생명력이랄 수 있는 **리비도**(libido, 성본능의 욕구)가 몸집의 붕괴와 구멍의 확장에 무력화되는 것은 그에게 '불의 못'이 가하는 통증의 현존감이 얼마나 통렬한지를 입증한다. 고통의 환기는 평범한 일상의 몰락인 동시에 탈구脫臼이다. 누군가의 말대로, 시간은 흘러가는 것이 아니라 되돌아오는 것이며, '삭제' **버튼**의 **클릭**에 대한 공포의 현존인 것이다.

"나의 아침저녁 식량 절반은/ 약봉지 속에 들어 있다.// 해 뜨는 시간과 해질녘/ 꼭 그맘때/ 나를 먹여 살리는 디저트다"(「죽거나 살거나」, 제4부)

라고 토로할 정도에 다다른 시인의 병고는 '문은 열려 있지만 밤낮 갇혀 있는 방'(「반지하방 햇빛은 꺾인다」, 제4부)의 유폐성幽閉性으로 더욱 심각해진다. 이러한 폐쇄적 구속감은 다음 시편에서 더욱 두드러진다.

> 내 속에서 나를 묶은 올가미가
> 마디마디 매듭져 있다.
> 날마다 열고 닫는 창살이 그물이었고
> 빠져나오려 몸부림쳐도
> 더 죄어왔던 옭매듭,
> **나는 한 세상에서 두 번 죽었다.**
> 외과의는 잘린 핏줄을 묶어 매듭짓지만
> 나의 간난艱難은
> 무거운 덫이있다.
> 내가 나를 속인 매듭도 풀지 못한 채
> 공기마저 목을 죄는 매듭이었다.
> 올가미 매듭은
> 나를 구속했으나
> **그래도 나를 키워주었다.**
>
> –「내 안의 매듭」(제5부) 전문

지속적 병세라는 '덫'과 '매듭'의 고충은 '한 세상에서 두 번 죽는 경험'으로 이어지면서, '막힌 억장이 무너지는 세계'라는 백척간두의 절박함으로 표출되기도 한다.(「붉은 파장」, 제3부) 그리하여 시인은 일상의 적막감 속에서 "아, 한평생을 투정하면서/ 나 이상 못 보고 못 사는 외눈박이여"(「네모 안의 풍경」, 제2부)라며 생의 고독한 자책에 이르는데, 이는 '수렁'으로 표상된 죽음 의식과 무관치 않다. 이러한 자아의 현 처지는 현재시제이며, 이 현재성은 역사와 미래의 부정이 아니라 곧 시공간의 초월 의지로 승화된다.

(1) 살아 있음은 언제나 오늘이다.
영원은 내일의 영원일 뿐
어제는 **오늘**의 무덤이고 무명無明일 뿐

오늘만이 내가 살아 있는 날이고
어제는 내가 나를 잊어버린 날이며
내일은 오지 않은 미지未知일 뿐이다.

오늘 아닌 어제와 내일은 세상에 없으니
나는 절대 상관하지 않을 거다.

–「수령에 빠져서」(제2부)에서

(2) 어제는 뒤뚱거렸지만
오늘은 내일로 건너가는 징검다리다.

–「책상 위의 저장고」(제4부)에서

(3) 나는 나조차 잘 모른다.
하늘의 수수께끼는 참 어렵다.

석가 예수는 지상의 신이다.
나의 신은 사람이 만든 현신現身이다.
영원한 나는 없다.
오늘은 내가 살아가는 톱니이고
내일은 돌아오지 않은 불확실일 뿐이다.

금간 시간의 벽을 보면 안다.
찾는 사람만이 나를 만나볼 수 있다.

남은 시간 신들은 어떻게 살아가나?
대답은 **오늘**
나로서 충분하다.

신에게 남은 시간은
나와 함께
오늘 하루 살다 **오늘**로서 사라진다.

배고플 때 남이 대신 먹을 수 없으니
내가 먹어야 **오늘** 나로서 살 듯이.

–「신에게 남은 시간」(제5부) 전문

이상의 예들은 1)의 '**오늘** 아닌 어제와 내일은 세상에 없으니'로 압축할 수 있다. '오늘' 자체에 비중을 두는 사고는 **라틴**어 명구名句인 **카르페 디엠**Carpe Diem과 직결된다.[3] 시인이 이른바 '오늘 이 순간을 즐겨라'(Enjoy the Present) 또는 '현 순간을 꽉 잡아라'(Seize the Day)는 향락주의의 열락悅樂을 수용하는 것은 아닐지라도, 그 기저에는 '순간만이 진실'이라는 현세적 인생관이 깔려 있다. 친숙한 우리 속담을 빌자면 '개똥밭에 굴러도 이승이 좋다'라는 말로서, '오늘 우리가 머물고 있는 시간이 가장 아름다워야 한다'는 취지이겠다.

흥미롭게도 이 점은 12세기 **페르시아**의 시인 **오마르 하이얌**(Omar Khayyam, 1040~1123, 또는 1048~1131)을 연상시킨다. 그의 『**루바이야트**』(*the Rubáiyát*)에 수록된 일부 작품은 이러하다.

'오늘' 내내 '그대'는 '그대'인 채로 살겠지만,
'내일'엔, '그대'는 더 이상 '그대'가 아닐 걸?

– 제53번 3–4행(졸역)[4]

---

3) 고대 **로마** 공화정 말기의 시인 **호라티우스**(Quintus Horatius Flaccus, 65~8 B.C.E.)는 '현재를 포착하라, 내일은 가급적 최소한만 믿어라'(Carpe diem, quam minimum credula postero)라고 시를 읊은 바 있다. 이 문구에는 '오늘 이 순간에 최선을 다하라'는 취지가 담겼다. 또한 그는 **메멘토 모리**(Memento Mori, '누구나 죽는다는 사실을 잊지 말라')라는 말도 언급했는데, 이는 '자신이 언젠가는 반드시 죽는다는 사실을 잊지 마라'는 뜻으로서, '주어진 인생을 진지하고 겸손하게 살라'는 의미이다. 한편, 〈성경 고린도전서 15장 32절〉에 따르면, 고대 **그리스**의 **고린도** 시민들 사이에 '내일 죽을 터이니 오늘 마음껏 먹고 마시자'(let us eat and drink, for tomorrow we are to die)는 현세적 향락주의가 만연해 있었다. 이는 그러한 삶의 태도가 **그리스**적 사고와 연루됨을 방증한다. 이러한 사고방식은 현대에 들어 **케 세라 세라**(Che sarà sarà, 또는 Que Será Sera) 즉 '될 대로 되라'라는 세기말적 퇴폐성으로 이어진다.

4) 1859년 영국 **빅토리아** 시대의 시인 **에드워드 피츠제럴드**(Edward FitzGerald, 1809~1883)는 『**오마르 하이얌**의 **루바이야트**』(*Rubáiyát of Omar Khayyám*, 1859)를 영역(英譯) 출간하여

강물이나 사막의 바람과도 같이, 우리네
인생의 나날들은 참 빠르기도 하구나.
나로선 **하등 관심이 없는 날**이 둘 있는데,
그것은 다름이 아닌 **어제와 내일**이라네.

– 번외편 제20번 전문[5)]

이운룡 시인의 '오늘'에 관한 시편들이 생의 현재성에 방점을 찍는다는 면에서 만년의 **오마르 하이얌**이 설파한 달관적 인생관과 크게 소통이 된다. 과거나 미래에 집착하지 말고 현재에 충실을 기하자는 논리는 표피적 쾌락주의를 넘어, 오늘을 중시하지 않고서는 과거나 미래가 별 소용이 없음을 간파한 생의 철리이겠다. 본시 그러한 사념은 '약속 없는 내일'(「붉은 주먹」, 제3부)의 불확실성에 의한 산물이지만, 궁극적으로 시공간을 극복하려는 철학적 의지로 규명이 된다. 인용시 (3)의 첫째 연 "나는 나조차 잘 모른다/ 하늘의 수수께끼는 참 어렵다"는 시구는 **오마르 하이얌**의 다음 시상과 영락없이 상통한다.

'막' 뒤에 숨은 '내 안의 그대'를 파악하려
난 '등불' 찾아 '칠흑'을 두 손으로 더듬었네.
문득 저 '바깥'에서 들리는 듯한 말소리,
"장님 꼴 면치 못하는 '그대 안의 나'여!"

– 제34번 전문

이렇게 **이운룡**의 시편들은, 지속되는 병고로 인한 탄식 속에서도, 천지이치와 그 불가사의를 궁구하는 사색의 늪지로 시의 지맥地脈을 형성한

큰 화제를 모았다. 그 후, 1879년 개정증보판이 나왔는데, 상기 시편들은 이 개정증보판을 참조하여 번역한 것이다. '**루바이야트**'는 **페르시아**어로 '사행시집'(四行詩集, the collection of the quatrains)이란 뜻이다.

5) 이는 **피츠제럴드**의 『**루바이야트**』에는 수록되지 않은 작품으로, **프랑스**의 시인 **프란츠 투쌍**(Franz Toussaint, 1879~1955)의 **프랑스**어 역으로부터 **네덜란드**의 시인이자 번역가인 **한스 판 로쑴**(Hans van Rossum, 1928~)이 영역한 또 다른 『**루바이야트**』에서 졸역한 것이다.

다. 시인은 울적한 기미를 초월하여, 생의 달관이라는 고양된 정신주의적 경지를 내심 지향하고 있는 것이다.

2) 지상에서 천상으로

현실은 엄연한 존재이며, 인간 존재 자체가 곧 현실이다. 그러면서도, 인간은 현재의 저 너머를 바라보는 '먼 곳의 존재'être des lointains, **에뜨르 데 르왕땅**, 즉 먼 곳에 자신의 근원을 두는 실존체이다.[6] **이운룡** 시인의 사유가 감각계로부터 줄곧 재충전의 기를 추출해내는 주제는 저 먼 피안의 경지이다. 가시태可視態를 떠받치고 있는 비가시태非可視態의 위상은 공간적 은유의 확장을 늘 노린다. 탁자가 허공에 떠있을 수 있는 것은 위에서는 잘 안 보이는 그 아래의 책상다리들 때문인 것이나.

천상을 추구하는 시편들이 현실적 고통의 산물이라는 점을 유념할 때, '오늘' 못지않게 가장 유의미한 어휘는 '당신'의 현현이다.

> 이 푸른 땅에서 나는 밤하늘
> 보이지 않는 **당신**을 부른다.
> SOS를 타전하다 쓰러진 몸으로
> 불러도 오지 않는 **당신**,
> 목숨은 지금
> 에너지농축파일에 갇혀 있다.
> 욕망은 눈부시고
> 버섯구름이 주춤거리니
> 순간 실수에 주눅이 든 나는
> **당신**을 부르고 또 부른다.
> 죽음을 이기고 돌아설 때까지
> 이 푸른 땅을 지켜줄
> **당신**을, **당신**을 부른다.
>
> –「이 푸른 땅에서」(제2부) 전문

6) **미셸 콜로**(Michel Collot), **정선아** 옮김, 『현대시와 지평 구조』(*La poésie moderne et la structure d'horizon*, 문학과지성사, 2003), 60쪽.

위급한 궁지에 처한 시인이 시급히 호출하는 '당신'은 모종의 구원자이다. '보이지 않는 당신'은 위경危境에 처하여 인간이 부지불식간에 의존하는 일종의 '신적 존재'로 가늠되지만, 다음 작품에 나오는 또 다른 '당신'은 '낯선 얼굴'의 '불청객'으로 판명난다.

아득히 치솟은 설산 끝자락에서
몸속 조직을 싹둑싹둑 잘라내었더니
이제 무거운 나이도 가뿐해져
홀로의 먼 여행길 걸음도 빨라지겠지.

그런데, 다가서는 낯선 얼굴의 **당신**
이승의 명암明暗 속에서
불쑥 차디찬 손을 내미는 불청객

도대체 **당신은** 누구시오?

–「즐거운 꿈」(제3부)에서

수술실에서의 마취를 시사하는 '아득히 치솟은 설산 끝자락'에 이르렀을 때, '낯선 얼굴'로 '이승의 명암 속에서/ [시인에게] 불쑥 차디찬 손을 내미는 불청객'의 '당신'은 누구일까. 그는 임사臨死의 지경에서 조우한 죽음 자체가 아닐까. 어쩌면 신적인 존재와 죽음은 교역되는 바가 크다. 그 '당신'과의 교감을 통해, 생의 속절없음을 넘어 초절적 위상을 지향하는 절차에는 어김없이 '고뇌'라는 수수료가 청구된다.

본원적 존재를 향한 갈망은 이상과 현실 간의 괴리에 의한 부산물이다. 그러기에, 시인은 '꿈꾸는 지상의 빛' 즉 '사람의 세상에선 사람으로 태어난다고/ 꿈꾸는 별'이 되기를 바란다.(「변신을 꿈꾸는 별」, 제3부) 이러한 별의 심상은 폭염의 현실 속에서 '밤하늘 별 하나 뚝 따'듯이 '시 한 편'을 쓰고자 하는 이상적인 욕구로 반짝인다.(「가마솥더위」, 제3부) 한편, 시인의

'별'은 '죽어서 사는 별'로 구현된 동서고금의 위인偉人들과 상상의 **코드**를 잇기도 하는데(「영원한 지상의 별」, 제5부), 그 위인군偉人群 중 하나인 **아인슈타인**을 통해서, 정갈하게 죽음에 임하려는 결곡함을 드러내기도 한다.(「나, 또는 아인슈타인」, 제4부) 이렇게 시인의 '별'은 죽음 이후의 존재적 가치를 추구하는 일과 긴히 연루되어 있다.

정신주의적 고양의 경지를 추구하는 이번 시집의 성격을 대번에 완미할 수 있게 하는 것은 단연 시집의 표제작이 되는 다음 작품이다.

> 이빨 다 빠진 잇몸으로
> 바다가 하늘 한 입 우물거리다 넘기지 못해
> 뱉어낸 물거품을 수평선 **멀리**
> 밀어붙이고 있다.
>
> 섬들은 마음 아프다는 속말을
> 꾹꾹 눌러 삼키면서
> 가슴만 퍼렇게 멍든 채 참고 참다가
>
> 이승의 비린 땟물 씻어버리고
> 뿔뿔이 흩어진 선승禪僧이 되어
> **또 몇 억만년** 그 자리
>
> 외로운 섬·섬·섬으로 남아
> **머나먼 피안정토**로 건너가는
> 푸른 별 노둣돌이 되려나 보다.
>
> —「푸른 별 노둣돌」(제2부) 전문

현실-초월의 정신주의적 구도求道가 뚜렷한 이 시는 시상 개진의 구성에 있어서 빗대건대 '말쑥한 정장正裝 **수트**suit 차림의 교본'이라 할 정도로, 각 연이 완벽한 균제미均齊美를 갖추며 기승전결의 각 단계를 착실히 밟아간다. 즉, 첫 연: '노화된 섬'의 서경적 외면 묘사, 둘째 연: '속으로

삭인 가슴의 멍'이라는 내면적 고통, 셋째 연: 오랜 세월 버티며 승화되어 온 현재의 위상, 넷째 연: 미래의 '피안 정토'를 향한 '노둣돌'로서의 격상 등으로 정리된다.

시 전체의 주어인 '섬들'은 '흰 바다물살'로 구상화된 생의 질곡을 감내하는데, 노후한 '바다'는 '이빨 다 빠진 잇몸으로' 하늘을 한 입 가득 물었다가 미처 삼키지 못하고 멀리 뱉어낸다. 그 뱉어낸 기운이 곧 섬을 힘들게 하는 것이다. 이러한 외부적 수난에 대해 섬은 부질없이 저항하지 않고 고이 감수하면서 '피안정토'를 향한 '노둣돌'로 거듭나고자 한다. 마지막 두행에서 이상적인 '피안'이 곧 '푸른 별'의 구체적 대상으로 현시된다. 사전적으로, '피안彼岸'이란 범어梵語 'Pāramitā'(波羅密多)의 번역어로써, 모든 번뇌에 얽매인 생사고해生死苦海를 건너 [즉, 초월하여] 이상理想의 경지인 저 언덕에 다다른다는 뜻이다.[7] '저 언덕'이란 바로 자아초월의 깨달음을 가리키며, 현세의 고통계 즉 어둠의 혼돈계인 '이 언덕' 차안此岸에서 무한 자유와 진리의 저 피안彼岸으로 넘어간다는 말이겠다.

구도상, 이 시는 시공간의 확장력 즉 전성展性이 강하다.[8] 바다가 가하는 시련은 '수평선 멀리'까지 뻗쳐 나가며 근거리에서 원거리로 확산되고, 섬은 먼 시간 밖의 피안을 지향한다. 1연의 공간적 심상이 4-5연의 시간적 심상으로 전환되면서 시공간의 초절적 경지로 부양浮揚되는데, 이는 시인의 대표적인 수법이다. 즉, 공간구도의 광폭 활용으로, 부챗살처럼 뻗는 무한 확산의 양식을 취하고 있는 것이다.

정신주의적 초월의 자세는 '밤낮, 아침저녁 영원한 천연자원'에 바탕을 둔 이상적 삶의 지향으로도 나타난다.(「언덕 위 오두막집」, 제3부) 그러한 초절성은 '마음속 눈'에 의한 것이므로 그 제3의 눈이 자신을 먹여 살리는

7) 군사용어로는 강의 이쪽 편을 차안(此岸), 저쪽 반대편을 대안(對岸)이라고 한다. 이 '대안'이라는 말에 비해, '피안'은 꽤 유심론적(唯心論的)인 표현이라 하겠다.

8) 본고 171쪽 참조.

시안詩眼임을 실토하기도 한다.(「다초점 시력」, 제4부)

제5부에서, 「길은 있다」는 '폭풍'과 '양양대해 무한 하늘'의 대비를 통해 현실 초월적인 존재 영역을 향한 지대한 관심을 보여준다. 또한 「돌아서 가는 길」과 같은 경우, '돌아서 가는 길이 빠르다'는 역설적 논지를 펴면서, 속세의 삶에 대한 담담한 회고적 반추를 통해 시인의 길 앞에 '레드 카펫처럼 깔려지는 햇살'을 본다. 이 삶의 우회로detour가 참된 경지로 가는 첩경임을 반어법으로 제시하는 것이다.

> **구석진 하루에 깃대**를 꽂는다.
> 바람이 없어도 펄럭이는 **깃발**,
> 바다 밖에서도 손 흔들어 화답한다.
>
> 먼저 떠난 영혼들의 안부가 펄럭이고
> **지상**에 흩날리던 시름이 잠잠해진다.
>
> 보다 구석진 삶이 대명천지를 거느려
> 마음을 한 물로 섞고는
> 대양大洋의 앞뒤 마당에 풀어놓는다.
>
> 보다 구석진 하루에 깃대를 꽂는다.
> **푸른 산천**이 펄럭이고
> **온 누리**가 빛을 받아 눈부시다.
>
> –「보다 구석진 하루」(제6부) 전문

여기서 시인은 '구석진 하루'로 표방된 변변찮은 일상 속에서도, 대명천지를 난바다에 풀어 놓는 '마음'의 작용으로써 온 누리가 푸른 산천으로 빛나는 대명세계大明世界의 신경神境에 다다르고자 한다.

한편, 「고개든 미소」(제5부)는 난민수용소에 있는 한 어린아이의 새까만 눈동자를 통해 '눈물 말라붙은 땅'의 무참함 속에서도 현실초월적인

'고개든 미소'의 지평을 환히 밝힌다. 시인은 저 너머 소실점에서 천상의 '당신'을 발견하는데, 그 경지는 개방계開放界 곧 마법의 열린 세계이다. 그 열림 속에서 아스라이 펼쳐지는 피안 쪽으로, 시적 의지는 그 **센서** sensor의 촉수를 쭉 내뻗는다. 자기동일성의 현 처지에서 초월적 사물로 인식된 저 위의 영역으로 내면을 팽창시키면서, 시인의 가시태는 은닉된 비가시태를 향해 공간을 무한히 개방해간다. 눈은 스스로를 볼 수 없다. 그 눈을 최대한 활용하여 저 바깥의 비가시태를 열렬히 찾아 나설 뿐이며, 그 소실점에서 제 눈을 발견해낸다. 그 찾아낸 '제 눈'이 곧 시 작품이다.

3. 자연의 이법理法과 모성성

정신주의적 고고함은 마땅히도 자연성에 관한 기존 인식에서 출발한다. 따라서 시인이 그 절차에서 자연의 원색에 경도하는 것은 결코 생소한 일이 아니다. 대체로, 제1부의 시편들은 객관적 대상과 주관적 자아의 일체화라는 전형적인 서정시의 본루本壘에 일장검을 짚고 선 시인의 **실루엣**을 드리운다. 가령, 「연두에 물들다」나 「유월의 초록 샤워」 등은 자연의 주요 색채인 '연두'나 '초록'의 색감에 대한 몰아적 도취를 노래한다. 이의 맥락에서 제2부의 「꿈꾸는 숲」은 자아와 숲의 융합을 겨냥한다.

1) 모성성

이운룡의 시 세계에 있어서, 초기부터 최근까지 일관되는 핵심 **테마** 중 하나는 모성母性인데, 이번 시집에서 그것은 포용성과 동심의 양태를 띤다. 유년시절의 찰가난과 '어머니'는 그의 영원한 화두이며, 그 모성은 사랑과 자유의 의지로 체현된다. 예컨대, 「노랑부리황새의 모성애」(제2부)에서 '사랑은 생명이고 하늘이 가르쳐준 신성불가침이며, 푸른 숲이 피를 짜낸 뭇 생명의 불변원칙'이라는 언술을 천명한다. 「가보 제1호」(제1부)는 **플라스틱** 지팡이를 통해 모성의 '다함없는 사랑'을 기연히 길어낸다. **플라스틱** 인조도구라는 일개 사물을 '천하의 자연이치를 담은 모성의 구현체'로 둔갑시키는 변형력은 「꽃무덤」이나 「세월의 뒷면」(이상 제3부)과 그 시적 기혈氣血의 경락經絡에 있어서 근접한 지점에 소재한다.

전통적 서정시는 개인사와 유년기의 회고적 기억에 바탕한 정서의 고백을 주조로 삼는다. 특히 유년의 자취는 그 전형적인 기호이다. '추억은 그리움이다.'(「물 내리는 소리」, 제4부)라는 명제가 시사하듯, 시인은 그 흔적을 구태여 감추려하지 않는다. 그것은 흔적의 주체 즉 어머니가 시방 부재하다는 암호이며, 따라서 그것은 결손의 기의를 함의한 기표로서 작용한다. 시인은 궁핍이라는 지난날의 현실 성황을 배내한 여러 기의들이 모두 자기 탓이거나 불가피한 운명의 탓으로 돌리는 윤리적 강박관념에 사로잡혀 있는지도 모른다. 시인은 '꽃무덤'인 묘소를 보면서, 또는 '장롱 속의 옷' 등의 회억을 통해 현존하지 않는 온기의 시간을 도출해낸다. 이렇게 부재와 흔적의 현장에서 오로지 추억의 경로를 통해서만 과거의 존재물에 내장된 정체성을 길어내는 방식은 꽤 전통적이다. 현재의 부재한 사물을 통해 과거의 존재를 역추적하며, 그 부재의 자취를 더듬어 지난 시제를 파악하고 그 기력으로 결핍의 현재시제를 영위하는 것이다. 이 불가능한 듯 가능한 상상력을 매개로 하는 시간의 역주행이 이번 시집의 여러 행간들에서 번번이 목격된다. 그리하여 시인은 현상의 이면 속에서 시적 대상의 숨겨진 차원들을 시의 **핀셋**으로 집어내는 노력으로써 그 나름의 완결되고 안정된 현재의 삶 내지는 세계를 축조해 간다.

2) 절대순수의 세계, 천진난만한 동심의 발로

이제 '어머니'의 상형象形은 '자연'으로 전이된다. 시인은 부재한 어머니의 빈자리를, 자연의 이법 앞에서의 경이와 순응과 겸허로써 채운다.

일테면, 「햇병아리들의 발레」(제1부)에서 그린 자연물의 본능적 지혜나 「도마뱀의 지략」(제2부)과 같은 자연의 섭리 앞에서 시인은 '꿀먹은 벙어리'가 된다. 또한 자연을 향한 심취와 감동은 한 송이의 풀꽃에게서 '멀미'를 느끼는 증세로 표출된다.(「꽃 멀미」, 제1부) 그리고 순한 양떼의 순진무구성에 대한 찬미랄지(「양떼 목장에서」, 제4부), 화초 한 포기에게서 느끼는 '멋쩍음'(「화초 풍류」, 제5부)과 '천심天心'(「꽃 풍류」, 제6부)이랄지 하는 심상들은 자연의 현묘함에 대한 외경감을 시화한다. 시인이 자연물로부터 획득한 정서는 자연 자체의 티 없음에 관한 새삼스러운 재발견이며, 속세의 사물들을 통해 절대 순수의 천상에 접속하는 일은 정신주의적 승화의 경지에 다름 아니다.

현대 자본주의 체제의 압박 아래서 울상 짓던 지상의 화초들은 '물과 햇빛과/ **당신**들의 손길이 닿기만 해도' 금방 웃음을 회복한다. 시인은 자연의 무구함을 '하늘의 얼굴/ 하늘마음'으로 파악하면서(「철부지 꽃들」, 제2부), '천사처럼, 새처럼 날아/ 사랑도 자연히 파랗게 채색'될 것을 기대한다.(「사랑을 심다」, 제2부) 이렇게 지상의 하찮은 사물에서 천상의 미소를 간파하는 힘이 곧 정신주의의 관점이다.

「햇병아리들의 발레」(제1부)나 「응-그래」(제2부)에 더하여, 「꿈꾸는 숲」(제2부)은 동화적 요정의 꿈을 묘사한다. 「돌잽이 말씨」(제1부)와 「토끼풀꽃」(제3부) 등에서 나타나는 동심은 지난날에 대한 회억의 발로이다. 회고적 기미는 단순한 과거지향적인 흑백세계가 아니라 동심의 천진성으로 밝은 색감을 풍긴다.

> 가을을 이기지 못하여
> 저 혼자 빚어낸 눈물은 향기롭다.
> 눈물은 마음으로 짜서
> 몸으로 흘려보내는 혈액이므로
> 마음이 숨겨놓은 천연자원이다.

눈물이 마르면 몸도 녹이 슨다.
순도 백퍼센트 진실이 눈물이다.
그것이
세상의 꽃마음이고 꽃눈이다.

–「가을의 눈물」(제6부) 전문

정신적 고양의 고고한 경지에서 응결되는 '혼자 빚는 눈물'의 염도鹽度와 그 향기의 강도强度는 어떠할까. '혈액의 천연자원'으로서 100% 순도의 눈물, 그 '세상의 꽃마음이자 꽃눈'이 마르면 진실마저도 녹이 슬고 마는 계절 앞에서, 어느 누가 그 뭔가의 참됨을 감히 논할 수 있으랴. 이처럼 **이운룡** 시인이 목표로 삼은 최종 행선지는 절대 순수의 피안계彼岸界이며, 이는 그의 스승 **김현승**(金顯承, 1913~1975) 시인이 구현한 '눈물'의 세계와 연맥緣脈 관계에 있는 것으로 사료된다.

4. 활달한 행보의 작법

1) 시간의 공간성, 그 균제미

대체로, 제2부의 시편들은 자아지향적 소실점에서 타자를 향한 광각적廣角的 시야를 넓혀간다. 즉, 근近→원遠/ 점→부챗살/ 내內→외外의 확산력이 여간 만만치 않다. 전술한 바 있듯이, 이는 시적 전성展性, malleability의 장력張力을 뜻한다. '전성'이란 금속을 압착하여 두드리면 얇게 펴지는 성질을 말하는데, 그 대표적인 금속이 금이나 **알루미늄**과 동銅이다. 여기의 시편들은 공간이동의 반경이 광폭廣幅이다. 예컨대, 「네모 안의 풍경」(제2부)은 네모난 유리창의 접사接寫를 거쳐 동네의 정경을 지나 먼 모악산 능선 너머 하늘까지 시야 범위가 차곡차곡 확대되면서, 마음의 번거로운 심사는 결국 '나 이상 못 보고 못 사는 외눈박이'라는 자기성찰로 귀결된다. 이렇게 시의 구도는 시인의 내면을 표상하는 집안 내부에서 집밖의 외부 풍광으로 활짝 펼쳐나가는 부챗살 방식을 취하며, 근접사물에서 원거리 사물로, 또는 일개 점點에서 폭넓은 행보의 공간으로 확산되어 나간다. 이 확장력은 곧 상상력의 소산이다.

시 「작은 행복」(제1부)을 보면, 산자락 외딴집의 '노송'과 '감나무'라는 근접물은 앞산 전체를 망라하면서 '둘레 산신령'까지 전망이 광각화 된다. 이러한 공간 확대는 '푸른 해가 머뭇거리는' 대낮에서 '저녁밥 안치는' 무렵까지 시간 이행을 망라한다는 면에서 그 보법이 꽤나 활달하다. 특히 시공간의 이동이 뒤떨어진 시들이 남발되는 현 시단에, 이동성의 행보는 엔간히 숙달하지 않고서는 절로 나오지 않는다. 일견 평범한 듯한 「언덕 위 오두막집」(제3부)에서, '저 하늘 밑 언덕 위에 오두막집'을 중심으로 사계四季를 두루 망라하며, 짧은 시 안에 주야晝夜는 물론이고 하늘·산·들·바다까지 아우름으로써, 한 주먹 안에 우주 전체를 다 쥐려는 그 의욕이 독자의 한숨을 절로 자아낸다. 공간 확장이란 한 손아귀에 천지 이법을 쥐려는 대승적大乘的인 기량 아니고서는 아무나 흉내 낼 일이 아니다. 「불의 고리」(제5부) 역시 시 한 편 속에 '사람과 짐승, 나무와 풀'을 넘어 '남반구와 북반구, 이웃과 이웃' 및 '사랑과 미움, 너와 나'는 물론이고 '사람의 땅, 하늘'까지 쭉쭉 뻗치는 투망력投網力을 눈부시게 전시한다.

역설적으로, 시적 개념의 사방이동四方移動은 정지停止 상태를 의미할 수 있다. 그렇다면 시인은 실존적 자아 속에 내재한 침체를 극복하려는 위반행위를 획책하고 있는지 모른다. 시인은 시방 끊임없이 한계를 넘나드는 위반을 생의 목표로 삼고서, 확고한 자연 질서의 속박 속에 주조됨으로써 스스로를 낮추는 한편, 그 어떤 한계도 넘어 제 고유의 시력을 발휘할 수 있다는 시적 오만과 방종으로 저돌적인 거보를 내디디려는 것인지도 모른다. **역사와 예술은 주어진 단일궤도로부터의 부단한 탈출 시도이다.** 그 일환으로 시인이 자기 확장을 통해 선보이는 그 이탈충동은 끝내 도달하지 못한 어떤 궁극적 지배태支配態를 향한 해소할 길 없는 갈증의 표출이라 하겠다. 욕망은 의식을 팽창시켜 감정적 억제선까지 제 존재를 확대하다 마침내 완전한 자기소멸에 이른다. 언어가 현실로부터 떨어져 나갈 때 기표는 기의와 결별하고, 그 결과 의식과 실황 사이에 깊은 균열이 벌어진다. 기호들은 자신을 속박하는 의미 내용을 모두 털어내 버렸기에, 그 어떤 자연 대상들과도 종種의 경계를 넘어서는 교감을 나눌 수 있게 되는 것이다.

2) 귀납법과 연역법의 구사

이운룡 시인의 시적 포진布陣을 보면 그 논리적 전략이 다채롭다. 유독 구성적 전개방식에 있어서, 귀납법歸納法, induction과 연역법演繹法, deduction을 마치 미식축구의 좌우 **윙백 포메이션**wingback formation처럼 거침없이 활용한다. 이를테면, 귀납법의 대표적인 작품이 「노랑부리황새의 모성애」이다. 자연 현상에 나타난 개별적인 사례를 통해서 자연 이법에 관한 나름의 결론을 유도해낸다.

> 사랑은 생명이고
> 하늘이 가르쳐준 신성불가침이다.
>
> 사랑은 푸른 숲이 피를 짜낸
> 뭇 생명의 불변원칙이다.
>
> –「노랑부리황새의 모성애」(제2부)에서

자연의 생명력은 몸짓이 크고 활동적이다. 지상의 일개 몸짓에서 천상의 이치를 길어내는, 즉 그 역동성에서 명쾌한 생의 철리를 추려내는 안목은 단호하고 정적인 **아포리즘**aphorism의 체제를 갖춘다.

반면에, 「꽃들의 시간표」(제1부)는 연역법의 범주에 든다. 이 작품은 '꽃들의 시간표에는 시간이 없다'는 두괄식頭括式 명제로 허두를 장식하면서, 이어서 그 명제를 입증하는 필연적 사례를 댄다. 그리하여 시인의 상상력은 들춰본 '구중궁궐 꽃잎' 속에서 '신혼의 촛불 밝힌 꿀 향내 퍼져/자연분만법 한밤이 깊어'가는 것을 목격한다. 더 나아가 '밤꽃 냄새 무렵하여 샛문 열고 나가는' 새벽 대종大鐘의 뒷모습을 처연히 바라본다. 이 시는 이 시집에서 거의 유일하다시피 **에로틱**erotic한 정서의 투입을 통해, 들끓어 오르는 생명력의 혈기를 발산한다. 이 역시 자연의 위대한 기세라 아니할 수 없겠다.

5. 사랑과 자유, 그 궁극적 이념

모름지기 예술은 당대 현실과의 길항에서 개화하고 결실한다. 현실이란 대외적인 정치·사회의 체제나 격변 등으로, 그리고 대내적인 사랑과 실연, 사별 및 병고病苦 등의 인생 질곡으로 표출된다. 그러한 제반 여건들을 극복하고자 하는 수단으로 **이운룡** 시인이 내건 **테마**는 자아의 초월 및 자연 이치와의 융화이다. 기실, 시 작품 속에서 개진된 현실이란 객관세계에 속한 사물들의 현실이 아니라 시인이 주관적으로 지각하고 체험한 현실이다. 그 점에 현실의 객관성과 주관성이 직조해내는 교집합의 오묘한 공교로움이 살아난다. 서정시의 주관성이 객관성을 띠지 않으면 안 되는 절대적 이유가 그 오묘성의 평이화에 있다. 한 시인의 삶과 감각적 기능이 빚어낸 생산물로서의 시집이란 항상 어느 정도 사적인 체험의 필연성을 담지한다. 그 체험은 당대의 공통 현상을 재확인할 수 있는 감성의 **바로미터**, 즉 사회적 **텍스트**가 된다. 따라서 시집의 가치는 개인적인 것과 사회적인 것이 교집합을 이루는 교차지점에서 결정된다.

이운룡의 시편들이 지닌 강한 전성은 거의 대부분이 시간이동을 동반한다는 면에서 매우 생물적이다. 무생물은 자의로 움직일 줄 모른다. 흔히들 도사연道士然하면서 경전의 구절들을 표절한 무생물적 정체시停滯

詩가 저급하게 난무하는 판에, 시의 확산력은 살아서 꿈틀거리는 생명력의 전시대 그 자체이다. 기존 경향을 벗어나려는 원심력이나 실험적 파격보다는 자신만의 고유 세계를, 그것도 공간 및 시간 전이를 활달하게 차용함으로써 시적 경계를 확장시키는 동시에, 자아의 현 처지에 대입시킴으로써 시의 깊이를 파고든다 하겠다. 「한참 늦은 변명」(제2부) 같은 작품에서, 시인은 현란한 언어 유희의 그늘 아래서 잠시 노닐며 해찰하기도 한다. 언어기호에 관한 탐구는 시인이 향후 모색해야 할 변방인지 모른다. 왜냐하면 언어는 의미화의 지질층위에서 세계와 관계를 맺는 바, 그 회로망에 대한 숙명적인 호기심으로부터 자유로운 시인은 없기 때문이다. 시어 자체의 질료적 특성들이 야기하는 숱한 감각적 암시와 정감적 반향을 곁들이면서, 현대시는 그 의미단위에 중대한 가치를 부여한다. 시라는 전제 하에 남용되는 말장난의 극심함이 왜곡되고 일탈된 파편적 취향을 넘어 정도正道로까지 착각되는 마당에, 그의 시집은 한 마디로 '시가 착하다'는 명제 하에 열병식을 벌인다. 이 착함은 천진난만으로 환언된다.

한편, 자연 이법을 향한 시공간의 초월 의지는 일면 죽음 의식과 무관치 않다. 이를테면, '꽃'과 '무덤'의 극명한 대비를 통해 비극적인 역설의 장을 마련한 「꽃무덤」이나, **김소월**적인 애달픈 정한의 감성이 선명한 「찔레순 꺾던 날」(이상 제3부) 등에서 은은한 죽음의 체취가 풍긴다. 그러한 의식은 시집 도처에 면면히 흐르는데, 「쥐며느리 소탕전」이나 「쥐며느리 수난사」 등이 대표적이며, 「조종이 울릴 때」(이상 제6부) 등에서도 그 점이 선명하다. 개미를 죽이고 느끼는 후회와 죽음에 대한 예감을 감안할 때, 그의 피안이 단순한 현 생명의식을 벗어난 탈사망脫死亡의 선험적 영역을 명제로 삼은 것이라면, 이 점은 향후 그의 시세계를 파악하는데 적지 않은 연구의 재질材質이 될 터이다. 그 의식은 과거를 돌아보면서, 자아 내에 그 생의 잔재를 복원하기 위한 욕구가 아직 살아 있음을 넌지시 시사한다. 고난과 슬픔이 동거했던 위기의 시기가 재차 지적되면서, 시인은 오늘의 **렌즈**에 비쳐보며 과거의 아픔을 극복하고 그 초월을 통해서 미래의 길을 모색하고자 한다. 누군가 멋 부려 한 말 그대로, 찬란한 과거는 희망찬 미래의 안내자로 역할하는 것이기에, 과거의 아픔은 미래의 희망으로 변모시키려는 시공간 초월 의지의 마지막 환기인 셈이다.

연로함의 현존은 그 '늙음'을 불인정하려는 시적 **리비도**의 강렬한 의지를 훼방한다. 그리하여 때로는 자아도 의식 못하는 그 회고지향성을 의식적으로 극구부인하려들 수도 있다. 작고한 어머니에 대한 회억과 자연 회귀를 넘어 피안을 향한 정신주의적 고양의 노선을 고수하는 수법은 그 불가피한 무위의 극복과 마지막 활성화를 위한 시적 몸부림이 진실된 것임을 증거한다. 화려한 전력의 과거란 부질없는 기억의 저편에서 자꾸 신기루처럼 미화되면서 중독성 있게 나타나며, 회고의 전통적인 문법은 지난날의 끊임없는 미화로서 굴절의 파장을 피할 수 없다. 과거로의 임시 귀환을 통해 그 과거의 극복을 성취하는 현실적인 시도에 있어서, 신기루처럼 회억으로 피어오르는 자연 회귀적인 힘이 용력을 발휘하는 데는 나름의 한계가 있는 것이다. 아직도 시인의 심장을 뛰게 하는 과거의 충동이 현재의 미흡한 감당 역량을 잊게 하고 훌쩍 넘어선다는 점에서 그의 시는 생동감이 넘친다. 피안을 향한 위대한 여로의 시작은 그 활력을 만끽하면서 초절하는 생명력으로 발화發花될 수 있는 것이다.

(이운룡 시집 『푸른 별 노둣돌』(이랑과이삭, 2019)의 평설문)

육신과 정신의 현상적 괴리, 그리고 그 극복 의지

– 이광소의 처녀시집『약속의 땅, 서울』에 관하여

나는 인간다운 일이면 무엇이든 하겠어,
그 이상의 시도는 아무런 의미도 없거든.
– **셰익스피어**,『맥베쓰』, 제 I 막 제 i 장 46–47행.

1. 길의 치수를 재며
2. 공간성: '길' 위의 뜨내기, 그 **노매디즘**
3. 시간성: 육체와 정신의 괴리 및 그 봉합 의지
4. 글의 가봉假縫을 마치며

1. 길의 치수를 재며

낭만주의의 요체lynchpin로 '방랑' 이상의 골자는 없다. 방랑은 먼 것에 대한 '동경'에서 시발한다. 예컨대, 흔히 교양소설Bildungsroman 일색인 독일 소설들에서, 주인공은 기나긴 성장통의 유랑을 통해 일정한 인격 형성이나 정신적 성장에 이르게 된다. 그러기에 소설 내용 대부분이 시종일관 여로旅路 자체를 기술記述하는 데 치중할 수밖에 없다.

그런데, **이광소**(李光昭, 1942~) 시인의 시 세계는 **노매디즘**[1]으로 집약되는데도 '떠돌기'라는 과정 자체에 탐닉하는 것 같지는 않다. 물론 소설

1) nomadism, 유목생활 또는 유목성. '역마살(驛馬煞)'로 표상되는 떠돌기의 삶. ← **노마드**(nomad, 유목민).

과 시의 비교가 무리한 면이 없진 않지만, 그의 배회는 낭만적 감상의 향유를 쉬이 허용치 않는다. 그에게 있어서, 낭만의 환희는 삭막한 생계의 현실 앞에서 무력해진다. 그가 선택한 유랑은 절박한 민생고와 기본적으로 무관치 않다. 그의 유목성은 지상 상황이 강제하는 인간 조건에 기인한다. 사회병리현상과 결합된 세속 삶의 제반 조건이 그를 '낯선 광야'로 내몰지만, 시인은 자신을 유목민으로 고착화시키려는 실황을 굳이 회피하지 않는다. 오히려, 육체와 정신 또는 지상과 천상의 현상적 괴리에 천착함으로써, 그는 민서民庶의 고단한 현실과 당대의 울분을 순화시키고 그 길항 단위의 간극을 봉합하면서 모종의 초월적 영원성을 모색한다. 낭만과 현실의 배리背理는 곧 모순 개념으로 구현되며, 모든 창조는 그 모순에 대한 통찰력 있는 극복 인식에서 비롯된다. 모순 상황은 변증법의 절차를 거치며 정正과 반反의 합일을 도모하고, 마침내 새로운 인식의 발견자이자 창출자로 기능하게 되는 것이다.

내가 사석에서 **이광소** 시인을 만날 때마다 종종 그러한 화두의 환청을 듣는다고 하면 좀 엄살일까. 전주토박이인 그는 서라벌예술대학에서 수학하고 약관 23세로 군복무 중이던 1965년 제4회 문공부 주최 신인예술상 시 부문에 당선되며 화려하게 등단했으나, 그 후 21세기를 넘어서까지 절필한 채 야인野人으로 지냈다. 그러한 그가 뜬금없이 처녀시집 『약속의 땅, 서울』(도서출판 고요아침, 2014)을 들고 새삼 기지개를 펴며, 사회현실에 대한 비상한 관심을 갖고 '지상'으로 표상되는 인간 육체성의 경계에 위태롭게 나서서 항구적인 어떤 정신성의 경지를 추구하기 시작한 것은 뜻밖의 일이다. 지상의 통제를 벗어나 천상으로 비상하려는 상승 의지는 낭만주의의 전형적인 속성이다. 그럼에도 그는 현실적 관심사에 바탕을 두고서, 상징과 거의 혼용되는 고난도 은유와 환유 등 **모더니즘** 기법에 몰두하게 된 것이다. 시적 **테크닉**과 정신적 사유에 대한 끊임없는 탐색을 떠안으며, 그가 어떻게 오랫동안 절필하고 지냈는지 믿어지지 않지만, 어쩌면 그 연유 중 하나는 그러한 시작업의 원론적 회의에서 쉬이 벗어나지 못했기 때문이 아닐까.

2. 공간성: '길' 위의 뜨내기, 그 노매디즘

시인은 〈시인의 말〉에서 이렇게 밝힌다.

> 저는 현실, 사실에 바탕을 두는 것을 근거로 노래를 시작했습니다. 하지만 그것이 내면에서 어떻게 변용되는가 하는 점도 간과하지 않도록 날줄과 씨줄로 엮어 보고자 애를 썼습니다.

이처럼, 그의 시편들은 우리 모두가 당면한 21세기의 현실 소재들로부터 시동을 건다. 특히 제1부와 2부에 수록된 작품들에서, 그는 구체적인 대상들을 추적하는 노정에서, '길'이라는 주요 **테제**These에 매진한다. **노마드**의 광기에 휩싸이지 않은 자 감히 예술을 논하지 말 일이지만, 특히 시인은 유랑 성향에 조건반사적으로 반응한다. 가령, 「구름에게 길을 묻다」, 「낡은 구두」, 「집으로 가는 길에 공중전화박스가 있다」(이상 제1부), 「북극곰」, 「도망자」(이상 제2부) 외에 「영원한 타인」(제3부)과 「길 주유소」(제4부) 같은 일련의 '동행' **시리즈**에서 제목만 일별해도 그의 편력이 만만치 않음을 알 수 있다. 그 원인은 두어 가지이겠다. 우선, 외부 요인으로 속세의 여러 상황이 그를 길거리로 내몰았기 때문이거나, 또는 내부 요인으로 자아의 선천적 기질 탓에 못 다 이룬 방랑벽을 시의 세계 속에서나마 충족시키려는 욕구 탓이거나, 아니면 그 둘 다의 요인이 복합적으로 작용한 것일 수도 있다.

어쨌든 당대의 제도나 조건이 부과한 현실상황에 대응하기 위하여, 시인의 역마살은 공간과 시간의 다양한 경계를 넘나든다. 먼저, 시인이 어떻게 물리적 현장의 공간에 접근하는지 살펴보자. 예컨대, 「유목민을 위하여」(제1부)에서, '유목민遊牧民'이란 다름 아닌 '세상에 뿌리 하나 내리지 못하고/ 공사장이나 일용직을 오가는 떠돌이들'이다. 매판자본주의 사회의 피지배계층 한 축을 형성하는 생계형 일용노동자의 현장을 통해, 시인은 버림받은 소시민의 유랑을 그린다. 그 한국적 현대 유목민은 '인력시장에서 팔려가지 못한 날은/ 집 잃은 개처럼 공원을 헤매다가/ 벤치에서 하늘을 지붕 삼아 노숙하기 일쑤'이다. '일거리 찾아 날마다 떠나는 사람들은/ 가도 가도 막막한 우주 한복판'에 있다. 그들이 겪는 생의 여로는 다음 한 마디의 구절로 축약된다.

> **향방도 없이 길 없는 길**을 떠납니다
>
> -「유목민을 위하여」(제1부)에서

향방을 상실한 채, 닦이지도 않은 길을 대책 없이 떠돌아다녀야 하는 이 땅 서민층의 여정은 시인이 겪어 온 삶 자체를 투사投射한다. 본시 인간 삶이란 게 정처 없기가 일반사이지만, 시인은 유랑 행로의 첫걸음을 '향방 없는 길 떠나기'에 두었던 것이다.

그 향방 없음에는 줄기찬 길 묻기가 응당 수반된다.

> 이삿짐을 싣고 온 …(중략) … 사내는 길을 **물었다**
>
> -「약속의 땅, 서울」(제2부)에서

> 떠나가야 할 길을 마도요새에게 **묻는다**
>
> -「철새 탐조대」(제1부)에서

나그네가 길을 거듭 묻는 것은 나아갈 바 정처가 없기 때문이다. 설혹 행선지가 있다 한들 여행자는 길을 잘 모를 수가 있다. 끊임없는 〈길 묻기〉로 점철된 여로에서, '갈 데'나 '갈 길'을 모르는 뜨내기의 처지란 참 딱하다. 그리고 그 처지는 흔히 삶의 근거를 박탈당한 정황과 연루된다.

시인은 국내 사정의 불똥을 해외의 시사문제로까지 점화시킨다. 일례로, 작품 「보트 피플」(제1부)은 '정착할 곳이 없어 떠돌다' 낡은 조각배로 탈출을 시도하는 **아이티** 섬 사람들의 애환을 통해 '허공으로 쳐든 뿌리'의 실상을 다룬다. '집이여, 안녕/ 곰팡이 핀 밥그릇이여, 안녕'하는 그 이향離鄕의 배경에는 '곰팡이 핀 밥그릇'이라는 참혹한 상황이 깔려 있다. 굶주림이라는 처절한 생의 문제야말로 인간 육체성의 극한 사례이겠다. 시인은 한국적 '유목민'에서 **아이티**의 **보트 피플**에 이르기까지 그 확산적 사고divergent thinking를 뻗친다.[2)]

시인의 정처 없음은 현실사회에 대한 다음과 같은 진단에서 발난된다.

> **불러도 화답이 없는 황무지**에서/ 누구에게 길을 **물으랴**
>
> –「평촌 마을에 부는 바람」(제3부)에서

> 너와 나 사이, **낯선 들판**으로 떠밀리면서
>
> –「영원한 타인」(제3부)에서

'불러도 대답 없는 황무지,' 또는 너와 나 사이에 간격만 확인될 뿐인 '낯선 들판'의 현장, 이 은유들은 현존재의 세계를 인간들 사이에 실재實在하는 불통의 벽으로 규정한다. 즉, 〈낯선 들판 떠돌아다니기〉의 개념은 소통의 부재나 교류의 단절과 연계된다. 그는 철저히 홀로인 것이다. '어디를 가나 국내 땅은 길이 막혀, 소통이 막혀'(「고혈압」, 제2부)라고 보는 진지한 사회 인식은 그의 현존재를 절망으로 몰아넣는 또 하나의 명분이 된다. 시방 시인은 기성사회의 **아웃사이더**이자 이방인이라는 자의식에 젖

2) 곧 고려하겠지만, 이 확산적 사고는 이후 「텅 빈 여름」에서 '밤새 씨름할 천사'로, 그리고 「노래의 끝」에서 청원의 대상으로 암시된 절대 존재자의 영역인 천상으로까지 뻗어나가는 것으로 보인다.

어 있다. 목표를 상실한 채 '노상 나는 길 위에서 서성거린다'(「노래 하나 얻기 위하여」, 제4부)로 함축되는 현대인의 위상은 '북극곰'의 대입으로 더욱 부각된다.(「북극곰」, 제2부) 먹이 찾아 일 년 열두 달 극한의 북극권을 배회하는 북극곰보다 더 의미심장한 유랑의 표상체가 또 어디 있으랴.

본질적인 인간 정체성의 상실과 관련시켜 짚고 넘어가야 할 작품으로 「지리산 휴게소」가 있다. 이미 과녁을 벗어난 "실패"의 어느 하루, 시적 화자는 어두운 밤 고속도로를 주행한다.

> 달리다 보면 숲을 뭉개버리고 갑자기
> 넓은 빈터가 나타난다
> **은폐된 것들 환하게 불 밝힌** 그곳,
> **25시간 지탱해온 굳은 허리**를 펴면
> **알 수 없는 주검 앞에 선 사람**처럼
> 잊고 지낸 사람들의 안부가 궁금해진다
>
> –「지리산 휴게소」(제3부)에서

실패의 연속인 하루 끝에서 길 위를 유랑 중인 그는 '은폐된 것을 환하게 불 밝힌' 휴게소를 마주하면서, '알 수 없는 주검 앞에 선 사람처럼' 잊고 지낸 사람들의 안부가 궁금해진다. '철저한 홀로'의 야간주행에서 그는 훈훈한 불빛과 같은 인정을 그리워한다. 낯선 곳을 스쳐 지나는 사람들은 동족인 동시에 이방인들이다. 그 '25시'의 심오한 시간대에 눈을 뜨고 있는 동료 뜨내기들에게서, 시적 화자는 같은 '25시 속에 내던져진 낯선 이'로서의 동질적 '정감'을 느껴보려 하지만, '불안한 세상의 이면' 속을 드나드는 그들은 '서로 쫓기는 종족'의 신분만을 재차 확인할 뿐이다.

> 여기저기 갑자기 핸드폰이 울린다
> 무슨 급한 교신이 있다는 것인지
> 깨어 있는 밤은 경계도 없이 분주하지만

몸에 숨어 있는 음어는 알 수 없는 영역,
서로 쫓기는 종족임을 예감하고서
각자 다른 곳을 향해 떠나간다
어둠의 숲 속을 지나
길이 끝나는 곳으로

– 「지리산 휴게소」(제3부)에서

결국 뜨내기들이 한순간의 휴식을 즐기는 둥 마는 둥 쫓기듯 떠나는 지향처는 "어둠의 숲 속을 지나/ 길이 끝나는 곳"이다. 이 작품은 '생소함'과 '정감'이라는 모순적 의미소의 길항에 갇힌 유랑자의 존재 현상을 접사接寫하면서 '낯선 들판'의 변방을 헤매는 현대인의 처지를 그리고 있다.

모순 요소들 간의 길항구조는 「낡은 구두」(제1부)에서도 뚜렷하다. 여기서, 아내는 낡고 궁상맞은 구두를 내버리라고 재촉하지만, 시인은 구두에 대한 깊은 정을 차마 떨치지 못한다. 버려야 할 퇴물의 무용성無用性과 '정 붙인 세상의 깊이' 사이에서, 시인은 구두가 가르쳐준 '지혜롭게 보행하는 법'을 되새긴다. 이렇게 '무용지물'과 '깊은 정' 사이의 모순에 끼인 시인의 현존재는 대표적인 정신적 **노마드**의 궁한 처지를 그대로 전시한다. 이제, 나아갈 바를 잃은 현대인은 '제자리 맴돌기'라는 도로徒勞 행위로 종생終生하고 말 것인가? 그렇지 않다. 시인은 새로운 노선에서 거듭남의 활로를 모색한다. 그것은 곧 그의 내면이다. 시인의 물리적 방랑은 급기야 자아 존재의 본질을 들여다보는 쪽으로 그 방향을 선회하게 되는 것이다.

3. 시간성: 육체와 정신의 괴리 및 그 봉합 의지

시집의 후반부는 복잡다단한 현대인의 근본적 존재 의미를 파악하려는 시도와 연관된다. 특히 제3부에 사랑과 죽음에 관한 시각이 담겨 있지만, 제4부는 좀 더 작업이 난삽해지면서 인간 육신의 한계를 넘어서려는 의지를 읊는다. 이러한 노력은 자아의 본질에 대한 명상을 동반하며, 그 연장선상에 시간의 영원성이나 초월 의지가 소재한다. 일시적이고 한계 투성이인 지상 육체성의 극복이 항구적 시간성에 대한 성찰로 이어지는 것은 어쩌면 당연한 귀결이라 하겠다.

시인의 시적 방랑은 드디어 삶의 진정한 가치가 무엇인가라는 난해한 질문에 봉착한다. 그것은 실존 문제이며, 인간의 본질에 잇닿는 것이다. 궁극적으로 인간 본질의 상실에 관한 의혹에서 시발되는 그 사변적 사고를 어떻게 시적으로 형상화하는가가 사유의 문학화 과정에서 과제로 남는다. 따라서 시인의 작업은 **노마드**의 여정 자체보다는 여로의 행선지로 향하는 '새로운 길'에 대한 기대와 신념에 훨씬 더 초점을 맞추며, 그는 그만큼 진취적이며 그만큼 더 미래지향적이다.

> 어제는 어제의 길이 있었을 뿐
> **오늘은 새로운 길을 찾아야 한다는 신념**으로
>
> ―「길 주유소」(제4부)에서

> 하루는 늘 **새로운 문**으로 열리고
>
> ―「유리 지바고」(제4부)에서

시인이 유랑에서 찾고자 하는 '새로운 길'이란 무엇일까. 신고辛苦의 여정에서, 그가 행선지를 자아의 내면이라는 깊은 나들목으로 정한 이유는 외부로부터 희망이 보이지 않는다고 여기기 때문이다. 목하 그는 '새로운 문' 앞에서 날마다 새롭게 태어난다. 그것은 그가 조우하는 사물들이 새로운 모습으로 다가온다는 뜻이겠다.

> 그러고 보니 나무의 물관이 보이지는 않지만

사람 몸속으로 깊게 뻗어 있습니다
나무며 강물이며 풀잎이
사람 몸을 뚫고 들어옵니다

–「신부전증」(제2부)에서

이 작품은 투석치료 중인 '아버지'를 통해서 전국토의 피폐성을 고발한다. 토목개발 일변도의 정책 결과 정화능력을 상실한 국토의 폐허화와 도시의 비인간화는 망가진 아버지의 신장 기능으로 비유된다. '길'은 시적 화자의 내면으로 향하는 행로로 식별되면서, 정신적 고양을 위한 시인의 지향점이 무엇인지 밝혀준다. 별, 잠자리, 물고기 등 동적動的 환유換喩의 **테크닉**을 통해서 눈의 행적을 쫓아가던 시인은 이렇게 깨닫는다.

눈을 감자 기우뚱거린 몸은
재빨리 중심을 잡으며 일어선다
몸속으로 뻗은 어설픈 길이 보인다
나를 찾아 떠나는 먼 여정

–「눈이 날아간다」(제4부)에서

지금, 시적 대상으로서의 '나'를, 그 대상에 대한 인식 주체로서의 '내'가 바라보고 있다. 이런 식의 내면적 응시를 통해서, 시인은 지상의 불통을 소통으로 전환시키고자 한다. 필시, 그가 '나를 찾아 떠나는 먼 여정'의 끝에서 얻는 바는 다음과 같은 깨달음일 것이다.

– 나는 걷는다 그러므로 나는 존재한다

–「낡은 구두」(제1부)에서

이리하여 내면적 사유는 자아의 실존적 현존재에 대한 각성에서 기인한다는 사실이 밝혀진다. 그러한 자각은 예술가 대부분이 현상 이면에 놓인 진실을 추구하는 과정에서 필연적으로 도달하는 지점이다. 우리 주변에는 분명 진실인데도 미처 깨닫지 못한 채 지나치는 것들이 널려 있다. 그것들을 깨닫고 파악하고자 노력하는 것이 곧 시인의 책무이다.

> … 허공 위로 뻗은 길,
> 한번은 딛고 가야 할 **시간의 수렁**
>
> –「구름에게 길을 묻다」(제1부)에서

'시간'은 무엇을 표상하는 걸까? '시간의 수렁'은 현존재의 시간이기도 하지만, 모종의 영원성과 연관된다. 따라서 '시간'을 '길'의 상징으로 풀 때, 모든 것이 막연함을 벗는다. 그의 〈길〉은 시간의 흐름으로 환유된다. 여기에서 시인이 구상한 **노마드**의 **모더니즘**이 돋보이며, 이것은 현실적 모순상황에 대한 통합의지의 산물이다.「지리산 휴게소」(제3부) 및「낡은 구두」(제1부)와 관련지어 앞서 언급한 것처럼, '낯선 것'과 '정든 것' 사이의 모순은 창조의 발단으로 작용하며, 일정한 모순의 굴레에서 변용되어 출현하는 통합적 귀결은 변증법을 거친 소이이다. 고속도로 휴게소의 낯선 이들에게서 느끼는 〈생소와 정감〉 또는 낡은 구두에게서 느끼는 〈폐기와 소장所藏〉이라는 모순적 요소들 간의 길항과 관련하여, 시인은 [전자에서] '어둠의 숲 속을 지나/ 길이 끝나는 곳'이라는 신비스러운 정처를 지향하게 되며, [후자에서] 사차함수 세계의 도입을 통해 '채찍처럼 질긴 바람도 몸 속으로 여미면/ 뜨겁게 피 움직이는 기氣가 되는 것'을 의식하는, 비과학적이지만 진실된 인식에 이른다.

국내외의 공시적 공간을 종횡으로 누비는 시인의 확산적 사고는 통시적으로도 요동친다. 예컨대, **이스라엘** 민족의 원조인 **아브라함**의 유목생활을 다룬 작품「멈추지 않는 시계」에서, '시간' 자체가 영원으로 가는 길로 판명된다. 성서의 무대를 배경 삼은 시인의 유랑은 성서 속 등장인물처럼 기약이 없다. 바로 그 무기약無期約 속에서 시인은 '영원을 향해 돌아가는 시계'를 파악하려든다.

가야 할 먼 곳을 향해
그곳 수십만 수백만 평의 하늘자락과
포도나무와 무화과나무 그늘을 **잡아당기는 시력**은
제단을 쌓는 손을 얼마나 강하게 하였을까
… (중략) …
떨리는 **내 가슴에도 시계는 살아**
보이지 않는 세계를 향해 돌아가고 있다

—「멈추지 않는 시계」(제4부)에서

'포도나무와 무화과나무'는 미래의 복지적 평안을 상징한다. **아브라함**의 사후에도 '영원을 향해 돌아가는/ 시계,' 즉 시간의 영원성은 지속될 터이다. 그 시계는 멈추지 않고 현대를 살아가는 시인의 '길' 또는 '노래'의 끝머리로 이어지면서 생명력을 견지한다. 이렇게, 시인은 포도나무와 무화과나무 등을 투사적 등가물로 내세워 자신을 현상적 화자인 **아브라함**과 동일시하면서, 속세의 인간육체에 구금된 시간을 훌훌 벗어난 탈시간의 경지 즉 어떤 초월자의 실재에 이르고자 하는 것이다.

수많은 우주의 별들이 있지만 내 눈에 다 담을 수는 없다. 눈에 다 담을 수 없다고 해서, 즉 안 보인다고 해서 그 별들이 없는 게 아니다. 「노래의 끝」(제4부)에서, 그러한 '시력'은 시인에게 육신의 한계를 일깨워준다. 이내 시인은 '보이는 것만 마음속에 품을 수 있는 것은 아니기에/ 보이지 않는 손길도 마음속에 품어본다'고 깨닫는다. 이제 시인은 우주의 외경감에 사로잡힌다.

진정, 심장에 품을 수 있는
노래의 끝은 어디인가

낮을 주시옵고
뜨거운 수증기를 끌어올려 꽃을 피우신 당신,
물레 소리 한 아름 품어도 되는지요

밤을 주시옵고
장미꽃잎처럼 겹겹이 싸여있는 어둠의 속
움직이는 영혼을 살피시는 당신,
영원토록 품어도 되는지요

—「노래의 끝」(제4부)에서

뜨거운 수증기를 통해 꽃 피우는 물레소리를 듣는 시인은 장미꽃잎처럼 겹겹이 싸여 있는 어둠의 속에서 꽃봉오리가 피어나듯 '움직이는 영혼'을 살피는 초월적 존재자를 각성하고 그와 소통을 시도한다. 그리고 한정된 지상 육신의 길과 무한한 천상의 길이 상호 교감하는 고양상태에 이른다.

내 몸에서 다른 사람으로 철어가 관통하게 되면
순간과 영원 사이에 뻗은 길이 보일까
침을 놓듯 내 중심을 찌르는 철어여

—「철어」(제4부)에서

고된 수행의 길과도 같은 여로에서, 시인은 자신의 중심을 찌르는 '순간과 영원 사이에 뻗은 길'을 목격하고자 한다. 필경 시인은 철어鐵魚를 통한 철어哲語의 인지認知를 갈망하는 것인지 모른다.

이광소 시인은 인간 본연의 정체성을 상실했다고 의식하는 육체와 정신의 이원론적 갈등으로 인하여 긴 유랑의 길에 들어선다. 그 갈등의 틈새는 현실적 삶의 다양한 부면들이 강요하는 모순 요소들과 무관치 않으며, 시인은 그 모순의 궁극적인 봉합에 천착한다. 시인은 지상 현실들에서 불가피하게 체험하는 속세의 비루함을, 자기비하가 아닌, '땅'의 육체성에 대한 연민으로 비화飛化시키며, 그 연민을 초월적 의지로 극복하고자 한다. 시인은 육체성과 정신성이라는 상반 요소의 결합을 겨냥하면서 그 한계를 초극하려는 노력을 표출하는 것이다. 여기에 시인의 변증법적 진보 의지가 담겨 있다. 그리스도교적인 색채의 기미까지 감도는 것을 부인할 수 없는 시인의 초월성에 대한 줄기찬 지향은 '자아의 육체적 시간과 한계의 넘어서기'로 노정된다 하겠냐.

4. 글의 가봉假縫을 마치며

오랜 만에 선보이는 시편들에서 **이광소** 시인은 현대 문명이 구비한 다양한 소재거리들을 두루 답습할 정도로 오지랖이 넓다. 그 소재들은 21세기의 낯익은 것들이다. 하지만 낭만주의에서 시동을 건 그 친밀한 것들이 결코 친밀치 않은 **모더니즘** 기법으로 그 촉수를 뻗어 나간다는 데 시 읽기의 노고가 요망된다. 게다가, 시인의 등단작 「불씨」 등의 원고가 지금 남아 있지 않으므로, 작금 열람하는 그의 작품 성향이 당시 초기작들과 어떤 전후관계에서 맞닿아 있으며 어떻게 그 시적 사고가 변천되어 왔는지를 추량推量할 길이 없다. 못내 아쉬운 일이다.

하지만, 시인이 현실 세계에서 낚은 사물들을 한 땀 한 땀 땋아 올리는 매듭 솜씨는 여간 만만치가 않다. 그의 억센 언사들, 그리고 상징의 영역을 넘실대는 현란한 은유와 환유들의 **모두스 오퍼랜디**[3]는 모처럼 현대시 읽기의 지적 쾌감을 독자에게 선사한다. 특히, 신서정을 가장한 대중적 나약함의 언저리에서 요즘 시들이 골다공증 같은 빈약함으로 방황을 일삼고 있는 현실 정황을 감안할 때, 그가 끝없을 듯이 벌이는 시행들의 열병 행사는 현대인의 **노매디즘**으로 집약되는 '길' 심상의 대오隊伍와 행렬

3) modus operandi, 운용법(運用法) 또는 수법.

로 인해서 그 진폭을 더욱 넓힌다고 여겨진다.

아이러니칼한 시집 제목 '약속의 땅, 서울'이 함의하듯이, 이농離農을 불사하며 대도시로 옮겨온 이주민들의 떠돌이 삶을 통해서, 시인은 오히려 '배약背約의 땅'으로 그 본연의 실체를 드러내는 세속 도회지를 고발하는 일도 삼가지 않는다. 사회 병리현상과 결합된 삶의 여러 조건들이 낯선 불모의 폐허지로 내몰지만, 시인은 인간이 처한 여건에 따라 현실요소들에 대한 분석적인 **리어퓌케이션**[4]을 시도함으로써 육체성과 정신성의 모순 상황과 그로 인한 괴리와 갈등을 극복하려고 든다. 그리하여 그는 현장의 물리적 상황이 야기한 생의 간극을 메우면서 어떤 초월적인 정신계의 영원성을 추구해 나간다. 시간의 한계 너머 존재하는 영원성과 절대자가 과연 누구인가와 상관없이, 서민의 고단한 현실과 당대적 울분을 순화시키며 독자적 공감을 유발하는 참신한 언어미학은 때로는 천상과 지상의 현실적 괴리감 속을 오가며 독자의 심금을 묘하게 튕긴다.

이렇게, **리얼리스틱**한 소재의 취급이 단순한 **리얼리즘**으로 그치지 않는다는 데서 독자의 긴장이 가중된다. 이동시점과 동적 동사들로 충만한 어휘 구사력 외에도, 시인은 **모더니즘** 기제들을 총가동하여 온갖 현실소재들에 접근하고 있다. 그 기법들 중에는 은유나 환유 심지어는 다중 해석을 가능케 하는 상징 등이 포함된다. 그의 시에서 눈에 띄게 장착된 상상력으로서의 은유는 색광 굴절의 폭이 넓다. 때로 동물적이기도 하고, 때로는 자연현상을 빌기도 하고, 어떤 때는 광물질적인 성질의 것이기도 하다. 한두 가지 예를 들자면,

> 자꾸 흘러내리는 몸을 추스르는 구름은
> 보이지 않는 발가락을 움직이고 있는지
> 비록 눈물주머니가 무거울지라도

---

4) reification, 물상화(物象化) 또는 구상화(具象化).

꿈의 뼈로 지탱해야 한다는 것
일깨워주듯 쉬지 않고 움직이고 있다
–「구름에게 길을 묻다」(제1부)에서

세계 경제지표는 콜타르 되어 흘러내리는 기류
–「북극곰」(제2부)에서

인간을 무력케 하는 삶의 노상에서 '꿈의 뼈' 즉 뼈 같은 골격의 꿈을 지녀야 한다는 고성능 은유는 거의 초현실주의 어법에 버금간다. 또한, 영원한 방랑성의 지표인 북극곰과 관련지어, 세계 경제의 불길한 속성을 검은 '**콜타르**'에 비유하는 안목은 원관념과 보조관념 사이의 깊은 간격을 건너보라고 독자에게 시비를 거는 것도 같다.

너를 안고 가야 할 사막,
낙타의 길은 이미 시작되었다
–「도시의 여자」(제2부)에서

모래바람이 부는 도시의 사막성을 시각화시키며, 고단한 도회지 삶을 꾸려나가는 도시 여자에 대해 깊은 연민을 감추지 않는 이 표현 기법은 향후 독자에게 더 심화된 연구를 촉구하는 듯도 싶다.

지금까지 옅은 안목으로 훑어본 바, **이광소** 시인이 선보이는 시 세계는 고뇌 깊은 기사적騎士的 편력으로 도면圖面을 형성한다. 시인은 이미 예언자이며, 절대 초월자와의 소통을 자처하는 고달픈 신분이다. 늙은 '**플라톤**'(제2부)이나 '**기타리스트**'(제4부)를 통해 누추하면서도 결코 초라하지 않는 자긍감을 드러내는 그에게는 시인의 이름을 간직한 자로서의 숙명적 소명감이 다분하다. 이 모든 것은 그가 살아온 시대가 강제한 온갖 요건들을 기필코 극복하고 넘어가려는 의지의 발현이다.

셰익스피어의 한 비극에서, 왕위 찬탈의 욕망에 사로잡힌 **맥베쓰**

Macbeth는 극심한 양심의 가책과 공포 속에서도 "나는 인간다운 일이면 무엇이든 하겠어/ 그 이상의 시도는 아무런 의미도 없거든"이라며 비장한 결의를 다진다. 그 욕망의 윤리적 판단과 상관없이, 관객은 그 시리도록 처절한 '인간다움'에 대하여 전율을 느끼지 않을 수 없다. 문제 담론이 실종되고 신변잡기의 사소주의로 전락한 현 문학판에서 시대는 인간을 갈수록 졸렬하게 만들지만, **이광소** 시인은 시 작업의 바탕에 그 '인간다움'을 명제로 내건다. 그는 당대의 삶이 내모는 유랑 노상에서 존재의 허상을 좇지 않는다. 앙버팀의 의지로 의식된 시는 사회적 기표화의 과정을 거치며, 그리하여 시인이 표명하는 당대의 극복 의지는 인간다움의 명징한 기의로 재생산된다. 앞으로도 그는 정신계의 영원성을 향한 열정에 휩싸여, 방랑의 발길을 쉬이 거두지 않을 것이다. 필자도 일개 시인으로서 현대시 주변을 어슬렁거려 왔지만, 과연 그 천부적 사명감에 내 스스로 불타오른 적이 있는가에 관해 자괴감을 피할 수 없다. 그의 시편들은 웬만하면 어디 가서 현대시에 관한 너스레를 함부로 떨지 말라는 그윽한 훈계를 던지는 게 아닌가 싶기도 하다. 그러한 모골이 송연한 자각을 '어린' 후학들에게 계속 일깨워주면서, 앞으로 지고지순하면서도 신고다난辛苦多難한 시마詩魔의 길로 역마살 기질을 유감없이 발휘해 가기를 앙망한다.

2014 갑오(甲午) 성하(盛夏)

(이광소 시집 『약속의 땅, 서울』(도서출판 고요아침, 2014)의 평설문)

과거태過去態와 현재태現在態의 길항拮抗, 그 양가적兩價的 함수函數 관계

– 강태구의 제2시집 『마음의 꼬리』에 관한 일고一考

시적 심상들은 각자 제 나름의 물질을 가지고 있다.[1)]
– **바슐라르**, 『물과 꿈』에서.

1

언어와 사물은 대치관계에 놓여 있으면서도, 불가분의 존립 관계를 유지해나간다. 시인은 그 둘 중 어느 하나를 통하지 않고서는 다른 하나를 향하여 나아갈 수 없다. 시작품이라는 폐쇄된 텍스트의 공간 내에서, 언어는 대상인 사물에 복합적인 접근을 시도한다. 특히 과거의 깊이에 한쪽 발을 깊숙이 담근 시인이 현재의 거창한 높이 앞에서 절망을 느낄 때, 언어 역시 드넓은 지평 앞에서 한참을 망설이지 않을 수 없는 것이다.

사실주의寫實主義의 첨병인 **프랑스**의 소설가 **플로베르**(Gustave Flaubert, 1821~1880)는 일물일어一物一語, 즉 '세상의 모든 사물은 각기 단 하나의 단어로 표현된다'는 명제 아래 글쓰기에 임했다.[2)] 하지만, 시인들

---

1) "Poetic images have their matter." Gaston Bachelard, *Water and Dreams, An Essay on the Imagination of Matter*. Trans. Editor: R. S. Dupree (The Pegasus Foundation, 1983), 3쪽.

2) **이태준**(李泰俊, 1904~1960년대?)은 그의 저서 『문장강화(文章講話)』에서 일물일어설(一物一語說)을 강조하였으며, 자신도 그 원칙에 따라 소설을 썼다. (**이태준**, **임형택** 해제, 『문장강화』, 창비교양문고·10: 창작과비평사, 1988, 75-76쪽) 그 이후로, 한국에서는 **플로베르**의 일물일어설이

은 그 금언을 일찌감치 외면한 채, 일어다물一語多物 또는 일물다어一物多語의 다의성 내지는 다층성을 추구한다. 이 '일어일물 → 일어다물/일물다어'의 공식선상에서 그 무궁한 비상으로 인한 시적 쾌미는 독자의 몫이다. 소설이 낱말과 글의 줄기찬 흐름이라면, 시는 그것들의 축조築造에 가깝다. 소설이 일물일어의 숨 가쁜 대응에서 촉발되는 사건들의 여실성如實性 즉 핍진성逼眞性에 승부를 건다면, 시는 언어와 사물의 풍부한 날갯짓이 여는 지평의 폭에 모든 것을 건다. 시란 말수는 최대한 줄이되 파장은 최대한으로 펼쳐내는 파급력을 겨냥한다.[3)]

이러한 시적 고행의 은거 속에서 정진을 거듭해온 전북 군산 출신의 **강태구**(姜泰九, 1947~) 시인은 2004년에《해동문학》신인상으로 문단활동을 시작하여 2010년에 첫 시집『허공을 긁어오다』를 상재한 바 있는데, 이번에 두 번째 시집『마음의 꼬리』(도서출판 황금알, 2019)를 내게 되었다. 전북대학교 교육학석사인 그의 이력을 굳이 거론하지 않더라도, 그의 선비적 품덕品德은 단순한 듯 단순치 않은 그의 시편들에서 잘 드러난다. 일례로, 다음 소품은 제법 인상적이다.

마음을 갈아
　　　　흙으로 빚은
　　　　　　　　소리의 날개여

–「오카리나」(제4부) 전문

'마음(관념) → 흙(물상) → 소리(감각)'로 비상하는 이 시의 간결미에서 볼 수 있듯이, **강태구** 시인의 세계는 서정미학의 순수한 빙하 속에 착근되

꽤 알려졌지만, 정작 **프랑스** 등 외국의 문학에서 그 이론에 관심을 두고 거론하는 일이 거의 없다. 본서 311쪽 각주 88) 참조.

3) 다행히도, 평론은 그러한 인색한 언어의 규제에서 상당히 자유로운 편이기에 여간 숨통이 트이는 게 아니다.

어 있다. 특히 그는 불변의 과거에 형성된 자아의 양태樣態를 끊임없이 반추하면서, 동시에 가변적 현재에 처한 자신의 위상을 끈덕지게 관측한다. 주로, 전자의 과거태過去態는 이상적인 망향과 회억으로 미분微分되며, 후자의 현재태現在態는 자신의 현실적 처지에 관한 자조감으로 적분積分된다.[4] 한 사람의 생에 있어서, 과거와 현재란 쉬이 양립되지 않으면서도 공존할 수밖에 없는 양가적 공생관계를 보존한다. 과거란 돌이킬 수 없는 휘광 속에 아련한 지평선의 언저리에서 아른거리지만, 현재란 예측불허의 변덕 속에서 치열한 생의 위태로움을 조성하는 탓이다. 지난날은 그만큼 안정적으로 감성을 촉발하고, 오늘날은 그만큼 지성을 불안하게 만든다. 이렇게 번복할 길 없는 과거태와 돌출하는 현재태의 두 가지 기세가 길항拮抗하는 정황, 즉 동시에 서로 작용하면서 맞버티는 그 상황의 결실이 곧 그의 시편들인 것이다.

강태구 시인이 그간의 침묵을 깨고 낸 이번 시집은 그러한 과거와 현재의 양태들이 형성한 함수관계 선상의 어느 지점에 신기루처럼 은은히 둥지를 튼다. 이 모든 추구는 언어의 소멸과 신생을 순회하는 시인으로서의 직무를 전제로 진척된다. 독자들이 그가 은둔해있는 이 시방詩房의 후미진 구석에서 정겹고 따스한 시선들을 찾아낸다면, 평이한 듯 범상치 않은 그의 시를 뜯어보는 일이 삼복더위를 일순 잊게 해주리라 믿는다.

2

이 시집의 양대 축은 '과거의 회억回憶'과 '현재의 자아성찰'이다. 기실, 회고란 장년에 들어 흔히 빠지는 추억담의 양태로서, 삶의 무상감이라는

4) 문학은 내적·외적 현실의 묘사라고 할 때, 그 '현실'이라는 것이 노상 문제가 된다. 소위 참여적인 현실주의 경향이나, 순수의 미명 하에 은닉된 서정적 표현주의를 포괄하기도 하는 그 말은 자가당착의 위험성을 늘 안고 있기 때문이다. 간결하게, 이 글에서 현실은 '소시민적인 일상 형편'으로 한정짓고자 한다. 그것이 **강태구**의 시 세계에 관한 꽤 적절한 묘출어법일 것이다.

색조를 띤다. 그것은 과거의 모든 그리운 것들에 대한 향수를 저변에 깔고 있다. '그때 당시의 옛 기억'은 나름대로의 크고 작은 단서들을 어딘가의 '구석텡이'에 은닉해두고 있다가, 아주 하찮은 촉발에도 용수철에 달린것처럼 불쑥 튕겨 나온다.

다음은 지난날의 '그리운' 이를 감성어린 '그림'으로 '그려낸' 추억의 연가이다.

간밤에 **천만 리 강가**를 걸었습니다
강물에서 뛰노는 물새들 밀어는
그대 향한 **그리움**이 되었습니다
잊으려는 마음은 바람일 뿐
소리쳐야 목만 쓰렸습니다
눈이라도 멀면 보이지 않으련만
귀라도 먹으면 들리지 않으련만
눈발은 부질없는 언어로 날릴 뿐
속절없이 바람에 흔들리는 **갈대와**
마른 풀잎의 뜨거운 숨소리는
밤 새워 짊어질 시간 앞에
슬픈 노래가 되었습니다

–「슬픈 인연」(제1부) 전문

이 시는 '바람에 흔들리는 갈내와/ 마른 풀잎'의 시늘한 건조함 속에서 '뜨거운 숨소리'를 유도해내는 감성이 돋보인다. 지난날의 시간은 '밤 새워 짊어질' 업보로 평생 지고가야 하기에, 시인은 '간밤에 천만 리 강가를 걸어가는' 야간행군의 고행을 마다하지 않는다. '천만 리' 강가는 기나긴 불면의 심야에 겪는 불망不忘의 고뇌를 표상하며, 그것은 곧 공간적 상상력의 산물이다.

'그림', '글[문文]', '그리다[화畵]', '그리[워하]다[모慕]' 등의 낱말들은 그 밑말이 동원同源 관계에 있다. 그 공통기본형 '그리다'는 선사시대에서 동굴벽화를 그릴 때 날카로운 쇠붙이 끝으로 벽면을 긁어 파는 '긁다' 또는 '긋다'의 원초적 동작과 관련 있다. 따라서 그림 그리는 행위는 글 쓰는 행위보다 먼저 시행되었다고 볼 수 있다.

『삼국유사三國遺事』(c. 1281~1283) 「기이紀異」편 제2책 「효조왕대 죽지랑조孝昭王代 竹旨郎條」에 실린 「모죽지랑가慕竹旨郎歌」는 **득오**得烏가 **죽지랑**竹旨郎을 사모하여 지었다는 8구체 향가인데, 그 첫 행이 '去隱春皆林米(간 봄 그리미)'[5]이다. 이 '그리미'의 기본형 '그립다'는 동사 '그리다[畫]'가 '-ㅂ-'을 만나 뜻이 분화되면서 파생된 형용사인데, 여기서 명사 '그리움(그리는 마음이 간절함)'이 전성轉成되어 나왔다.[6] 따라서 '그리움'의 어원적 의미는 '마음에 그림으로 떠오르는 것'으로, '그리다[畫]'는 연모戀慕의 대상을 상상하며 그리워하는 사억思憶의 행위에서 비롯된 것이다.

12세기 초의 『계림유사鷄林類事』[7] 313번째 항목에 '화왈걸림畵曰乞林' 즉 '화는 기[ㄹ]림[ki-rim]이라 한다'고 나오는데, 이 발음이 15세기 훈민정음 시대를 거쳐 현재까지 거의 그대로 간직되어 왔다. 그림[화畫]과 글[문文]은 '긁다'[긁을 소搔, 깎을 괄刮]에서 기원한 동사 '그리다'에서 파생되었다. '그림'은 '그리다'의 어간 '그리-'에 명사형 어미 '-ㅁ'이 붙은 꼴이며, '글'은 어근 '그리~글' 자체로 명사를 이룬 말이다. 『계림유사』 311번째 항목에 '독서왈걸포讀書曰乞鋪' 즉 '독서는 길보(즉, 글 보기)라 한다'고 했거

---

5) **일연**(一然), **문경현** 역주, 『역주 삼국유사』(민속원, 2015), 213쪽. 본서 252쪽 비교.

6) 이는 움직씨 '놀라다'가 '-ㅂ-'을 만나 그림씨 '놀랍다'를 나오게 하고, 또 여기에서 이름씨 '놀라움'이 나오게 되는 파생 원리와 같다.

7) 고려 제15대 왕 숙종(肅宗, 1054~1105, 재위: 1095~1105) 때인 1103년, 중국 송(宋)나라의 서장관(書狀官)으로 왔던 **손목**(孫穆, 생몰연대 미상)이 당시 고려어휘(高麗語彙)를 채록·분류하고 한자음을 이용한 표기를 시도하여, 12세기 초(c. 1103~1104)에 편찬한 일종의 견문록이자 대역어휘집(對譯語彙集). 총 3권의 원본은 현전하지 않고 후대의 필사본 일부가 중국의 『설부(說郛)』(14세기 경) 및 『[흠정]고금도서집성([欽定]古今圖書集成)』(1725) 등에 전한다. 이 책은 '천왈한날'(天曰漢捺, 천은 한날(하늘)이다)로부터 시작하여, 총355개의 고려어 어휘가 그 어순에 따라 중국어-한자로 음사(音寫), 배열되어 있어서, 당대의 고려어 양상을 살펴볼 수 있는 귀중한 자료이다. 이를 올바로 해독하려면 송나라 때의 당시 개봉음(開封音)을 중심으로 성운학(聲韻學)을 깊이 연구할 필요가 있다. 본서 252쪽 비교.

늘, '서書'가 '긿/글'로 표기되어 있어 현대어와 거의 유사하다. '그리(글)－'의 어근형 명사인 '글'은 그 중세어형이 '글ᄫᆞᆯ'이다.[8]

또한, 제15세기의 『용비어천가龍飛御天歌』(1445~1447)[9] 제50장은 이러하다.

> 내 님금 **그리샤** 후궁後宮에에 드르싫제 하ᄂᆞᆳ 벼리 눈 ᄀᆞᆮ 디니이다
> 내 백성百姓 어엿비 너기샤 장단長湍ᄋᆞᆯ 건너싫제 ᄒᆡᆫ 므지게 ᄒᆡ예 ᄢᅦ니이다

> [당나라 현종은] 내 임금 [당 나라 중종]을 **그리시어**(즉, 그리워하시어) 후궁에 드실 때에, 하늘의 별이 눈과 같이 떨어진 것입니다.
> [이 태조는] 내 백성을 가련하게 생각하시어, 장단을 건너실 때에, 흰 무지개가 해를 꿰뚫은(즉, 해에 박힌) 것입니다.

여기 '그리샤'에서 'ㅅ/시'가 존대보조어간이므로, 그 기본형은 '그리다'[慕]임을 알 수 있다.

요컨대, '긁다'에서 비롯된 움직씨 '그리다[畵]'에서 '그림'과 '글'이 갈래져 분화分化되고, 또 그림씨 '그립다'로 발전하면서 이름씨 '그리움'이 나온 것이므로, '그리움'에서 '글'에 이르기까지, 그 낱말들의 동일어원은 '그리다'이다.[10] 어떤 바라는 대상을 종이에 끄적거리거나 그리면 글이나 그림이 되고, 마음에 그리면 그리움이 된다고들 하지 않은가. 그림을 그

---

8) '빗발, 햇발, 서릿발' 등의 '발'[각(脚), 렴(簾), 비(臂)]과 동근어(同根語)인 접미사 '－발'이 결합하여 '글발' 즉 '글월'이 되었다. (글+발→글ᄫᆞᆯ〉글왈〉글월) '글월'은 글이나 편지, 또는 때때로 문장을 일컫는다. 일각에서는, '글월(契月) 문(文)'이라는 표기가 있음을 감안할 때, '계(契)'의 발음이 '결〉걸〉글'로 변화한 것을 들어, '글'이 한자어의 차용일 공산이 크다고 보기도 한다. 그리하여 글의 생김새를 뜻하는 '글씨'는 '글(契)+쓰[다]+이'로, '[그림을] 그리다'는 '글(契)+이(사동접사)+다'의 구조로 분석하여 풀이한다. 참고로, '契'는 '맺을 계' 또는 '종족이름 글'자이다.

9) 본서 240쪽 각주 7) 참조.

10) **백문식**, 『우리말 어원 사전』(도서출판 박이정, 2014), 76－79쪽.

릴만큼이나 '그립다'는 말이니, 그림을 보면 그리움의 참된 의미가 도출되며, 이 점은 '심상'心象, image, 프: **이마주**의 의미에 관한 단초를 제공한다. 즉 심상이란 사랑하는 대상이 눈앞에 부재할 때, 마음 둘 길 없는 그리움이 그려 낸 일종의 그림인 것이다.

그리하여 시인의 사무치는 그리움은 다음과 같은 작품을 낳게 된다.

너와 나를 종이접기 하다//
네 모습 둘을 접어//
이도 저도 **내려놓지 못한** 마음//
바람에 던져놓고//
점 하나 될 때까지//
안개비 맞고//
우두커니 된 나는//
끝내 밀봉하지 못한//
빈 봉투//
물 족제비다//

–「편지」(제2부) 전문

'너'에 대한 편지를 '종이접기'하여 바람에 던져 날리는 애달픔은 안개비를 맞으며 점 하나로 멀리 사라질 때까지 우두커니 바라보고 서 있는 자아의 모습으로 인하여 그 절절함이 심화된다. 즉 화자가 스스로를 '끝내 밀봉하지 못한/ 빈 봉투/ 물 족제비'로 규명하는 자아인식의 공소空疏함에서 그 처연함이 진하게 전이된다.

그리운 회억의 일차적인 원천은 흔히 유년시절의 고향이다. 이 **테마**는 부모나 유년의 일화 등 일반적인 추억소追憶素를 그 질료로 삼는다. 원래 '향수'鄕愁, 그: nostalg라는 말은 '[고향으로의] **귀환**그: 노스토스, nostos을 위해 겪는 **고통**그: 알그[오스], alg[os]'을 의미한다. 이 낱말들이 합성되어 **프랑스어 노스딸지에**nostalgie가 나왔고, 그 말이 영어에 혼입되어 **노스탤지어**

nostalgia로 굳어졌다. 그런데 실제로 이 영어 단어는 일상에서 그다지 잘 쓰이지 않는다. 오히려 '향수'를 뜻하는 영어로 **홈시크니스**homesickness 즉 직역하면 '사향병思鄕病'이라는 말이 훨씬 더 보편적으로 애용된다. 여하튼, '향수'에는 얼마나 진한 아련함이 내재되어 있는가. 아름다운 기억이 피우는 훈향燻香의 힘은 현대 도회지의 삶이 팍팍해지면 질수록 더 큰 염력을 발휘한다. 불확실한 시대의 급변하는 가치와 조급성은 시적 내공의 기운이 아니고서는 버텨내기가 용이치 않은 것이다.

웃음이 없다
울음도 없다

어둠을 가르는 개 짖는 **소리**
산허리 돌아
희미한 **메아리**뿐

술잔에 젖은 **외침**도
그 무엇
아무것도 없다

그믐달 기우는 뒷동산 백일홍
팔 벌린 채 졸고
질질 끓는 기래 **기침소리**
개울물 소리에 묻혀

어스름 달빛마저 끊긴
유령 같은 적막을 가르며
저기 또 하나 떨어지는
고향의 별

–「고향의 밤」(제2부) 전문

여기서 고향은 '웃음도 울음도 아무 것도 없다'고 언술하지만, 역설적

이게도 어둠과 소음으로 가득 차있다. 흔히 감미로운 추억으로 미화되기 마련인 고향마을은 모든 것을 상실한 채 '어스름 달빛마저 끊긴/ 유령 같은 적막' 속에 처해 있다. 이 암울함은 '어둠을 가르는 개 짖는 소리', '질질 끓는 가래 기침소리' 등의 잡음으로 보강된다. 소음과 '적막'의 이율배반적 공존, 그 의도적인 자가당착은 고향의 절망적인 현황을 적시한다. 과거의 모든 아름다운 것들이 사라져 부재하게 된 고향의 피폐성은 곧 그리운 유년의 상실에 더하여 한 생애의 기반이 박탈되었음을 뜻한다. 따라서 이 시는 소음과 적막의 모순어법으로써 공허한 상실감을 고조시키고 있는 것이다.

누구에게나 지난날이란 필멸의 존재로 설치다가 얼렁뚱땅 사라져버리는 게 아니다. 우리 소시민들로 하여금 현재의 영욕을 감내하게 만드는 불멸의 과거가 생기를 뿜으며, 우리를 자신의 숭고한 법정으로 소환하고 재소환하며 호출하고 재호출한다. 간혹 망각의 무저갱 속으로 우리의 일부를 매몰시키기도 하면서, 추억은 그 장밋빛 훈향을 더해간다. 그 빛깔의 위험한 감상적 유혹을 모르는 바 아닌데도, 우리는 저항할 길 없이 그 유혹에 말려들고 싶은 충동을 느낀다. 우리는 '유혹 이외의 것이라면 그 어떤 것도 다 저항해낼 수' 있는 것이다.[11] 인구의 노령화를 굳이 재론하지 않더라도, 누군가 말했듯이, 현대는 살아갈 시간이 자꾸 줄어들고 살아온 시간은 늘어나는 사람들의 시대이다. 그리하여 독자들은 **강태구** 시인에게서, 색 바랜 **아날로그** 사진 **필름**처럼, 과도하게 선명한 현재적現在的 해상도의 조도照度를 좀 낮춰줄 수 있는 특이한 **렌즈**를 발견할 수 있다. 흔히 말하듯이, 진정한 향수는 우리에게 과거에만 머물러 있으라거나

---

11) "I can resist everything except temptation." **아일랜드** 출신의 영국 극작가 **오스카 와일드**(Oscar Wilde, 1854~1900)의 4막짜리 희극(a four-act comedy) 「**윈더미어** 부인의 부채」(*Lady Windermere's Fan, A Play About a Good Woman*, 1892년 초연) 제1막(Act I)에서, 등장인물인 **달링턴** 경(Lord Darlington)이 한 대사.

또는 현재의 도전을 기피하고 몸을 사리거나 숨으라고 말하지 않는다.

지난날의 회오悔悟와 관련하여, 우리는 시간적 동일시의 착각에 빠져서는 안 된다. 다 아는 말로, 『맹자孟子』 제4부 「공손추公孫丑 장구章句 하下」 제13장 2절에서, '차일시此一時며, 피일시彼一時니라', 즉 '그때는 그때이고 지금은 지금이다'라고 하지 않았던가. 그때의 일과 지금의 일은 시간과 정황이 다르며, 각 경우에 맞게 행한 일이기에 모순이 아닐 수도 있는 것이다.[12] 힘들어도, 인생살이이든 문필작업이든 과거를 발돋움판 삼아 현재를 구축하고 새로운 진취적 미래를 지향할 때, 저 지평선의 광활한 영토가 한 눈 한 손에 잡히는 것이다.

3.

지난날의 회억을 한 축으로 삼은 이 시집의 한복판에는 현 처지에 관한 자조적인 자아인식이 견고한 당구대처럼 배치되어 있다. 필자가 처음 **강태구** 시인의 원고뭉치를 받아들었을 때, 이미 다른 글 작업으로 혹사당해 있던 내 안구眼球는 그의 시편들을 건성으로 일별하다가 어마지두 「마음의 꼬리」라는 작품에 일순 번쩍 뜨였다. 이튿날 새벽, 정독하는 내 눈길이 자꾸 그 시 쪽을 향했다. 중국 속담에 '쥬이판산挙一反三' 즉 '하나 보고 열을 안다'라 했지 않은가.[13] '효신曉晨, 날이 밝을 무렵의 시 읽기'가 주는 낙樂이란 바로 그런 것 아니랴.

새벽 잠버릇에 하루가 길다
용건에 맞게 미리 물건을 챙기지 못한 날
손발에 고양이 한 마리 붙어살아도

12) 여기서 '시(時)'는 시간적인 때가 아니라 상황이나 경우를 뜻한다. 옆집에 불이 났는데 밥을 먹고 있으면 '지금이 밥 먹을 때냐?'라고 말하는데, 이는 '지금이 밥 먹을 상황이냐?'는 취지이다.
13) 그러한 뜻으로, 한국에서는 '문일지십(聞一知十)'이란 고사성어가 더 잘 알려져 있다.

늘 치매기가 발동하여
큰 눈으로 어둠을 쓸지만
그만 소리의 발을 밟고 만다

매섭게 추운 날 미화원의 날카로운
비질 소리 같은 시간쯤 만나지만
먼저 건넨 인사말 되돌아오지 않아
듣지 못해 그러려니 하고 다시 건네도
들리는 토막말 아직 없다

그냥 지나친 일상이 부끄러워
가슴이 찔렸을 거라는 속 좁은 내 생각

경인년 동짓날 가로등 밑
애써 되돌리고픈 **마음의 꼬리**
바람이 헤적여 낙엽처럼 날린다

–「마음의 꼬리」(제1부) 전문

굵은 표기의 감각적 비유가 눈에 띄지만, 더 흥미로운 것은 현대시학의 주 특성 중 하나인 미묘한 심리묘사이다. 특히 시에서 민감한 일상심리를 통제된 어휘로 토로하기란 썩 용이한 일이 아니다. 장년에 이른 소시민은 사소한 일에도 예민해지기 십상인데, 시방 화자는 새벽녘 인사에도 아무런 대꾸가 없는 청소부를 향해 촉각을 곤두세운다. 그는 서운한 제 '마음의 꼬리'를 의식하고 있는 것이다. 이 시의 장점은 심리의 절제된 진술력이며, 담담한 듯 풀어나가는 그 이지력은 더 큰 미덕인 정직성의 소산이다. 모름지기 진솔함이란 가식 없는 겸손으로서, 시인이 갖추어야 할 가장 큰 덕목이다. 호가호위狐假虎威하는 위선적 속물근성이 만연한 세상에서, 절묘한 일상심리의 한 자락을 짐짓 느긋하게 도출해내는 자아성찰의 힘은 곧 인격이다. 그의 첫 시집에 실린 시「방정식 풀기」같은 데서 선보였던 이지적 통어력은 체질적인 듯싶다. 그만큼 이 작품에는 거의 매일 아침 반복되는 일상에 대한 회의가 배어있어서, 현대 소시민의 일상심리를 섬세하게 그려내고 있다 하겠다.

그 반복적인 일상은 현대도회인에게 곧잘 무료의 절망감을 선사한다.

> 똥개의 하루는 마음대로다.
> 골목길 누비며 꼬리를 세워 호기 부리나
> 절절히 자유를 구걸하지 않아 굴레가 없다.
> ....(중략)............
> 세상의 누가 이보다 더 자유로울까.
> ....(중략)............
> 제 할 일 헤쳐 가는 한량 같은 일상
> ....(중략)............
> 미래 없는 그에게도 오륜이 있다
>
> －「분견糞犬」(제1부)에서

시집에 선발 등판한 위 시에서, '똥개'가 누리는 제멋대로의 삶이란 자유의 구가일지 모른다. 행간마다 자조적인 분위기가 흥건한데, 시인은 '한량 같은 일상'에 젖어 홀가분하게 살아가는 똥개를 빌어, 시인 자신의 일상적 무료와 도로를 견인해낸다. 건달 같은 똥개라도 제 나름의 '오륜五倫'이 있건만, 퇴직 이후 매일 빈둥거리는 듯한 시인 자신에게도 나름의 일상적 좌표가 어찌 없겠는가. 현 자아의 물색이 '한량' 같지만 무뢰배 '한량'은 아니라고 굳이 역설함으로써, 삶의 쳇바퀴에서 벗어나고자 하는 풍자적인 자기견책이 묻어난다. 이렇게 시인은 주변의 여러 대상물들을 통해서 현존재의 양태를 빗대어 들여다보는데, 또 다른 예로 「금붕어 요양원」에서 시인은 어항 속 고적한 금붕어를 통해 자아가 처한 처지를 투사하여 보이기도 한다.

이러한 현실 정황에 관한 자기통찰은 제3자의 시선을 통해서도 나타난다.

순대국밥에 한 잔 술 걸치고
이쑤시개질 할 때
책가방 멘
일 학년 또래 녀석
지나가다 발걸음 멈추고
멀뚱멀뚱 쳐다보더니
"맛있어요!?" 일갈하고
입맛 다시며 이죽거린다

–「야지랑 떨다」(제3부) 전문

든든한 점심에 낮술을 곁들여 기분이 거나한 화자를 향해, 일 학년짜리 꼬맹이가 '그렇게나 맛있었느냐'고 이죽거리는 상황을 제3자적 관찰자 시점으로 묘사하는데, 이 일을 당한 화자의 반응은 짐짓 생략되었다. 꼬마의 이죽거림에 대해 화자는 어이가 없었을 터이지만, 그 과감한 생략처리는 화자가 느낀 자괴감의 강도를 더한다. '야지랑 떨다'는 '얄밉도록 능청맞으면서도 천연스러운 짓을 하다'는 뜻인데, 문제는 그 주어가 누구인가이다. '시인' 자신일성 싶은 화자일까, 아니면 '초딩' 꼬마일까. 그 애매성은 다층적 해석을 낳는다. 대낮부터 '야지랑을 떠는 어른'에 대한 어린이의 비꼼이라면, 시적 화자인 자아의 몰골에 대한 자조적 풍자가 여실하다. 생면부지의 시건방진 꼬마가 야지랑 떠는 것이라면, 말문마저 막힌 화자의 기막혀 하는 표정이 독자의 눈에 선히 잡힌다. 그 두 가지 경우 다 자아성찰적인 자조감이 동심원을 그린다. '오래 써서 끝이 닳아 떨어진 물건'을 뜻하는 '모지랑이'를 속어로 '야지랑 숟갈'이라고 한다는 점을 감안하면, 위 시는 꼬마의 힐책을 통해서 '모지랑 사내'가 다 된 자아의 자괴감을 피력하는 내용일 수도 있다. 어쨌거나, 이 작품에 투사된 시인의 이면체면裏面體面은 자조적 풍자로 일관된다.

이러한 자아성찰에는 세태풍속에 관한 관심이 증폭되어 담겨 있다.

일행이 상갓집에서 고스톱을 하는데,
그 중 하나가 “성! 고스톱 하듯 시 쓰면
멋있을 것 같다”며 즉흥으로 읊어보라는 듯
비 열끗을 내게 던진다

–「흔들리는 말」(제1부)에서

시인은 시방 '열끗'을 받을 수도 안 받을 수도 없는 난처한 입장에 처해 있다. 잘 되면 다 딸 수도 있지만 자칫하면 다 잃을 수도 있는 것이다. '모 아니면 도'라는 이 절체절명의 순간은 인간 세속계世俗界의 불안정성을 보여준다. '모든 것은 한순간, 남는 건 빈 깡통'이 될 수 있는 요즘 세태의 풍속도라 하겠다.

실인즉, 자아성찰은 인간 관계에 있어서 외면할 수 없는 요소이기도 하다.

우리 서로 입이 메말랐어
마주하다 침 튀겨 입 냄새 풍겨도
부끄러운 줄 모르거든
그렇다고 얼굴을 찡그리지는 말자
그럴 수도 있으니
선을 긋고 지우며
돌 던지기에 익숙한 우리
고개를 돌리고 코를 틀어막진 말고
할 말 있으면 언제든지 던져보자
참고 되뇌다 보면
서로 이야기 끝날 때까지
단 한 번만이라도 되돌아가고 싶은 날 있을 테니
어둠 속 입술에 침 바르지 말고
네 두 눈, 내 눈 속 깊이 걸어놓은 채
흔들림 없이 걸어보자고
너 거기서 달나라에 가고
나 여기에 동심원을 그리며
서로 흔들지 말자고

–「익숙한 약속」(제4부) 전문

문장 어미 '~어'와 청유형 어미 '~[하]자'와 같은 친숙한 대화체 어법을 장착한 이 작품은 대화의 상대를 전제로 하면서도 실제로는 독백체의 국면을 띤다. [경계]선을 긋고 서로 돌 던지기에 익숙한 분쟁과 다툼의 시대에 화해와 수용의 덕망을 강조한 작품으로, 일종의 인생살이의 지침에 대한 지긋한 훈계를 담고 있다. 다투는 상대에게 던지는 말이라기보다는, 나지막한 어조의 읊조림이 완연한 자기다짐의 기색을 띤다는 데 그 특징이 있다. 즉, 이 시는 상대에 대한 권고가 아니라 자신에 대한 독백적 다짐 내지는 단속인 셈이다. 시인은 언쟁을 '침 튀기고 입 냄새가 풍기는 불결한 행동'으로 규정한다. 그 일은 서로를 '어둠' 즉 몰이해 속에 처넣는 일이다. 그 핵심어 중 하나는 '부끄러움'이다. 우리 주변에 염치도 없이 뻔뻔한 언동을 일삼는 속물들이 얼마나 많은가. 우리 서로가 '부끄러움을 알고 참자'는 요지인데, 단지 그러한 권유가 늘 '익숙한 약속' 그 자체로만 그치고 마는 게 아닐까하는 우려를 떨 길 없다. '익숙한'이라는 어휘를 통해, 잘 해보자는 약속을 빈번하게 남발해야 하는 일상의 나태한 인습을 풍자하는 것일 수도 있다. 동일한 약속을 끊임없이 되풀이하는 일이란 결국 매양 지켜지지 않는 말과 다짐뿐인 공염불이나 다름없기 때문이다.

세태의 관심사와 관련하여, 「기적」(제1부)은 이 시집의 유일한 산문시로서, 1연에 신문기사 한 대목을 원문 그대로 게재한 다음, 다음 2연에서 그에 대한 시인의 소회를 밝힌 특이한 구성미를 갖추고 있다. 1연은 인명의 소중함에 대한 인간의 필사적인 노력을 건조체로 옮겨 담았다. 그와 현격히 대조되는 2연은 수백 명의 고귀한 어린 인명들을 목전에서 몰살시킨 국가의 방치를 절통한 정서로 고발한다. 독자에게 전이된 울분과 분노의 여운 속에서 시인이 노리는 바는 진정한 '기적'이란 인간 노력의 산물이라는 것이다. 하물며 아무 노력도 기울이지 않은 채 기적과 요행을 노리는 사행심이야말로 위정자의 섬뜩한 악덕이 아니고 무어랴. 또한, 다른 시 「혼잣말의 초상」은 길거리에서 큰소리로 혼잣말을 내뱉는 어느 한 사람의 정신 나간 듯한 언행을 통해서, '고장난 메아리들'이 세상에 꽉 차 있다고 진단한다. 그러한 무의미한 독백의 만연은 소통 부재의 '고독한 군중 속 일개인'이라는 냉담한 현대사회의 한 면을 날카롭게 지적한다.

이렇게, 이번 시집은 현대도회인의 반복적 일상으로 인한 무료와 도로徒勞 및 그에 관한 자조적 자아성찰 등으로 특징짓는다. 그런데 그 기조는 회의적인 인생관이나 비탄적인 염세 속에 매몰되지 않으며, 오히려 시인의 현실인식은 생명의지의 **휴머니즘**으로 온기를 더한다.

상강 아침 해 뜰 무렵
병동 옥상

직각의 벽들 사이를 몇 바퀴 돌다 미끄러져 떨어진
미동의 꿀벌 한 마리

건성이었으면 밟아 죽였을
내 눈, 얼마나 다행인가

두 손 가득
기적 같은 느낌으로
유리창을 빼꼼 열어주자

뒤돌아보지 않고 날아가는
저 하늘의 점 하나
참, 맑다

–「소실점」(제1부) 전문

거대한 병동(아마 '말기 환자들의 암병동'이라면 사정은 더 극적이다) 속 미미한 꿀벌 한 마리에 대한 따스한 애정의 손길은 곧 생명력의 투쟁에 대한 깊은 연민의 소산이다. 미동微動인지 미동未動인지 간에, 탈출로를 찾지 못한 채 지쳐 쓰러진 꿀벌은 병상의 말기 환자처럼 빈사상태에 이르러 있음이 분명하다. 이 시는 '소실'이라는 제목이 풍기는 '소진과 소멸의 심상'이 꿀벌의 생존으로 인하여 '신생의 심상'으로 반전되는 힘을 전시한다. 혼비백산하여 뒤도 돌아보지 않고 줄행랑을 치듯 달아나는 꿀벌의 무정無情 또는 무심無心은 차치하고라도, 죽어가는 생명의 회생에 일조했다는 시인의 생명 찬가가 이 소품의 매력을 출중하게 되살려낸다.

4

시인 **강태구**의 언어들은 대체로 꽤 안정되어 있다. 기표記表, signifiant와 기의記意, signifié의 **시니피카시옹**signification, 의미작용이 지닌 안정성은 시인의 세계관과 인생관이 보수적임을 시사한다. 말의 용도상 그 쓰임새가 안정적이어서, '일물일어'가 족히 부합되는 속성은 기존 사회의 안정도에 필수적이기에, 그만큼 시인이 속한 가정과 사회의 질서가 평온 구조를 이루고 있다는 뜻이다. 그런데 그리 달갑지 않게도, 시란 본질상 기표와 기의가 반동적으로 상충되며, 그러한 파격적 현상이 곧 시어의 상투성과 진부성을 탈피하는 첩경이다. 따라서 시의 보수성은 문학성의 앙양에 어지간한 저해가 되는 게 아니다. 어떤 시적 대상을 곰곰이 사고한 생각 자체는 머릿속 관념에 불과하다. 시업詩業에 있어서는, 그 추상적인 관념을 감각적인 물질의 언어로 표방하는 연금술적인 변형과정이 요망된다. 대상 → 추상적 관념 → 물질적 언어의 수평적/평면적 삼각관계에 있어서, 과중한 고심 중에도 시인이 잊지 말아야 할 것은 시적 심상들이 각자 제 나름의 물질을 가진다는 **프랑스**의 철학자 **가스통 바슐라르**(Gaston Bachelard, 1884~1962)의 언명이다.

그러한 사고의 질서정연한 성찰적 산물이 곧 **강태구**의 시편들이다. 사실상, 그가 고심 끝에 조형한 양식은 제법 다양하다. 예컨대, 거의 매 시편마다 어미 처리가 다채로운데, 가령 「날개」(제1부)나 「눈물 같은 눈물」

(제3부) 등은 '[A는] B이다' 식의 은유기법으로 시종일관한다. 이 작품들의 모든 시행은 주부主部가 생략된 채 술부述部인 'B이다'만 나와 있다. 그 주어主語인 'A'는 다름 아닌 제목이다. 따라서 매 행마다 그 앞에 주어로 제목을 갖다 붙이면 술술 읽힌다. 예컨대, 전자에서, 첫 행 '네게 가는 길이다'의 주어는 제목인 '날개'이다. 따라서 제목을 주어로 삼아 '[날개는] 네게 가는 길이다'라고 읽으면 된다. 계속 그런 식으로 읽어가다 보면, 독자는 날개가 '너에게로 가는 길이자 희망이며 약속이고 그리움이며 노래'임을 깨닫게 된다. 이렇게 형성된 시적 은유는 끝 행에 이르러 '[날개는] 끝없는 삶'이며 '힘찬 비상이다'라는 결구에 당도하게 된다. 단지 전자의 작품이 훨씬 더 자조적이며 후자는 더 진취적이다. 또한, 다른 작품 「휴전선의 봄」(3부)은 얼핏 진부한 소재 같지만 그 형식미의 기지機智로 인해 인위적인 국경에 아랑곳 않는 철새의 형상을 통하여 신생의 봄과 일체감을 형성함으로써, 일통一統을 향한 민족적 염원을 잘 대변한다. 실험적 형태미를 겨냥한 작품으로 그 번득이는 재치가 상당히 돋보인다.

이번 시집에서 **강태구** 시인은 불변의 과거에 굳게 착근된 자아를 끊임없이 반추하면서, 동시에 자아의 가변적인 현재를 추적한다. 대체로 앞의 과거태過去態는 그리움과 회한의 이중적 정서로 채색되고, 후자의 현재태現在態는 당대에 처한 현대 도회인의 소외와 자괴감을 곁들이며 세태적 관심을 방기하지 않는다. 불변의 과거태와 예측불허의 현재태라는 두 가지 기세가 상호 길항拮抗하면서 재생산해내는 그 시편들의 결마다 함초롬히 배어나는 것은 시인의 정직한 욕망이다. 그 올바른 욕망은 항시 저 너머를 지향한다. 근원악이 될 수 있는 고답적인 현실도피나 추억 위주의 우수憂愁 등 상투적인 침잠 구도의 자위적 욕망이 아니라, 목전의 두꺼운 한계를 돌파하고 현재의 분열과 모순을 직시하면서 앞발을 내딛는 심적 운동의 자유로운 항상성恒常性이라면 더욱 바람직하리라. 또한, 미래를 과거로 더럽힘으로써 생명의 자연스러운 율동을 응고시키는 마비적 욕망은 자칫 위험하다. 진정한 욕망은 현실적 자아에 관한 냉철하고도 뜨거운, 곧 '냉정과 열정'(「개구리」, 제2부)을 품은 장인匠人에게만 부여되는 은사라 할 수 있기 때문이다.[14)]

흔히들 영감靈感이라고 일컫는 시적 착상의 충격을 시발로 하여, **강태구** 시인은 사물을 향한 언어적 표현법에 골몰한다. 시인이, 자신의 삶에서, 잔잔한 수면에 살그머니 이는 파문의 흔적 또는 낚시의 찌에 실려 손끝으로 전해오는 물고기의 미세한 움직임을 놓치지 않는 까닭은 그 미동이 어떠한 너울파도로 파급될지 모르기 때문이다. 섬세한 첨예의 정신이 촉발하는 청신함이란 물리치기 어려운 쾌감이다. **미메티즘**mimetism, 모조품 또는 흉내이 횡행하는 황사의 세계에서 금가루인지 흙모래인지 알지 못할 뒷골목을 벗어나 나만의 광활한 광야로 전진해 나가는 일은 얼마나 힘겨우면서도 또 얼마나 아름다운 과업인가. 오랜 저작의 노고 끝에서 마침내 이룩하는 정신적 미학의 고지高地에 발을 디디는 일은 인면忍勉과 연찬硏鑽의 피 말리는 고행 없이는 불가능하다. 그 결과 쾌적한 순화의 경지에 이를 수만 있다면 시인이 마다할 게 뭐 있으랴.

(**강태구** 시집 『마음의 꼬리』(황금알, 2019)의 평설문)

14) 김인환, 『상상력과 원근법』(문학과지성사, 1993), 252-253쪽.

제3부

당대의 극복을 위한 자존 의지의 구현
– 1930년대 문학과 김환태의 수상隨想에 관한 소고小考

덕불고德不孤, 그 독공獨功을 위한 침사沈思
– 신영규의 수필집 『그리움처럼 고독이 오는 날』에 부쳐

김환태 그리고 매튜 아널드와 월터 페이터

당대의 극복을 위한 자존 의지의 구현
– 1930년대 문학과 김환태의 수상隨想에 관한 소고小考

산삼 먹는 사람보다 산삼 캐는 사람이 더 건강한 법이여.
– 어느 심마니

1. 글머리

언어학자들은 자아표현술을 '자아기술'自我記述, self-description, 자아진술과 '자아노출'自我露出, self-disclosure, 자아폭로로 대별한다. 전자는 가령 A가 자신에 관해 굳이 말하지 않아도 다른 사람들이 여타 방법으로 그 A에 관하여 족히 알만한 나이나 직업 등의 정보와 관련 있다. 그러기에 자아기술은 별로 위협적이지 않다. 반면, 후자는 A가 자기에 관해 일부러 말하지 않으면 결코 알 수 없는 정보 즉 은밀한 사적 내용과 연관된다. 물론 A의 '자기기술' 내용이 B에게는 '자아노출'일 수 있다. 가령 A가 제 나이를 말하는 것이 자기진술로서 별 것 아닐 수 있겠지만, B에게는 제 나이의 공개가 매우 사적인 것이어서 '자아노출'로 여겨질 수 있는 것이다. 개방 영역의 폭이 자유로운 즉 오지랖이 넓은 사람일수록 가릴 것 숨길 것 없이 다 까놓고 지내는 탓에, '자기노출' 영역의 정보를 '자기기술'상의 범주에 이동시켜 놓는다. 그것은 정보량이 많다는, 즉 정보와 의미의 공유 폭이 넓다는 의미가 된다. 반면에, 대사회적 접촉의 폭이 좁은 사람일수록 그 이동의 양은 많지 않으며 정보량이 상당히 제한된다.[1]

문사들은 대개 후자에 속한다. 문인들은 '자기노출'에 민감하며 적당한 선에서 '자기기술'상의 정보량을 솎아내어 그것도 짐짓 점잖게 꾸며서 내놓는 편이다. 특히 수필문학은 사사로운 성향이 강하므로, 자아노출 즉 폭로에 해당되는 경우가 허다하다. 사적인 내용을 구태여 글로 써서 '자아노출'을 드러낼 딱 부러진 이유가 없는 한, 어쩌면 그 폭로의 한계를 설정하는 데 있어서 누구보다도 엄격한 잣대를 지닌 것이 곧 수필류隨筆類인 것이다.

전북 무주 출신의 문학평론가 눌인訥人 **김환태**(金煥泰, 1909~1944)의 사사로운 행적은 알려진 바가 미미하지만, 그가 편편이 남긴 수상록은 그의 세계관과 인생관을 이해하는 데 좋은 자료가 된다. 격동의 1930년대에 그가 표방한 문학예술지상주의적 신념과 관련지어 그의 짤막한 산문들이 어떻게 내심 민족주의적 의식을 드러내는지 살펴보고자 한다.

2. 1930년대의 한국문학

김현(金炫, 1942~1990)의 말마따나, '1930년대는 한국정신사상 가장 중요한 연대 중 하나이다.'[2] 당시에, 엄혹한 식민지 시대의 억압 속에서도, 한국 사회는 정치적 자주독립 의지의 고취와 모국어에 대한 자각 및 사회의 구조적 모순에 관한 문학적 성찰과 반성을 과감하게 실천하기 시작한다. 그 직전인 1920년대에 용호상박을 이루었던 **프롤레타리아** 운동과 민

---

1) **이경우 · 김경희**, 『화법과 언어생활』, 127-129쪽.
2) **김현**, 「식민지시대의 문학」, 『전체에 대한 통찰』, 78쪽.

족주의 운동의 여파 속에서, 1930년대는 전통 유교사상과 신종 서구 도회문명 사이의 상충과 혼재가 어우러지는 때였던 것이다.

1930년대가 설정한 문학공간은 현실의 수용 여부와 상관있다. 현실 수용에 있어서 예술가가 그 자발적 의지와 상관없이 외력에 의해 부역에 동원된 경우는 거의 문제가 되지 않는다. 그것은 결국 문학적 동력의 자진 반납과 타협의 굴욕적 노선으로 전락의 내리막길을 가게 되기 때문이다. 문제는 예술가가 그 예술가적 신념이나 양심상 당대 현실의 수용을 단호히 거부할 때이다. 이 경우는 저항 **이데올로기**의 지성적 노선으로서 예술가 본연의 의지에 의한 시대적 공적이 된다.

현실 수용에 실패하여 당대 현실에서 안정대를 구축하지 못하게 되었을 때, 예술가는 어떤 식으로든 퇴행 또는 도피의 공간을 강구하기 마련이다. 이는 자아의 협소화가 진행됨에 따라 위축이 된 인격체의 전형적인 대응자세이다. 자아확대의 동력을 확보하지 못하거나 상실했을 때 드러나는 이러한 방어기제防禦機制 즉 **디펜스 메커니즘**defence mechanism, 독: Abwehrmechanismen. 압베어-미셔니스멘[3]은 1) 현실 순응주의라는 타협책

3) 곤란한 현실 상황에 대한 합리적인 적응에 실패했을 때 자신을 보호하고 자존감 등 심리적 안정감을 유지하기 위한 도구, 또는 외부와 자아 사이에서나 자아 내부에서 갈등이 벌어질 때 생기는 불안과 죄책감으로부터 벗어나려는 심리적 책략을 일컫는 용어. **지그문트 프로이트**(Sigmund Freud, 1856~1939)의 『정신분석 깅의』(*Vorlesungcn zur Einführung in die Psychoanalyse*, 영: *Introductory Lectures on Psycho-Analysis*, 1917)에 따르면, 인간의 정신은 [원초적 본능과 욕구에 지배당하는] 원초아(原超我, id), [사회의 도덕적 규범에 따르려는] 초자아(超自我, superego), 및 [이 둘 사이를 조정하는] 자아(自我, ego)로 구성되며, 자아가 원초아의 욕구와 초자아의 요구 사이를 조정하는 과정에서 전자가 강해지면 불안감을 느끼는데, 이로부터 벗어나고자 사용하는 것이 방어기제이다. 이 기제는 거의 모든 사람들이 일상에서 사용하며, 자아가 성숙해짐에 따라 발달해 가기도 한다. 1894년 **프로이트**가 논문 「방어의 신경정신학」(*The Neuro-Psychoses of Defence*, 1894)에서, 고통스럽거나 참기 힘든 생각과 감정 등에 대항하는 자아의 투쟁을 기술하면서 '방어'라는 말을 처음 사용했다. 이후 그의 딸 **안나 프로이트**(Anna Freud, 1895~1982)는 저술 『자아와 방어기제』(*The Ego and the Mechanisms of Defence*, 1936)에서 '자아 방어기제'(Self-defence mechanisms)라는 용어를 처음 사용하면서, 그의 부친이 열거한 대표적 방어기제 열 가지를 설명하였다. 추후 더 연구되어 밝혀진 관련 기제들은 다음과 같다. ① **억압**(抑壓, repression): 가장 기본적이고 전형적인 방어기제로, 불쾌한 경험이나 그릇된 욕구, 반사회적 충

동 등을 의식화하거나 행동으로 표출되지 못하도록 억누르고 차단하는 무의식적 과정. 이리하여 충동이나 욕구 혹은 좋지 않은 기억이 의식으로 들어오지 못하고 무의식에 머물러 기억을 하지 못해도 꿈이나 말실수 등을 통해 표출되며, 본능적 충동이나 금지된 행위는 억압을 통해 그 노골적인 행동을 자제하게 된다. ② **퇴행**(退行, regression): 자신이 없거나 실패할 공산이 클 때 불안을 해소하기 위해 초기 발달단계인 유년의 미성숙한 상태로 되돌아감으로써, 안정되고 즐거웠던 과거 인생의 단계로 후퇴하는 방법. 가령 별 문제가 없던 아이가 동생이 태어나자 침대에 오줌을 싼다든지, 또 성인이 토라지거나 삐쳐서 말을 하지 않는 등 더 어린 시절의 모습으로 회귀하는 행위가 그에 해당된다. ③ **반동 형성**(反動形成, reaction formation): 바라는 바와 정반대로 감정을 표현하고 행동한다든지, 또는 모종의 금지된 충동을 억제하고자 그 반대의 사고와 언행을 의식적으로 추구하여 대체하는 일. 일례로, 못된 직장 상사에게 반감을 표출할 수 없어서 지나치게 공손한 태도를 보이거나, 음주 욕구가 강한 사람이 금주운동에 참여한다든지, 동성애 성향을 무의식적으로 숨긴 자가 겉으로 그에 대한 강한 혐오를 드러내며 공격하는 경우를 말한다. ④ **투사**(投射, projection): 수용하기 어려운 사고나 감정과 욕망 등을 타인이나 외부 환경에 전가하여 귀인(歸因, 원인의 귀착, attribution)하는 과정. 제 문제를 남이나 주변에 탓하고 진실을 감추어 현실을 왜곡시키는 바람직하지 않은 방어기제로서, 자기 내부에 증오심이 있어서 남을 증오하면서도, 이 감정을 타인에게 투사함으로써 오히려 남이 자기를 증오한다고 착각하는 것이 이에 해당하며, 망상증후군으로 나타난다. ⑤ **동일시**(同一視, identification): 투사와 반대이며, 불안이나 부족감을 피하고자 무의식적으로 타인의 바람직한 점을 끌어들여 그의 가치, 태도, 행동 등의 특성을 내면화하는 과정. 즉 자신이 생각하는 중요한 인물을 닮음으로써 동일화시켜 자존감을 높이는 기능을 한다. 일례로, 무서운 아버지 밑에서 양육된 아들이 아버지와 닮아가는 경우를 말한다. 욕망을 억제하고 외부의 요구를 내면화하여 자아를 변형시키는 방어적 동일시와, 경험을 바탕으로 자아를 바꿔 나가 자율성을 얻어가는 발달적 동일시의 두 유형이 있다. 수동적이고 의존적인 경계선 인격 장애로 나타날 수 있다. ⑥ **전위**(轉位, 환치(換置) 또는 치환, displacement): 현실적인 제약과 요인 탓으로 내적 충동이나 욕구를 채울 수 없을 때 다른 대상을 통해서 그것을 충족시키려는 과정. 충동이나 욕망을 관련 대상이 아닌 다른 대상에게 분출하는 것으로서, 관련 대상이 더 위협적이기에, 덜 위협적인 다른 대상에게로 충동을 옮긴다. 그 한 예가 '종로에서 뺨 맞고 한강에서 눈 흘긴다'라는 속담으로, 아버지나 직장 상사에게 호되게 당한 후 동생이나 가족에게 화풀이하는 행동 등을 말한다. 충동이나 목적은 같고 대상만 바뀐다. ⑦ **승화**(昇華, sublimation): 앞서 말한 치환(置換)의 한 형태로, 불허된 반사회적 충동을 바람직한 사회적 방식으로 충동을 전환함으로써 억압의 필요성을 제거하는 과정. 성적 충동은 나체화를 그리거나 관능적인 춤을 추는 등 사회가 허용하는 방식으로 전환하고, 공격적 충동은 권투나 격투기, 야구나 축구 같은 공격적인 **스포츠**를 통해 충족하는 경우이다. **프로이트**는 모든 예술적 창조는 승화된 충동의 결과라고 말했다. 승화는 방어기제 중 가장 성숙하고 건설적인 책략이다. ⑧ **부정**(否定, 부인(否認), denial): 특정한 일이나 사실, 생각, 느낌을 있는 그대로 받아들이거나 감당하기 어려울 때 일단 그 상황을 거부하여 불안과 심리적 상처를 덜어보려는 과정. 예컨대, 불치병 진단을 받은 환자가 자기는 그런 병에 걸렸을 리 없다면서 부인한다든지, 사랑하는 이의 죽음을 인정하지 않는 따위의 환상이나 기타 백일몽 등이 그에 해당된다. 주로 미성숙한 방어기제로 분류되는 이 기제는 현실도피경향으로 나타나며, 문제해결이나 통찰력은 낮은 반면, 정서적으로는 안정감이 크다. ⑨ **합리화**(合理化, rationalization): 자책감이나 죄책감을 안 느끼려고 불합리한 사고와 언행을 정당화하여 현실을 왜곡하는 현상. 원하는 행동을 못했거나 원하는 결과를 얻지 못했을 때, 스스로 인정하기 어려운 상황을 실제 사실과 다르게 인식하고 그럴듯한 이유를 둘러대거나 변명을 통해 자아가 상처 받는 것을 막고 자기만족을 얻고자 한다. 이는 일종의 자기기만 전략

妥協策[4], 또는 2) 몸을 돌려 물러서는 후진책後進策, 두 가지로 나타난다. 그 둘 다 자기구원의 고뇌 어린 모색인 셈이다.

으로, '일이 잘못된 것은 어쩔 수 없었다'라거나, **이솝** 우화의 '여우와 신 포도' 이야기 등이 그 사례이며, 다만 거짓말이나 변명 같은 의식적 행동과는 달리 무의식적인 작용이다. ⑩ **수동-공격성 행동**(受動-攻擊性 行動, passive-aggressive behavior): 적대감 등 공격적 감정을 직접 표출하지 못할 때 간접적이고 수동적인 태도로 표현함으로써 그 감정을 처리하는 방법. 상대의 말에 침묵하거나, 실수, 꾸물거림, 묵묵부답 등이 그 예이며, 이 성향이 강할 경우 수동-공격적 인격 장애로 발전할 수 있다. ⑪ **고착**(固着, fixation): 새로운 발달 단계로 이행할 때 경험하는 불안이나 좌절이 극심하여 정상적 발달이 일시적 혹은 영구적으로 중단되는 현상. ⑫ **주지화**(主知化, 또는 지성화(知性化), intellectualization): 위협적인 대상이나 감정에 정서적으로 휘말리거나 관련되지 않고자, 위협 조건을 정서나 충동이 아니라 지적인 사고와 분석으로 통제하고 그 대상에서 분리되려는 과정이며, 불쾌한 경험을 해야 하는 검시관, 간호사, 외과의사 등 전문가들에게서 흔히 볼 수 있다. ⑬ **신체[증상]화**(身體[症狀]化, somatization): 심리적 갈등이 신체적 병이나 증상의 형태로 전환되어 신체 반응을 보이는 현상으로, 동정 등을 얻고자 과장된 행동을 하는 경향을 보인다. 가령, 학교만 가면 배가 아프다든지, **스트레스**를 받았을 때 극심한 두통에 시달리거나, 갈등 장면은 회피하면서 극적인 방법으로 자기 과시의 행동을 취하며, **히스테리**성 인격으로 발전되기도 한다. ⑭ **골계**(滑稽, humor): 갈등이나 불안상황에서 익살로써 그 형편을 견디는 힘을 얻는 과정으로, 이 품성이 결여된 경우 제한된 성격적 미숙성이 나타난다. ⑮ **회피**(回避, evasion, 또는 **도피**(逃避)): 억제와 유사하나, 인내심 있는 합리적 판단이 아니라 도피하고자 하는 소극적인 동기에 따르는 현상으로, 심할 경우 인격 장애나 분열성 장애가 나타난다. ⑯ **보상**(報償, compensation): 신체적 조건, 지적·성격적 특성의 약점이나 결함을 극복하고 감추는 현상으로, 외모에 열등감을 느끼는 학생이 공부를 더 열심히 한다든지, 공부가 재미없는 학생이 운동에 더 몰두하는 등의 행위로 나타난다. ⑰ **이타주의**(利他主義, altruism): 타인을 돕는 희생적이고 이타적인 긍정적 요소로서, 사회적으로 모범이 되고자 하는 무의식적인 동기에 의해 이 척도가 높게 나타나기도 한다. ⑱ **행동화**(行動化, acting out): 나중의 부정적 결과를 감안하지 않고 무의식적 욕구를 즉각적인 행동으로 충족시키려 드는 증상을 말하며, 개인의 통제를 벗어난 충동적인 수준에서 행동을 벌인다. 심할 경우, 반사회적 인격 장애나 비행(非行)의 가능성이 있을 수 있다. ⑲ **왜곡**(歪曲, distortion): 종교적 신념과 유관성이 깊으며, 자아의 **이미지**를 긍정적으로 과장하려는 경향이 자아도취니 현실왜곡 등으로 나타나지만, 긍정적 작용도 없지 않다. ⑳ **허세**(虛勢, show off): 겉치레나 외양을 중시하므로, 타인지향적 성향일 공산이 크다. ㉑ **통제**(統制, controlling): 갈등 상황에서 주변의 환경·대상·사건을 조정하고 이용하고자 과도하게 시도하는 태도이며, 대인관계에서 자기주장이 강하거나 간섭을 심하게 하는 일 등으로 나타난다. ㉒ **예견**(豫見, anticipation): 미래의 내적 불편감에 대해 현실적으로 계획을 세우는 증상. 일처리가 신중하여 실수를 잘 범하지 않는 긍정적인 면도 있으나, 현실에 소극적으로 대응하고 회피할 우려가 있고, 강박증으로 나타날 수 있다. ㉓ **해리**(解離, dissociation): 고통을 피하기 위해 개인의 인격이나 자아정체감에 극적인 의식 변형이 일시적으로 일어나는 현상을 가리키며, **히스테리**성 인격이나 해리성 장애로 발전되기도 한다.

4) 굴복, 복종 및 타협의 순응주의는 이어서 논의하는 퇴행이나 도피와는 다른 훼절과 변절의 유형이다. 순응주의는 도피의 용기마저 포기함으로써 노출되는 행동 차원으로서, 궁극적으로 퇴행과 도피의 문화적 승화라는 소극적 의지마저 박탈당한 완전한 패배주의로 드러난다. 그 외, 민족적 훼절의 허다한 사례는 여기서 배제하기로 한다.

1)의 타협책에는 모종의 이기적 후퇴나 철수撤收가 포함되는데, 결국 그것은 위협의 주체에 편승하여 훼절의 길로 진입함으로써 일신의 안정을 꾀하는 동시에, 그 처신의 핑계를 외부의 요인에 전가시키는 방식으로 나타난다. 2)의 후진 **기어** 장착은 인간을 둘러싼 채 불안을 야기하는 당면 현실의 위협 요소들에 대처하려는 본능적 방어기전 내지는 반동전선의 일종이다. 이는 왜제 군국주의의 현실적 위협에 강력하게 대처할 수단이 구비되지 못한 탓에 그에 응당한 용기를 미처 내장하지 못한 입장이며, 왜제라는 폭력적 **파시즘**의 외계 조건에 적응하지 못함으로써 전진의 역동성을 분실한 데에 그 출발점이 놓여 있다. 이러한 대처방식에는, 물리적 방법의 저항책으로써 폭력적인 적극적 저항과 비폭력적인 소극적 저항이 있으며, 문화예술적 방법의 저항책으로써는 위협의 정체를 상징적으로 폭로하여 그 위력을 부정하거나 최소한 정지시키려는 표상적 저항 등이 있다. 그 후진책의 양상들은 **도피**(또는 회피)와 **퇴행**의 두 가지 향방으로 정리해볼 수 있으며, 이러한 자기방어기제는 역시 두 가지 특징이 있는데, 하나는 무의식 차원에서 작용한다는 것과 다른 하나는 현실을 왜곡시켜 지각함으로써 불안감을 감소시키고자 한다는 것이다.

자기구원의 자아방어기전 전략상, **퇴행**은 시간적 방어기제로서 현실에서 벗어나 친숙하고 잘 길들여진 과거의 공간으로 이주하려는 태도이다. 이는 주로 태고太古 유형의 역사물에 대한 지향으로 나타난다. 반면에, **도피**는 현실과 인접된 밀폐 공간으로 도주하려는 자세로서, 흔히 정신심리학적 자폐 유형을 조성한다. 즉 **퇴행**은 현실로부터 먼 과거의 지난날로, **도피**는 현실 인근의 밀폐장소로 도주하려는 경향을 말한다. 전자에 있어서, 인간은 이제까지 몸에 익어온 익숙한 것을 떠나 낯설고 새로운 것을 직면할 때 이탈불안separation anxiety을 느끼는데, 이럴 때 인간은 그 불안의 압박이 너무 커서 새로운 생활방식에 적응할 용기를 내지 못한 채 옛 생활방식에 고착되어 있으려는 강한 심리에 장악된다. 후자의 영역은 고착공간과 창조적 위장공간으로 구분되는데, 이 둘 다 외계 현실에 대한 자구책이나 보상공간으로 설정된 문화적 수단들이다. 이 경우, 무의식의 거대 자원에 진지하게 참여하면서, 원기를 북돋우고자 종종 현세로부터 물러나 나름대로 구상하여 창조한 상상의 공간 안에 처박힌 채 머물러 있기를 바라는 성향으로 나타난다.[5)]

1920~30년대 작가들은 내외적인 이유를 구실 삼아 스스로 시대적 안정대를 구축하지 못한 채 퇴행과 도피 등의 **디펜스 메커니즘**에 탐닉하였다. 이들의 특징은 시·공간의 내면화, 자폐화, 은폐화의 문화적 수단의 강구로 두드러진다. 이를테면, 소설가 월탄月灘 **박종화**(朴鍾和, 1901~1981)와 같이 천 년 전 역사의 세계나 과거의 무풍지대로 자신이 처한 현실을 이주시키려고 했거나, **김소월**(金素月, 1902~1934)처럼 달콤했던 추억의 애상적 회상에 잠긴 채 흥얼거리며 인생을 축내었던 입장은 퇴행에 속한다. 한편, 시인 **이상화**(李相和, 1901~1943)나 **함형수**(咸亨洙, 1914~1946)와 같이, 동굴과 밀실 및 무덤 등의 폐쇄 장소를 유독 선호하여 작품 배경으로 설정한다든지, **김광균**(金光均, 1914~1993)처럼 황혼과 낙조 등 일몰을 벗하고 배회하면서 사양의식斜陽意識에 침잠한다든지 하여, 저마다 내면적 자폐공간의 지하실 계단으로 발길을 돌리면서 스스로를 위축시켜 현실을 구태여 외면하려 했던 자세는 도피의 범주화에 든다.

당대의 작가들이 즐겨 선택한 과거 역사의 시간대나 자폐적 밀실 공간의 무풍지대로 도주하려는 자체가 곧 그 나름대로의 비상구였음은 사실이다. 물론 그들의 현실을 과거지향의 내리막길로 내몰도록 시동 걸게 한 동인動因은 당대의 시대적 기류 즉 강제된 망국적 현실과 권력의 압제이다. 그 방어기제들은 왜제 식민지하에서 **파시즘**의 폭압과 그로부터 강요된 비극적 삶에 대처하고자 했던 현실의 양태이므로, 그러한 태세들 역시

5) **박진환**, 『현대시학이론과 실제』, 220-223쪽.

당대와의 상관성을 배제할 수 없다. 이렇게 시대적 동력의 상실은 자아확대력의 분실을 초래하고, 자연스레 과거의 뒷공간과 자아협소공간의 통로를 따라 대책없이 후진성으로 일로매진하게 하여 자폐적 고착화를 자초하기에 이르렀던 것이다.

요컨대, 첫째, 퇴행 공간은 자아방어기전이 설정한 내면 공간으로서, 필연적으로 피안 공간을 역행한다. 그것은 미래지향적 지평이 반대력에 의해 통제되고 차단되었음을 뜻하며, 자아확대력의 상실이 그 동인이라 하겠다. 둘째로, 도피 공간은 퇴행의 공간영역이 보다 더 축소되는 동시에 철저한 노출을 기피하거나 꺼리는 밀폐화를 지향한다. 퇴행과 도피, 둘 다 후진 **기어**를 넣는 **디펜스 메커니즘**에 의해 설정된 안주 공간의 측면에서 등가성을 갖는다. 그 공간 설정의 심리 기저에는 반대력에 대응하려는 의지의 부족과 함께 뾰쪽한 방어 수단의 결여가 깔려 있다 하겠다.

이렇게 단절된 역사의식의 고착화는 미래를 향한 직진로를 차단하면서 역사의식의 진로를 과거로 역행하게 만들었고, 그 퇴행적 역사공간은 그들의 안주공간이 되고 말았다. 작가들이 현실 수용에 실패한 후진적 방어기제를 자기네 구원 수단으로 즐겨 선택하고 그에 의존하면서, 문학 공간은 단절과 밀폐와 고립화를 면치 못하기에 이르렀던 셈이다.

당대에, 도리보다는 부조리가 만연한 사회 병리현상, 진취성보다는 전통으로의 회귀성이 앞서는 문화적 보수성의 우세, 지배자를 규율하는 객관적 법체계의 부재, 그리고 전근대적인 폭압적 **파시즘** 하에서 극소수 특권층인 숭일왜파 양반귀족의 강화된 압제 등으로 인해, 민간 대중에는 좌절, 불안과 고독 및 무력감과 허탈감 등으로 탐닉하기 좋은 계기와 풍토가 제대로 조성되었다. 이러한 상황에서 만개된 후진 **메커니즘**은 개인과 사회 전반에게 동일한 전통적 등가성의 평점이 매겨진다. 이리하여, 1920년대의 후진 **기어** 장착은 동질적으로 인접된 1930년대에 자연스레 승계되는 역사적 맥락 탓에, 그 연계적 체험체계의 동질적 등가성을 거듭

확인하는 근저가 제공되었던 것이다.

왜국을 통한 서구문물의 여과장치 없는 유입 탓에, 봉건적 지식인으로서의 '선비'는 어느덧 사라지고 새로운 문화를 흡수한 **인텔리겐차**[6]들이 사회의 변화에 민감하게 반응하였다. 두루마기를 꿋꿋이 다려 입은 지식인들과 나비넥타이에 **카이젤** 수염을 한 서구문화 모방의 지식인들이 혼재하는 당대의 분위기 속에서, 신지식인들은 피폐한 조선의 문명과 낙후된 경제 및 전근대적 봉건의식에서 하루 빨리 벗어나 진보된 문명을 수용하고 개조와 개혁을 통해 민족의식을 함양하고자 성급히 굴었다. 그리하여 가령 조강지처인 구식 아내를 버리고 신식 여성과의 통제되지 않는 연애를 남발하거나, 또 공공연한 매매춘이 기승을 부리는 등의 부작용이 창궐하기에 이르렀다.

급변하는 사회현상에 대한 저항기제에 있어서, 민족주의나 사회주의 및 독자적 문학론 등 다양한 대응자세들, 그리고 훼절 아니면 적어도 도피와 퇴행이 앞 다퉈 대두되는 방어기제 등, 그 온갖 현상의 기저에는 **모더니즘**이라는 공통 정서가 깔려 있다. 그 양상은 특히 민족주의와 사회주의의 이념적 신념이 취약한 경우, 식민지 지식인들로 하여금 **딜레탕트**[7]나 **데카당**[8]으로 제 입지를 삼게 만들었고, 심지어는 **룸펜**[9] 생활을 하나의

---

6) intelligentsia. **러시아**어. 지식 노동에 종사하는 사회계급으로, 흔히 '지식인'이라고 하며, '민중'에 대비되는 말이다. 한편, '민중'(民衆, the public people)이란 사회 구성원 중에서도 정치적으로는 인권을 침해하는 불의한 정치로 탄압받고, 경제적으로는 자본가들에게 착취당하며, 사회적으로는 힘이 없고 배우지 못해서 소외되는 이들, 즉 현대의 피지배계층을 주로 가리킨다.

7) dilettante. **프랑스**어. 전문적인 작가정신이나 장인정신이 결여된 어설픈 **아마추어** 애호가.

8) decadent. **프랑스**어. 세기말적 퇴폐주의 성향의 예술가.

9) lumpen. **룸펜-프롤레타리아**(lumpen-proletariat)의 약자(略字). 원래 '누더기, 넝마'를 뜻하는 독일어로, 제정 **러시아** 시대의 서구파 자유주의자를 이른다. 이후 지적 노동에 종사하는 지식계급층을 가리켰고, 그 본질적 속성은 반항, 불안과 무기력 등이며, 특히 계급의식이 빈약하여 혁명세력이 되지 못하고 떠돌이 생활에 젖은 부랑자들을 일컫게 되었다. 1930년대 경성에 **룸펜**이 대거 양산되며 전성기를 이루는데, 그 **룸펜** 지성인의 전형적인 인물이 곧 **이상**(李箱, 1910~1937)이다. **룸펜** 지식인의 슬픈 자화상은 **채만식**(蔡萬植, 1902~1950)의 단편소설 「**레디메이드** 인생」(1934)에 잘 나타난다. 요즘 말로 '백수[건달]'쯤 되겠다.

유행처럼 받아들이게 하였다. 진정한 지식기의 공백이었던 당시에, 풍미하는 정서는 '딸각발이의 멋'이라는 허울 아래 가난과 궁핍의 현실 속에서 퇴영적退嬰的 지식을 향유하는 객기로 드러났다. 사회의 비판적 기능을 갖춘 견제자로서의 임무는 유기된 채, 타락한 **부르주아 이데올로기**라는 영락零落한 **룸펜** 지식인의 퇴행 의식이 난무하였던 것이다.[10)]

이러한 문화사회적 배경에서 **김환태**는 문학의 돌올突兀한 독립성을 부르짖음으로써 나름대로의 시대적 저항기제를 행사하였다. 그 의지는 단순한 문학예술의 숭고성에 대한 지고한 신념을 넘어 민족의식의 문학적 발현으로 나타났다. 그가 단편적으로 남긴 수상록 소품들은 그 점을 잘 입증한다. 편의상 그의 산문들을 광의적 관점에서 '수필'이라는 포괄적 용어로 망라해본다.

3. 김환태의 수상록에 나타난 '민족' 의식

『김환태 전집』(**권영민** 엮음, 문학사상사, 2009)에 실린 **김환태**의 수상문隨想文들은 전부 20편인데, [이러한 분류가 적당할지는 모르겠으나] 대체적으로 다음과 같은 범주로 나눠볼 수 있겠다.

1. 여성과 결혼에 관한 소견 6편 (「가을의 감상」, 「정체 모를 그 여인」, 「마음속의 영상」, 「싸움」, 「유처자와의 사련」, 「5월의 테스」)
2. 추억과 회상 5편 (고향 관련 3편 「적성산의 한여름밤」, 「내 소년시절과 소」, 「화분」 및 학창시절 관련 2편 「구대 법문학부 정문의 표정」, 「교토의 3년」)
3. 시론時論 2편 (「민중의 운명」, 「개미」)
4. 민속담 2편 (「전라도의 혼인식」, 「조선춤」)

---

10) **김진송**, 『현대성의 형성 – 서울에 **딴스홀**을 허(許)하라』, 112–133쪽.

5. 생활상의 발견 5편 (「대련 성포」, 「축견의 변」, 「맘물굿」, 「범얘기」, 「독서여록」)

이 중에서, 시론時論의 범주로 분류한 「개미」와 「민중의 운명」, 그리고 민속담에 넣은 「조선춤」을 살펴보기로 한다. 개인사적 소견이나 사소주의적 단상과 달리, 이 단문들은 내용과 구성상 중수필重隨筆의 목록에 넣어도 손색이 없을 정도로, 작가의 인생관과 세계관을 잘 투영하기 때문이다.

1) 「개미」(《박문博文》[11] 3권 2호, 1940. 2. 1.)

이 글에는 **김환태**의 노동론(?)이 담겨 있다. 전통적인 관점에서, 동서고금에 걸쳐 개미는 그 근면성으로 칭송받아 왔다. '원대한 계획을 가진 유목적적인 노동'을 하는 개미는 그 보수로 혹한의 동절기를 무사히 날 수 있다. 역경을 대비하는 그 성실한 계획성으로 영예를 부여받아 온 것이다.[12] 그런데, **김환태**는 그 개미에 관한 상식에 의혹을 품는다. 그는 한겨울에도 겨울잠을 자지 않고 방구석을 돌아다니며 '양식 사냥' 즉 먹이 활동을 하는 개미들을 발견한 것이다.

---

11) 한국 문단 최초의 월간 수필잡지로, 1938년 10월 1일자로 창간되어, 1940년 5월호까지 통권 20호가 발행되었다. 발행소 박문서관(博文書館, 서울·종로 2가 82), A5판 32면, 정가 5전. 편집 겸 발행인 **최영수**(崔泳柱, 1906~1945)는 동요 「오빠생각」을 지은 **최순애**(崔順愛, 1914~1998)와 「꼬부랑 할머니」를 지은 **최영애**(崔英愛, 생몰연대 미상) 자매의 오빠이다. **최순애**의 남편이 곧 「고향의 봄」을 쓴 아동문학가 **이원수**(李元壽, 1912~1981)이다.

12) 가장 오래된 개미 예찬에 관한 기록 중 하나는 성경에 나온다. 대체로 기원전 717년경 **이스라엘**의 왕 **솔로몬**이 쓴 것으로 알려진 〈성경 잠언 6:6-15〉의 관련 단락은 이러하다. "6 게으른 자야, 개미에게 가서 그것이 어떻게 사는지 보고 지혜를 얻어라. 7 개미는 지휘관이나 관원이나 통치자가 없어도, 8 여름에 양식을 준비하고 수확 때에 양식을 모아들인다. 9 게으른 자야, 언제까지 거기 누워 있으려느냐? 언제 잠에서 깨려느냐? 10 좀 더 자고 좀 더 졸고 좀 더 손을 놓고 쉬면, 11 가난이 강도처럼, 궁핍이 무장한 사람처럼 닥칠 것이다. 12 악하고 쓸모없는 사람은 구부러진 말을 하고 다니면서, 13 눈짓을 하고 발로 신호를 보내며 손가락으로 표시를 한다. 14 그는 마음이 비뚤어져 언제나 악한 일을 꾸미고 다툼을 퍼뜨린다. 15 그 때문에 그에게 갑자기 재난이 닥치리니, 그가 순식간에 망하고 회복되지 않을 것이다."(*New World Translation of the Holy Scriptures*, 2013 ed.)

왜 개미들은 한겨울에도 부지런히 먹이활동을 하는 것일까? 첫째, 지난 여름에 축적해 놓은 식량이 벌써 동이 났거나, 둘째, 양식이 아직 많이 남았지만 따뜻하여 노동하기 좋은 환경이라면 한겨울일지라도 남은 식량의 양과 상관없이 명년에 닥칠지 모를 위기에 대비하여 쉴 틈 없이 아무 때고 노동에 종사해놓고 보는 탓이겠다. 방금 언급한 첫 번째 이유는 지난 여름에 충분한 양식을 모아놓을 정도로 열심히 일하지 않았다는 암시가 되므로, 부지런한 개미를 본받으라는 고래古來의 교훈은 그만 헛된 것으로 판명나고 만다. 둘째 이유조차, 개미가 미리 열심히 일한 덕분에 겨울에는 휴식을 취하면서 다음의 노동기를 대비한다는 칭송 사유에 맞지 않으며, 개미의 전통적인 본은 무조건 환경만 되면 먹을 것이 썩어터질지언정 일단 더 모아놓고 본다는 맹목적인 근면성, 어쩌면 더 나아가 탐욕을 부추기는 것이 되고 만다. 이제 필자의 결론은 이러하다.

> [개미가] 노동을 할 수만 있는 환경에 있어서는 언제고 노동을 하는 것인지도 모른다. 만일 그렇다면 개미의 노동은 숙명적인 노동으로 사람은 개미의 근면을 결코 본받으려 하지 않을 것이다.[13]

지성과 이성을 갖춘 자유의지의 인간이 본능에 의해서만 움직이는 한낱 곤충을 노동의 귀감으로 삼아야 한다는 사실에, 작가는 쉬이 수긍을 하지 못하고 있는데, 이는 제법 그럴 듯한 유물론적인 사고가 아닐 수 없다. 널리 알려진 바, 논리학에는 '진리'와 '일반적 사실'이라는 것이 있다. 가령 '해가 동쪽에서 뜬다'라는 언명은 그 어떤 경우에도 예외를 허용치 않는 절대 진실이므로 '진리'의 범위에 넣는다. 그러나 '아니 땐 굴뚝에 연기 나랴'와 같은 격언이나 속담 류의 말들은 예외적인 상황이 항시 존재하므로, '진리'가 아니라 단순한 '일반적 사실'로 간주한다. 이러한 논리적

13) **김환태**, 『김환태 전집』, 411쪽.

분류에 익숙하지 못한 사고라면, 모든 속담과 격언마다 말꼬리를 잡고 트집을 삼아서 그 예외 상황을 해학적으로 빈정대거나 이죽거리며 대들 것이다.

김환태는 목하 그러한 일반적 사실의 예외 상황을 '매급시' 트집 잡고 늘어지는 것일까. 그렇지 않음은 분명하다. 그는 바야흐로 노동에 관한 매판자본주의적 사고를 통렬하게 비판하고 있는 것인지도 모른다. '하면 된다', '불가능이란 없다', '모든 일에 최선을 다하라'라는 식의 선동적인 노동 찬가는 사실상 노동자의 발언이 아니다. 그것은 노동자를 고용하고 그 노동을 착취하여 제 자본의 확장에 혈안이 된 자본기업가들의 음험한 책략적 교언巧言에 불과하다. 아무리 해도 안 되는 것이 얼마나 많은가. **미션 임파써블**Mission Impossible을 분부내리는 것은 상관의 위력에 의한 가혹한 군사문화적 하명下命이지만, 대부분 절대 불가능한 것들일 수 있다. 우리는 아랫사람들에게 '하면 되는 것들'만 시켜야 하며, 아랫사람이 인간인 이상 **미션 임파써블**은 무작정 남발하면 안 된다. 가령, 우스갯소리로, 화장실에서 볼일 볼 때나 식사 시에 용쓰며 있는 힘껏 최선을 다하는 일이란 참으로 어리석은 짓이다. 그러면 영락없이 탈이 나고 말 터. 명료히 돌이켜 보면, 우리 일상에서 최선을 다해야 할 일은 10–20% 정도밖에 되지 않는다고들 한다. 대부분의 일들은 합리적으로 여유 있게 넉넉한 마음으로 처리하면서 힘을 축적해 두었다가, 정말 최선을 다해야 할 일이 목전에 닥치면 그때는 사생결단의 심정으로 혼신을 다해 임해야 한다. 단지 어떤 것이 최선을 다해야 하는 일인지를 분별하는 지혜와 슬기와 분별력이 필요할 뿐이다. 그 선동 언사들도 '진리'가 아니라 '일반적 사실'의 차원에 들므로, 그 따위 말에 열을 내며 반박하려드는 것도 우스운 노릇이겠다.

사전적 정의로, 노동勞動은, 자본·토지와 함께, 생산의 3대 요소 중 가장 기본적인 것이다. 필요한 생활물자를 얻고자 사람이 육체적·정신적 노력을 들이는 행위, 즉 재화 창출을 위해 투입되는 인적 자원이나 기타 활동이 곧 노동인데, 이것은 보수를 대가로 한다는 점에서 취미나 여가와 같은 여타 인간 활동들과 구별된다. **칼 맑스**(Karl Heinrich Marx, 1818~1883)는 노동만이 가치를 창출한다는 노동가치론을 주창하였다. 그는 저서 『자본론資本論』[14]에서 자본가가 노동이 창출한 가치의 일부를 착취하여 이윤을 창출하고 이를 다시 자본으로 투입하는 과정이 자본주의 경제의 본질이라고 주장하였다. 인류 초기, 자연을 개조하는 위대한 투쟁 속에서 노동자들은 아름다운 물질 및 정신 산물을 많이 창조하였으며, 그 재화들은 인간에게 심미 가치를 제공해 줌으로써 미를 향유하고자 하는 인간의 욕구를 충족시켜 주었다. 즉 아름다움은 우선적으로 노동대중에 의해 창출된 것이므로, 당연히 노동대중의 점유물이 되어야 하였다. 그런데, 원시사회 후기에 계급이 생기면서부터, 노동대중은 생산수단의 주체에서 생산수단의 노예로 전락하고 만다. 이로써 노동은 유쾌한 자유노동에서 노예적 강제노동으로 변질되었고, 노동 산물 역시 노동자의 점유가 아니라 타인의 점유로 그 소유권이 착취되었다. 즉 '노동의 소외 현상'이 벌어지게 된 것이다. 이 소외는 곧 노동의 비인간성을 초래하면서, 그 미적 의미가 나락의 참담함 속에 매몰된다. 바로 이 아름다움을 상실한 노동에 대한 자본주의적 찬가가 곧 '개미에게서 배우라'였던 것이다.[15]

---

14) 『자본: 정치경제학 비판』(독: *Das Kapital: Kritik der politischen Ökonomie*, 영: *Capital: Critique of Political Economy*) 또는 단순히 『자본론』(독: *Das Kapital*)은 **칼 맑스**가 독일어로 집필하고, **프리드리히 엥겔스**(Friedrich Engels, 1820~1895)가 편집한 방대한 정치경제학 논문이다. 자본주의에 대한 비판에서 사회주의가 자본주의를 넘어서는 사회비판이론이 될 수 있다는 생각에 근거하여, 자본주의와 당대 경제학자들의 이론들을 분석함으로써 주로 영국의 고전파 경제학과 영국 시민사회 및 자본주의 사회에 대한 객관적인 비판을 담고 있으며, '사회주의의 성서'로 평가되고 있다. 이 내용은 **맑스**의 책 『정치경제학(政治經濟學) 비판(批判) 요강(要綱)』(*Grundrisse der Kritik der politischen Ökonomie*, 영: *Fundamentals of Political Economy Criticism*, 1859)의 연장선상에 놓여 있다. 총 3권으로 구성되는데, 1권은 자본의 생산과정, 2권은 자본의 유통과정, 3권은 자본주의적 생산의 총 과정이 부제로 붙어 있다. 제1권은 1867년 나왔으며, 제2 · 3권은 **엥겔스**가 **맑스**의 유고(遺稿)를 모아 집필, 각각 1885년과 1894년 발간되었다.

15) **주균도**(周鈞韜), 『미학에세이』, 54-59쪽.

지배계급은 항상 관념론을 지지하며 옹호하고 전파한다. '개미처럼 부지런 떨어라'는 관념론은 지배계급의 착취적 논리이다. 노동 환경 등 현실세계는 끊임없이 변화하고 발전하는데, 지배계급은 자기네 특권적 지배의 유리한 조건만을 조성하기 위하여, 오도적誤導的 관념론으로 피지배계급의 눈을 그 변화와 발전에서 이탈시켜, 엄연히 존재하는 현실의 고통과 불평등으로부터 도피하게 만들고, '생활이 그대를 속이더라도 슬퍼하거나 노하지 말라'고 운명론적으로 체념시켰던 것이다.[16]

김환태는 바로 이 개미론을 통해서 그러한 '주관주의의 오류'를 지적한다. 부단히 변모하는 현실세계의 구체적 설정을 방기한 채, 지배계급 자신의 주관적인 상상과 바람으로부터 모든 사고를 출발시키는 위험성을 섬세한 **핀셋**처럼 끄집어내고 있는 것이다.

2) 「**민중民衆의 운명運命**」(〈조선일보〉 1936. 8. 29.)

김환태의 글에 일부 진보적인 기미가 엿보인다 하여, 그가 대책 없는 좌左 **클릭**을 지향했던 것만은 아니다. 이를테면, 그의 글 「민중의 운명」은 많은 이념들과 정치가들이 도용하는 '민중'이라는 것의 신원에 관하여 강한 의문을 제기한다. 이 글은 문자 그대로 소품이니까 전문을 다 인용해도 지면의 부담이 덜하겠다.

> 서반아와 중국의 내란內亂 기사를 아침 저녁으로 읽어오는 동안에 나에게는 「민중의 운명은」 하는 큰 의문이 하나 생겼다. 그리하여 나는 아침 저녁으로 신문을 펴들고는 의문을 풀 열쇠를 찾으려고 애를 쓰고 있다.
>
> 중화민국의 민중의 복영福榮을 위하여-이것이 장개석이가 서남西南(?)을 토벌하려는 이유다. 그런데 이종李宗이나 백자희白紫禧가 국민정부에 끝까지 항전하겠다는 이유도 또한 「중화민국의 민중의 복영」을

16) 조성오, 『철학에세이』, 168쪽.

생각하는 데 있다고 한다.[17] 그리고 서반아의 반군이 수도에다 대포질을 하는 것도, 정부군이 반군을 진압하기 위하여 독와석을 뿌리는 것도 「서반아 민중의 행복을 위해서」라고 한다.[18]

만일 그렇다면 그들은 어찌하여 그들이 그렇게도 행복되게 하여 주기를 염원하는 그들 민중으로 하여금 서로 총질을 하게 하여 그들에게서 사랑하는 어버이를, 자녀를, 남편을, 아내를, 형제를, 자매를 빼앗고 집을 불지르는 그런 가장 잔인한 행위를 감행하고 있을까?

민중은 오직 그들의 복락을 그들의 피로써만 쓸 수 있기 때문일까?

그러면 유사 이래로 지금까지 그렇게 많은 피를 흘린 민중이 언제 한 번 그들의 진정한 복락을 피의 댓가로 받은 일이 있는가?

아마도 민중의 복락은 오직 권력자를 위하여 권력자의 입술 위에서만 사는 것이 아닐까?

－「민중의 운명」 전문[19]

이 단상을 한국 현대사와 관련시켜, '서반아', '중국', '중화민국' 대신에, 예컨대 '유신정권'이나 기타 군사정권, 그리고 '장개석', '이종', '백자희' 대신에 어떤 낯익은 군사역적들의 이름을 넣어도 무방한 시론이 되겠다. 그만큼 이 글은 권력자들이 이용하는 '민중'이라는 말의 허구성을 뼈시리게 노출시킨다. 한국의 어느 영화에서 언급된 바 '민중은 개 돼지'라

---

17) 1928년 **장제스**(蔣介石, 장개석, 1887~1975)는 난징(南京)에서 국민당 주도의 중화민국(中華民國) '국민정부'를 세우고 국가주석으로 취임한 후로, 1930년 초부터 대대적인 공산당 토벌작전을 벌인다. 이 글 속의 '서남 토벌'은 그러한 공산당 섬멸 작전을 가리킨다. 또한 **이종**(李宗)과 **백자희**(白紫禧)는 그에 항거한 중국 공산당 무장조직의 간부들이다. 이 글이 실린지 약 석달 보름 후인 1936년 12월 12일, **장제스**가 자기 휘하의 동북군 총사령관 **장쉐량**(張學良, 1898~2001)에게 구금당하는 시안사변[西安事變]이 터진다. 그 결과, **장제스**의 국민정부군과 **마오쩌뚱**(毛澤東, 모택동, 1893~1976)의 공산당 홍군(紅軍)은 제2차 국공합작에 합의하여, 내전을 중단하고 본격적인 항일전쟁으로 돌입하며, 1945년 승전을 거둔다.

18) '**스페인** 내전'(스: Guerra Civil Española)은 **마누엘 아사냐**(Manuel Azaña Díaz, 1880~1940)의 좌파 인민전선 집권 정부와 **프란시스코 프랑코**(Francisco Franco, 1892~1975)의 우파 반란군 사이에 벌어진 전쟁이다. 1936년 7월 17일 **모로코**에서 **프랑코** 장군의 군부가 **쿠데타**를 일으켜, 1939년 4월 1일 승리를 거두었다. 하지만, 약 2년 9개월간에 걸친 이 내전으로 인해 **스페인**의 전 지역이 황폐화되었다. 정부군이 반군을 진압하기 위하여 뿌렸다는 '독와석'은 아마 모종의 살상용 '유독(有毒) 가루'인 듯하다.

19) **김환태**, 365–366쪽.

는 한 변절지성인의 언술이 2016년 교육부의 한 정책기획관에 의하여 재언급되면서, 그 말은 이른바 '개돼지'의 자녀를 가르치는 교육부의 한 간부가 제 직업에 대한 회의를 자조적으로 천명한 꼴이 되고 말았다. 이런 발언이 잘 시사하듯이, '민중'이란 말은 게나 고동이나 다 팔아먹는 참으로 가련한 낱말이 되고 말았다. 하물며 탐욕적 위정자들이야 더 함부로 그 말을 남발해오지 않았으랴.

이 글이 '민중'이라는 말의 남용에 대한 통절한 비판이라면, 글쓴이의의 논리가 보수적이지만은 아님을 넉넉히 입증한다. 이 글의 저변에는 '민중'을 모든 사고와 행동의 명분으로 내걸었던 당시 **프롤레타리아** 계열의 주장에 대한 비판도 어김없이 담겨 있다. 즉 우익이고 좌익이고 가릴 것 없이 아무데나 '민중'이라는 이름을 제 편의에 맞게 이용하는 이기적이고 착취적인 오용의 부당함을 지적하고 있는 것이다. 그런데, 이러한 **김환태**의 간파가 단순한 이념 논리상의 문제, 그 이상의 의미를 배태하고 있음을 그의 또 다른 글은 보여준다.

3) 「**조선朝鮮춤-조선朝鮮 정조情調**」(《조광朝光》[20] 6권 1호, 1940. 1. 1.)

이 글은 춤 또는 무용에 관한 **김환태**의 예리한 시각을 보여준다. 작가는 서양 무용과 조선 춤을 비교하면서, 전자가 공간성과 역학성이 더 현저하지만 후자는 시간성과 표현성이 더 두드러진다고 전제한 뒤에, 그 점에 관한 비교적 상세한 분석을 개진한다. 그러면서 조선 춤의 특이점들을 자세히 부가 해설한다. 즉 조선 춤의 운동은 입체적이 아니라 평면적이

20) 1935년 10월 조선일보사에서 창간한 〈조선일보〉 자매지로, 초기에는 순수 문예창작물 중심의 잡지였다. 금광으로 떼돈을 번 자산가 **방응모**(方應謨, 1883~1950)가 1934년 조선일보사를 인수한 뒤 〈조선일보〉 폐간에 대비하여 조선일보사 출판부를 개편해 조광사(朝光社)를 설립하였다. 편집고문은 〈조선일보〉 편집을 담당하던 **이은상**(李殷相, 1903~1982)이, 편집주임은 연극인이자 소설가인 **함대훈**(咸大勳, 1907~1949)이 맡았다. 〈조선일보〉는 1940년 8월 폐간되었고, 《조광》은 1944년 12월 통권 110호로 종간되었다가, 태평양 전쟁 종전 후인 1946년 복간되었으나 1948년 다시 종간되었다.

고, 직각적이 아니라 둔각적인 데다가, 그 흐름이 연속적이며, 그 과정에서 순간적으로 맺혔다가 스스로 풀리곤 한다는 점을 식별해낸다. 바로 그것이 조선 춤의 '멋'이라는 것이다.[21]

이 수필은 우리 전통춤의 매력을 '멋'이라는 용어로 규정한 거의 최초의 탁견을 담은 것이 아닌가싶다. 그러한 조선 춤의 유동성은 아마 원시시대로부터 내려온 생활상의 유희가 사회적 맥락의 리듬 속에서 용해되면서 그 사회적 기능을 상실하고 오락과 종교의 잔영만을 남겨 지니면서 전승되었을 것으로 파악된다. 그러는 과정에서 조선 춤이 지닌 그 '강렬한 내면적 표현성'은 '태장態長한 맛'의 특색을 갖추게 되었다고 규정한다. 이러한 소견은 **김환태**의 민족주의적 애정을 진하게 나타낸다. 그가 '노동'에 관한 자본가들의 위의적 해석을 비판하면서, 그리고 '민중'을 제멋대로 팔아먹는 좌우익 정치가들의 교활한 도모를 신랄하게 비난하면서, 우리는 그가 어느 한 쪽의 **이데올로기**적 편향이 아니라 오히려 민족주의적 강한 애착심을 드러냈다는 데 주목한 바 있다. 바로 그 점을 우리는 그의 글 「조선춤」에서 더욱 명료하게 확인할 수 있는 것이다.

이러한 **김환태**의 괄목할만한 통찰은 한국 춤에 관한 최근의 견해와 거의 다를 바 없다. 한 저술은 한국 춤에 관하여 이렇게 요약 정리한다.

> 삶의 경험과 생활에서 느끼는 감흥과 신명의 집약된 표현이 무용예술이라 한다면, 우리의 춤은 노동과 예술의 근원적인 일치라는 세계 보편적인 특성을 지니고 있다. 일이나 굿, 놀이, 연극을 하나의 총체적인 것으로 모으는 연결의 고리라 할 수 있다. 다시 말해서 흩어져 있는 인간의 활동을 하나로 모으는 역할을 하는 것이다. 춤사위 하나하나에 힘이 응축되어 있고 또한 구성에서도 힘을 응축시키는 형식으로 절대 힘을 바깥으로 분산시키지 않는다는 것이다.
>
> … 한국 춤에는 표현의 정확성과 자유분방함과 역동성이 있다. 이것

21) **김환태**, 400-402쪽.

은 일상생활의 자유로운 생활감정에서 우러난 고요한 역동성이다. 이러한 고요한 역동성은 '장단을 먹어 주는' 대목에서 맺힌 것을 풀어주는 이완일 경우도 있고 풀린 것을 맺어주는 긴장일 경우도 있다. 긴장과 이완을 적절히 배합하여 맺고 풀고 어르고 당기는 데에 한국 춤의 묘미가 있다.[22]

한국 춤 속의 생활상의 감정이 그대로 배인 '고요한 역동성'이 곧 **김환태**가 지적한 바 '시간성과 표현성이 더 현저한 조선 춤의 멋'이 아니겠는가. 그러한 조선 고유의 무형문화유산에 대한 애정과 인식은 **김환태**의 민족주의적 애정의 결로結露임에 틀림없다. 그렇다면 그가 문학의 어떤 도구화에도 반기를 드높이 치켜든 자세의 배후에는 단순한 문학예술적 위상의 자존성을 향한 문학이론적 신념을 넘어서서, 그 이면에 민족자존의 위상에 대한 깊은 인식 내지는 의식이 똬리 틀고 있었다는 의미가 아닐까? 즉 **김환태**는 문학의 자존적 독립을 부르짖으면서, 그의 의식 한편에는 곧 조선민족의 자립과 독립이 깊이 전제되어 있었던 때문은 아닐까. 그의 모든 비평문에서 언급된 '문학'이라는 말을 '민족'이라는 말로 대체하고, 그 앞뒤 술어상의 낱말들을 '민족'이라는 말에 부합되는 적절한 문구들로 바꾼다면, 거의 모두가 타당한 문장으로 거듭나는 것이다.

사실 말이지, **김환태**가 순수문학의 위상을 주장하는 그 해수면의 파도 근저에는 항상 '민족'이라는 내면적 주체의식이 강렬한 해저류海底流처럼 흐르고 있었다. 그러므로 우리는 그를 단순한 문학 우선주의자로 규정하기에 앞서, 민족주의자로 재평가할 대의명분이 농후한 것이다.

4. 글의 말미에

1920~30년대 한국문학의 후진지향적 공간은 불행했던 한 시대를 극

22) 김매자, 『한국의 춤』, 101쪽.

복하고자 했던 문화적 차원의 구원방식으로서, 나름대로 일종의 공취攻取의 미학이 된다. 당대의 문학적 동질성을 이룬다는 측면에서, **디펜스 메커니즘**의 한 양식이었다는 관점과 함께, 자구적 행동 차원을 승화시킨 문화적 의미도 있는 것이다. 퇴행과 도피의 공간이 현실적 패배의 공간으로 밝혀지기도 하지만, 그 내면에는 현실을 거부하는 저항적·공격적 성질이 은폐되고 함유되어 있었던 점을 참작할 때, 이 후진 **기어** 장착의 공간은 강제된 당대 현실을 순응적으로 수용하는 것이 아니라, 의도적으로 비틀어 왜곡하고 날조하며 위장하는 문화적 반동의 소행을 형성하기도 한다. 이러한 소극적 방어기제의 차선책은 당대에 맞서고자 했던 집단 정신의 역동적 일환이었다. 이러한 면에서, 소위 항일의 차선책을 도모한 세력과 운동에 관하여 새로운 평가와 조명이 요망된다.

1930년대 후반부터는 왜제의 침략주의가 대륙과 태평양으로 확산되면서 공포와 탄압의 암흑기가 가속화된다. 이때는 실질적으로 보수와 진보의 대립자체가 무의미한 채, 오직 판치고 설치는 숭일崇日과 숨죽여 잠재된 반일反日의 양극화만이 존재하던 시절이었다.[23] 숭일훼절자들은 민족과 그 역사를 팔아 '대한독립만세'를 외치며 죽어 갔던 광복군의 항거를 말살하는데 혈안이었는데, 이는 1919년 상해 임시정부에 의한 대한민국 건국의 역사적 의미를 정면 부인하는 식민사관의 책략과 다름없다. 1948년을 건국년으로 삼아야만이, 독립군의 대한독립 투쟁사를 흔적 없이 없앨 수 있는 유일한 방법인 까닭이다. 반일저항자들은 왜제 황도주의를 위한 부역을 거부하고 감옥의 형국을 감당하거나 항일전선에 참여하기 위하여 반도 탈출을 감행하든지 아니면 아예 절필의 길을 갔다. **김환태**는 후자의 길을 선택함으로써 광의적 측면으로는 **프롤레타리아** 경향의 사회주의 반일운동과 동일한 항일의 궤도를 탄다. 이러한 제반 상황을

23) **임형택**, 「일제(日帝) 저항기(抵抗期)의 국문학(國文學)」, 『한국문학사(韓國文學史)의 시각(視角)』, 464쪽.

감안하건대, 그의 문학예술지상주의적 견해를 단지 **프로**문학에 대한 반기쯤으로만 협소하게 보는 것은 단견이다. 비록 문학지향점의 가지 끝은 달랐어도 그 줄기는 하나였던 것이다. 끝내 절통한 학자적 양심의 울분을 이기지 못한 **김환태**는 위대한 광복을 한 해 앞둔, 즉 건국 25년인 1944년 향리에서 그만 유명幽明을 달리하고 만다.

문학은 현실적 사실의 단순 기록이 아니라 그 논리를, 특히 폭압적으로 강요된 당대의 논리를 전이시키고 치환하며 변용시킴으로써 거부하거나 초월하려는 일종의 미학적 노동이다. 특히 시의 수사학적인 **아이러니**나 환유 구조는 당대 사실을 미학적으로 왜곡하여 날조하고 위장하며 은폐시킴으로써, 실질적으로는 당대의 진실로 다가서려는 맹렬한 시도 또는 반동적 기도였다. 이런 식으로 당대 문학은 반동형성이라는 문화 창조적 역할을 담당하여 수행해내었던 것이다.

일부 문제적 예술가는 그러한 **디펜스 메커니즘**을 뛰어 넘어 현실저항이라는 강력한 행위 실행의 영역에 참여하기도 한다. 이러한 경향의 영역을 이른바 운동권運動圈, activism이라고 한다. 왜정 때의 경우, 이 운동권은 곧 상해임시정부와 결탁하여 치열한 독립운동 현장에 직접 참여하는 일이었다. 하지만 대부분의 예술가들은 그러한 실천적 참여보다는 왜제에 궁극적으로 동참하는 훼절의 길을 가거나, 아니면 울분 어린 절필의 길을 선택한다. 후자의 노선을 선택한 **김환태**는 소극적 저항의 사례가 된다. 흥미롭게도 동향의 **신석정** 역시 그와 같은 후자의 행동 노선을 택하지만, 그는 사회주의 **이데올로기** 쪽으로 또 다른 가지를 올곧게 뻗어나갔던 반면에, **김환태**는 결코 이념적 편향성을 보이지 않는다. 그 둘은 같은 줄기의 다른 가지였던 것이다. 이는 해방과 군사독재정권 하에서 전시되는 바 전라도 특유의 야성적 반골의식이 체현된 것이라 아니할 수 없다.

김환태가 문학이 어떤 **이데올로기**의 도구도 되어서는 안 된다는 그 자존적 위상의 주장을 폈을 때, 그가 반대한 이념에는 사회주의는 물론이고 숭일주의적 훼절의 사고도 포함되었음은 두말할 나위 없다. 즉 그는 반일노선을 강하게 피력하면서도, 같은 반일의식의 사회주의 노선 또한 거부하였던 것이다. 이는 문학예술의 독자적 존립에 대한 당대 영미문학의 지고한 인상주의적 예술의식을 명분 삼아 나타났다. 그는 몰이해적 관심과 가장 유연성 있고 가감성 있는 심적 **포즈**로써 작품에 몰입하여, 그 얻은 인상에 다시 반성을 기한 다음 분석 비판하고, 또 자신이 체험한 바를 작품에 암시된 작가의 이상적 정신활동과 심적 체험의 방향에 따라 '재구성'하는 것이 진정한 비평이라고 보았다.[24] 문학평론가 **김윤식**(金允植, 1936~2018)은 이러한 태도가 과학주의를 온전히 달성할 수 없다며 실패로 여긴 바 있다. 기실, '인상'이라는 말 자체가 극히 주관적이며, 과학정신이란 이미 주관성과 등을 돌리는 실정이므로, 이는 어느 정도 일리 있는 소견일 수 있겠지만, 우리는 **김환태**가 그 '인상의 주관성에 반성을 가하고 분석 비판하여 재구성을 기도해야 한다'고 역설하였음에 유의해야 한다. 이는 곧 과학정신의 가장 기본적인 태도라 할 수 있다. 따라서 그가 끝까지 과학정신을 부정했다고 단언하는 것은 조루적 판단에 불과한 단견이라 아니 말할 수 없다.

김환태의 소품적인 단상들이 '자아기술' 즉 자아진술에 해당된다면, 그의 평론들은 비교적 과감한 '자아노출' 즉 자아폭로에 해당된다. 그가 부르짖었던 문학예술의 독립적 위상은 곧 그의 유교적 충절의식의 소산이다. 그는 어느 것도 문학을 도구화해서는 안 됨을 주장함으로써, 사실상 그 어느 것도 민족의 독립을 우선하거나 대신해서는 안 됨을 부르짖은 셈이다. 이러한 비타협적인 민족적 애국의지로 인하여, 그는 1940년 둘째이자 장녀인 **인자**仁子가 태어날 무렵 왜제의 국어말살정책이 심해지고 숭일보국문학崇日輔國文學[25]이 만연하자, 울분의 어금니를 깨물며 끝내 절

24) **김환태**, 61쪽. 또한 본서 269쪽 각주 21) 참조.
25) 본서 268쪽 각주 19) 참조.

필을 선언하고 낙향하여 요절의 말년으로 은닉한다. 이렇게 그 인생 후반기의 행적은 민족적 독립 의지의 체현體現으로 장식된다.

흔히 약초꾼들 사이에서 널리 회자되는 말들 중, 산삼 먹는 사람보다 산삼 캐는 사람이 더 건강한 법이라는 금언이 있다. 문학 일선에서 시와 소설 등의 비통 어린 창작을 통하여 당대의 괴로움을 직접 '먹으며' 감당해낸 1920~30년대 문인들의 내적 투쟁 역시 당대의 건강한 민족의식을 드러냈다하더라도, 문학의 자존성을 부르짖으며 문학의 정도正道와 그 전도前途의 '산삼 캐기'를 선도하였던 **김환태**가 '문학 자존'을 간판으로 한 '민족 자존'의 기치를 내걸어 휘날림으로써 실제로는 보다 더 '건강하게' 시대의식을 구현했는지도 모른다.

한 마디로, 선천적으로 체질화된 유교적 전통과 후천적으로 습득한 외래 서구 영문학 개념의 융합을 성취해내면서, **김환태**가 현시한 CVID 즉 완전하고 검증가능하고 불가역적인 항거complete, verifiable & irreversible defiance는 다름 아닌 민족적 자존의식의 현현顯現였던 것이다.

(《눌인문학(訥人文學)》 2018년 제7호)

덕불고德不孤, 그 독공獨功을 위한 침사沈思

– 신영규의 수필집 『그리움처럼 고독이 오는 날』에 부쳐

사색을 함으로써 비로소 우리는
건전한 의미의 열광 속에 흠뻑 빠져들 수 있다.
– 헨리 데이빗 쏘로우

1. 글 머릿말

시인들치고 제 시작품에 관해 정직한 해석을 제공하지 않는 존재로 명성을 떨치지 않는 이 거의 없다. 그런 면에서 수필 **장르** 일반은 작가의 해석적 진술이 훨씬 더 솔직한 편이다. 이 점은 수필류에 대한 문학적 평가를 야박하게 만드는 요인이 되기도 한다. 기호記號 안에 내재된 상징적 기의성記意性은 문학 등급의 시금석이 되므로, 풀이의 다양한 지층을 따지는 독자로서는 그에 관한 호기심의 진폭이 클 수밖에 없는 것이다.

전북 임실 출신의 **프리랜서 신영규**(申榮奎, 1956~) 작가가 최근에 수필집 『그리움처럼 고독이 오는 날』(문화발전소, 2019)을 상재하였다. 1995년부터 수필과 **칼럼** 집필에 매진해 온 그는 단칼화법에 의한 첨예한 시사 분석과 명쾌한 문체로 평판이 난데다가, 글 소재의 다양성만큼이나 문단에서 오지랖이 넓고 협객기질이 다분하기로 명망이 높다. '웃옷이나 윗도리에 입는 겉옷의 앞자락'을 가리키는 오지랖을 사방팔방 휘날리며 쏘다니다보면 주제넘거나 염치없는 경우도 꽤 겪을 터이고, 또 온갖 궂은일들을 마다 않고 처리하는 그의 봉사정신(?)을 교묘히도 악용하는 자 더러 있을 테지만, 여하튼 그의 해결사 기질은 취재거리를 노리며 찾아 헤매는 '**하이에나** 기풍'의 기자정신인지도 모른다. 그의 이번 수필집은 **미셀러니** miscellany, 경수필의 범주로 분류할 수 있겠다. 수록작 대부분은 봄과 가을에 임하여 느끼는 삶의 소회들이며, 특히 가을날의 사색이 주종을 이루는데, 그 주제는 고독과 외로움에 관한 침사沈思이다. 물론 겨울도 간간이 언급되지만, 여름철 소재의 글은 단 한 편 「상림숲」(제2부)뿐이다. 여럿 가운데, 특히 제1부의 「구두 한 켤레」, 제4부의 「섬진강이 울던 날」과 「호롱불의 추억」은 독자의 고개를 절로 주억거리게 하는 가작佳作에 든다.

이 수필집에서 **신영규**는 독일 철학자 **쇼펜하우어**(Arthur Schopenhauer, 1788~1860)와 동양의 **부디즘**Buddhism을 기간基幹으로 하여, 한때 거침새 없었던 젊음이란 결국 나약한 것에 불과했다는 자각의 충격과 그로 인한 고뇌를 담아낸다.[1] 그는 고질적인 만성환자처럼 외로움과 그리움의 질환에 이미 익숙해진 현대인의 중년을 그리는데, 그것은 도회지의 독신이 겪는 고달픔을 투사하는 것인지도 모른다. 그의 농도 높은 고독은 태생적이고 체질적인 숙명성을 전제로, 소시민적 독거중년이라는 개인성의 반지름 내에서 구축된다.

---

1) **쇼펜하우어** 역시 **부디즘**에 심취하였다. 그는 1820년대부터 힌두교와 불교를 접하고 나서야, 그 교리에 자신과 **칸트**가 도달한 결론이 들어있음을 깨달았다. 이후로 그는 서양 최초로 동양철학을 전파하는데 앞장섰다. **신영규**는 **쇼펜하우어**에 경도된 나머지, 장난에 가깝게 '신펜하우어'로 자칭하기도 한다. **텍스트** 제2부의 「철학 삼인방」, 59쪽과 「인생사고(人生四苦)」, 84쪽.

2. '고독'과 '외로움'의 원의原義에 관한 서설序說

어느 문필가가 지적한 바, **라틴**어로 **호모 첸툼**Homo centum, 100세의 시대를 맞이하여 그 늘어난 생의 날수만큼이나 치러야 할 가혹한 대가는 곧 '고독'이다. '격하게[2] 외로워지기'를 평생의 의무사항인양 이행하며 살아야 하는 게 현대인이 처한 형국이다.

1) 동양 고전에 나타난 전통적 본뜻

'고독孤獨'이라는 말은 중국 전한前漢의 무제(武帝, 재위: 141~87 B.C.E.) 시대에 **사마천**(司馬遷, 145?~86? B.C.E.)이 저술한 중국사서 『사기史記』 「추양전鄒陽傳」에 처음 나온다.[3] 원래 고독은 사람이 홀로 되거나 의지할 데가 없이 된 단독상태를 가리킨다. 고아孤兒나 고녀孤女[4]라는 낱말에서 볼 수 있듯이, '외로울 고孤'는 부모를 잃고 외따로 되어 외롭게 된 사람을 뜻하며, '홀로 독獨'자는 홀아비나 홀어미처럼 늙도록 자식이 없거나 또는 배우자를 잃고 홀몸 즉 독신獨身이 된 상태를 의미한다. 즉 '고독'은 부모나 자식 및 배우자 등 사랑하는 이들이 세상을 떠나는 바람에 소중한 인연의 가족을 전부 잃게 된 혈연적 단절의 절망상태로서, 그 의미가 확충되어 인간관계가 송두리째 끊긴 상태까지 망라하게 되었다. 따라서 축자적으로 '고독'이란 단순히 외롭다는 의미를 넘어, 아주 버려져 홀로 남겨

---

2) 말미에서 거론하겠지만, **신영규**는 '**철저하게** 외로워야 한다'(제1부 「실존하려면 외로워야」, 43쪽)고 짐짓 점잖은 문어체를 사용하였다.

3) **박영수**, 『우리말 뉘앙스 사전』(북로드, 2007), 40-41쪽.

4) 이 말은 중국 서진(西晋, 265~317)의 **진수**(陳壽, 233~297)가 쓴 『삼국지(三國志)』에 처음 나오며, '아버지를 잃은 딸'을 뜻한다. (**박영수**, 40-41쪽) 한일병탄(韓日併呑)때 비분강개하여 자결 순국한 매천(梅泉) **황현**(黃玹, 1855~1910)의 저술 『매천야록(梅泉野錄)』에, 명성황후(明成太皇后) 민씨(閔氏) **자영**(玆暎, 1851~1895)이 '**민치록**(閔致祿, 1799~1858)의 **고녀**(孤女)'로 언급되었다. 총 6권 7책의 『매천야록』은 전라도 광양 출신인 재야문인 매천이 1864년부터 1910년까지의 역사를 편년체로 쓴 기록물이며, 경술국치(庚戌國恥) 이후 매천이 자결할 때까지 16일간의 내용은 전라도 구례 출신으로 전주에서 살던 매천의 애제자 **고용주**(高墉柱, 1865~1930)가 기록하였다.

진 처지를 말하며, '고독한 사람'은 '부모를 여의고 짝을 잃은 사람' 즉 고아와 독신을 겸한 처절한 신세를 뜻하므로 함부로 남발할 말이 아니다.

한편, '외로움'은 홀로 있어 느끼는 쓸쓸한 정서를 말한다. 설사 주위에 가족이 있다 하더라도 왠지 모르게 스산하고 허전한 기분이 드는 경우에 해당된다. '외롭다'의 중세어는 '외ᄅᆞᆸ다/외ᄅᆞᄫᅵ다'로서, '외 + (형용사화 접사)ᄅᆞᆸ다'로 분석된다. '외[고孤, 독獨, 단單]'는 '외다[비非]'와 동근어同根語로 그 둘 다의 어근은 '외'이다. '외'는 '왼쪽[으로]'를 의미한다.[5] 전통적으로 우리 사회에서 왼쪽 즉 외약쪽[6]은 오른쪽에 비해 홀대를 받는 방향이어서, 왼손잡이는 흔히 구박받거나 오른손 사용을 강요당하곤 했다. 왼쪽–오른쪽의 어원은 '그르다–옳다'의 두 대립어에 방향을 추가한 것이며, '그르다'의 옛말이 '외다[비非]'였기에 왼쪽 즉 '그릇되고 바르지 않은 방향'이 되었다. '외–오'는 '그릇됨[오誤]'의 옛 우리말인 바, 이를테면 제15세기의 『용비어천가龍飛御天歌』(1445~1447)[7] 제106장를 보면 '외오'가 '잘

---

5) **백문식**, 『우리말 어원사전』(도서출판 박이정, 2014), 399쪽.

6) '왼쪽'을 뜻하는 백제지역 전라권의 향토어. '외약손[잽이]'은 '왼손[잡이]'를 말한다.

7) 조선 세종 때 왕명에 따라 지어진 최초의 한글 악장(樂章)으로, 총 10권 5책 12장 연장체(聯章體)의 목판본(木板本). ['악장'은 고려와 조선 시대 궁궐에서 행해진 여러 의식과 행사에 사용된 노래로, 송축(頌祝)이 주를 이루는 음악의 가사를 말하며, '연장체'란 한 편의 시가가 여러 연으로 이뤄진 형태를 가리키는 바, 고려가요는 거의 이 형태를 취하고 조선 초기의 악장 일부와 연시조가 이에 속한다.] 1445년(세종 27) 4월 본문이 완성되고 1447년(세종 29) 5월 한역(漢譯)과 언해(諺解, 주해)가 완료 간행된 총 125장의 장편 정형서사시로서, 그 갈래를 정리하자면, 악장(형식상), 송축가(내용상), 서사시(장르상), 정형시(형태상)이다. 이 초간본의 전질(全帙)은 전하지 않는다. 당시 새로이 제정된 훈민정음(訓民正音)을 처음 시용(試用)하여 **정인지**(鄭麟趾)·**안지**(安止)·**권제**(權踶)가 짓고, **성삼문**(成三問)·**박팽년**(朴彭年)·**이개**(李塏) 등이 주석을 달았으며, **정인지**가 서문(序文)을, **최항**(崔恒)이 발문(跋文)을 썼다. 내용은 조선 건국의 유래가 유구함과 조상들의 성덕을 찬미하고, 태조(太祖)의 창업이 천명을 따랐다는 역성혁명(易姓革命)의 정당성을 밝히면서 민심수습을 꾀하고, 후세의 왕들에 대한 권계(勸戒)를 통해 경천근민(敬天勤民)을 강조하여 자손의 보수(保守)와 영창(永昌)을 비는 뜻이 담겼는데, 제2장을 제외하고는 대체로 역사적 사실을 서술한다. 매장(每章) 2행에 매행(每行) 4구 형태를 갖췄으나, 3구로 된 1장과 9구로 된 125장은 예외이다. 3–109장은 대개 첫 절에 역대 중국 제왕의 위적(偉蹟)을 칭송하고, 다음 절에 목조(穆祖)·익조(翼祖)·도조(度祖)·환조(桓祖)·태조(太祖)·태종(太宗) 등 6대 임금의 사적을 읊는다. 110–124장은 '닛디 마쇼셔'로 마치는데, 이를 '물망장(勿忘章)'이라고 한다. 또 1·2·3·4·125장 등 다섯 장은 곡을 지어 악보를 만들고 조정의 연례악(宴禮樂)으로 사용했다. 『세종실록(世宗實錄)』 권14 '악보(樂譜)'에 한글가사 전문과 그

못되게' 또는 '그릇되게'의 용례로 쓰인 것을 볼 수 있다.

> 충신忠臣을 **외오** 주겨늘 오악惡惡 ᄆᆞᅀᆞ미 크샤 절월節鉞을 아니 주시니
> 의사義士를 올타 과ᄒᆞ샤 호현好賢 ᄆᆞᅀᆞ미 크샤 관작官爵을 아니 앗기시니
>
> –『용비어천가龍飛御天歌』 제106장

> [왕언승이] 충신 [한통]을 **그릇되게** 죽이거늘 [조광윤은] 악을 미워하는 마음이 크시어 [언승에게] 대장군의 지휘권을 주지 아니하시니[8)]

악보가 실려 전한다. 시가로서 미흡한 점이 없지 않으나, 한글로 기록된 최고(最古)의 문헌으로 15세기의 언어와 문학 연구에 중요한 사료이며, 주석에 거론된 여진(女眞)과 왜(倭)에 관한 내용은 역사 연구에도 귀한 자료가 된다. 중간본(重刊本)으로 1612년(광해군4)의 만력본(萬曆本), 1659년(효종10)의 순치본(順治本), 1765년(영조41)의 건륭본(乾隆本)이 간행된 바 있다. 현존하는 영인본(影印本)은 광해군 연간의 재간본(再刊本)을 대본으로 1938년 경성제국대학(京城帝國大學)에서 찍어낸 것이며, 1948년 역사학자 **김성칠**(金聖七, 1913~1951)이 이를 다시 발췌·영인하였다. '용비어천가'라는 말은 『주역(周易)』의 건괘(乾卦) 풀이에 나오는 '시승육룡이어천(時乘六龍以御天: 때로 여섯 용을 타고 하늘로 오른다)'에서 땄는데, '용비'는 '용이 날아 오른다'는 의미로 영웅이 뜻을 얻어 흥기(興起)하거나 임금의 권좌에 오름을 비유한다. '어천'은 '하늘로 나들이하다 또는 하늘을 어거하다' 즉 '하늘을 본받는다'는 의미로, 천도(天道)와 천명(天命)에 맞게 처신함을 나타낸다. 따라서 '용비어천'은 '용이 날아올라서 하늘을 본받아 처신한다'는 뜻이다. 궁극적으로 마지막 125장에서 중국 하(夏)나라(c. 2070~ c. 1600 B.C.E.)의 나태한 군주 태강왕(太康王)을 타산지석으로 삼아 부지런히 국성에 임하라는 취지가 들어있다.

8) 중국 역사상 당(唐, 618~907) 왕조가 멸망한 10세기 초엽부터 송(宋, 960~1279) 왕조가 개창된 10세기 중엽까지 약 반세기 동안 이어진 난세의 혼란한 시기를 '오대십국시대(五代十國時代)'라 한다. 오대(五代)는 후량(後梁)–후당(後唐)–후진(後晉)–후한(後漢)–후주(後周)로 이어지는데, 951년 후한을 무너뜨리고 **곽위**(郭威)가 개봉(開封)에 오대의 마지막 왕조 후주를 세운다. **곽위**가 거병할 때 그 자식이 모두 죽었기에, 3년 후 그는 죽으면서 처남의 아들인 **시영**(柴榮)을 양자로 삼아 제위를 물려주니 이가 곧 후주 세종(世宗, 재위: 954~959)이다. 세종은 내정에 충실을 기하고 군대를 정비해 천하통일의 야심을 품고 남당(南唐)과 북한(北漢)을 압박하고 요나라를 공격하여 승리하였다. 959년 세종 **시영**이 거란에게서 연운16주(燕雲十六州, 현재 **베이징** 일대로 중국 북방의 전략적 요충지)를 수복하고자 북벌에 나서려다가 39살로 병사하고, 넷째 왕자 **시종훈**(柴宗訓)이 7세의 어린 나이로 제위를 계승하여 주공제(周恭帝)가 된다. 그러자 기원 960년 군부의 장수들이 주 세종의 수하 애장(愛將) **조광윤**(趙匡胤)을 황제로 옹립하여 군부 **쿠데타**를 도모하며, **조광윤**은 6군을 통솔하고 경성에 입궁한다. 이를 '진교의 변(陳橋之變)' 또는 '진교병변(陳橋兵變)'이라 한다. 이로서 통일왕조의 초석을 닦은 후주는 9년 만에 멸망하고, 조씨의 송나라가 개창되었다. 당시 경성의 수비를 맡은 **한통**(韓通)이 그 병변을 막으려 나섰다가 **왕언승**(王彦升)에게 피살된다. 주공제로부터 왕권을 선양받아 황제로 등극한 **조광윤**은 **한통**의 죽음을 슬퍼하며 그의 충효를 치하하고, 그를 죽인 **왕언승**에게 제멋대로 살상한 죄를 물어 사형에 처하려 하자 여러 신하들이 사면을 극구 간청하였다. 노기가 풀리지 않은 **조광윤**은 **왕언승**에게 종신토록 대장군의 직분에 오르지 못하도록 특명을 내렸다. 이상이 『용비어천가』 제106장의 역사적 배경이다.

[이조 태종은] 의열지사義烈志士를 옳다고 칭찬하시고 어진 사람 좋아하는 마음이 크시어 벼슬을 아끼지 아니하시니

* 절월節鉞: 장수의 지위를 나타내는 군사용 물건으로 지휘권을 상징.
* ᄆᆞᅀᆞ미: 마음이
* 의사義士: 의협심이 있고 절의를 지키는 사람.

이렇게 '그른' 쪽이 왼쪽이 되면서, 오른쪽은 '옳은 쪽'이 되었다. 이후 '옳다'와 의미가 유사한 '[올]바르다'가 공용共用되면서 오른쪽을 '[올]바른쪽'으로도 일컬었다. 말이 널리 퍼지면 곧 표준어가 된다는 사회성의 원리에 따라 급기야 '오른쪽'과 '바른쪽'을 복수표준어로 삼게 되었고, 자연스레 '잘못된 일'을 '왼일'이라고 하는 등, 왼쪽을 일컫는 '왼'과 '외'는 비교적 좋지 않은 뜻으로 굳어졌다.[9] 한때 강원도 태백산太白山 천제단天祭壇의 천왕당天王堂에서 천제天帝에게 제사드릴 때 살아있는 소를 사흘 동안 제단에 매어두었는데, 그동안 소가 없어지면 천제가 먹은 것으로 여겼고, 그대로 있으면 도끼로 그 두개골을 깠다. 이때 소가 오른쪽으로 넘어지면 정淨한 제물로 용인했으나, 왼쪽으로 쓰러지면 부정不淨하다고 여기고 새 제물을 다시 장만하여 제물로 바쳤다. 이렇게 왼쪽은 부정적으로 인식되었던 것이다.[10]

'외오'의 또 다른 쓰임새를 작자 미상의 고려속요라고들 하는 「정석가

9) 가끔 도깨비는 행인에게 씨름내기를 제안하는데, 이 '도깨비 씨름'에서 완력에 관한 한 도저히 도깨비를 당해내지 못하므로, 그 오른다리가 아닌 왼다리를 걸어야 이길 수 있다. 여기서 '왼쪽'은 정석(定石)이 아닌 일종의 편법(便法) 즉 꼼수를 표상한다. 제대로 붙으면 그 힘을 어찌할 수 없기에, 일종의 기만수(欺瞞手)를 부려 그 '외약다리'를 안다리나 밧다리로 걸어서 넘어뜨리는 것이다. 이 기상천외의 비수(祕手)는 신의 한 수인 셈이다. 또한, 중국인은 곰의 오른쪽 발바닥 요리를 유독 선호한다. 오른발잡이인 곰은 나뭇가지에 매달린 꿀벌집을 오른앞발로 툭툭 쳐서 벌을 쫓는데, 화난 벌들이 그 오른발을 집중 공격을 하기 때문에 약효가 센 봉침(蜂針)이 오른발바닥에 누적되어서 그 부위는 **로얄제리**만큼이나 영양분이 높다는 것이다. 또는 일설에 따르면, 곰이 꿀을 딸 때 왼앞발로 벌집을 부여잡고 오른앞발로 파헤쳐 꿀을 듬뿍 묻혀 먹곤 하기 때문에 그 오른발의 살 속에 자연산 꿀이 지속적으로 배어들어 약효와 미감(味感)이 탁월해졌다고 보기도 한다.

10) **황패강**(黃浿江), 『한국(韓國)의 신화(神話)』(단국대학교출판부, 1988), 32쪽.

鄭石歌」[11]에서 볼 수 있는데, 그 마지막 연은 이러하다.

구스리 바회예 디신ᄃᆞᆯ	구슬이 바위에 떨어진들
구스리 바회예 디신ᄃᆞᆯ	구슬이 바위에 떨어진들
긴힛ᄃᆞᆫ 그츠리잇가	[구슬을 꿰어 매단] 끈이야 끊어지겠습니까?
즈믄 ᄒᆡᄅᆞᆯ **외오곰** 녀신ᄃᆞᆯ	천 년을 **외로이** 살아간들
즈믄 ᄒᆡᄅᆞᆯ **외오곰** 녀신ᄃᆞᆯ	천 년을 **외로이** 살아간들
신(信)잇ᄃᆞᆫ 그츠리잇가	[임을 향한] 믿음이야 끊어지겠습니까?

* 외오곰: 외따로, 외로이, 홀로/ '곰'은 강세접사
* 녀신들: 지낸들, 살아간들

실제로, '외오-앉다'는 '돌아앉다'의 백제지역 충청권의 향토어로서,

11) 작자 미상의 고려시대 속요(俗謠). 『악장가사(樂章歌詞)』(편자 및 연대 미상의 악장(樂章)과 속악(俗樂)을 편집한 목활자본 가집)와 『시용향악보(時用鄕樂譜)』(조선 성종~중종 연간(年間, 1469~1544)에 나온 작자 미상의 목판본 향악(鄕樂) 악보집)에 전한다. 『고려사(高麗史)』(1449년(세종 31)에 편찬 시작하여 1451년(문종 1)에 완성된 고려시대의 기전체(紀傳體) 역사서)의 「악지(樂志)」편에는 그 배경설화나 명칭이 나와 있지 않아 단정하기 어렵지만, 그 형식적 장치와 주제 및 정조(情調)로 보아 고려속요와 동질적이어서 일반적으로 그 범주에 넣는다. 그 출전의 성격상 고려 후기에 별곡이 생성된 이후로 조선 전기까지 궁중의 악장으로 불리다가 문헌에 정착된 것으로 추정된다. 전체 6연이나, 제1연은 3행, 나머지 2-6연은 6행으로 되어 있다. 제1연은 서사(序詞, 책 따위의 첫머리에 그 취지나 내용의 대강(大綱)을 적은 글), 제2-5연은 본사(本辭, 본문 내용), 제6연은 발사(跋辭, 발문(跋文), 책의 끝에 본문 내용의 대강이나 간행 경위 사항을 간략히 적은 글)에 해당한다. 제6연은 역시 작자 미상의 고려속요인 『서경별곡(西京別曲)』의 제2연과 동일하다. 본사가 현재의 사랑을 영원히 지속시키려는 의지를 나타낸 반면, 제6연은 이별 이후 신의의 불변을 노래한다. 문학성이 좀 떨어지지만 고려가요의 성격을 파악하는 데 시사하는 바가 많은 작품으로, 서사에 얼마의 첨가가 있었을 공산이 크며, 속악의 가사로 배열하는 과정에서 반복구와 감탄구가 생겨났다. 서사에 나오는 '딩아돌하'라는 표현의 '딩'(징)은 정(鉦), '돌'은 돌(石) 또는 경(磬)이라는 두 금석악기를 가리키며, 여기서 제목 '정석'이 나왔다. 다시 말하면, '정경(鉦磬)' 즉 '징'과 '경쇠'라는 금석악기에 은유하여 연정의 대상인 '정석(鄭石)'을 나타낸 것이다. 이 악기들은 태평성대의 특성을 보여주는 풍악 일반을 가리킨다. 내용은 유덕(有德)한 임과 나누게 될 현실적 사랑의 욕망을 추구하면서 그 기저에 우아미를 깔고 있다. 나아가 그 사랑을 영구화 내지 극대화하려는 의지를 강하게 피력함으로써 숭고미를 아울러 갖춘다. 즉, 구운 밤 닷 되가 모래밭에서 싹이 돋아 자랄 때까지(제2연), 옥으로 새긴 연꽃을 바위에 접붙여 그 꽃이 활짝 필 때까지(제3연), 무쇠 철릭(←천익(天翼), 무관의 공복(公服))을 철사로 박아 그 옷이 해질 때까지(제4연), 무쇠로 황소를 만들어 쇠붙이나무[철수(鐵樹)]가 우거진 산에 방목하여 쇠붙이풀[철초(鐵草)]을 다 먹을 때까지(제5연), 사랑의 영구불변성과 무한대성을 칭송함으로써 유한한 현세적 사랑을 초극하는 숭고함까지 보이는 것이다. 이 숭고가 종교적 주술 같은 초월적이고 초자연적인 존재의 힘에 의탁하지 않고 순전히 인간적 의지를 바탕으로 추구됨으로써 비장미를 돋보이는 점도 특징이겠다.

'외오빼다'는 '[몸의 일부를] 다른 방향으로 돌리다'를 가리키며, '외오돌다'는 '혼자만 다른 것과 반대로 돌아서 있다'를 뜻한다. 이런 정서에서 많은 사람들이 가는 길과 달리 홀로 선택한 길은 '외로운' 길이었고, 자연스레 '외'는 하나 또는 혼자 있는 상황을 가리키면서, 외곬, 외길, 외골목, 외골수-骨髓, 외기러기, 외톨이, 외동이 즉 외아들이나 외동딸, 및 외지다(외따로 떨어져서 으슥하고 후미지다) 등의 낱말들을 생성하였다. '오직 홀로, 혼자 따로'를 뜻하는 '외따로'의 중세어형은 '외ᄠᆞ로'로서, '외[고孤]+ᄠᆞᄅᆞ[다른(이(異))+오(부사화 접사)]'로 분석되며, 그 어원적 의미는 '홀로 다르게(떨어지게)'이다. 동사 '외딸다(홀로 떨어지다)'의 관형사형이 곧 '외딴'인 바, -곳, -길, -집, -섬 등의 명사를 받아서 한 단어를 이룬다. 이 낱말들에서 '외-'는 '짝 없이 오직 하나만'을 나타내는 접두사이다.[12]

요컨대, 전통적 고전의 의미로 볼 때, '고독하다'와 '외롭다'는 모두 '혼자라서 외로운 상태'를 뜻하지만, 엄밀히 말하면 미묘한 차이가 난다. '고독하다'는 주위에 마음을 함께 할 사람이 없어 혼자 동떨어져 있음을 느끼는 상태를 뜻하지만, '외롭다'는 홀로 되거나 의지할 곳이 없는 탓에 쓸쓸해진 상태, 즉 혼자라고 느껴 주위에 의지할만한 상대가 있었으면 하고 바라는 **심리**를 말하는 것이다.[13]

2) 의미의 전이, 그 현대적 소견

미국 **매사추세츠주**The Commonwealth of Massachusetts 내륙의 산간벽지 **콩코드**Concord 출신의 초월주의超越主義, Transcendentalism[14] 철학자

---

12) **백문식**, 『우리말 어원사전』, 399쪽.

13) **체코**의 작가 **카프카**(Franz Kafka, 1883~1924)의 중편소설 「변신」(*Die Verwandlung*, 1915)에서 주인공의 이름이 **그레고르 잠자**(Gregor Samsa)인데, **잠자**는 **체코**어로 '고독'을 의미한다. 작가가 현대인의 실존주의적 고독이라는 주제에 얼마나 깊이 천착했는지 가늠된다.

14) 1820년대 후반과 30년대, 당시 미국에서 본격화된 산업혁명과 근대국가로 발전하는 전환기를 맞이하여 미국 동부에서 발흥된 사상개혁운동. 직관적 지식, 인간과 자연에 내재하는 신성 및 인간조건의 절대 가치에 대한 믿음을 포괄하는 이상주의적 관념론인 초월주의는 초기 미국 역사의 근

이자 미국 최초의 양심적 병역거부자良心的 兵役拒否者, CO: conscientious objector이며 시민불복종市民不服従, civil disobedience의 원조사상가인 **H. D. 쏘로우**(Henry David Thoreau, 1817~1862)는 세계 최초의 '녹색서적'이랄 수 있는 그의 명저 『**월든,**[15] 숲속의 생활』(*Walden: or, the Life in the Wood*, 1854) 제5장 「고독Solitude」에서 이렇게 말한다.

> 난 시간 대부분을 혼자 지내는 것이 심신에 좋다고 여긴다. 아무리 좋은 사람이라 한들 함께 지내다보면 곧 싫증나고 해찰이 심해지기 마련이다. 난 고독만큼 친밀해지기 수월한 벗을 여태껏 못 보았다. 대체로 우린 골방에 홀로 있을 때보다 밖에서 사람들 사이를 쏘다닐 때 더 고독감을 느낀다. 참된 사색가나 노동자는 어디에 있든지 간에 항상 홀로이다. 고독은 사람들 간의 간격으로 잴 수 있는 성질의 것이 아니다. 하버드 대학의 법석 떠는 교실에서도 면학의 삼매경에 빠진 학생은 황야에 묻힌 수도사만큼이나 혼자인 것이다....
>
> 대체로 사람들과 나누는 사교란 아주 헐값이다. 너무나 자주 만나는 탓에 각자는 새로운 생의 가치를 구비할 시간적 여유가 없다. 하루 세끼 식사 때마다 매번 만나서 우리는 제 자신이라는 저 곰팡내 가득 풍기는 치즈덩이를 서로에게 시식시키곤 한다. 이렇듯 잦은 만남에 짜증이 나다보니 급기야 서로 참지 못하게 되어 대판 치고받는 싸움이 벌어질까 싶어 우리는 예의범절이라는 일정규범을 합의해놓지 않으면 안 될 지경에까지 이르고 말았던 것이다. (졸역)

간인 청교도주의를 바탕으로 그 특유의 역사 문화적 토양에서 필연적으로 자생한 사상이며, **신플라톤**주의, 독일의 관념주의철학, 영국의 낭만주의, **유니테리언**신학(Unitarianism) 및 동양사상과 연계된다. 19세기 전반의 미국이 정치적 독립에도 영국 등 **유럽**에의 정신적 종속을 면치 못하고 문화적·사상적 빈곤에 처하여 신생국가의 정신을 대변하는 자국 고유의 새로운 사상체계와 문화적 독립이 절실하던 차에, 일부 사상가들이 편의상 여러 사상들의 핵심을 수용하여 창출한 일종의 조합철학인 초월주의는 자국내 문예부흥을 이루며 큰 영향을 끼쳤다. 이 사상의 창시자는 **보스턴** 출신의 **R. W. 에머슨**(Ralph Waldo Emerson, 1803~1882)이다. 본서 157쪽 각주 1) 비교.

15) 미국 **매사추세츠**주의 **콩코드**에 소재한 호수. **쏘로우**는 **하버드**대학 졸업 후에 물욕과 인습의 세속사회와 인연을 끊고 고향인 그곳의 호숫가 숲속에 들어가 손수 오두막을 지어 살았다. 1845년 7월에서 1847년 9월까지 2년 2개월간 홀로 자급자족하면서, 철저한 청빈 생활로 자연과 인생을 사색했는데, 그 삶이 『**월든**』에 담겼다. 훗날 그의 사상은 **간디**(Mahatma Mohandas Gandhi, 1869~1948)와 **M. L. 킹**(Martin Luther King, Jr., 1929~1968)에게 큰 영향을 끼친다.

여기서, 대표적인 고독 예찬가인 **쏘로우**는 홀로 지냄의 미학을 펴고 있다. 즉, 인간사회에 묻혀 정신없이 지냄으로써 겪는 내면의 공허를 극복하려면, 혼자 있는 시간을 내는 것만이 그 유일한 해결방안이라는 것이다.

미국 영화배우이자 작가인 **이썬 호크**(Ethan Green Hawke, 1970~)의 책 『기사騎士의 규범』[16]은 서한문 형식의 글로서, 기사가 갖춰야 할 20가지의 덕목에 관해 할아버지가 물려준 교훈을 아버지가 자녀들에게 들려준다. 그 가운데 제일 먼저 거론된 것은 '고독'인 바, 제1장 「고독 Solitude」의 머리말은 이러하다.

> 홀로 지내는 시간을 갖도록 하거라. 지혜와 명료한 지성을 갖추고자 할 때, 고요만큼 쓸모 있는 도구란 없단다. 영혼의 목소리란 본시 나즈막히 부드럽게 들리는 법이어서, 주위로부터 다른 소음이 나면 들리지 않는다. 수면의 물결이 일렁거릴 때는 네 모습을 비쳐줄 수 없듯이, 영혼도 바로 그러하거늘. 고요한 정적 속에 잠겨들 때에야 비로소 우리는 우리 내면 깊이 잠들어 있는 영원성을 건져낼 수 있는 것이란다. (졸역)

쏘로우나 **호크**가 말하는 고독이란 오히려 혼자 있어서 편안하고 평온한, 그리하여 내면의 사색에 잠길 수 있는 침사의 상태를 말한다.

이처럼 '고독'에 관한 동양의 전통적이고 축자적인 본의는 상기 언급한 서구 사상가들의 영향을 받아 한결 폭넓고 고양된 의미로 성숙되기에 이른다.

신영규 역시 이러한 개념의 파급선상에서 크게 궤를 벗어나지 않는다. 그는 고독에 관한 동양적 사고를 의도적으로 비틀면서, 서구적 취지의 고독 예찬론을 이어간다.

---

16) *Rules for a Knight: The last letter of Sir Thomas Lemuel Hawke*. William Morris Endeavor Entertainment, LLC., 2015. 이 책의 삽화는 작가의 아내 **라이언 호크**(Ryan Hawke, 1979~)가 그렸다.

… 매일 밤 내가 먹어야 할 유일한 음식은 고독이요, 마셔야 할 유일한 공기는 상상의 자유다….

인간은 외로움과 고독을 먹고 사는 존재다. 관조와 사유는 깊은 고독에서 비롯된다. 철저한 고독의 쇠사슬에 묶여 상념의 날갯짓을 할 때 난 더없는 행복을 느낀다.

– 제5부 「가을밤의 독백」, 230–231쪽.

그렇다고 하여 작가 스스로 고독을 초탈한 고고의 경지에 올랐다고 자부할 만큼 비현실적이지 않다. 그 역시 일개 소시민으로서 삶의 고적감에 괴로워하기도 한다는 것을 시인한다.

… 내 신세는 객창한등客窓寒燈. 고신척영孤身隻影의 외로운 몸이다. 텅 빈 바다 한가운데 홀로 떠 있는 놓단배다.

– 제1부 「외로움을 읽다」, 29쪽.

… 나는 외로운 섬이다.

언제나 밤이면 구멍 뚫린 심장으로 고독이 연기처럼 스멀스멀 스며들어온다. 고독은 수십 년 동안 내 곁을 떠나지 않고 나를 모질게 괴롭혀 왔다….

고독은 시어詩語도 낭만도 아니다. 그건 외로움이 농축된 고뇌일 뿐이다. 나는 그런 고독을 수십 년간 마셔왔다….

인간은 누구나 외롭고 고독하다. **사랑받고 인정받고 싶으니까 외로운 것이다.** 사랑이 얼마나 사람을 외롭게 하는지 모른다.

– 제3부 「절대고독」, 124–125쪽.

신영규는 삶의 회의에 바탕한 고독한 신세를 한탄하면서, 그 원인인즉슨 '사랑받고 인정받고 싶으니까 외로운 것이다'라고 정직하게 구술한다. 그는 중년의 고독에 처한 제 처지를 미화하고 과장하는 등 자기기만에 함몰되지 않는다. 제 본연의 모습을 그대로 드러내는 진솔함은 작가적 체질이자 수필의 장점이다. 자아의 처지에 관한 솔직한 토로를 통해 그가 성취하는 것은 고독의 긍정과 수용이다. 흥미롭게도, 그의 모든 사색은 하나같이 한밤중의 불면 속에서 이룩된다. 그에게 있어서 이른바 '잠 못 이루는 밤'은 침사의 고고함을 홀로 누리는 자유의 시간대인 것이다.[17)]

> 밤은 그 검은 색으로 하여 인간에게 감추어진 본성을 드러내게 만든다. 보이지 않는다는 전제는 감춰두었던 원시의 본능을 하나씩 드러내기에 충분하다. 그리고 한 치 앞이 보이지 않고 누구 하나 없는 그 태고의 숲으로 달려가게 만든다.
>
> – 제1부 「가을비 소리에 마음이 젖다」, 18쪽.

> … 나에게 밤은 하루를 정리하는 시간의 공간이며, 과거의 나를 발견하는 장소이기도 하다.
>
> 인간의 고뇌가 숨 쉬는 애잔한 가을밤, 가을밤은 내 사념의 전용구장이다. 그 속에 나의 고뇌도 숨 쉬고 있음에 이 밤의 고요가 너무 좋다.
>
> … 어느새 어둠의 깊이는 50도로 기울어져 있다.
>
> – 제5부 「가을밤의 독백」, 231–232쪽.

> 창밖 가로등이 어둠과의 싸움에서 한 치도 물러서지 않고 제 자리를 굳건히 지키고 있다. 어둠이 짙을수록 빛은 더 선명하다. 밤은 어둠을 낳고 어둠은 숱한 생각을 낳는다. 생각은 위대한 창조물을 만들고 그 창조물은 곧 우리 삶에 연결된다. 그래서 나는 빛과 소리를 정적 속에 가둔 듯한 밤이 좋다....

---

17) 이는 **올빼미 족**(Owl people)의 습성이다. 특히 현대산업사회인의 자화상이랄 수 있는 이 유형은 낮에 자고 해가 진 후에야 활동하거나 오전 늦게 일어나 해가 뉘엿뉘엿해져야 정신이 맑아지는 야행성(夜行性, nocturnal)으로, 심야시간대에 활동하고 아침과 낮에는 수면으로 지내는 경우를 말한다. 병리학적으로, 이들은 늦잠증후군이라는 수면위상지연증후군(delayed sleep phase)을 앓는 것일 수도 있다. 그 반대어는 **종달새 족**(Lark people) 즉 낮에 활동하는 아침형 주행성(晝行性, diurnal)으로 과거 농경사회의 전형적인 생활상이다. 한편, **박쥐족**인 박명박모성(薄明薄暮性, crepuscular)도 있는데, 이는 어스름이 지는 황혼과 여명(黎明)의 박명에 주로 활동하는 성질을 가리킨다. 간혹 이 부류가 흐린 주간이나 달 밝은 야간에 활동하기도 하므로 절대적인 구분이 아니며, 야행성으로 분류된 일부 동물은 실제로 이 범주에 속한다. 주로 포식자를 피하기 위하여 이같은 성질이 형성되었다고 한다.

낮이 이성의 시간이라면 밤은 사유의 시간이다. 그러므로 밤은 우주의 어머니이다. 오르페우스 송가에 의하면, 밤은 바람과 결혼하여 은색의 달을 낳았으며, 그 속에서 에로스 파네스가 태어났다고 했다. 즉 하늘과 땅, 잠, 죽음은 모두 밤의 자녀들로 밤은 우주의 자궁이나 다름없다.

– 제5부 「사유思惟의 밤」, 243–244쪽.

신영규의 모든 사념은 밤과 어둠 및 불면의 산물이다. 심야에 이루어지는 작가의 사색은 인간 존재의 실존현상에 가닿는다. 고독은 인간을 포함한 삼라만상의 존재적 본질이라는 것이다.

… 인간이 외롭다는 사실을 이해하지 못한다면 인간의 삶을 이해할 수 없다.

– 제2부 「철학 삼인방」, 57쪽.

인간은 고독한 운명을 타고난 존재다.

– 제2부 「인생사고人生四苦」, 83쪽.

인간은 홀로 와서 홀로 간다. 그래서 삶 자체도 고독의 연속이다….

'고독'은 만 인류의 불치병이다. 고독 때문에 죽는 이도 있고, 고독으로 앓는 이도 있다. 어느 시인은 "누구나 혼자이지 않는 사람은 없다"며 고독을 위로했고, 시인 릴케는 "고독은 비와 같은 것"이라며 강물과 더불어 흐르는 고독을 노래했다.

– 제3부 「절대고독」, 127쪽.

작가는 치열한 고독에 익숙해졌을 때에야 고독을 향유할 수 있는 경지에 오르는 소위 '고독의 역설'을 신념으로 견지하는 성싶다. 자아의 진정한 성찰이 없는 남과의 소통이란 어차피 위선이거나 불가능한 일이다. '홀로'라는 자아의 본질에 관한 내면적 성찰을 달성하기 위하여 '격하게' 고독을 맞서서 자아와의 동질화를 이뤄야 하는 바, 작가는 어떤 도통지경은 아닐지라도 고독의 심오함을 인지하고 있다는 면에서 그만큼 현대적이다.

현실적으로 고독의 수긍은 외로운 처지의 자기합리화일지도 모른다. 고독감은 현대사회에 있어서 심각한 병리현상의 부정적 효과로 드러나기 때문이다. 예컨대, 무리에 속해 있으나 혼자 있는 것 같은 느낌을 가리키는 사회학 용어 '군중 속의 고독'The Solitude in the Crowds[18]은 대중사회에서 타인들에 둘러싸여 살면서도 내면의 고립감으로 번민하는 심리적 외톨이의 현대사회적 성격을 잘 나타낸다. 군중 속에 묻힘으로써 확보하는 익명성이란 자유를 가장假裝한 자아도피일 수 있다. 일개인은 군중 속 일원이 되면서 구경꾼인 동시에 구경거리가 되는, 즉 관찰자와 피관찰자 간의 경계선이 모호해지는 이중적 위치에 처한다. 익명의 자유는 독자적 자아의 상실 또는 무명화無名化를 야기하며, 그리하여 그는 존재의 회의감에 빠지게 된다. 미국의 사회학자 **데이빗 리스먼**(David Riesman, 1909~2002)은 저서 『고독한 군중』(*The Lonely Crowd*, 1950)으로 일약 유명세를 탔는데, 이 책은 사회성의 그늘에서 불안과 고독감을 느끼는 현대인의 보편적 상황을 '연극 무대에서 연기하는 배우가 관객 속에 홀로 있는 느낌을 겪는 경우'에 빗대었다.[19] 이러한 맥락에서, **신영규**는 외로움에 부대

18) 영국의 작가 **제프 윌리엄즈**(Jeff Williams, 1958~)는 개개의 구성원들이 모여 군집을 이룬 현대사회에서 외향적 사교성의 이면에 깔린 사람의 내면적 고립, 고통과 답답증을 '군중 속의 고독'이라고 정의하였다.

19) 『고독한 군중』은 제2차 세계대전 직후의 미국 사회를 분석하여 미국인의 성격과 사회의식의 형성 과정을 검토하면서, 인류의 역사사회적 성격이 전통지향형(tradition-directed type), 내부지향형(inner-directed type), 외부지향형(other-directed type)의 세 가지로 순차 발전해왔다고 보았다. 전통지향형은 전통과 과거를 행위 모형의 주요 준거로 삼은 전통사회의 인간형이며, 내부지향형은 전통사회 이후 19세기 초기공업시대까지 가족에 의해 학습된 도덕과 가치관을 행위 기준으로 삼은 인간형이고, 외부지향형은 또래집단의 영향 하에 행동하는 현대인이 타자에게서 격리되지 않으려고 애쓰면서도 내면적 고립감에 번민하는 사회의 성격을 드러내는 경우이다. 현대의 외부지향 또는 타인지향성은 자기상실시대로 정치적 무관심을 조장하여 민주주의 체계를 위협하는데, 이 유형을 '고독한 군중' 즉 대중 속에서 느끼는 고독감(public solitude)으로 파악하였다. 이러한 분석적 시각은 향후 '탈공업화 사회이론'이 활발히 논의되도록 불을 지폈다.

끼면서도 그 심리의 긍정적 효과를 애써 부인하지 않는다.

> 순간 외로움이 밀려온다. 외롭다는 것은 내가 나를 알아간다는 것이다. 혼자 있을 때의 외로움은 고개를 치켜들고 찾아와 **혼자 있음의 고요를 방해한다.** 그러나 **모든 창조는 외로움에서 시작된다.** 특히 혼자인 순간이 많아질수록 우리의 내면은 조금씩 참 나에게로 다가서는 것이다. 누가 그랬다. '위대한 역사는 언제나 외로움을 삭여낸 곳에서 일어난다'고…….
>
> – 제5부「깊은 밤 홀로」, 207쪽.

이렇게 작가는 현실적 외로움을 극복한 '신선'의 경지에 이르지 않을 만큼 인간적이어서, 자신의 고독으로 위선적 사치를 부리지 않는다. 고독과 외루움의 모호한 변경지대에 서서, 그는 이렇게 부언한다.

> … 고독은 재생과 회복, 그리고 창조의 원천을 의미하는 성스러운 단어이다. 종교적 관점에서 고독은 '신과 합일하는 경험'으로 **인간 존재의 최고의 경지**를 의미했다. 반면 외로움은 **결핍과 소외의 산물**이다.... 고독과 외로움은 '쓸쓸하다'는 공통점을 가지지만 고독은 외롭다고 느껴지지 않으면서 홀로 있는 상태라는 점에서 전혀 다르다. 고독은 의도적이고 적극적으로 선택되는 것으로 자신의 내면을 성찰하고 음미하기 위한 혼자만의 실존의 시간이다.
>
> – 제1부「외로움을 읽다」, 30쪽.

그리고 이어서 고독과 외로움을 나름대로 구분하여 이렇게 부연 설명한다.

> 고독과 외로움은 다르다. 사람이 소외되는 상황에 빠지게 되면 외로움을 느낀다. 외로움은 홀로 있음에 부정적이고 파괴되는 표현이다. 외로움은 그 느낌에서 벗어나기 위한 몸부림이 담겨있는 저항적 언어라면, 고독은 오히려 외로움을 추구하는 지향성 언어이다.
>
> – 제3부「절대고독」, 125쪽.

따라서 고독solitude은 '오히려 혼자 있어서 편안하고 평온한 상태' 쪽으로 그 의미영역이 제한되며, 외로움loneliness은 '혼자 있어서 느끼게 되는 쓸쓸함 또는 적막감'으로 규명된다.[20]

3. 고독 혹은 외로움의 출처, 그리움– 전지적 회고 시점의 정서

신라 때의 향가 「모죽지랑가慕竹旨郎歌」의 제1행 '去隱春皆林米(간 봄 그리미)'[21]에 언급된 '그리미'의 기본형 동사(움직씨)는 '그리다'이다. 여기에서 형용사(그림씨) '그립다'와 명사(이름씨) '그리움'이 파생되었으므로, '그리움'의 어원적 의미는 '마음에 그림으로 떠오르는 것'이며, 따라서 '그리다[화畵]'는 연모戀慕하는 대상을 상상하여 그리워하는 마음과 연관된다.

또한, 12세기 초의 『계림유사鷄林類事』[22] 313번째 항목에서 '화왈걸림畵曰乞林' 즉 '화는 기[ㄹ]림[ki–rim]이라 한다'고 했는데, 이는 '그림'과 '글'이 '긁다'에 어원을 둔 동사 '그리다'에서 나왔음을 알려준다. 즉, '그리다'는 선사시대에 벽화를 그릴 때 쇠붙이로 벽면을 긁어 파던 행위와 관련이 있다. '그림'은 '그리다'의 어간 '그리–'에 명사형 어미 '–ㅁ'이 붙은 꼴이며, '글'은 어근 '그리~글' 자체로 명사를 이룬 말이다. 이렇게 '그리움'에서 '글'까지, 그 모든 낱말들의 밑말은 '그리다'인 것이다.[23]

따라서 모든 '그리움'은 '글'이나 '그림'으로 표출되면서 그 어원의 본의本意를 온전히 재생산해 내었다. 이 그리움의 바탕이 외로움이다. **신영규**의 언술대로, '외로움은 그리움의 발로'(제1부 「실존하려면 외로워야」, 40쪽)이며, 외로움은 부재와 결핍 의식의 소산인 탓으로, 그리움이 차곡차곡 쌓

---

20) 참고로, '나는 외롭다'의 일반적인 영어 표현은 'I feel alone' 또는 'I feel lonely'이다.
21) **일연**(一然), **문경현** 역주, 『역주 삼국유사(三國遺事)』(민속원, 2015), 213쪽. 〈기이(紀異)〉편 제2책 「효조왕대 죽지랑조(孝昭王代 竹旨郎條)」. 본서 197쪽 비교.
22) 본서 197쪽 각주 7) 참조.
23) **백문식**, 『우리말 어원 사전』, 76–77쪽.

여서 '글도 되고 그림의 시발점도 되는 것'(제2부 「그리움 한 자락」, 55쪽)인지도 모른다.

> 외로움과 고독은 늘 그리움을 동반한다.
>
> – 제1부 「외로움을 읽다」, 30쪽.

> 그리움과 외로움은 같은 뿌리에서 자란 나뭇가지이다.
>
> – 제2부 「철학 삼인방」, 56쪽.

> 인간은 홀로 와서 홀로 죽어야 하는 고독한 존재이다. 따라서 인간이면 누구나 운명적으로 외로움을 감당해야 한다. 외로움을 모르는 사람은 그리움을 모르는 사람이다. 외로움을 모르는 사람은 이기적인 사람이다. 외로움을 모르는 사람은 감정이 무딘 사람이다. 감정이 무디면 정신이 황폐하고, 정신이 황폐하면 사회는 삭막해진다.
>
> – 제1부 「실존하려면 외로워야」, 40쪽.

그리하여 이 수필집에서 가장 기억할만한 내용의 글이 나온다.

> 나이만큼 그리움이 온다고 했다. 그리움에도 나이가 있다는 것이다. 그리움도 꼬박꼬박 나이를 먹는다. 그래서 우리들 마음속엔 나이만큼 그리움이 켜켜이 쌓여 있다....
>
> 마음이 허허로울 때는 스쳐 지나가는 그리움 한 자락 붙들어 놓기도 쉽지 않다. 설혹 무리를 하여 앉혀 놓아도 얼음 깨지듯 바스락 깨어지기 일쑤고 흩날리는 재처럼 황량하다. 그리움이란 늘 그런 허상인지 모른다. 아니 그리움이란 명사 자체가 현실과는 거리가 먼 말이니 내 안에 내재된 낡은 흑백필름 같은 '스크래치' 투성이의 존재일 뿐이다.
>
> – 제2부 「그리움 한 자락」, 54-55쪽.

신영규의 그리움은 고향과 유년시절의 추억에서 발원하며, 그의 문학은 외로움이 인간 조건의 일부라는 인식과 그 현실적인 감지에서 시발한다. 전술한 『**월든**』 제5장 「고독」에서, **쏘로우**는 『중용』 제16장 내용을 언급한 다음, 『논어』 제4第四 25장 「이인편里仁篇」에 나오는 '덕불고 필유린'(德不孤 必有隣, 덕은 결코 외롭지 않으니 반드시 이웃이 있기 마련이다)[24]을 인용한 뒤, 곧바로 천명하기를 '사색을 함으로써 비로소 우리는 건전한 의미의 열광 속에 흠뻑 빠져들 수 있다'고 하였다.

이러한 조류를 따라가다 보면, 이번 수필집에서 수필문학 본래의 구색을 가장 잘 갖춘 작품은 제1부 「구두 한 켤레」 및 제4부의 「섬진강이 울던 날」과 「호롱불의 추억」으로 판단된다.

어느 고인에 대한 망덕望德의 추모가 절절히 담긴 「섬진강이 울던 날」은 고절高節한 진지함을 보여준다. 성묘객 일행은 그 정확한 위치도 알지 못하면서 어느 지인의 묘소를 무작정 찾아 나선다. 네 시간이나 산속을 헤맨 끝에야 겨우 찾아낸 산소 앞에서, 과거의 애증이야 어쨌든 간에 지금의 그들이 있도록 단초를 마련해준 그 한 가지 사실만으로도 추모의 염을 잊지 않은 신의와 지성至誠을 나타낸다. 시적인 단문들이 시간과 공간의 이동을 명쾌하게 이끌어가면서 겨울날의 성묘라는 혹독한 시절의 은덕 기리기를 전개하는데, 이를 통해 우리 모두가 망덕의 염을 품고 살아가기만 해도 이 사회가 얼마나 따스해질 것인가를 역설한다.

「호롱불의 추억」은 두메산골 고향의 그리운 정경을 애틋함으로 복원한다. 전기가 들어오지 않는 산간벽지山間僻地에서 칠흑 같은 심야 내내 호롱불에 의존했던 유년의 빈궁은 우리 모두의 실향 정서를 촉촉 적시는 망향가로 아름답게 거듭난다. 재래식 화장실에 대한 두려움이나 장난꾸러기들의 일화 등은 현대산업도시의 미세먼지에 병들어 가는 우리 허파에 신선한 정서를 환기시켜준다.

---

24) 여기서 '이웃 린(隣)'은 '린(鄰)'의 속자(俗字, 한자에서 관습적으로 원래 글자보다 획을 간단하게 달리하거나 아주 새로 만들어 세간에서 널리 쓰는 글자)로서, 곧 '친(親)'이다. 마치 인심이 후한 집에 이웃이 몰려드는 것과 같이, 덕이 있는 이에게는 반드시 벗이 따른다.

제법 익숙한 주제의 소품 「구두 한 켤레」는 서민의 애환을 농도 높게 그려낸 수작秀作이다. 극히 사적인 일상소품인 이른바 '된장구두'를 통해서 개인사의 깊은 맛을 우려내는 생의 질곡사桎梏史는 보편적 감동의 파문을 전달한다. 구두는 '희로애락을 함께한 [주인]의 분신'으로 신원이 격상되면서, 주인의 지나온 생애를 반추한다. 몇 번의 수선 끝에 마침내 버리지 않으면 안 되게 된 구두를 조촐하게 장례 치르면서, 작가는 그 구두가 '나락에서 열반으로' 부활하기를 염원한다. 그 장송별사葬送別辭는 굴곡지고 애환 어린 생의 한 끝머리를 이렇게 애송哀誦한다.

> … 구두 속에서 내 발은 여름 해같이 불타오르고, 구두 속에서 삶은 언제나 실감나고 즐거웠었다. 구두는 전조등 불빛처럼 욕망을 비추고 내가 가고 싶은 곳으로 외출시켰다. 너는 나의 분신이었다. 내 발과 오래토록 인연을 함께한 넌 나의 오랜 친구였다. 지상을 더없이 사랑하게 만드는 구두. 지상을 떠날 때 해를 향해 날아갈 구두. **잔인하도록 아름다운 내 희망 한 켤레야!**
>
> – 제1부 「구두 한 켤레」, 24쪽.

과거로의 빈번한 회귀는 인생의 제자리를 확인하려는 무의식적인 동태動態이다. 현재에 고착된 탓에 앞으로 진출하려드나 그 나아갈 바가 명확하지 않고 또 그 진척에 대한 확신이 결여되어 있을 때, 과거를 향한 추억이란 단순한 과거의 유기遺棄나 불망不忘과는 현격한 차이를 이룬다. 끝내 의절하지 못한 과거의 나무멍에는 소속감과 안전감을 확보해주는 감미로운 용구로서 작용하지만, 동시에 그 감미의 애상감이 목덜미 속살을 파고들며 내는 상처는 못내 쓰라려서 그 후유증이 만만치 않다. 그리하여 작가는 '잔인하도록 아름다운' 역설의 미감 어린 희망에 은근히 기대게 된다.

4. 글 맺음말

고독의 실수요자로서 **신영규**는 행복이란 찰나적이며 기만적이라는 신조을 버리지 못한, 그리하여 어쩌면 불행을 신봉하는 현대적 삶의 몽상가이다. 익명의 자유가 드리운 그물 속에 스스로 은닉된 채 고독을 향유하려는 그의 의지가 확연하여, 스스로 고독을 경감시키려고 시도조차 하지 않기에 그의 고독 증상은 호전될 기미가 좀체 보이지 않는다.

> 나는 지금까지 고독만큼 좋은 친구를 찾아내지 못하고 있다.
>
> – 제1부 「외로움을 읽다」, 32쪽.

> … **이젠 외로움이 없으면 더 외롭다.** 외로움은 내 친구다. 외로움이 있기에 난 외롭지 않다. 외로움과 함께 하면 난 언제나 위대한 철학자가 되곤 했다. 때론 외로움 때문에 대석학이 된 듯한 착각에 빠지기도 했다.
>
> 우리는 실존하기 위해서 외로워야 한다. 실존하고자 하는 사람들은 외로움과 친구가 되어야 한다. 이는 불가분의 관계이다. 특히 시인은 **철저하게 외로워야 한다.**
>
> – 제1부 「실존하려면 외로워야」, 43쪽.

또한, **신영규**의 문체는 명료하다. 수사의 교묘함에 현혹되지 않는 그의 글은 강점인 동시에 약점이 된다. 영락없이 그의 사회적 직업성을 드러내주는 **저널리즘** 문체의 명쾌함은 정서의 붓기가 싹 빠진 미문美文의 변경을 바삭거리며 들락거리는 애매한 건조함으로 판명될 수도 있다.

> 눈은 희다.... 그러나 눈처럼 또 쉽게 더럽혀지는 것도 없다. 꽃이 시드는 것보다도 더 허망하게 더러운 흙탕물이 된다. 아무런 저항도 하지 못하고 백설은 흙 묻은 신발에 무참히 짓밟히고 만다.
>
> – 제4부 「겨울밤의 사색」, 171쪽.

> … 시간이란 분절되는 법이 없다. 그러나 사실 시간은 흘러가지 않을 뿐

만 아니라 존재하지도 않는다. 시간은 인간이 만든 허구이다..., 우주의 시간의 역사란 그 어느 곳에도 없다. 그냥 자연그대로 있을 뿐이다.
– 제4부 「때론 눈물이 날 때가 있다」, 174쪽.

어느 경우 논설조의 기미가 완연한 **리얼리즘 스타일**의 경직성은 처절하리만큼 현실적이다 보니, 때로는 뚜렷한 염세관을 풍기기도 한다.

인간은 죽음으로 향하는 존재다. 삶 자체가 죽음으로 가는 길이다. 산다는 것은 결국 무덤을 향해 한 발짝 다가가는 과정이다. 다만 본능적으로 이를 의식하지 않을 뿐이다.
– 제4부 「때론 눈물이 날 때가 있다」, 176–177쪽.

신영규의 이러한 비관성은 그가 **니체**(Friedrich Wilhelm Nietzsche, 1844~1900)와 **쇼펜하우어**에 심취한 영향 탓인데, 그 점은 제5부 「철학자들의 결혼관」 및 「사유의 밤」에서 소상하게 나타난다. 그는 사계나 생사生死 질서의 반복과 순환이란 '[물]극즉반'([物]極則反, 제1부 「봄의 소리」, 13쪽)의 원리에 의한 것임을 수용하면서, 유독 가을의 고독에 치중하거나, 엄동설한을 관통하는 봄의 도래와 찬미에 지면을 할애한다. 그것은 고독의 무게가 극에 달하여 겨울의 침잠된 휴식을 거친 끝에 마침내 봄의 신생을 성취하려는 내심의 기대를 반영하는 것이겠다. 그러한 순환논리는 특히 **부디즘**의 소산이다. 그의 글 전반은 불교사상의 **프리즘**에 여과된 여러 색채들로 채색되어 있다. 가령, 그가 '낙엽불원추풍'落葉不怨秋風[25]을 인용하면서, '개화'와 '낙화'를 상대어나 반대어로 보지 않고 인과율의 인연관계로 풀이한 것은 그 좋은 사례이다.(제2부 「인생의 가을」, 65쪽) 그밖에, 그는 기성 기독교나 불교 등을 비롯한 종교의 행태에 대해 사뭇 비판적이긴 해

25) 전통적 생활에 깃든 고졸한 미의식을 시화시킨 **조지훈**(趙芝薰, 1920~1968)의 시 「낙화」 첫 연 '꽃이 지기로소니/ 바람을 탓하랴'는 곧 이 한자성어(漢字成語)를 **패러디**(parody)한 것이다.

도,[26] 제행무상諸行無常이나 생자필멸生者必滅 또는 회자정리會者定離나 원증회고怨憎會苦 및 구득불고求得不苦 등의 불교적 기색이 농후한 용어들을 즐겨 동원하는 것을 보면[27] 그의 사고 이면에 **부디즘**의 영향력이 적지 않음을 알 수 있다.

동서양의 여러 사상들을 두루 섭렵하는 도상에 서서, **신영규**가 '철저하게 외로워'짐으로 인하여 마침내 실존의 진경에 들어서고자 기울이는 부단한 인간적 노력의 소산이 곧 이번 수필집이다. 그가 앞으로 얼마나 사색의 지층계地層界를 해어解語하면서 나름대로의 '창조'를 성취해 나가는가는 자신의 고독을 얼마나 어떻게 숙성시키느냐에 달려있을 것이다. 제 온몸 구석구석에 퍼진 고독의 세포들을 얼마나 문학적으로 화사하게 만개시킬 것인가는 힘겨운 독공獨功의 여정이며, 그리하여 그가 도달하는 경지는 덕불고의 달관일 터이다.

---

26) **텍스트** 제2부의 「인생사고(人生四苦)」는 불교의 세속적 물질주의에 대한 비판을, 제4부의 「존재를 드러내지 않는 존재」와 「기도소리」 및 제5부의 「신(神)의 존재와 영혼에 대한 단상」 등은 기성 기독교의 위선적 행태와 광신적 교리를 조목조목 비판한다.

27) **텍스트** 제2부 「인생사고(人生四苦)」, 84-86쪽.

김환태 그리고 매튜 아널드와 월터 페이터

– 순수한 주관은 순수한 객관이다.
김환태, 「나의 비평批評의 태도態度」에서

1. 글머리: 일제강점기의 신경향파, 카프 및 동반작가
2. **김환태**의 낭만주의적 문학관
3. **매듀 아닐느**의 분학과 그 사상
   1) 시인으로서의 활동: **빅토리아** 시대의 낭만주의
   2) 문학평론가로서의 활약
      (1) 『시의 연구』: 시금석, 고도의 진실과 고도의 진지함
      (2) 「현 시대의 비평의 기능」: 현실에 대한 문학의 책임과 '초연성'
   3) 사회비평가로서의 사상: 『교양과 무질서』에 나타난 '교양관' 및 **부르주아** 성향
   4) 종교비평가로서의 사고: 영국 성공회의 근본주의
4. **월터 페이터**: '예술을 위한 예술'의 대변자
5. 글 말미

1. 글머리: 일제강점기의 신경향파, 카프 및 동반작가

1919년 3월 1일 기미독립운동己未獨立運動이 터지자, 이를 기반으로 같은 해 4월 11일 '대한민국大韓民國' 국호의 망명정부亡命政府, government in exile인 상해 임시정부Provisional Government of the Republic of Korea가 설립되고, 해외 각지에 산재된 독립기구들의 세勢를 규합하면서 독립을 향한 전 국민적 열기가 고조된다. 이제 일제는 회유책으로 문화정책을 펴기에 이른다. 이를 계기로, 한국 문학은 각종 문예동인지들을

발간하고 서구의 문예사조들을 일시에 수용하는 등 일대 전환기를 맞이한다. 당시 문학은 망국의 절망과 일제강점기의 가혹한 현실 속에서 정신적 공백기를 맞이하여 민족의 사상적 탈출구를 모색하고 있었다. 유학儒學, Confucianism이나 불교Buddhism 등의 전통사상들은 망국을 저지하지 못한 원죄에서 자유롭지 못했기에, 문학은 당시 물밀 듯 유입되는 서구사상 쪽으로 고개를 돌릴 수밖에 없었던 것이다.

때마침 1917년 **러시아** 혁명The Russian Revolution[1]의 성공은 식민지 지성인들의 공허한 정신세계에 새로운 이념을 환기시키며 파란을 일으킨다. 게다가, 《폐허》와 《백조》 등의 동인지가 낭만적 감상주의나 퇴폐적 유미주의로 기울자, 그 관념 문학의 한계를 극복하고 구체적 현실에 바탕한 예술 인식을 보여주고자, 1923년 전후로 소위 '신경향파'라는 사회주의적 문예사조가 전격적으로 등장하여 《개벽》·《신생활》·《조선지광》 등의 잡지를 통해 활동을 벌이기 시작한다.

이렇게 1920년대 초 한국 문단에 **맑스**주의 문학론이 도입되는데, 몇

---

1) 1917년 벌어진 일련의 **러시아** 혁명에서, 제정(帝政) **로마노프**(Romanov) 왕조(1613~1917, 304년 집권)를 붕괴시키고 공화국을 탄생시킨 첫 단계는 **2월 혁명**(The February Revolution)이었다. [**그레고리**력(The Gregorian calendar)으로 3월이지만, 당시 **러시아**가 채택했던 **율리우스**력(The Julian calendar)으로는 2월이었으며, 그 두 달력 간에는 13일의 차이가 났다.] **그레고리**력으로 11월인 **율리우스**력의 **10월 혁명**은 두 번째 단계로서 **블라디미르 레닌**(Vladimir Lenin, 1870~1924)의 지도하에 **볼셰비키**(The Bolsheviks or the Bolshevists, **레닌**이 인솔한, **러시아** 사회민주노동당의 분파)에 의해 일어나며, **칼 맑스**(Karl Marx, 1818~1883)의 사상에 기반한 20세기 및 세계 최초의 공산주의 혁명이 된다. 사실상, **러시아** 사회민주노동당의 분열 후 형성된 좌파세력 **볼셰비키**에 의해 시발된 10월 혁명의 진정한 주체는 **레닌** 등의 공산주의 이론가들이 아닌 '민중'이었다. 10월 혁명 때, 2월 혁명으로 출범했던 입헌민주당(**카데트**, Kadets or Cadets) 주도의 임시정부가 붕괴되고, 임시정부와 병존하던 **볼셰비키** 중심의 **소비에트**(Soviet, 즉 '평의회'(council): 노동자, 농민 등 인민과 군인 위원회)가 정권을 장악하면서, **러시아** 제국은 **소비에트 러시아**(The Russian Soviet Federative Socialist Republic, Russian SFSR or RSFSR)가 된다. 이어 발발한 **러시아** 내전(The Russian Civil War, 1917~1922)에서, **레닌**이 이끄는 사회주의 **볼셰비키**의 붉은 군대[적군(赤軍)], 그리고 군주제(君主制)와 자본주의 등의 연합세력인 백군(白軍) 및 기타 여러 군벌들이 서로들을 맞서 일대 전쟁을 벌였다. 결국 적군이 최종 승리를 거두면서, 1922년에 사상 최초의 공산주의 국가인 소련(蘇聯, **소비에트** 연방, The Soviet Union: officially the Union of Soviet Socialist Republics(USSR), 1922~1991)이 탄생하게 된다.

년 후 **박영희**(朴英熙, 1901~1950)는 평론「신경향파의 문학과 그 문단적 지위」(《개벽》 1925년 12월호)에서 이를 '신경향파新傾向派'[2]라고 명명한다. 1922년에 성립된 최초의 신경향파 문학단체 **염군사**焰群社와 1923년에 결성된 **파스큘라**PASKYULA[3]가 1925년 8월 통합하여 **카프**KAPF 즉 '조선 **프롤레타리아** 예술가 동맹조선프로예맹: Korea Artista Proleta Federacio'[4]을 조직한 이후, **파스큘라**의 주도로 종래의 신경향파 문학과 달리 선명한 목적의식에 바탕한 계급주의階級主義 문학[5]이 주류를 장악한다. **카프**는 1926년 1월《문예운동文藝運動》이라는 준기관지準機關誌를 발간하고 1927년 9월 전국대회를 열면서, 혁명적·전투적 성격의 철저한 계급의식 체제를 갖춤으로써 **볼셰비키** 문학의 정체성을 확연히 드러낸다. 이제 신경향파 문학은 사회주의 사상으로 재무장된 본격적 **프로**문학으로서, 빈

2) 1923년 전후 사회의식을 강조하며 등장한 문예사조. 당시 사회주의자들은 오롯이 민족해방운동을 목적으로 여러 단체를 결성, 《개벽》·《신생활》·《조선지광》 등의 잡지를 발행하여, 1920년대 초《폐허》·《백조》 등 낭만적 애상주의나 탐미주의 등 종래의 퇴폐적인 관념문학을 극복하고, 구체적 현실에 바탕한 예술 인식을 보여줌으로써 한국 **리얼리즘** 문학의 토대를 닦았나. 그러나 사회 불평등과 억압의 원인을 사회구조적 관점에서 제대로 형상화하지 못하고 직설적인 현실 폭로와 고발에 그치는 한계에 봉착한다. 사회주의 이론에 따른 미래상의 제시로 결말짓는 **카프**와 달리, 신경향파는 본능적이고 우발적인 반항·살인·방화·자살 등의 폭력이나 주인공의 개인적 복수로 결말짓는 양상을 보였다. 즉 신경향파가 **이데올로기**의 체계적 이론과 다소 무관하게 자연발생적 저항을 표출했다면, **카프**는 이념적 이론에 따른 저항을 묘사했다. 신경향파 문학은 1925년 8월 **카프**가 결성되면서, 뚜렷한 목적의식을 강조하는 '**프롤레타리아** 문학'으로 전환되는데, 통상 시대적으로 **카프**가 성립하기 이전의 계급주의 문학을 '신경향파 문학'이라 부른다. 본고 각주 5)와 11) 비교.

3) **박영희**와 **김기진** 등 **도쿄** 유학파 출신이 주동한 신경향파 문학단체로, **박영희**의 성 머리글자인 'P'를 비롯, 참가자들의 성이나 이름에서 딴 첫 글자들을 조합하여 명명한 명칭.

4) 본서 13쪽 각주 1) 참조. 약자(略字) KAPF의 원래 명칭은 **에스페란토**어로 표기된 것이기에, **코아뽀포**라고 읽어야 맞지만, 흔히들 **로마**자 발음으로 '**카프**'라고 통칭한다. **카프**의 존재와 그로 인해 야기된 논쟁은 1930~40년대에 다양한 문예사조들의 범람을 유도하여 궁극적으로 한국 문학의 성장과 발전에 꽤 기여하기도 하였다. 가장 큰 공헌은 이들의 촉발로 인하여 전문 문학평론가가 출현하게 되었다는 점인데, 그 대표적인 인물이 바로 **김환태**인 바, 그는 당시 계급문학에 반발하여 평론가로서 본격적인 첫발을 내디뎠던 것이다.

5) **맑스**주의 문학론에 바탕을 두고, 무산계급(無産階級)의 해방을 위하여 노동자와 농민 등을 대상으로 삼는 계몽적 성격의 **프롤레타리아** 문학. 약칭은 '**프로** 문학' 또는 '경향문학(傾向文學)'이라 하며, 사회주의 **리얼리즘**(socialistic realism)을 지향한다. 1917년 **러시아** 혁명의 성공 이후 세계적인 문예사조로 파급되었다. 본고 각주 2) 비교.

궁한 농민과 도시 노동자들을 소재 삼아 우발적인 살인·방화 등의 참혹한 결말로써, 궁핍을 초래한 현실에 대해 부정적인 양상을 띠었다.

한편, 일제 강점기에 **카프**의 정식 맹원盟員은 아니지만, **프로**문학에 대한 동정적 이해에서 사회주의적 경향의 이론과 작품을 발표한 일군의 작가들이 있었는데, 이들을 '동반작가同伴作家'라 부른다. **프로**문학이 문단을 주도했던 1925년부터 1930년대 초 사이에 등장한 작가나 시인들은 대체로 경향적인 색채를 띠었다. 이러한 동반작가의 출현은 당시 문단의 주도권을 잡았던 **프로**문학의 세력과 그 여파라는 시대적 배경의 산물이다. '동반자문학同伴者文學, poputnicheskaja literatura'이란 말은 본래 **러시아** 문학의 용어로, 10월 혁명the October Revolution, or the Bolshevik Revolution[6]의 의의를 승인하고 혁명적인 **프롤레타리아**the Proletariat[7] 작가와 동조한 초기의 경향을 말한다. 즉, **러시아** 혁명 후의 소련 문학에서 공산주의자the communists는 아니지만 소련 체제에 반대하지 않은 작가들의 문학을 가리키던 말이었다. 동반작가는 혁명을 자연현상으로 보고 **볼셰비키** 당의 지도적 사명을 미처 다 인식하지 못하였기에 개인주의적 경향을 띠며 등장인물로 항상 **인텔리**[8]를 설정하였다. 한국에서 **프로**문학 전성기에 경향적 작품을 쓴 동반작가로는 소설가 **유진오**(兪鎭午, 1906~

6) 본고 260쪽 각주 1) 참조.

7) 하위 피지배계층에 속하는 무산계급(無産階級) 즉 임금-노동자 계급(the class of wage-earners, or the working class). 원래는 **로마**제국 당시 군에 입대시킬 아들(라: proles, '자식') 외에는 아무런 부(富)도 소유하지 못한 무산계급을 비하하는 말이었으나, **칼 맑스**가 사회학적 용어로 도입하였다. 이의 대응어로, '성 안의 사람'("those who live in the borough", or the people of the city including merchants and craftsmen)이라는 문자적 의미의 **프랑스**어 **부르주아**(bourgeois, '계급의 일원')와 **부르주아지**(bourgeoisie, '계급')가 있다. 이 말들은 원래 '시골사람들'의 반대어였지만, 지금은 중산계급의 시민 또는 근대 사회에서의 자본가 계급에 속하는 유산계급을 가리킨다. 한편, **프티 부르주아지**(프: petit bourgeoisie, 영: small bourgeoisie) 즉 소시민(小市民)은 **부르주아지**와 **프롤레타리아트**의 중간계급을 가리킨다. 이들은 **부르주아지**는 아니지만 **부르주아지**의 사고를 갖고 있다. 그런데 **맑스**주의에서는, 소시민들도 결국 **부르주아**에게 고용되어 살아가기 때문에, **프롤레타리아**의 일부로 간주한다.

8) **인텔리겐챠**(Intelligentsia)의 줄임말. 본서 222쪽 각주 6) 참조

1987)와 **이효석**(李孝石, 1907~1942) 등이 대표적이라 하겠다.

1923년 전후하여 활동을 시작한 신경향파에 맞서, **최남선**(崔南善, 1890~1957)과 **이광수**(李光洙, 1892~1950) 등이 결속하여 '국민문학론國民文學論'을 내세우며 이의 일환으로 시조부흥운동時調復興運動을 일으킨다. 1925년에 **프로**문학이 결성되어 본격적으로 조직적인 활동을 벌이자, 그에 대한 대항마로 1926년에 가람嘉藍 **이병기**李秉岐가 시조의 혁신과 부흥에 적극 가담한다. 1920년대 중반, 국민문학파가 민족주의 문학운동의 구체적 실천 방법으로 제시한 현대시조 창작 운동은 사회주의 **프로**문학의 목적성에 정면으로 대항한 최초의 조직적 문학 활동이었다. 이들의 선도적 영향 하에서, 거의 5년이 지난 1930년대에 들어서야 비로소 해외문학파와 시문학파詩文學派[9] 및 구인회九人會[10] 등이 **프로**문학에 조직적 반

---

9) 일제 강점기에 문학지 《시문학(詩文學)》(1930년 창간)을 중심으로 순수문학(純粹文學)을 지향했던 일련의 시인들. 해외문학파(海外文學派, 문학지 《해외문학(海外文學》을 중심으로 외국문학의 이론과 작품의 소개 및 번역에 힘쓰던 시인들)의 동인 중 다수가 힘을 합쳐 《시문학》과 《문예월간(文藝月刊)》 등을 발행하였다. 《시문학》은 순수시 동인지로서, **박용철**(朴龍喆, 1904~1938)을 비롯하여 **김영랑**(金永郎, 1903~1950), **정인보**(鄭寅普, 1893~1950), **변영로**(卞榮魯, 1898~1961), **신석정**, **이하윤**(異河潤, 1906~1974) 등이 그 핵심 동인들이었다. 당시 사상과 구호의 과잉이던 **카프**계열의 시에 반기를 든 그들은 새로운 시어(詩語)의 연마(硏磨) 및 세련된 시상(詩想)으로 세칭 '기교파(技巧派)'라는 이름을 얻었다. 이들의 순수시 운동은 한국 현대시의 모태가 되고 그 주류를 형성하면서 한국시를 세련된 우리말의 아름다운 경지로 비약시킨다. 특히 이 운동의 초기부터 **정지용**이 참가하였고, **모더니즘**의 선구인 **김기림**(金起林, 1908~?)도 작품을 발표하는 등 이들은 순수서정시의 세계를 이룩하는 데 크게 이바지하였다.

10) 1933년 8월 "순연한 연구의 입장에서 상호의 작품을 비판하며 다독다작(多讀多作)하는 것"의 목적을 표방하며 창립된 문학동인회. ("문단풍문". 〈동아일보〉 1933년 9월 1일자 3면) 해외문학파와 함께, 1930년대를 풍미했던 경향과 **리얼리즘**의 **프롤레타리아** 문학에 대항하여 순수문학의 발전에 공헌하였다. **이종명**(李鍾鳴, 생몰연대 미상, 소설가), **김유영**(金幽影, 1907~1940, 영화인)을 발기인으로, **이효석**(소설가), **이무영**(李無影, 1908~1960, 소설가), **유치진**(柳致眞, 1905~1974, 극작가), **조용만**(趙容萬, 1909~1995, 소설가), **이태준**(李泰俊, 1904~?, 소설가), **김기림**(시인), **정지용**(鄭芝溶, 1902~1950, 시인) 등 9명이 창단회원이다. 후에 **이종명**, **김유영**, **이효석**이 탈퇴하고, **박태원**(朴泰遠, 1910~1986, 소설가), **이상**(李箱, 1910~1937, 시인·소설가) 및 **박팔양**(朴八陽, 1905~1988, 시인)이 입회한다. 1935년을 전후하여 **유치진**, **조용만**이 탈퇴하지만, **김유정**(金裕貞, 1908~1937, 소설가)과 **김환태**(문학평론)가 가입하여 9명의 회원 수를 유지한다. 시문학파가 《시문학》과 《문예월간》 등을 중심으로 '순수시' 운동을 한창 전개할 무렵, 구인회는 '문학 장르 전반에 걸쳐' 순수문학의 집단 활동을 벌였다. 3~4년 동안 순수문학의 기치로 '경향문

기를 들며 국민문학파의 활동을 이어받게 된다.

1930년대에 한국의 문학평론은 일대 전환기를 맞이한다. 당시 문단은 경향문학傾向文學[11)]과 계급주의 비평의 유물변증법적 사실주의에 의해 정치성과 사상성으로 경직을 면치 못하였고, 그 불가피한 결과물로서 창작은 질식 상태에 처하였다. 특히 1930년대 초에 **신유인**(申維仁, 1909~1975), **백철**(白鐵, 1908~1985), **안막**(安漠, 1910~?, 무용가 **최승희**(崔承喜, 1911~1969)의 남편), **한효**(韓曉, 1912~?) 등이 **카프**문학의 진로와 방법론에 관해 치열한 사상 논쟁을 벌였고, 그 와중에서 **프로**문학비평사는 '수입사輸入史' 또는 '창작무관사創作無關史'로 지탄받기도 한다. 그보다 더 강력한 결정타가 된 것은 일제의 정치적인 강압과 핍박이었다.

일제는 1931년 **만주사변**滿洲事變, Manchurian Incident, 9·18 사변[12)]을 시

학'에 반대한 구인회는 1935년에 동인지 성격의《시와 소설》을 간행했고, 문예 강연회를 몇 차례 가졌으나 동인들 간의 작품 경향에 관한 불일치와 분열을 계기로 결국 해체의 길에 접어든다. 쟁쟁한 문인들로 구성된 구인회는 새로운 감각과 감성을 지닌 예술적 기교파의 문사들로서 당시 문단에 지대한 영향을 끼쳤다. **이효석**과 **이태준**은 세련된 문장의 우수한 단편소설들로 한국 현대소설의 독특한 문체를 이룩했는데, 전자는 초기 '동반작가'로서의 경향 작품에서 일전(一轉), 서정적 단편의 세계를 이룩했고, 후자는 종래의 **프로**문학이 퇴조한 후 일련의 한국적인 애수(哀愁)와 정취가 담긴 단편을 남겼다. **박태원**도 예술파 경향의 세태소설(世態小說)을, 초기에 경향파 작가로 출발했던 **이무영**은 일련의 농촌소설을 썼다. 또한 **정지용**의 감각적 순수시, **김기림**의 **모더니즘** 시와 주지적 이론, **이상**의 초현실주의적 작품, **김환태**의 예술지상주의적 평론, **김유정**의 인생파(人生派) 소설 등은 다 구인회 본연의 순수문학적 입장을 잘 대변하였다.

11) 특정 정치, 사상 및 이념의 영향으로 기운 채 그것을 선전하여 대중을 그 쪽으로 유도하려는 목적이 강한 문학. 주로 사회주의 문학을 가리킨다. 본고 261쪽 각주 2) 비교.

12) 1931년 9월 18일, 중국 장춘(長春)에 사령부를 둔 일본 간토군[관동군(關東軍)]이 만주를 병참기지로 만들어 식민지화하고자 **류탸오후** 사건(柳条湖事件, 또는 북대영 사건)을 조작하여 구실삼아, 선전포고도 없이 만주를 불법 침략하여 점령한 전쟁. 일본은 만주를 강제 점거한 뒤, 청나라의 마지막 황제 **푸이**(溥儀, 1906~1967)를 옹립하여 괴뢰국인 만주국(滿洲國, 1932~1945)을 건국하고, 1932년까지 만주를 완전 병탄(倂呑)함으로 중국대륙의 침탈에 본격 시동을 건다. / * **류탸오후** 사건: 1931년 9월 18일, 관동군의 급진파 **이시와라 간지**(石原莞爾, 1889~1949) 등 세 명이 주동하여 중국 봉천(奉天, 선양(瀋陽)의 옛 지명) 인근 **류탸오후**(柳条湖, 현 랴오닝 성(遼寧省) 선양(瀋陽) 북쪽의 지역)에서 만철(滿鐵) 선로를 폭파시키는 자작극을 벌여놓고, 이를 **장쉐량**(張學良) 지휘 하의 동북[변방]군(東北[邊防]軍: 1920년대 만주에 주둔하던 중화민국 정부의 지방군으로, 당시 중국 유일의 육해공 편제를 갖춘 군대) 소행으로 뒤집어씌운다. 그 핑계로, 관동군은 동북군의 주둔지 북대영(北大營, 중국 봉천 군부대의 명칭)을 일대 공격한다.

작으로 대륙 침탈을 본격화하는 **파시즘**의 광기에 휘말리면서, 내부 결속을 다지기 위하여 공산주의자들에 대한 대대적인 탄압을 벌인다. 그 결과, 일본 국내의 사회주의 문학단체가 속속 해산되고, **카프**도 1931년과 1934년 두 차례의 검거사건을 겪는다. 1933년, 일제의 탄압과 **카프**의 내분으로 활동에 회의를 품은 핵심지도자 **박영희**가 가장 먼저 동맹에 탈퇴원을 제출하며, 다음 해에 '다만 얻은 것은 **이데올로기**요, 상실한 것은 예술이다'라는 전향문을 발표한다.[13] 1934년 제2차 검거사건 직후에 조직의 이론가인 **신유인**, **백철**, **신석정** 등이 퇴맹계를 제출하면서 탈퇴하자, 전향 논쟁 속에 **카프** 조직이 와해로 치닫는다. 결국 1935년 5월 20일, **김남천**(金南天, 1911~1953?), **김기진**(金基鎭, 1903~1985) 등과 협의한 끝에 **임화**(林和, 1908~1953)는 **카프** 해산계를 총독부 관할 동대문서 고등계에 제출하면서, 풍운을 일으키던 한국의 경향문학 운동은 그 막을 내린다. **카프**가 해체된 이후 대부분 전향하였음에도, **리얼리즘**에 대한 논쟁은 계속 이어져서 다양한 사조와 이론이 소개되거나 개진되었다. 하지만 1940년대에 들어 전향 작가들 대부분은 친일이라는 훼절의 길을 걷고 만다. 해방이 되자마자, **임화**와 **김남천**이 주동하여 1945년 8월 16일 조선문화중앙건설협의회朝鮮文化中央建設協議會(일명 '문건'文建)라는 사회주의 계열의 예술단체를 결성했으나 미군정美軍政의 탄압이 심화되면서 그 활동이 흐지부지되고, 회원들 대부분은 월북을 감행한다.

상당수의 한국문학사들이 저지른 과오 중 하나는, 당대 주류이던 **프로**문학을 퇴장시킨 주된 요인이 일제당국의 탄압에 의한 외부적인 핍박이었음을 의도적으로 축소시켰다는 점이다. 물론, **프로**문학론이 문학 내의 발전적 요소가 경감輕減됨으로 인해 자연스러운 쇠퇴기에 접어든 점도 부인할 수는 없다. 시대적 조류에 비추어 볼 때, 계급문학론의 목적의식

---

13) **박영희**의 평론 「최근(最近) 문예이론(文藝理論)의 신(新) 전개(展開)와 그 경향(傾向)」(〈동아일보〉 1934. 1. 2.~11.)

에 근거한 도식적 기계주의 및 과격한 정치적 주제와 소재 탓에 그 한계가 드러난 것은 분명하다. 그러나 일제당국의 집요한 단속이라는 치명타에 의하여 일본 국내에서뿐만 아니라 조선에서의 모든 **맑스**주의 예술단체들이 집중적인 탄압을 받으면서, 극동지방의 계급주의적 예술 문화는 급속히 퇴조일로로 치닫게 된다. 오로지 정치적 쟁점만이 만사의 척도가 되던 암울한 시절이었다.

문학이론상의 과도기를 틈타 다양한 서구적 방법론이 일시에 도입되고 전개되던 그 난세의 1930년대 중반에, 영문학자 **김환태**의 인상주의 비평이 출현한다.[14] **김환태**는 이념적 목적의식에 의한 평론의 논조를 거세게 비판하면서, 작품에 관한 체험적 감상을 중요시하고 개인적이고 주관주의적인 측면을 강조하는 등 창조적 비평론의 입장을 취함으로써 순수문학의 이론체계를 정립하는 데 정초定礎를 다진다.

2. **김환태**의 낭만주의적 문학관

전북 무주군 태생의 눌인訥人 **김환태**(金煥泰, 1909~1944)는 1916년에서 1921년까지 무주보통학교를 다닌 뒤, 이듬해 1922년 전주고등보통학교(현 전주고등학교)에 입학하는데, 3학년이던 1924년 일인교장日人校長 추방을 위한 동맹휴학을 벌이다가 무기정학을 당한다. 정학이 장기간에 걸쳐 해제되지 않자, 1926년 퇴학을 자청하는 소위 '자원 퇴학'을 한다.[15] 같은 해, 보성고등보통학교(현 보성고등학교) 2학년에 편입, 1928년 초 졸업한

14) 좋건 싫건, 근대 한국문학의 초기에 영문학자가 끼친 영향력은 아무리 강조해도 지나치지 않다. **변영로**, **정지용**, **양주동**(梁柱東, 1903~1977), **이양하**(李敭河, 1904~1963), **이하윤**, **최재서**(崔載瑞, 1908~1964), **김기림**, **김환태**, **조용만**, **피천득**(皮千得, 1910~2007) 등이 그 대표적인 인물들인데, 이후 적어도 1960년대 중반까지는 영문학이 한국문학의 저변을 장악하였다. 그 외, 시인 **김수영** 같은 이도 영어권 문화에 정통한 인물 중 하나였다.

15) 이는 당시 일제가 세간의 반발을 최소화시키며 '문제 학생'이 스스로 학교를 그만두게 만드는 교활한 수법 중 하나였다. **권영민** 엮음, 『김환태 전집』(문학사상사, 2009), 14쪽.

후, 곧바로 일본 교토京都의 도시샤同志社 대학 예과豫科에 입학하며, 여기서 **정지용**을 만난다. **정지용**은 향수鄕愁를 매개로 하여, **김환태**의 낭만주의적 관점과 불가분의 정서적 연대를 맺게 된다.[16] 1931년 수료한 **김환태**는 후쿠오카福岡의 규슈九州 제국대학 법문학부 영문학과에 입학하며 1934년 졸업한다. 졸업논문graduation thesis은 『문예비평가로서 **매슈 아널드**와 **월터 페이터***Matthew Arnold and Walter Pater as Literary Critics*』이었다.

김환태는 상당액의 납부금이 미납된 터라 마지막 학기를 마치자마자 졸업식의 참석을 포기하고 귀국했는데, 뜻밖에 모교로부터 졸업장을 우송받는다. 이 졸업장은 유족이 현재 소중하게 보관하고 있다. 그는 귀국한 뒤로 한동안 일정한 직업이 없이 소위 **룸펜**lumpen으로 지내며 글을 쓰거나 번역작업에 몰두하는데, 이즈음 일경日警에게 요시찰 인물로 지목되어서 감시의 대상이 되기도 한다.[17] 1934년 영국의 예술평론가 **프란시스 그리슨**(Francis Grison, 생몰연대 미상)의 「예술과 과학과 미와」를 번역하여 〈조선일보〉(1934. 3. 10.~24.)에 연재한 뒤, 동년 4월 동지同紙에 첫 평론 「문예비평가文藝批評家의 태도態度에 대하야」(1934. 4. 21.~22.)를 이틀에 걸쳐 분재分載 발표하면서 문단활동을 시작한다. 이즈음 그는 춘원春園 **이광수**李光洙 등과 교류하면서 도산島山 **안창호**(安昌浩, 1878~1938)를 만나 사사師事하였고, 해외문학파 및 시문학파와 가까이 지낸다. 1936년 정치적이고 공리적인 **카프**의 문학론에 대한 반발로 창설된 구인회에, 전문 평론가로서는 그가 유일하게 참여한다. 그 무렵 **김환태**는 도산 **안창호**의 사건에 연루되어 약 한 달간 동대문경찰서에 수감되었다가, 출소 후인 1936년 6월 시인 **박용철**의 누이동생 **박봉자**(朴鳳子, 1909~1988)[18]와 결

16) 「정지용론(鄭芝溶論)」, 앞책, 124-134쪽, 특히 125쪽 참조.

17) **다음** 백과. igoindol.net/siteagent/100.daum.net/encyclopedia/view/60XX69100028.

18) 구인회의 동인인 소설가 **김유정**이 당시의 명창 **박녹주**(朴綠珠, 1905/1906~1979)에 이어 두 번

혼하고, 이듬해인 1937년 아들 **영진**(榮珍, 1937~)이 태어난다. 1938년 **김환태**는 황해도 재령載寧의 명신중학교明信中學校에 부임되어 교편을 잡다가, 1940년 막 개교한 경성 공립 무학여고舞鶴女高로 전임된다. 이 학교의 유일한 조선인 교사로서 여러 고충들을 겪던 그는 1930년대 시작된 민족말살정책民族抹殺政策의 일환으로 국어사용을 금지한 국어말살정책이 강화되고 숭일보국문학崇日輔國文學[19]이 성행하자, 울분을 이기지 못하고 절필한다. 그리하여 그의 문필작업은 1934년에서 1940년까지 6년간으로 매듭짓는다.

앞서 언급한 바, 당대 문단을 주도하며 일세를 풍미하던 **카프** 진영의 **맑스-레닌**주의 비평과 같은 계급문학론이 일순 기세가 꺾이게 되는 일차적인 요인은 외부로부터 왔으며, 그것은 곧 일제의 줄기찬 탄압이었다. 일제당국의 박해를 견디다 못해, **카프**는 1930년대로 접어들면서 강제 해산되다시피 하면서 그 조직력이 와해의 수순을 밟는다. 그에 더하여, 시대적 흐름상, 계급문학론은 이념적 사명감에 너무 매몰된 나머지 당대현실의 변혁을 향한 과격함과 조급성이 너무 앞섰던 탓으로, 그리고 작가와 작품의 주제 및 주체적 내용을 제대로 파악하지 못한 태생적 결함으로 인

째로 짝사랑한 대상이며, 1936년에 뜨거운 연서를 31통이나 써 보냈지만 회신은 끝내 받지 못했다.

19) 친일문학은 1937년 5월 **조선문예회**(朝鮮文藝會)의 결성으로 출발한다. 조선총독부 학무국(學務局) 사회교육과가 주동하여 만든 이 단체는 총독부의 방침인 사회교화를 위해 가요정화운동을 전개하였다. **김억**(金億, 1896~?)과 **최남선** 등이 동참한 소위 '애국가요'는 1940년대의 친일국민문학운동의 초기 형태였다. 1939년 4월, **임화**, **최재서**, **이태준**을 중심으로 황군(皇軍) 위문작가단을 조직, **김동인**(金東仁, 1900~1951), **박영희**, **임학수**(林學洙, 1911~1982) 등을 전선(戰線)에 파견한다. 1939년 10월 29일 경성부민관(京城府民館, 현 서울시 청사인 경성부청(京城府廳) 맞은편에 1935년 들어선 국내 최초의 다목적 공연장, 현재 서울 시의회 건물)에서 학무국의 배후 조정 하에 초대 회장 **이광수**의 **조선문인협회**가 창립되며, 새로운 국민문학의 건설과 내선일체의 구현이라는 명목으로 문인을 문필보국운동(文筆報國運動)에 총동원한다. 일본이 만주사변(滿洲事變, 1931)과 태평양전쟁(太平洋戰爭, 1941~45)을 치르면서 전시행정체제에 돌입하자, 한반도는 결국 일제의 병참기지로 전락한다. 친일문학은 일왕을 중심으로 한 제정일치(祭政一致)의 가족-국가 조직을 고무, 찬양하는 숭일(崇日) 정신을 기본 이념으로 삼아, 일본 국민으로서의 자각과 긍지와 감사를 표하는 내용 일색의 문예 창작을 일본어로 시행하였다.

하여 이내 퇴락의 길로 접어든다. 이러한 혼돈의 과도기 속에서, 문학을 정치선전의 도구로 삼는 **카프**의 공리주의적 문학관에 대하여 가장 두드러진 반기를 들고, 비평의 지도성·이념성·목적성보다 창작이 우선한다는 문학의 독립성과 순수성을 옹호하여 등장한 이가 곧 **김환태**였다.

앞서 거론한 「문예비평가의 태도에 대하야」에서는, '비평가는 언제나 **실용적·정치적 관심을 버리고**, 작품 그 자체로 돌아가서 작자가 작품을 사상思想한 것과 똑같은 견지에서 사상하고 음미하여야 하며, 한 사상의 이해나 평가란 **그 작품의 본질적 내용에 관련하여야만 진정한 이해나 평가가 된다**는 것을 언제나 잊어서는 안 된다'라고 천명하였다.[20] 그는 작품을 낳게 한 심미적 이념과 연관 지어 문학작품의 성격을 과학적으로 규명하려고 노력하는 등, 비평이란 문학작품이 부여한 **'정서와 인상'**을 암시된 방향에 따라 가장 유효하게 통일하고 통합하는 **'재구성적 체험'**the experience of the text reconstruction에 그 목적을 둔다고 규정하였다. 즉, 비평가는 문학작품에서 얻은 **"인상"**을 자신의 주관에 따라 충실히 표현함으로써 비로소 객관성을 획득할 수 있기에 작품을 처음 접하여 읽을 때의 그 첫 인상으로 평가를 내릴 수 있다는 소위 '인상주의 비평'의 골격을 제시하였다.[21] 그는 이렇게 "순수한 주관은 [곧] 순수한 객관"이라는 명제를 내세우며,[22] 스스로 "비평에 있어서의 인상주의자"라고 자처하였다.[23]

이러한 취지는 1935년에 발표된 「시詩와 사상思想」의 이러한 선언으로 압축된다.

---

20) 『**김환태** 전집』, 25쪽.
21) 앞책, 27, 36, 61, 64, 98 및 332쪽 비교. 본서 235쪽과 276쪽 비교.
22) 앞책, 27, 37쪽.
23) 앞책, 36쪽.

… 예술의 세계는 독자獨自의 의미를 가진 자치적 실재의 세계요, 따라서 예술은 예술 이외의 아무런 목적을 가지지 않으며, 자기 이외의 여하한 법칙에도 복종하지 않는다.[24]

이렇게 그는 예술지상주의적 태도[25]를 견지하여 문학예술의 독립성과 순수성을 옹호함으로써 1930년대 한국의 평론문학에 새바람을 일으키면서 커다란 반향을 야기한다. 그리하여 **카프**의 소장파인 **임화** 및 **김두용**(金斗鎔, 1902~?) 등과 열정 어린 지상紙上 토론을 벌인다.

특히 **김두용**의 「조선문학의 평론 확립의 문제」에 대응하여, **김환태**는 1936년 4월 12일부터 23일에 걸쳐 〈조선중앙일보〉에 평론 「비평문학의 확립을 위하여」를 발표하는데, 이 글에서 '문예비평의 대상은 [사회도 정치도 사상도 아니요] 언제나 문학이다'라는 명제를 내건다.[26] 이렇게 문학비평은 다른 그 무엇이 아닌 문학 **텍스트** 그 자체를 대상으로 삼아 그 고유한 특성에 따라 가해져야 할 터이기에, **카프** 등에 의한 특정 정치이론이나 동질적 사회이론이 문학평론의 이름을 빌어 성행하던 풍토가 시정되어야 함을 힘주어 역설하였다. 그 대체적 방법론으로 내건 그의 인상주의 비평은 문학의 자율성을 인정하는 불연속적 문학관으로서, 작품에서 얻은 '인상'을 재구성하는 방식으로 이루어진다. 이런 식으로, 평론은 특정한 이념적 비평 기준의 잣대에 따라 재는 대신에, 나름의 세련된 문체와 감수성을 갖추어야 한다는 것이다.[27]

---

24) 앞책, 79쪽.

25) 앞책, 121-123쪽. 이러한 사고는 19세기 낭만주의 비평가 **월터 페이퍼**의 '예술을 위한 예술' 개념을 그대로 수용한 것이며, **김환태**가 전형적인 낭만주의 문학관을 지녔음을 방증한다. 본고 제4장 303-312쪽 참조.

26) 앞책, 95쪽.

27) **카프** 출신 평론가 **박영희**는 그러한 **김환태**의 문체를 '처녀적 순진성'과 '자기의 논지가 어느덧 상대방의 문장과 접근하게 되는 알 수 없는 친화력'으로 특징지은 바 있다. 따라서 **김환태**의 비평은 논쟁적이기보다는 그 나름의 창조적 예술성을 담은 것으로 평가된다. **박영희** 평론집, 『문학(文學)의 이론(理論)과 실제(實際)』(일월사(日月社), 1947).

1939년 1월 15일부터 21일에 걸쳐 〈조선일보〉에 발표한 평론「문학적文學的 현실現實과 사실寫實–현대現代비평批評의 향수적享受的 태도態度」는 실제 현실과 문학 속의 현실을 구별해야 할 필요성을 역설하면서, 문학 활동의 본질이란 실생활의 모사模寫나 있는 그대로의 재현이 아니라 새로운 현실의 생산에 있음을 언명하면서 이렇게 덧붙인다.

> … 우리 문단에서「현실을 있는 그대로 그려라」,「객관적 현실로 돌아가거라」하는 슬로건이 가장 열렬히 제창되기는 아마도 **프로**문학파에서였을 것이다. 그들은 객관적 현실을 있는 그대로만 그려놓으면 그것이 곧 문학이 될 수 있고, 또 객관적 현실과 문학 속의 현실과의 거리가 가까우면 가까울수록 우리에게 주는 작품의 문학적 감명이 커지리라고 확신하고 의심치 않았다. 그리하여「객관적 현실」은 그들에게 있어서는 신성불가침의 우상이 되었고 끝내는 우리가 우상에 대하여 흔히 빠지는 감정인 감상에까지 그들은 빠지고 말았다. 그런데 **프로**문학의 태풍이 지난 오늘까지도 이 우상은 완전히 우리 문단에서 파괴되지 않았고, 이 감상에서 우리는 완전히 벗어나지 못하고 있다.[28]

모든 문학이론은 문예창작에 어떻게든 기여함으로써 유의미하게 된다. 그런데도 당시 **카프**의 잣대는 '공리주의적 목적문학론'의 도식화를 탈피하지 못한 채 심각할 정도로 문학의 이념적 예속화를 가속화시키던 차였다. 바로 이때, **김환태**의 문학비평은 그 '전제적 사상'[29]에 대한 대항담론 즉 일종의 **안티테제**an antithesis로서 출현했기에 그 시대적 및 역사적 의미가 사뭇 지대한 것이다. 요컨대, 한국문학비평사에서 **김환태** 문학의 의의는 당시 주류이던 **카프**의 공리주의적 문학론에서 결연히 탈피하여 문학과 예술의 '독자성'을 주장했다는 데 있다 하겠다.[30]

---

28)『김환태 전집』, 137쪽.

29) 앞책, 31쪽.

30) 흥미롭게도, **김환태**가 수학(修學)했던 전주고보의 교훈(校訓)은 '자강(自彊) 자율(自律) 자립(自立)'이다. 민족의식에 투철했던 **김환태**가 조선의 독립과 자존을 신봉했던 것만큼이나 문학의 독자

김환태는 영문학자로서 당대의 서구 특히 영국의 문학이론에 밝았다. 그는 **매튜**[31)]**아널드**(Matthew Arnold, 1822~1888)와 **월터 페이터**(Walter Horatio Pater, 1839~1894)의 영향을 받아 기초적인 비평 원리에 충실하려고 애쓰면서, '대상을 실재 있는 그대로 보아야 한다'는 소견을 끝내 견지하였다.[32)] **김윤식**은 그러한 지론을 **임마누엘 칸트**(Immanuel Kant, 1724~1804)의 미학사상인 '무목적無目的의 합목적성合目的性'purposeless purposiveness과 부단히 연계시켰다.[33)] 하지만, **이태동**도 간파하였듯이, '대상을 있는 그대로 보라'는 소견은 본시 **플라톤**의 철학에서 원용된 것으로서 쾌락적 유미주의가 아니라 보편적 진리에 바탕한 고전 문화와 연관된다. 따라서 그것은 **칸트**의 미학 사상보다는 오히려 **아널드**의 문학적 관점과 연루되어 있다고 볼 수 있다.[34)] 이에 동의하여, **장도준**도 **김윤식**이 몰이해적인 착각을 하였다고 지적하면서, **칸트**의 '무목적의 합목적성'은 '대상을 있는 그대로 보라'와는 하등 관련이 없다고 단언한다. 전자는 가치론의 문제이며 후자는 '인식론'의 문제이기 때문이라는 것이다.[35)]

그러나, **김윤식**의 주장이 전혀 근거가 없다고만은 볼 수 없다. 저술 『판단력 비판』(독: *Kritik der Urteilskraft*, 영: *Critique of Judgement*, 1790)[36)]에

적 위상을 신념으로 두었던 것은 그러한 교훈의 근본적인 취지와 전혀 무관하다 볼 수는 없겠다.

31) **김환태**는 그의 학위논문에서 Matthew를 '매슈'로 표기하였다. 발음 [mǽθjuː]에서 [-θjuː]의 발음을 굳이 한글로 표기하자면 '쓔' 정도가 되겠다. 여기서는 국립국어원의 외래어표기법에 따라 '-**튜**'를 사용했다.

32) 『김환태 전집』, 25쪽. 또한 본고 제3장 294쪽 각주 71) 및 제4장 참조.

33) **김윤식**, 「김환태 비평의 비평사적 의의」, 『김환태 전집』, 440-444쪽.

34) **이태동**, 「김환태 비평의 실제」, **권영민** 편 『김환태가 남긴 문학 유산』(문학사상사, 2004), 72쪽.

35) **장도준**, 「김환태의 일본(日本) 구주대학(九州大學) 학위 논문에 나타난 **월터 페이터**의 심미주의 예술관」 《일본어문학》 제59집(일본어문학회, 2012), 352쪽.

36) 『순수이성비판』(독: *Kritik der reinen Vernunft*, 영: *Critique of Pure Reason*, 1781) 및 『실천이성비판』(독: *Kritik der praktischen Vernunft*, 영: *Critique of Practical Reason*, 1788)과 함께 **칸트**의 주요 저작인 3대 비판서 중 맨 나중에 나온 저작. 『순수이성비판』은 전통적인 형이상학과 인식론을 공격하고 이성 그 자체가 지닌 구조와 한계를 연구함으로써 인간이 무엇을 알 수 있는지 다루며, 『실천이성비판』은 윤리학의 집중적인 탐구를 통해 인간이 무엇을 행해야만 하는지 논하고, 『판단력비판』은 미학과 목적론 등을 탐구함으로 인간이 무엇을 희망해도 좋은지 다

서, **칸트**는 예술의 고유한 독자성을 인정하고 예술적 자율성의 영역을 부각시킴으로써, '미적 자율성'이라는 근대미학의 논리적 근거를 제시한다. 우선, 그는 자연을 인식하는 능력인 '순수이성'(현상계, 現象界)과 인간의 자유의지를 결정하는 능력인 '실천이성'(이성적 이념) 사이를 연결 짓고자 시도한다. 오랜 숙고 끝에 그는 결론짓기를, 경험으로 익힌 물질계의 자연현상을 이해하는 '지성'知性, 독: verstand, 훼쉬탕트[37]과 철학적으로 어떻게 살 것인지의 윤리적 생각을 유발하는 '이성'理性을 연결시키는 것이 곧 감정의 판단능력 즉 쾌快와 불쾌不快를 분별해내는 '판단력'이라고 보았다. 그는 미적 판단력의 취미 판단을 ① 무관심성, ② 주관적 보편성, ③ 목적없는 합목적성, ④ 주관적 필연성 등의 4가지 특성으로 정리하였다.[38] 즉 우리가 미적 대상을 볼 때 그 4가지 특성을 경험하게 되는데, 이

룬다. 이 3대 비판서는 궁극적으로 '인간이란 무엇인가?'를 파악하려는 저자의 학문적 의욕으로 충만되어 있다. '제3비판(第三批判)'으로 일컬어지는 『판단력 비판』은 고급 이성 능력 중 하나인 판단력의 통제된 사용에 관한 비판론으로, 제1부 〈미학상 판단력 비판〉과 제2부 〈목적론상 판단력비판〉으로 구성된다. 판단력에 이성과 감성을 조화롭게 중재하는 실천이성의 상징으로서, [도덕상 생각할 범위에서 가장 완전하다고 볼 수 있는] 신(神) 쪽으로 인간이 향해야 할 계기를 설명하는 이 고전 대저(大著)는 동시대 철학, 예술론, 미학, 목적론 및 자연철학에 끼친 영향이 크며, 특히 제1판의 서론 즉 통칭 '제일 서론'에는 이 책 및 **칸트**의 비판철학 전개상 그 전체 사유에 관한 핵심적 소견이 담겨 있다.

37) 이 용어의 기존 번역어 '오성(悟性)'은 불필요한 지적 허세로 평가된다. 본시 이 원어는 어떤 대오각성의 '오(悟)'가 아니라, 사고하고 개념화하여 판단하며 인식하고 이해하는 '앎'의 능력을 의미하므로, 21세기에 들어 '알 지(知)'가 든 '지성(知性)'으로 번역하는 추세에 있다. 한편, '지성'은 사고, 개념화, 판단, 인식, 이해 등을 총괄하지만, '이해력(understanding)'은 '이해'에만 한정된 능력으로 비춰진다는 점도 감안할 필요가 있다.

38) **칸트**는 상기 4가지 특성에 따라 사람이 느끼는 아름다움을 '미(美, beauty)'와 '숭고(崇高, the sublime)'로 구분한다. 그는 '미'를 '지성과 상상력의 자유로운 유희'로 정의했다. '지성'은 경험적 대상을 분류하고 규정하려는 인식능력이지만, '상상력'은 판단력 산하의 능력이자 자유롭고 창조적인 정신행위로서 그 자체로는 무목적성 즉 어떤 목적도 지니지 않는다. 따라서 우리는 아름다움을 느낄 때 자기목적성과 자기지시성을 따르는 것이다. 미적 '쾌(快)'의 감정은 사물이 주는 감각적 느낌이나 대상의 개념으로 결코 환원되지 않는다. 예술작품 같은 사물화된 것을 볼 때의 경험은 '인식' 행위이므로, 진정한 취미판단을 할 수 없다. 미는 개념을 떠나 보편적으로 만족을 주는 것이며, 합목적성에 의해서 미적 쾌(快)[만족]은 궁극의 목적을 향한다. 가령, 인간이 작업한 미술작품에 대한 평가는 단지 성질, 분량, 관계, 양상에 근거하여 형식적으로 미의 정도를 파악하는 것일 뿐이다. 이렇게 '미'는 일차적으로 모든 대상의 형상과 관계하나, '숭고'는 우리가 대상 또는 그

는 존재론적 해석이 아니라 '인식론적인' 해석이다. 다시 말하면, 어떤 대상이 아름다움을 내뿜어서 우리가 아름답다고 느끼는 게 아니라, 우리가 그렇게 느끼고 인식하도록 되어있기 때문에 그 미감을 느낀다는 것이다.

특히 미적인 취미 판단은 예의 '목적 없는(무목적無目的) 합목적성'을 따른다. 우리가 어떤 대상의 미를 고찰할 때, 이는 객관적이거나 규정적이지 않고, 주관적이며 반성적이고 통제적이거나 규제적이다. 즉, 마치 물리학의 개념인양 명확히 고정된 것이 아니라, 인식자가 느끼는 순간마다 매번 다르게 느껴질 수 있는 것이다. 따라서 사람은 스스로 반성하듯이 생각하면서 아름다운 것인지의 여부를 판단한다. 이 합목적성은 강제성이 없으며, 단지 그렇게 하도록 요청될 뿐이다. 예컨대, 우리가 딱히 가수 **송가인**(宋歌人, 1986~)을 좋아해야 할 목적이나 당위성이 없지만, 그럼에도 그녀를 좋아하며 나름대로 정한 목적에 따라 찬사를 늘어놓는다. 그처럼, 어떤 대상을 아름답게 느껴야만 할 목적이나 명분을 품고 사는 사람은 없음에도, 우리는 뭔가 또는 누군가를 좋아하고 아름다움을 느낀다. 원래 예술 자체가 목적성이 없는 일인데도, 우리는 그 예술을 좋아하면서 제 나름의 목적에 부합한다고 여기며 만족해한다. 따로 그렇게 할 목적을 굳이 부여하지 않아도, 참된 미를 지닌 것을 보면 저절로 자연스레 미감을 느끼게 되는 것이다. 이렇게 미적 경험이란 실용적 목적이나 이해관계 등과 무관하게 그 자체가 목적이 될 때 체험할 수 있다. 미는 다른 궁극적 목적에 의존하는 것이 아니라 자주성을 가진 범주로서, 진정한 만족의 쾌감을 준다. 그리고 이러한 사고는 '예술지상주의' 즉 '예술을 위한 예술'과 어느 정도 연루된다고 볼 수 있다.

대상의 어떤 무한한 크기에 대해 느끼는 심미적 정서로서, 조화와 질서가 아닌 혼란과 무질서에 의해 유발된다. '숭고'를 논한 로마시대 학자 **롱기누스**(Dionysius Cassius Longinus, 217~273)를 인용하면서, **칸트**는 숭고가 신적(神的)인 것이며, 거대한 크기의 감각적 자연을 통해 파악되고 그 안에서 완결성을 가진 것으로 이해한다. 하지만, 자연물은 단지 이성적 이념을 매개하는 감성적 대상일 뿐이기에, 존재론적으로 크기를 완결 짓는 요소로 이해하지 않는다. 그에게 있어 숭고한 것은 대상 그 자체가 아니라 그것에 대한 이성의 관념인 것이다.

이러한 예술의 자율적 독자성에 관한 견해는 **김환태**의 논평에서 그 체취와 흔적을 엿볼 수 있다.

> … 예술가의 천재나 개성은 물질적 또는 사회적 제약에서 초연하여 그 독자의 자유를 가지고 있다. 그러므로 예술가는 그의 창작과정에서도 모든 종류의 외적 요구에서 해방된 완전한 자유를 향유하지 않으면 안 된다.[39)]

> 문학이란 자유의 정신의 표현이며 탐구의 정신의 소산이다. 그러므로 그것은 어디까지나 구속을 싫어한다. 그리하여 그것은 사회나 정치나 시대를 초월하여 그것들을 자기의 법칙 밑에 굴복시키지 않으면 안 된다. 정치나 사회나 사상이 한 문예작품에 담긴 때에는 그것은 벌써 제 스스로의 법칙을 포기하고 문학 그것의 법칙 앞에 굴복하고 있는 것이다.[40)]

이렇게 **김환태**는 예술지상주의적 사고를 **아널드**와 **페이터** 등을 통해 폭넓게 수용하면서, 그것을 '몰이해적沒利害的 관심關心'[41)]의 용어로, 또는 창작의 비평에 대한 우위[42)] 등의 개념으로 나타내었다. 즉 창작정신은 비평정신보다 위에 놓여 있는 것으로, 비평이란 창작을 시노하는 것이 아니라 창작의 미적 효과를 탐구하여 찾아낼 뿐이라는 것이다.

그러한 소견은 소위 수용미학受容美學, 독: Rezeptionsasthetik, 영: aesthetics of reception[43)]의 성격과 무관치 않을 수 있다. 문학 연구에 있어

---

39) 『김환태 전집』, 30쪽.

40) 앞책, 94쪽.

41) 앞책 25쪽과 61쪽. **매튜 아널드**의 문학비평용어 disinterestedness를 **김환태**가 번역하여 사용한 표현. 다른 글에서 **김환태**는 '무관심적 관심'이라는 또 다른 번역어를 썼는데 이 역시 같은 말이겠다. (앞책, 178쪽) 이 단어는 '사심(私心) 없이 냉철하고 객관적이며 공평한 비평의 자세'를 의미한다. 필자는 그 용어를 '초연성(超然性)'으로 번역하여 대용하고자 한다. 본고 288쪽 각주 62)와 295쪽 각주 72) 참조.

42) 앞책, 60쪽과 70쪽.

43) 1930년대 **폴란드** 철학자 **로만 잉가르덴**(Roman Witold Ingarden, 1893~1970)의 문학론에서 발단하여, 특히 1960년대 후반 독일 학자들인 **한스 로베르트 야우스**(Hans Robert Jauss, 1921~1997)와 **볼프강 이저**(Wolfgang Iser, 1926~2007) 등에 의해 도입된 일종의 독자-반응 비평(Reader-response criticism). 신비평(New Criticism)에 반기를 들면서, 세계의 문학사 연

서, 수용미학이란 그 어떤 외적 **이데올로기**의 목적성을 떠나서, 문학 **텍스트** 그 자체보다 **텍스트**에 임하는 '수용자 즉 독자'의 관점에서 접근하는 방식을 말한다. 이 방식은 문학작품과 이를 수용하는 독자 사이의 상호 관계에 역점을 둔다. 비평가가 [이념적] 편견을 버리고 '작품에서 얻은 인상과 감동을 충실히 표출하는' 즉 '감동하고 표현하는 예술가'여야 한다고 주장함으로써[44], **김환태**는 평론가가 제1수용자 즉 독자로서의 위상the position of the first reader을 점유하는 그 역할에 주목했다. 수용미학에서, 작품은 독자와의 상호 과정 속에서 의미를 가지게 되며, 독자는 작품 속에 있는 '틈'을 메우면서 새로운 의미를 획득하게 된다. 이 '틈' 메우기a gap-fill는 **김환태**가 규명한 바 '작품의 재구성적 체험'에 해당된다. 수동적 독자가 아닌 능동적 독자an active reader 즉 창조적 수용자the creative receptor로서, 비평가는 작품 속에 깃든 틈들을 꼬박꼬박 메워가며 재구성함으로써 그 작품에 능동적으로 참여하고, 작품을 통해 얻은 인상을 창조적으로 표현하는 것이다.[45]

김환태의 순수예술지향은 정치적 공리주의 이념에 매진하던 당대의 참여적 **프로**문학론에 거역의 기치를 든 것이었기에, 불가피한 선택의 측면도 강하다. **프로**문학은 일제의 군국주의 체제와 강압적 통치에 대한 반발의 성격이 강하였으므로, **프로**문학에 대한 반기는 곧 자칫 친일적 성향으로 비칠 수도 있었다.[46] 그럼에도 불구하고, 그가 스스로 작품을 중시한 예술지상주의자를 자처하며 '예술을 위한 예술'에 역점을 둔 것은 그가 근본적으로 낭만주의자였음을 방증한다. 그것은 다음과 같은 말에서 적실하게 드러난다.

구와 미학이론 영역에 큰 반향을 불러일으켰다.

44) 앞책, 25-26쪽.

45) **임세진**, 《인문학논총》 제30집(경성대학교 인문과학연구소, 2012. 10.), 33-53쪽.

46) 궁극적으로 그가 암묵적인 친일의 길을 지향하지 않았음은 그 후 얼마 지나지 않아 일제의 민족말살정책에 대한 항거의 표시로 끝내 절필과 낙향을 선택한 데서 잘 판명된다.

> … 시가 다시 한 번 시의 영예스러운 왕좌에 오르려면 시는 **시인 내부의 필연적인 요구와 열정적 체험의 표현**이요, 두뇌와 기술의 제작이기를 정지해야 할 것이다….
>
> 시가 기술이기를 그만두고 표현이 되려면, 또한 감정이 지성의 폭위暴威에서 벗어나지 않으면 안 된다.[47]

상기 인용문에서 굵은 글자로 표기된 문구는 이른바 '강력한 정서의 자발적인 발로spontaneous overflow of powerful feelings'로 정의되는 **워즈워쓰**(William Wordsworth, 1770~1850)식 낭만주의 요체의 다른 어법에 불과하다. 기실, '두뇌와 기술의 제작'으로 정의되는 시법은 고전주의의 전형적 자세이다. 17세기 고전주의에 대한 반발로 부흥된 18세기 낭만주의는 '열정적 체험의 표현'으로서, 지성의 우위보다 감정의 표출에 치중한다. **김환태**가 사숙私淑했던 **아널드**나 **페이터** 등이 19세기까지 이어진 영국 **빅토리아** 조의 문예사조인 낭만주의에 충실하게 복무했던 문필가들이었음을 감안할 때, 인생과 감정을 중시하고 작품의 인상에 중점을 둔 그 인상주의 비평은 곧 낭만주의의 유전인자를 그대로 배태하고 있었다.

한 가지 다른 점은 서구의 낭만주의가 전대前代의 이성적 고전주의에 대한 반발로 촉발된 것이라면, **김환태**의 낭만주의는 '사회주의 **리얼리즘**'에 대한 반발로 제기되었다는 사실이다.[48] 또 하나 유의할 점은 혼돈의 정치·역사적 배경 속에서 **김환태**가 **프로**문학의 목적주의에 대한 거역이자 대안책으로 낭만주의에 매달릴 즈음, 이미 20세기 초반에 미국에서는 **T. S. 엘리엇**(Thomas Stearns Eliot, 1888~1965)이 혜성처럼 등장하여, 구시대적 낭만주의의 종언을 선언했었다는 사실이다. 바야흐로 **엘리엇**은 고전주의적 기치를 내걸면서, 시 기법상의 지성적 우위 및 감정의 강고한 통제를 주장하였다. 그와 더불어, 그는 감정과 개성으로부터

---

47) 『김환태 전집』, 57쪽.
48) 앞책, 326-327쪽.

의 도피Escape from emotion and personality, 감수성의 분열Dissociation of sensibility, 몰개성론Impersonal Theory 및 객관적 상관물Objective Correlative 등의 발칙하고도 도발적인 개념들을 도입하여 세계의 문학판을 한창 뒤엎고 있던 참이었다. 즉 **김환태**가 옹호했던 낭만주의 사조는 바야흐로 구시대의 유물로 취급받으며 이미 한물가고 있었다.

그러한 작금의 상황을 **김환태**가 분명 인지하고 있었음은 1935년에 발표된 그의 평론「표현表現과 기술技術」에서 잘 나타난다. 그런데도, 그가 고집스럽게 전대前代의 확고한 신봉자임을 자처할 수밖에 없었던 것은 한민족의 문학이 처했던 당대의 참혹한 현실이 그것을 요구하였기 때문이다. 특히 그가 가장 영향을 받은 것은 **아널드**의 평론「현 시대의 비평의 기능*The Function of Criticism at the Present Time*」[49]으로, 이는 현실에 대한 문학의 책임을 다룬 대표적 평문이다. **김환태**는 영미문학의 새로운 물결을 수용하여 그에 동참하기보다는 구시대의 흘러가는 옛 물결에 대한 아련한 향수를 버리지 않았던 것이다.

이러한 성향의 계기를 망국의 절망과 무력감에 처한 식민지 지성인의 비애에서 엿볼 수 있는데, 그의 수상록들은 그 점을 잘 증명한다.[50] 이후에도 그는 일본 유학 기간 중 식민 가해국인 이국에 덩그마니 내던져졌던 자아의 처지에 관한 사색을 멈추지 않는다. 그러한 비애와 고독의 절정에서 그가 치유책으로서 발견한 것은 다름 아닌 향수鄕愁였음이 명백하다. 그 과정에서 **김환태**가 **정지용**을 발견한 일이 결코 우연만은 아니었음이 훗날 발표하는 그의 평론「정지용론鄭芝溶論」(1938)으로 잘 입증된다. 식민지 지성인으로서의 그가 망국과 실향의 현실적 비애 속에서 고독과 좌절의 극복 수단으로 다름 아닌 낭만주의를 선택한 것은 무엇보다도 당대

---

49) **아널드**의 첫 평론집『비평론집』(*Essays in Criticism*, 1권 1865, 2권 1888)의 1865년 판본에 첫 번째로 수록된 평론.

50) 본서 214-236쪽 참조.

의 필연적 요구에 부응한 까닭이었다.

3. **매튜 아널드**의 문학과 그 사상

영국 **빅토리아**Victoria 조朝의 대표적인 시인이자 문학/문화 평론가Literary & Cultural critic인 **매튜 아널드**(Matthew Arnold, 1822~1888)의 사상과 저술 작업은 그의 생애에 걸쳐서 통상 네 단계의 과정을 거친 것으로 알려져 있다.

1) 시인으로서의 활동: **빅토리아** 시대의 낭만주의를 반영하다.
2) 문학평론가로서의 활약: 시금석, 초연성과 진지성의 개념 및 현실에 대한 문학의 책임.
3) 사회비평가로서의 사상: 『교양과 무질서』에 나타난 '교양관' 및 **부르주아** 성향.
4) 종교비평가로서의 사고: 영국성공회英國聖公會[51]의 근본주의를 지향하다.

1) 시인으로서의 활동: 빅토리아 시대의 낭만주의

아널드는 먼저 시인으로서 문단 활동을 시작했는데, 때때로 **알프레드 테니슨**(Alfred, Lord Tennyson, 1809~1892) 및 **로버트 브라우닝**(Robert Browning, 1812~1889)과 함께 영국 **빅토리아** 시대의 3대 시인으로 간주된

---

51) 16세기 **유럽**의 종교개혁(Reformation, 라: reformatio)은 1517년 10월 31일(**그레고리**력으로 1517년 11월 10일) **가톨릭** 사제 **마르틴 루터**(Martin Luther, 1483~1546)가 **로마 가톨릭**의 타락과 전횡에 대한 〈95개조 반박문〉(95 *Thesen*)을 대자보(大字報)로 독일 **비텐베르크** 대학교(the University of Wittenberg, 독: Universität Halle-Wittenberg)의 교회 정문에 내걸면서 시발된다. 그 여파로, 영국에서는 왕 **헨리 8세**(Henry VIII, 1491~1547, 재위: 1509~1547)에 의해 종교개혁이 착수되며, 이후 영국 내 교회는 '영국 [국]교회'(The Church of England)로 불리다가, 19세기 이후 여러 국가의 성공회들을 제도적으로 정비하여 '세계성공회공동체'(Anglican Communion)로 통합한다. '영국 국교회'라는 용어는 성공회 전체가 아니라 '영국 성공회'(Anglicanism 또는 Episcopal Church)만을 지칭하며, 세계에서 영국만이 유일하게 성공회를 국교로 삼았다. 한국에는 '대한성공회(大韓聖公會)'가 있으며, 이 교파의 최고위 성직자 수장(首長)은 **캔터베리** 대주교(The Archbishop of Canterbury)이다.

다.[52] 소년시절 그는 아버지가 교장으로 근무하던 **윈체스터**Winchester의 **럭비** 학교Rugby School를 나온 뒤, **옥스퍼드**Oxford 대학교 **베일리얼 칼리지**Balliol College에 장학생으로 진학하였다. 1842년 아버지가 심장마비로 돌연사하자, 가족은 **레이크** 지역the Lake District의 **폭스하우**Fox How로 이주하여 영구 거주하게 된다. 재학 중이던 1843년 그는 시 「**크롬웰**」(*Cromwell*, 1843)으로 **뉴디게이트** 문학상the Newdigate prize[53]을 수상한다. **아널드**는 **옥스퍼드** 대학교와 신학자 **존 헨리 뉴먼**(John Henry Newman, 1801~1890), 이 둘을 정신적 미과 교양의 표상으로 평생 마음에 간직하며 살았다.

아널드는 첫 시집 『A 작作 난봉꾼의 탈선 및 기타 시편들』(*The Strayed Reveller, and Other Poems, By A*, 1849)을 발간한다. 이와 함께, 뒤이어 낸 『**에트나** 산정의 **엠페도클레스** 및 기타 시편들』(*Empedocles on Etna, and Other Poems*, 1852)은 본명의 첫머리글자 A만 밝힌 필명으로 출판되었으나, 그다지 주목을 끌지 못하였다. 31살 때인 그 이듬해, 이 두 시집에 신작을 추가하여, 그가 본명으로 간행한 『신판 시편들』(*Poems: A New Edition*, 1853)이 어느 정도 호평을 받는다. 이 시집은 극시劇詩, dramatic poem 「**에트나** 산정의 **엠페도클레스**」[54]를 배제한 이유를 밝힌 「자서自

---

52) Stefan Collini, *Arnold* (Oxford: Oxford University Press, 1988), 2쪽. (en.wikipedia.org. 〉 Matthew Arnold)

53) 영국 정치가이자 골동품 수집가인 **로저 뉴디게이트** 경(Sir Roger Newdigate, 1719~1806)을 추모하여 1806년 제정된 문학상으로, 지난 4년간 **옥스퍼드** 재학생들 중 가장 우수한 시를 창작한 학생에게 수여되었다.

54) **시칠리아**(Sicily)의 도시 **아그리겐툼**(Agrigentum)의 철학자 **엠페도클레스**, 악인(樂人) **칼리클레스**(Callicles) 및 의사 **포사니아**(Pausania) 등 세 등장인물들의 대화와 노래를 통해서 **아널드** 자신의 인생관을 읊은 2막짜리 시극(詩劇). 정온(靜穩)하고 유쾌하고 객관성을 띤 **그리스**의 사상 감정(鑑定)이 끝나고 궤변론자(Sophists)가 발호하기 시작하는 과도기에 처한 노철학자 **엠페도클레스**의 심경에 공감을 느꼈던 **아널드**는 여기서 '정신'(mind) 사이의 대화를 시도했다. 여기서 mind란 이른바 '상상력이 풍부한 이성'(imaginative reason)으로서, 과학과 미신에 대척(對蹠)하는 진정한 지식에의 통로로 간주된다. 그 세 등장인물들은 꿈꾸지 않지만 또한 절망하지도 않으며, 특히 **칼리클레스**가 부르는 서정적인 노래는 기억에 남을 만한 것으로 알려져 있다. / * **그리**

序」(*Preface to the Poems*)가 널리 읽히면서, 판을 거듭하여 출간되었다. 「자서」는 그 작품이 고통을 담고 있으나 행동으로 옮길 어떤 출구도 찾지 못한 채, '모든 것을 견딜 수 있으나 아무 것도 할 일이 없다는 절박한 상황을 극화하였기에' 재수록하지 않았다고 밝혔다.[55] 대신, 엄숙함과 냉철함이 깃든 장편 서사시 「**소랩**과 **루스텀**」(*Sohrab and Rustum*, 1853)[56] 및 지속적 위엄과 풍성함이 특징인 「생도生徒 **집시**」(*The Scholar Gipsy*, 1853)를 수록했다. 또한 그 서문에서, **아널드**는 위대한 시인이라면 훌륭한 시가 비개성적impersonal임을 깨닫게 해주는 **그리스** 문학으로부터 시의 모범과 영감을 구하고, 또한 서사시와 극시를 써야 하며 자신의 당대를 벗어나 과거에서 제재를 구해야 한다고 주장하였다. 이 서문은 통일성·비

스 철학자이자 정치가 **엠페도클레스**(c. 494~c. 434 B.C.E.)는 변론·시·의술 등에도 재능이 뛰어나 민중이 왕위(王位)를 제의했으나 거절하였다. 불을 우주의 기본 물질로 본 **헤라클레이토스**(Heraclitus of Ephesus, c. 540~c. 480 B.C.E. 본고 제4장 305쪽 각주 80) 비교)처럼 그도 물질을 불·공기·물·흙의 4가지 본질적 원소들의 합성물로 여기긴 했으나, 모든 사물은 그 원소들이 '우애(philia)'와 '증오(neikos)'에 의해 분리되고 결합되는 비율에 따라 형태를 바꿀 뿐 새로이 생성·소멸하는 것이 없으며 현실세계란 그 두 힘이 서로 평형을 이루는 상태이고, 지식이란 감각이 아닌 이성에 의하는 것으로 보았다. 영혼의 윤회를 믿은 그에 따르면, 죄인은 죽을 수밖에 없는 수많은 육체를 전전(轉轉)하는데, 이 형벌에서 벗어나려면 영혼의 정화가 필요하며, 동물의 영혼이 한때 인간 육체 안에 거했을지도 모른다 하여 특히 동물 살코기의 식용을 금하였다. 또한, 그는 부정(不淨) 탓에 천계에서 쫓겨난 신으로 자처하였다. **아널드**의 그 시극은 그가 자기 추종자들에게 자신이 신(神)임을 확증시키고자 **에트나** 화산 정상의 분화구 속에 투신했다고 하는 진위를 알 수 없는 일화를 다룬다. 〔3,350m로 **유럽**에서 가장 높은 활화산인 **에트나** 산은 **이탈리아 시칠리아** 섬 동부 **메시나**(Messina)와 **카타니아**(Catania) 인근에 소재한다.〕 **아리스토텔레스**(Aristotle, 384~322 B.C.E.)는 그를 수사학의 창시자로, 로마의 **갈레노스**(Claudius Galenus, 129~c. 199)는 **이탈리아** 의학의 초석을 놓은 이로 칭송했고, 고대 로마의 **루크레티우스**(Titus Lucretius Carus, 99~55 B.C.E.)는 그의 6운각(韻脚) 시에 대해 감탄을 늘어놓았다. 그의 작품으로 추정되는 것들 중, 400행의 시 「자연론(自然論)」(*Peri Physeōs*) 및 시 「정화(淨化)」(*Katharmoi*) 중 100행 정도가 현전한다.

55) M. Arnold, *Preface to the Poems, in Poems: A New Edition*. Walter Jackson Bate. (ed.) *CRITICISM: THE MAJOR TEXTS* (Enlarged edition), New York: Harcourt Brace Jovanovich, INC., 1970, 444–451쪽.

56) **호메로스**를 귀감 삼고 10세기 **페르시아** 시인의 작품에서 착상을 얻은 것으로, **타르타르**(Tartar) 군대의 용장(勇將) **소랩**은 **페르시아** 국왕 **루스텀**을 공격하여 대결하다가 **루스텀**에게 죽임 당하는데, 알고 보니 **루스텀**은 **소랩**의 친부(親父)였다는 비극. 고전적인 의미에서 부자간(父子間)의 살해라는 보편적 소재를 다루었다.

개성·보편성·조형성의 고전적 가치를 주장하고, 고전 걸작들을 '도덕적 장엄함이 결여된 정신적 불안의 시대'의 모범으로 보았다는 면에서, 그의 후기비평을 상기시킨다. 이 무렵, 그는 다양한 전통과 문헌에서 설화시narrative poems의 주제를 얻었는데, 특히 초기의 낭만적 우울감romantic melancholy은 **프랑스** 계몽주의 문필가 **에티엔 드 세낭쿠르**(Étienne Pivert de Senancour, 1770~1846)의 낭만주의 서간체 소설epistolary novel 『**오베르망**』(*Obermann*, 1804)[57]에서 상당부분 힘입은 것이다.

이어서 **아널드**는 증보판 시선집 『시편들: 속편』(*Poems: Second Series*, 1854)을 내고, **그리스**풍의 고전시극 「**메로프**」(*Merope*, 1858)를 발표하며, 마지막으로 『신작 시집』(*New Poems*, 1867)을 냄으로, 시인으로서의 실질적 활동이 마감되면서 이후로 거의 운문을 쓰지 않는다. 이 마지막 시집에 「**도버** 연안」(*Dover Beach*, 1867)과 「**따이어시스**」(*Thyrsis*, 1865~1866)가 수록되었다. 후자는 미묘한 연聯, stanza 형식을 능란하게 구사한 자연시로서, 대학친구이자 시인인 **클러프**(Arthur Hugh Clugh, 1819~1861)의 사거死去를 애도한 비가悲歌, elegy이다. **아널드**의 대표작인 전자는 초기의 현대 감수성을 나타낸 숭엄한 명상 시편으로, 과거의 종교적 진실들이 퇴조한 악몽의 세계a nightmarish world를 묘사하며, 그 착상과 어법에 있어서 전대前代 **워즈워쓰**의 낭만주의 색채가 배어있다. 이 시의 몇몇 구절들은

---

57) **세낭쿠르**가 **알프스**산에서 영감 받아 쓴 『**오베르망**』은 19세기 초의 낭만주의 소설로, 출판 약 30년 뒤에 재발굴되어 당대의 낭만적 취향을 절묘하게 부합시킨 점이 주목을 끌었다. 감수성이 예민한 주인공의 고뇌를 그린 이 작품에서는 **알프스** 고원(高原)의 자연을 '경이로움의 복합체'이자 **리베르테 알페스트레**(liberté alpestre, '**알프스**의 자유')라고 일컫는데, 주인공의 이름에서 '고독감'이란 뜻의 **프랑스**어 **오베르마니즘**(obermannisme)이란 말이 나올 정도로 인기를 끌었다. **유럽** 낭만주의의 최고 작가인 **조르쥬 상드**(George Sand, 1804~1876)는 이 작품을 **샤또브리앙**(François-René, vicomte de Chateaubriand, 1768~1848)의 중편소설(novella) 『**르네**』(*René*, 1802) 및 **괴테**(Johann Wolfgang von Goethe, 1749~1832)의 소설 『젊은 **베르테르**의 슬픔』(*The Sorrows of Young Werther*, 1774)에 필적한다고 평가하였다. **헝가리** 음악가 **리스트**(Franz Liszt, 1811~1886)의 **피아노**곡 대작(大作) 『순례의 해』(*Annees de Pelerinage*)는 1830년대부터 1877년까지 40년간 작곡한 '제3년 총 26곡'으로 구성되는데, 이 중 제1년 **스위스**편 제6번 곡 〈**오베르망**의 계곡〉(*Vallee d'Obermann*)은 **리스트**가 『**오베르망**』을 읽고서 영감을 얻어 쓴 곡이다.

훗날 여러 사람들이 누차 인용할 정도로 유명세를 떨치게 된다. 가령, 다음과 같은 구절은 고전적인 완성도를 성취한 대목 중 하나라 하겠다.

> 신앙의 바다 역시
> 한때는 밀물로 밀려와, 이 땅의 해변 둘레에
> 빛나는 띠의 주름들처럼 착착 접힌 채 가득 쌓여 있었다오.
> 허나 지금 내겐 그저 들릴 뿐이라오.
> 밤바람의 숨결에 따라,
> 현세의 황량하고 벌거벗은 자갈들 가득 깔린
> 광막한 저 해안가 아래로 썰물처럼 쭈욱 빠지는,
> 그 [신앙의 바다의] 길고도 음울한 울부짖음만이.
> 아, 사랑이여, 우리 서로에게
> 진실하도록 합시다!
>
> –「**도버** 연안*Dover Beach*」, 21–30행.

> The Sea of Faith
> Was once, too, at the full, and round earth's shore
> Lay like the folds of a bright girdle furl'd.
> But now I only hear
> It's melancholy, long, withdrawing roar,
> Retreating, to the breath
> Of the night-wind, down the vast edges drear
> And naked shingles of the world.
> Ah, love, let us be true
> To one another!

이는 전통적 기독교 신앙의 쇠퇴를 그리면서 그 신앙을 인간 관계의 진실함으로 대체하자는 취지로, 세기말적인 고독과 우울과 환멸의 정서가 그 장중한 형식에 잘 조화된 걸작이다.

사교계의 공인公人으로서 **아널드**는 밝고 상냥하며 쾌활한 듯 보였으나, 그의 시편들에는 삶의 저변에 흐르던 우수 어린 감성이 곧잘 배어나곤 하였다. 그는 내면적으로 사랑과 고독, 마음의 평정을 향한 절실한 동경, 지나간 청춘으로 인한 우울감 등 애수 어린 내성적 색채를 띠면서도, 외면적으로는 병든 사회 속에서 멍들어간 인간 상황을 다루었다. 그러한 시적 고뇌는 종교 질서의 붕괴와 그로 인한 회의에 기인하기도 하지만, 기질상 '적극적이면서도 감정적인 일면'과 '냉철한 지성의 또 다른 일면'이 갈등을 일으킴으로써 야기된 것이었다. 즉, 감성적으로는 신앙의 절실한 요구를 느끼지만, 그의 지성은 냉혹하게 그 요구를 거부하였던 것이다.

> 두 세계 사이에서 배회하건대, 하나는 죽은 것이고
> 다른 하나는 태어날 때부터 무력한 것이지,
> 이 세계들처럼 내 머리를 둘 곳이 그 어디에도 없어,
> 난 그저 이 지상에서 쓸쓸히 기다릴 뿐.
> –「**샤르트뢰즈** 수도원 시편」(*Stanzas from the Grande Chartreuse*, 1855)[58]에서

> Wandering between two worlds, one dead
> The other powerless to be born,
> With nowhere yet to rest my head
> Like these, on earth I wait forlorn.

이렇게 두 세계 사이에 끼어 있다는 내면적 고뇌는 그의 시 전반에서 고독과 우울과 절망의 기조로 드러난다. 그는 1869년 그의 어머니에게 보낸 편지에서 이렇게 말하였다.

> "전반적으로 제 시들은 한 세기의 마지막 4반세기에 나타난 **주요 정신 동향**을 표방하지요. 그러기에 사람들이 그 정신동향이 무엇인지 스스로 의식하고 그 동향을 반영하는 문학작품들에 흥미를 품게 된다면, 필

58) **프랑스**의 남동부 **알프스** 산록 **그레노블**(Grenoble) 부근 **도피네**(Dauphine) 지방의 해발 1,300m의 **그랑드 샤르트뢰즈**(Grande Chartreuse) 수도원. **아널드**는 1850년경 이 수도원에 잠시 머무른 적이 있었다.

시 제 시들도 한때를 맞이할 거에요. 제가 **시적 정서**는 **테니슨**에 미치지 못하고 **지적인 활기와 풍성함**은 **브라우닝**을 따르지 못한다는 항간의 주장이 일면 정당하기도 하지요, 헌데 저는 어쩌면 그들 중 누구보다 그 두 가지 요소를 더 잘 절충시키며, 그 절충한 바를 현대 발전의 본류本流에 한결 더 정연하게 적용시켜 왔기에, 그들에게처럼 제게도 빛을 볼 차례가 올 가망이 꽤 크답니다."

My poems represent, on the whole, **the main movement of mind** of the last quarter of a century, and thus they will probably have their day as people become conscious to themselves of what that movement of mind is, and interested in the literary productions which reflect it. It might be fairly urged that I have less **poetical sentiment** than Tennyson and less **intellectual vigour and abundance** than Browning; yet because I have perhaps more of a fusion of the two than either of them, and have more regularly applied that fusion to the main line of modern development, I am likely enough to have my turn as they have had theirs.[59)]

아널드의 시는 정온靜穩함과 명석성明晳性과 자제력이라는 고전적 가치가 그 특징이었음에도, 너무 지적인 성향 탓에 당대의 아류亞流 취급을 면치 못한 것도 사실이다. 하지만, 이 편지에서 밝히는 대로, 그는 자신의 시가 '시적 정서'나 일종의 '지적 낙천주의'에서는 몰라도 언젠가는 그 당대 정신을 반영한 바가 인정받게 될 것으로 믿었다. 아니나 다를까, 현대에 들어 개인적 체험의 현실을 반영한 그의 시가 시대의 "정신 동향" 즉 주동적主動的 정신을 더 잘 대변하였다는 인식이 새삼 부각되고 있다.

낭만주의자였지만 자연을 **워즈워스**처럼 동등한 위상까지 올려놓지 않았던 **아널드**는 시인이 자연에서 고요한 질서를 맛볼 수 있으나, 인간이

59) Cecil Y. Lang (editor), *The Letters of Matthew Arnold in six volumes*(Charlottesville and London: The University Press of Virginia, 1996-2001), Volume 3, 347쪽. (en.wikipedia.org. 〉 Matthew Arnold)

자연보다 더 우월한 존재이기에, 감상적 자연숭배에 빠져 정신적 계시를 얻으려는 태도란 자연의 노예밖에 되지 않는 것이라고 여겼다. 그의 시에 나타난 자연은 대체로 황혼, 침사沈思에 잠기기 좋은 달빛, 고요한 밤 등으로서, 명상적이고 영탄적인 기조를 띤다. 강과 해변 또는 산정 등의 자연을 회화적 배경막으로 삼아 거기에 시적 의미를 결합시킨 그의 시편들은 전반적으로 단조로운 산문체로 다소 거북한 직유가 더러 눈에 띄지만, 행의 운율보다는 사체斜體, italic 표기로 그 의미를 강조하는 등 이색적인 면도 없진 않다. **테니슨**과 **브라우닝**이 젊은 시절에 전대의 낭만주의 시인들로부터 큰 영향을 받았다면, **아널드**는 고대 **그리스** 문학의 지적인 고전주의로부터 더 많은 영향을 받았던 것이다.[60] 바로 **아널드**를 낭만주의와 **모더니즘**의 과도기 인물로 보는 소이가 여기에 있다.

내성적 명상 시인으로서 **아널드**의 시 세계는 내밀하고 개인적인 고백의 음조를 띤 독백 투로, 감상적인 비관주의가 면면히 흐른다. 절제된 시적 표현 속에 낭만성이 깃들어 있고, 청춘의 상실을 한탄하는 등 당대에 대한 회의적인 사색이 가득하다. 그래서인지, 그는 제 시편들을 마음에 썩 들어 하지 않았다. 그는 본시 고전적인 균형감, 냉철한 평온감과 장엄감 등을 지향했건만, 시를 쓰면 쓸수록 그와는 동떨어진 채 낭만적 회오, 감상적 비관주의나 향수와 같은 내밀하고 사사로운 감성들로 충만했다. 앞서 거론한 『신판 시편들』의 서문에서 스스로 밝혔듯이, 시는 '독자의 기운을 북돋아 주고 기쁘게 해주며 불가사의한 힘을 전달하여 즐거움에 부풀도록 해주어야 한다'고 여겼는데, 그는 제 시 작품들을 비롯한 19세기의 시 대부분이 그러한 판단기준에 훨씬 미흡하다고 보았다. 19세기 전반에 걸친 시인들의 시작품에서 문학적 한계를 의식하게 된 그는 1850년대 후반 불혹의 40대에 들어서면서 산문과 문학비평으로 창작의 전환

60) Miles & Pooley, *A History of English Literature*, 246쪽.

을 시도한다. 그때 '내면의 시인이 죽자 비평가가 살아났다'고 그는 훗날 술회하였다.

2) 문학평론가a literary critic로서의 활약

아널드는 시에서 손을 뗀 뒤 자신의 이상理想, ideals을 집필하는 평론가의 길로 매진한다. 그것은 그 자신이 **괴테**를 일컬어 말한 '말세의 의사'Physician of the iron age[61]로서의 역할이었다. 그야말로, 모든 것은 그 자신으로부터 시작되었다. 산문작가로서 본격적인 필봉을 휘두르는 이 성실한 비평가는 진지한 평론을 우아함과 기지機智로 빛나게 만드는 산문체로써 금방 명성을 떨치게 된다.

그의 평론활동은 앞서 언급한 바 있는 『신판 시편들』의 「자서」에서 이미 시작되었다고 볼 수 있다. 그는 극시 「**에트나** 산정의 **엠페도클레스**」를 재수록하지 않은 까닭이 '자아검열의 극한 행위'his extreme act of self-censorship의 결과라고 해명하는 이 글에서, 시에서의 주제의 중요성을 강조하고, **그리스** 문학에서 그리고 **괴테**와 **워즈워쓰**에 대한 짙은 인상에서 습득한 '명확한 배열, 엄밀한 전개 및 간결한 문체'를 강조하는 등 그 비평론상의 거의 모든 필수 요소들을 잘 보여주었다.

아널드는 29살 때인 1851년 결혼 직후, 장학관an inspector of schools으로 봉직할 때, 인문학과 공립교육을 강조하며 교육개혁을 추구하였다. 그런데, 1857년 그의 대부代父인 **존 키블**(John Keble, 1792~1866)의 후임자로 **옥스퍼드**Oxford 대학교의 시학 교수직the professorship of poetry에 임명되어 이후 1867년까지 10년 간 교편을 잡으면서, 비평은 그의 문필활동에

---

61) **아널드**는 자신의 시 「1850년 4월의 기념시」(*Memorial Verses April 1850*, 1850) 17행에서 **괴테**를 일러 '철기시대의 의사'(Physician of the iron age)라고 칭하였다. 여기서 '철기시대'(the iron age)는 고고학적으로 선사시대의 마지막 단계로 분류되는 문자적인 '철기 사용의 시기'(鐵器時代, c. 1200~c. 600 B.C.E.)가 아니라, '말세(末世)'의 은유적 표현으로 사용되었다.

서 최우선적인 작업이 되었다. **아널드**의 취임 강의인 「문학의 근대적 요소에 관하여*On the Modern Element in Literature*」에는 그의 핵심적 사고가 담겨 있다. 그에게 있어 '근대'란 단순히 '동시대'의 의미를 넘어서 인생의 거대하고 복잡다단한 광경에 관하여 숙고하고 도덕적·지적 발산을 하려는 정신을 의미하였기에, 과거의 **그리스** 문화에도 '근대성'이 깃들어 있다고 보았다.

1861년에 그의 강의록 『**호메로스** 번역론』(*On Translating Homer*, 1861)을 발간했고, 이듬해 『**호메로스** 번역에 관한 최후 발언』(*Last Words on Translating Homer*, 1862)을 간행하였는데, 이는 그가 교수시절에 거둔 가장 실속 있는 수확이다. 그는 **호메로스**의 근본적 특질을 사건의 신속한 전환, 평이하고 직접적인 어법과 구문, 간명한 사상, 고상함 등으로 정리하면서, 이 특질들이 당시 영국 문화에서 확립되기를 열망하였다. 또한 그는 '병적인 성급함과 분열된 목적'을 가진 근대 세계에 대한 치유책으로서 **호메로스**의 단순성과 고결성을 권유하였고, **프랜시스 뉴먼**(Francis William Newman, 1805~1897)이 번역한 **호메로스**의 『**일리아드***The Iliad*』는 시시하고 괴벽스럽다고 비난했다. 또 다른 강의집 『**켈트** 문학 연구』(*On the Study of Celtic Literature*, 1867)는 별 주제나 문화사적 지식은 없어도, '**켈트** 문화의 흐름'을 그 당시에 만연되어 있던 비속함과 실용주의에 맞서는 상징으로 사용했다.

그 주요 개념은 문학평론집 『비평문집』(*Essays in Criticism*, 1865 & 1888)과 사회비평집 『교양과 무질서』(*Culture and Anarchy*, 1869)에서 잘 나타난다. 그의 문학평론은 '시금석'과 '초연성'超然性, disinterestedness[62)]의 개념으로, 사회비평적 소견은 '속물근성'Philistinism의 개념으로 정리된

62) 이 용어의 문자적인 의미는 '무사무욕(無私無慾)' 즉 '사심(私心) 없음'이다. 문학작품의 비평에 임할 때, 사사로운 선입견이나 편견 및 편협함이 없이 공정한 객관성을 지녀야 함을 함의한다. 본고 275쪽 각주 41)과 295쪽 각주 72) 참조.

다.[63)]

(1) 『시의 연구』(*The Study of Poetry*, 1880)[64)]: 시금석試金石, touchstone, 고도의 진실high truth과 고도의 진지함high seriousness

프랑스에서 도덕성morality을 주장했던 진보적 평론가 **조제프 에르네스트 르낭**(Joseph Ernest Renan, 1823~1892)과 자신을 비교하면서, **아널드**는 시론집 『시의 연구』에서 자신의 역할이 영국에서 지성intelligence을 거듭 강조하는 것이라고 여겼다. 그는 '시 없는 과학은 불완전해질 것이며, 지금 우리에게 종교와 철학으로 통하는 것들 대부분은 시로 대체될 것이다'[65)]라고 단언하면서, 시의 가치를 판단하는 가장 중요한 기준은 '고도의 진실'high truth과 '고도의 진지함'high seriousness이라고 보았다.

원래 어떤 금덩이의 품질을 판단하는 광석인 시금석은 주로 검은 석영石英, Quartz 및 나지흑석裸地黑石, 점판암, Slate[66)] 등 검은 빛깔의 단단한 돌인데, 그 돌 위에 어떤 귀금속 표본을 문질러보아 그어진 선의 색깔로 표본의 품질을 비교하여 그 순도 여부를 알아낸다.[67)] 나중에 이 단어는 어떤 사물의 가치나 어떤 사람의 능력과 역량 등을 시험하고 평가하는 기준

---

63) Vernon Hall Jr., *A Short history of literary criticism*, 108-111쪽.

64) 이 글은 원래 저술가 **T. H. 워드**(Thomas Humphry Ward, 1845~1926)가 편찬한 5권 한 질(帙)짜리 명시선집 『영국의 시인들』(*The English Poets*, 1880)에 관한 총론으로 집필되었다. 그 명시선집은 영문학 초기로부터 당시까지 200명 이상의 시인들이 쓴 시 1446편과 함께 시인 및 문학비평가들의 비평서문들(critical introductions)을 수록한 최초의 대형 **앤쏠로지**(The first great classic poetry anthology)로 유명하다. D. J. Enright and Ernst De Chickera. edited & notes. *English Critical Texts*(London: Oxford University Press, 1962), 260-285쪽.

65) 'Without poetry, our science will appear incomplete; and most of what now passes with us for religion and philosophy will be replaced by poetry.'

66) 점토가 굳어서 된 검은 빛깔의 치밀질 변성암(變成岩, metamorphic rock)으로, 흔히 벼룻돌이나 바둑알의 재료로 쓰이는 암석.

67) 세립상(細粒狀) 집합체인 석영의 색과 굳기를 이용한 방법으로, 금의 순도가 서로 다른 품질지표인 두 개의 금 막대기 즉 패금(佩金, 순도 낮은 금)과 본금(本金, 불순물이 섞이지 않은 순금)을 시금석 위에 문질러 선을 그린 다음, 시험표본인 금조각도 그 옆에 선을 그린다. 그 선들의 색깔 즉 조흔색(條痕色)을 비교하여 시험표본의 순도와 질을 측정한다.

이 될 만한 사물을 비유하는 말로 전의轉義되었다. **아널드**가 31살 때 『시의 연구』에서 처음 도입한 이후로, 이 말은 가장 위대한 시인들로부터 정선한 귀감의 문장을 지칭하는 문학비평 용어로 자리 잡았다. 즉 평론가의 사사로운 시각으로 인한 평가의 오류를 시정할 교정책으로서, 그리고 어떤 시나 문장의 진정한 우수성을 시험하는 기준으로서, 위대한 시인들의 작품에서 뽑은 문장들을 '다른 시를 시험하는 시금석으로' 활용하자는 것, 즉 선배 대가들의 시작품들을 탐독하여 그 뛰어난 시어와 기법을 시 창작의 기준으로 삼아야 한다는 것이다. 신념이 무너져가는 시대에 시가 종교를 대신하게 되면 일반 독자는 '인생을 해설하고 위로하며 지탱시켜주는 시'에 관심을 기울이게 될 터이므로, '시금석'의 개념으로 우수작과 열등작 및 참된 시와 사이비 시를 구별하여 작품 속의 '고도의 진실'과 '고도의 진지성'을 판단해내는 척도로 삼자는 취지이다.

아널드는 '고도의 진실'과 '고도의 진지함'을 지닌 시금석으로서, 서사시 『**일리아드***Iliad*』와 『**오디세이아***Odyssey*』를 쓴 고대 **그리스** 시인 **호메로스**(Hómēros, 영: Homer, 기원전 8세기경), 장편 서사시 『신곡神曲』(*La Divina Commedia*, 1308~1321년 사이)을 쓴 **이탈리아** 시인 **알리기에리 단테**(Alighieri Dante, 1265~1321), 영국의 시인이자 극작가인 **윌리엄 셰익스피어**(William Shakespeare, 1564~1616), 대서사시 『실낙원失樂園』(*Paradise Lost*, 1667)을 쓴 영국 시인 **존 밀턴**(John Milton, 1608~1674) 등 네 시인을 진정한 고전시인으로서 제시하였다. 그 위대한 시인들이 갖춘 미덕은 '소박한 스타일'이다. 간혹 **키츠**(John Keats, 1795~1821)나 **테니슨** 등이 구사한 '화려한 수식으로 장식된 언어'에 호감을 표하기도 했지만, 대체로 **아널드**는 '수수한 문체'를 선호하였다.[68] 또한 그는 **아우렐리우스**(Marcus

---

68) **아널드**는 러시아 작가 **톨스토이**와 스위스의 철학문필가 **아미엘**(Henri Frédéric Amiel, 1821~1881)을 제외하면 주로 **밀턴·그레이·워즈워쓰·바이런·셸리** 등 영국 시인들 위주로 접근했다. 각 시인의 인생 비평 및 근대정신의 자양분적 가치를 논하는 진지한 평가로 이루어진 그의 글에

Aurelius, 121~180)[69], **톨스토이**(Leo Tolstoy, 1828~1910), **워즈워쓰** 등의 일부 정선된 짧은 문장들로도 다른 시작품들의 장단점을 결정하고 평가할 근거로 삼을 수 있다고 보았다. 이러한 표준에 비춰볼 때, **제프리 초서**(Geoffrey Chaucer, c. 1343~c. 1400)의 『**캔터베리** 이야기』(*The Canterbury Tales*, 1387~1400)는 영시英詩의 시조始祖로서 위대한 문학적 전통을 남겼으나 '고도의 진지성'이 결여되어 있다고 다소 평가절하였다.

이러한 소견에는 자기도취적인 주관성이 없지는 않지만, **아널드**는 당대의 인문주의자로서 훌륭한 시를 종교·철학·과학 이상의 높은 위치에 올려놓고서, 훌륭한 고전을 제대로 반영한 문학작품을 통해 인간의 정신적 위대성을 회복하려고 노력하였음을 알 수 있다.

(2) 「현 시대의 비평의 기능」(*The Function of Criticism at the Present Time*): 현실에 대한 문학의 책임과 '초연성'

아널드는 앞서 『시의 연구』에서 일부 선배 시인들을 제법 신랄하게 비판한 바 있다. 이 비판은 당시 **런던** 문단에 상당한 파장을 초래하여, 시나 소설의 창작에 관해 건설적이지 못한 비판의 잣대를 들이대는 비평은 썩

서, 극작가 **드라이든**(John Dryden, 1631~1700)과 시인 **포프**(Alexander Pope, 1688~1744)는 영혼으로부터가 아니라 기지(機智, wit)로 글을 썼다 하여 '진정한 시인'의 범주에서 배제되었으며, **존 던**(John Donne, 1572~1631)은 아예 언급조차 되지 않았다. **그레이**(Thomas Gray, 1716~1771)는 산문과 정신적 황폐기의 '군소(群小) 고전시인'으로 간주되었다.

69) **로마**제국 제16대 황제이자 **스토아**학파(Stoicism) 철학자. 저서 『명상록(瞑想錄)』(*Meditations*, 원제: *Τὰ εἰς ἑαυτόν, Ta eis heauton*, "자기 자신만의 사물들(things to one's self)")은 대우주(大宇宙)와 그 속에 사는 소우주로서의 자아를 대비시킨 내면적 자기반성의 사색물이며, **라틴**어가 아닌 통용 **그리스**어(Koine Greek)로 쓰였다. 내용은 끊임없이 죽음의 문제를 논하면서, '인간은 우주라는 큰 도시의 시민(**코스모폴리티스**, kosmopolitês)'이라는 '세계[우주(宇宙)] 시민'의 **스토아** 철학적 발상을 거듭 강조한다. 원래 권·장·절이 없었는데, 후대인이 12권으로 나누고, 각 권에 장(章)을 매긴 뒤, 긴 장(章)은 다시 절로 나누었다. 견유학파(犬儒學派, the Cynics)의 창시자인 **시노페** 출생의 **디오게네스**(Diogenes of Sinope, 412 or 404~323 B.C.E.)가 사람들이 출신지를 묻자 '나는 [우주라는] 세계의 한 시민이다'(I am **kosmopolitês**('a citizen of the world'))라고 답변한 데서, 세계주의 즉 사해동포주의(四海同胞主義, Cosmopolitanism)라는 말이 나왔다. 본고 제4장 및 303쪽 각주 78) 비교.

가치 있는 행위가 아니라는 반대비판이 항간에 일었다. 이에 대하여 **아널드**는 평론 「현시대의 비평의 기능」의 1888년판 증보확장본을 쓰면서, 두 가지 근거를 들어 반론을 편다. 첫째, 인간은 비평 자체로부터도 행복을 찾을 수 있으며, 예술의 목적이 행복이라면 비평 역시 의미 있는 행동이다. 둘째, 비평이 아닌 이른바 '순수한 창조력'의 행사는 항상 가능한 일이 아니다. 훌륭한 문학은 당대의 사상과 연관되어야 한다. 그 사상은 작가가 아닌 철학자들의 몫이지만, 작가는 당대에 통용되는 사상을 효과적으로 표현해내는 작업을 해야 하는데, 사회적으로 훌륭한 작품이 나올 수 있는 분위기가 형성되어 있지 않다면 아무리 문학적 천재라 한들 명작을 낼 수 없다. 비평은 창조력이 최상의 사상을 퍼뜨릴 수 있는 사회 분위기를 조성하며, 그 비평을 통해, 작가는 작품의 배경이 되는 복잡한 현대사회의 인생과 세계에 대한 깊은 이해를 얻을 수 있다. 비평은 반드시 창의적인 작품의 전제조건은 아니지만, 그러한 작품을 쓸 수 있는 세계를 작가의 마음속에 마련해주며, 실제 세계로 하여금 창작 분위기를 형성하도록 촉진하고 유지시켜주는 기능을 한다는 것이다. 그는 **괴테**가 활동한 독일을 그 모범 사례로 들었다.

아널드는 모든 문학 특히 시란 그 자체가 '시적 진실과 시적 아름다움의 법칙에 의해…… 결정된 조건하에서' 결국은 '인생의 비평'criticism of life이라고 천명하였다. 여기서 '비평'이란 '가치 평가' 즉 해설이나 해석interpretation으로 이해된다. 또한 그는 영국 비평문학이 취해야 할 주요 규칙으로서 '초연성'disinterestedness의 개념을 제기한다. 당시 영국의 주요 평론지들은 특정 종교나 정파政派에 속해 있어 그 정신적 활동범위가 제약을 받았다. 예컨대, 당시 《**에딘버러 리뷰**》*Edinburgh Review*는 혁신적인 **휘그**당The Whigs의 주장을 반영하고, 《**쿼털리 리뷰**》*Quarterly Review*는 보수적인 **토리**당The Tories을 지지했으며, 《**더 타임즈**》*The Times*는 삶에

만족을 느끼는 부유한 영국인의 의중을 대변하였다.[70] 이에 따라, **아널드**는 주요 평론지가 각 정당의 정치적인 의견에 종속되어 있음을 비판하면서, 특정 집단의 이익을 대변하지 않는 공정한 비평지가 필요하다고 역설하였다. 진정한 비평은 실생활에 좌우되어 직접적인 논쟁에 휘말리면 안 되며, 실제적 사물관the practical view of things에서 '초연'해야 한다. 편협성을 넘어선, 즉 현실적 이해관계로부터 초연한 마음의 평정을 지니는 비평가만이 인간에게 봉사할 수 있다. 비평이 순수한 지적 분야가 아닌 현실 속의 직접적 논의에 가담하면, 그 관련 집단의 이익을 위해 가상의 믿음을 만들어 정신적 지평을 제한하게 된다. 따라서 진정한 비평은 현상에 대한 대비를 세움으로써 편협하고 상대적 개념들을 수정하여 완성적 개

---

70) Vernon Hall Jr., 108쪽. 왕위계승법(Act of Settlement, 1701)은 권리장전(權利章典. Bill of Rights, 1689)을 개정한 법령으로, **앤** 여왕(Anne, 재위: 1702~1714)의 이복동생[이자 **제임스** 2세(James II, 재위: 1685~1688)의 아들] **제임스 스튜어트**(James Francis Edward Stuart, 1688~1766)를 향후 왕위계승권에서 배제하자는 이 법안의 통과를 놓고, 의회 내의 찬성파는 반대파(**제임스**의 왕위 계승 지지파)를 **토리**(Tory)라고, 반대파는 찬성파를 **휘그**(Whig)라고 경멸적으로 불렀다. 근대 정당은 이 **토리**당과 **휘그**당에서 시작된다. **앤** 여왕 사후에, **제임스** 1세(James I, 재위: 1606~1625)의 손녀로서 독일로 시집간 **소피아**(Sophie, Prinzessin von der Pfalz, 1630~1714, 독일어로 '조피')의 아들 **조지** 1세(George I, 재위: 1714~1727)가 왕위계승법에 의해 즉위하면서 **하노버**(Hannover) 왕조가 출발한다. 독일 **하노버**의 영주였던 **조지** 1세와 **조지** 2세(George II, 재위: 1727~1760)는 영어를 모르고 국내 사정에 밝지 못했기에 국정을 내각의 대신들에게 일임하게 되면서 '왕은 군림하나 통치하지 않는다'(The kings reign but not govern)는 원칙이 수립된다. 이제 내각이 의회의 지배 정당과 합심하지 않고는 실질적인 국내 정치가 불가능해지자, 의원내각제(parliamentary government)가 정초(定礎)된다. 1832년 제1차 선거법 개정으로, **토리**당은 자본가와 지주를 대표하는 보수당으로, **휘그**당은 산업가와 소시민을 대표하는 자유당으로 발전하였다. 보수세력과 혁신세력을 대표한 두 당은 서로 대립하고 경쟁하면서 영국 정치를 이끌어나가 양당제 의회민주정치의 토대를 닦았다. 이후 산업혁명의 산물로 노동계급이 성장하자, 1906년 진보적인 노동당이 결성되었고, 제1차 세계대전 이후 영국 정치는 보수당과 노동당의 양대 정당에 의한 양당체계가 자리 잡기에 이른다. 참고로, **하노버** 왕가의 가장 탁월한 군주는 **빅토리아** 여왕(Victoria, 재위: 1837~1901)이다. **빅토리아**는 여성의 왕위상속을 불허하는 대륙의 법[**살리카** 법전(라: Lex Salica): **살리**족(族) **프랑크**(Frank)의 부족법전(部族法典)] 때문에 독일 **하노버**의 왕위까지는 차지하지 못했다. 영국 왕실을 **하노버**가에 이어 독일 **베틴**가(독: Haus Wettin)의 **작센-코부르크 고타**(독: Sachsen-Koburg und Gotha) 가(家)가 장악하는데, 그 가문은 1917년 **윈저**가(House of Windsor)로 이름을 바꾼다. 그 **윈저** 왕조를 잇고 있는 것이 현재의 영국 여왕 **엘리자베스** 2세(Elizabeth II, 1926~)이다.

념으로 거듭날 수 있게 해줘야 한다. 이렇게 『비평론집』은 당시까지 생각지 못한 규모와 의의를 '비평'에 부여하였다. 즉, **아널드**는 비평의 기능을 '세상에서 알려지고 생각되어진 최상의 것을 배우고 전파함으로써 새롭고 진정한 사상의 흐름을 이루려는 순수하고 초연한 즉 사심 없는 노력'으로 정의하였다. 예술가가 초연한 자세로 작품을 쓸 때에야 비로소 민중들을 정신적 공황에서 벗어나게 할 수 있다는 것이다.

아널드는 '초연성'이란 '완전한 무이기성無利己性이 가능한 상태'로 상정하면서, 이상적인 객관성과 중립성의 상태, 즉 '**대상을 본질적으로 실제 있는 그대로 보려고 노력하는 것**'the endeavour to see the object as in itself it really is이라고 규정한다.[71] 이 '사심私心 없음'은 단순히 아무 관심도 가지지 않는 냉담함과는 변별이 되는 몰아적沒我的인 태도로서, '사사로운 이익 추구를 동기로 삼지 않는,' 그리하여 '기득권이나 관습적인 편견으로부터 독립적인 시각이 가능한' 상태를 의미한다. 이는 시간을 초월한 객관적 기준을 환기하는 시론의 초석이 된다. 이렇게 사회 현실에서 한 발짝 물러나 초연하게 사상을 논의할 때 '정신의 자유로운 활동'이 가능해진다. 이는 문학 외에 신학·역사·예술·과학·사회학·정치학 등 모든 분야에서 '실제 있는 그대로 사물을 보려고' 하는 각성되고 계몽된 지성의 정신이다.

초연성 즉 무관심성無關心性, 독: Interesselosigkeit은 **칸트**의 독일 미학에서 제일 먼저 거론된 개념으로, 예술을 감상할 때 어떠한 도덕적·지적 전제조건도 필요하지 않다고 보는 이론이다. 이 사고는 **쉴러**(Johann Christoph Friedrich von Schiller, 1759~1805)와 **쇼펜하우어** 등을 거치며 발전하여, 미학이 철학으로부터 독립할 수 있는 근거를 제공하고 아울러 예술의 자율성이 확립되는 계기를 마련하였다. 전통적인 미 외에도 숭고미

---

71) 이러한 비평의 태도와 목적은 이후 **월터 페이터**에게 그대로 계승되며, 이후 한국에서 **김환태**의 문학관에 결정적인 영향을 끼친다. 본고 275쪽 각주 41)과 295쪽 각주 72) 및 제4장 참조.

와 우아미 등 여러 가지 미美들이 '상상력의 즐거움'을 준다고 밝혀짐에 따라 미적 범주가 크게 확대되면서, '초연성'은 미이론美理論의 '주관화'를 촉발시켰다.[72] 그 개념은 18세기 중엽 영국에서는 처음에 윤리학적 의미로 쓰였으나, 그 뜻이 미美에 관한 논의 속에 도입되면서 당시에 대두되었던 '상상력', '천재성', '취미' 등의 개념과 함께 근대 미학의 성립에 있어 중요한 구실을 담당하게 된다.

이렇게 **아널드**는 비평에 사회적 이익이 개입되어 편협해지면 안 된다고 강조함으로써, 문학비평에 있어서 [그 정실情實이나 친분 탓에 과대평가하기 쉬운] 개인적 입장과 [비시대적 배경이 확실하여 과대평가되기 쉬운] 역사적 입장 등 두 가지 관점을 경계하였다. 문학가는 독자대중이 문학지식을 피부로 느끼도록 이끄는 제 역할을 완수하기 위해 '초연성'을 지닐 때에야 비로소 민중에게 높은 교양과 진리를 가르칠 수 있다. 그러기 위하여, 문학작품은 숭고하고 훌륭해야 하며, '고도의 진실성'high truth과 '고도의 진지성'high seriousness의 미덕이 시의 가치를 판단하는 가장 중요한 기준이어야 한다고 주장하면서, '원만한 주제'round subject-matter, '웅장한 문체'grand style 및 '사상을 인생에 적용시키는 일'the application of ideas to life 등의 부수 개념들을 비평의 논거로서 내세운다.

비록 「현 시대의 비평의 기능」에서 '비평 능력은 창작 능력보다 더 등급이 더 낮다'The critical power is of lower rank than the creative라고 시인하였지만, 일반 문학작품은 무無에서 유有를 창조하는 행위라는 본질적 속

72) 이 '무사성(無私性)' 즉 '사심 없음'은 단순한 무관심이나 초월성과 변별되는, 즉 기득권이나 관습적 편견에서 독립된 몰아적 관점을 말한다. 낭만주의자는 이를 '공감'이라고도 부르는데, 이후 **월터 페이터**와 **오스카 와일드** 등 **아널드**의 계승자들을 비롯한 일부 비평가들은 이를 비판하면서, 미를 목적으로 예술을 창조하자는 유미주의를 주창하고 예술에 있어서 모든 공리적·도덕적 목적을 배격하기에 이른다. 특히 **페이터**는 **빅토리아** 시대의 도덕주의와 **아널드**의 초연성에 대해 반기를 들고, 다른 각도의 인상주의 비평을 내세우면서 기존 관습과 추상적 이론으로부터의 자유를 목표로 경험적 사유에 대한 반응을 중시한다. 『문학비평용어사전』, 국학자료원(http://www.kookhak.co.kr). 본고 275쪽 각주 41)과 288쪽 각주 62) 비교.

성이 있기에 기존의 훌륭한 사상을 자연스럽게 녹여내는데 한계가 있으며, 설사 녹여내더라도 균형을 잡기보다는 편협해지기 쉽다. 이러한 이유로 여러 시대에 걸쳐 사랑 받는 명작이 드물다. 반면에, 비평은 타인의 문학작품에 관하여 한층 더 자유롭게 서술할 수 있고, 작품 수준에 영향을 미칠지도 모른다는 심려 없이 마음껏 작가의 판단을 녹여낼 수 있으며, 여러 사상들을 동시에 가져올 수도 있다. 이 덕에 비평은 〔기존 문학작품들이 할 수 없는〕 작품들 간의 의사소통과 연결고리, 사상 간 갈등에 대한 타협, 사상에 대한 구체적인 학계의 논의 등을 가능하게 해준다는 것이다.

아널드는 당대 사회에서 예술 특히 문학이 처한 현실을 부정적으로 보았다. 19세기 초 수십 년 동안 숱한 낭만주의 시들이 현실과 기존의 문학사조에 저항하였지만, 현실을 변화시키기는커녕 현실에 지친 당대인의 마음조차 충분히 달래주지 못하였다. 훌륭한 문학작품은 시인의 천재성뿐만 아니라 시대적 적합성이 충족될 때 비로소 탄생한다. 그와 관련하여 고대 **그리스**나 **르네상스** 시대의 건전한 사상운동이 있지만, **프랑스** 혁명(Révolution française, 1789)의 경우 순수한 사상운동이 아닌 극히 현실적인 정치적 색채의 사회 변혁인 탓에, 훌륭한 문학작품이 탄생할 풍토를 마련하지 못하였다. 이렇게 '충분히' 훌륭한 문학작품들을 내어놓지 못하던 19세기 당대의 문제는 시대적 적합성이 충족되지 못한 탓이므로, 이러한 상황에서 문학은 비평을 통해 건전한 사상적 논의를 유도하고 훌륭한 창작물이 나올 수 있는 토양을 가꾸어야 한다. 형식적인 종교가 부차적인 중요성밖에는 없어 보이는 현 세상에서, 시인은 모름지기 독자들을 인도할 수 있는 진지한 사상가여야 한다. 문학 자체뿐만 아니라 좋은 문학비평은 문명사회를 이룩하는데 유력한 힘이 될 수 있다. 이렇게 **아널드**는 개인의 자아에 몰입되어 억제와 균형을 잃기 쉬운 낭만주의에 거리를 두고, 초연한 과학적 태도로 문학의 객관적 가치를 존중함으로써 영국인이 빠지기 쉬운 편협한 도국근성島國根性, insularity을 탈각하고자 하였다.

정치·사회적 관점의 사건에 휘말리지 않고 초연하게 문학작품에 임해야 한다는 태도, 즉 미에 관한 객관적 법칙이 따로 있는 게 아니라 '감상자의 주관적인 기준과 태도에 따라 결정된다'는 미 이론의 주관화는 18세기의 취미철학趣味哲學이나 19세기의 미적 태도론을 포함하는 모든 미학론의 전제가 된다. 현대 미학에서도, 이는 심리학적 측면에서 허구가 될 수 있다는 일부 우려에도 불구하고 여전히 절대 비중을 차지하고 있다. 기성 가치기준에 의해 형성된 편견이나 관습에 얽매이지 않고 자유분방하고 주관적인 비평에 역점을 두는 사유思惟의 관점은 한국의 **김환태**에게 결정적인 영향을 끼치게 되는데, 특히 **아널드**의 『비평론집』(1865)의 첫 평론 「현 시대의 비평의 기능」[73]이 그 영향력의 논지에 있어서 대표격으로, 문학을 규명하고 평가하는 비평가의 역할에 관하여 끼치는 영향력이 크다 하겠다. **아널드**의 시는 생전에 호평과 혹평이 뒤섞인 평가와 주목을 받았지만, 그의 문학평론은 이렇게 더 성공적이었다. 그는 당시 평단에 만연되어 있던 역사주의적 접근방식the historicist approach과 개인적 소론小論, the personal essay 사이로 문학평론의 방법론a methodology of literary criticism을 틈입闖入시켰다. 그리고 그는 종종 문학적 주제에서 정치·사회적 쟁점으로 신속하고도 수월하게 옮아가곤 하였다.

3) 사회비평가로서의 사상: 『교양과 무질서』에 나타난 '교양관' 및 부르주아 성향

아널드 생애의 세 번째 단계는 『교양과 무질서』(*Culture and Anarchy*, 1869) 및 『우정의 화환』(*Friendship's Garland*, 1871)에서 일관성 있게 나타

73) 1865년판 『비평론집』에 실린 기타 평론들로는 「**모리스 드 게랭**」(*Maurice de Guérin*), 「**유제니 드 게랭**」(*Eugénie de Guérin*), 「**하인리히 하이네**」(*Heinrich Heine*), 「**주베르**」(*Joubert*), 「**스피노자**」(*Spinoza*), 「**마르쿠스 아우렐리우스**」(*Marcus Aurelius*) 등이 있다. 이 산문들을 통해, **아널드**는 비평의 지평을 폭넓게 확장하여 근대사상을 문학 외에 인생의 전 분야에 적용함으로써 모든 문화현상을 19세기의 관점으로 분석하였다. 그러한 시각은 그의 후기 저작들에까지 지속된다.

나는 사회비평으로 점철된다. 특히 전자는 앞서 「현 시대의 비평의 기능」 등의 글에서 피력한 영국 **빅토리아** 사회, 특히 중산계층의 독선, 빈자貧者의 고통에 대한 이기적 무관심으로 표출된 속물근성Philistinism, 및 배금주의拜金主義, mammonism에 대한 비판을 증보 확장한 것으로, 기계 및 물질 문명의 번영지향적인 사회 경향을 경계하고, 그 대안으로서 '인간 사고와 표현의 정수'이자 '이성과 신의 의지가 널리 퍼지게' 하는 '교양'敎養culture의 가치를 널리 옹호하였다.

아널드에 따르면, 영국 사회는 **유럽** 문화의 2대 전통인 **헤브라이즘**Hebraism과 **헬레니즘**Hellenism을 종합하지 못하고 전자의 도덕주의道德主義에 편중되어 후자의 안목과 관점을 배척한 탓에, 국민이 전체적으로 도국근성島國根性의 편협한 지방성地方性, provincialism에 매몰되고 말았다. 그 결과, 영국은 귀족계급/야만인Barbarians, 상업적 중산계급/속물Philistines, 하층계급/민중Populace으로 삼분三分 되어 갈라졌으며[74], 모든 문제는 특히 중산층 제조업자들에게 귀착된다. 정치·사회·교육·종교 등 폭넓은 당대의 제반문제들을 다루면서, **아널드**가 가장 비판한 현실은 모든 문화 영역의 기반에 깔린 속물주의였다. 사회의 가장 영향력 있는 집단인 '속물들'의 위력은 곧 국가의 위력이고 그 조야함은 곧 국가의 조야함이다. 중산층의 '속물성'은 사악하기보다는 오히려 무지하고 옹졸하며 사생활의 무미건조함에 젖어 있다. 영국 중산층이 좀스런 이기심에서 벗어나 신흥 근로계층을 포용하지 못하는 한, 사회에 무질서와 혼란이 일어나는 것을 막을 수 없다. 지도력은커녕 문명생활을 누릴 소양조차 못

74) '야만인'은 고귀한 정신, 총명함과 뛰어난 예법으로 토지와 수익과 한아(閑雅, 여유와 품위가 있음)를 누리는데도 개념이 없어서 사상적 소통이 전혀 이루어지지 않는 귀족사회를 가리킨다. '속물'은 종교적으로 비국교도(非國教徒, Dissenter or Nonconformist: 16~17세기 이후로, 영국 국교회의 교리와 의식을 따르지 않고 성공회의 감독 제도에 반대했던 신교도)의 요새로서 정력과 도덕성이 풍부하나 '감미로운 매력'과 '빛나는 지성'이 부족하여 야비하고 저속하며 무지한 중산계급을 말한다. '민중'은 여전히 거칠고 맹목적이어서 술과 재미 외에는 별다른 관심이 없는 하층계급의 속중(俗衆, 속된 사람들의 무리)을 뜻한다.

갖춘 이 계층의 손에 미래세계가 지배되리라는 불안한 확신에서, **아널드**는 인간이 정신적 허무에서 깨어나 지성과 양식良識을 갖추는 각성을 '교양'이라는 용어로써 설복하는데, 그 개념은 문화라기보다는 개방적 지성 open-minded intelligence을 뜻한다. 중산층은 이 지성으로써 문화적·종교적 편협성을 극복하고, 과거를 온전히 파악하여 지난날의 문학·역사·철학을 즐길 수 있는 능력을 갖추며, 폭넓은 인간적 공감력과 지적 통찰력이라는 '물질적 성취 이상의 것'을 얻어야 한다. 물질 위주의 타락한 기계 문명에서 벗어나기 위하여, 개인 각자는 '교양'을 통해서 완전한 인격 형성에 기본적인 '감미로운 매력'Sweetness과 '빛나는 지성'light[75]의 두 가지 **헬레니즘** 속성을 계발하고 함양해야 하며, 그리하여 이룩되는 사회는 활기를 되찾고 조화를 구비할 수 있다. 그의 문명관은 ① 품행, ② 지성과 지식, ③ 미, ④ 사회생활과 예절이라는 '네 가지 요소의 공식 또는 힘'으로 압축된다. 즉 그는 모든 사상의 중심을 '교양'에 두고서, 영국의 정치·사회·종교를 비판하였던 것이다.

또한 당시 문단의 문제점으로, 당대 비평지들에서뿐만 아니라 기성시인들의 시대상황에 대한 이기적 무관심에서 나타난 바, 특정 이익집단을 위한 편향된 집필들은 극히 현실적인 목적을 최우선시한 속물근성으로부터 야기되었다. 그리고 현실에서 발생한 다양한 사회문제들도 역시 사회구성원들의 이기심에 의한 속물근성에 그 근본 원인이 있었다. 그러므로 **아널드**는 사고를 현실적 목적에 종속시키는 성향이 있는 속물주의와 지방주의에 대한 치료책이자 해결책으로 그러한 '교양'의 덕목을 내세우면서, 시인들은 스스로뿐만이 아니라 일반 대중도 '교양'을 쌓도록 일깨

75) 『**걸리버** 여행기』(*Gulliver's Travels*, 1726)를 쓴 영국 작가 **조너썬 스위프트**(Jonathan Swift, 1667~1745)가 처음 만들어 쓴 조어(造語)로 알려져 있다. *The New Dictionary of Cultural Literacy*, Third Edition. Houghton Mifflin Company. (en.wikipedia.org. 〉 Matthew Arnold)

워주어야 한다고 역설하였다. '정신의 자유로운 활동'으로 규정되는 비평의 본성이란 '실제'에서 벗어나 오히려 기존 현실에 대한 전복력을 지니며, 그런 의미에서 '실제성'이 아닌 '실천력'을 지닌다.

엘리트주의적 입장을 견지한 **아널드**는 대중문화를 비판적으로 보았다. 대중의 현대 사회에 대한 부적응이 하층민의 대중문화로 나타나며 그 성격은 파괴적이고 분열적이므로, '교양'의 사회적 기능은 하층민을 계도하는 것이다. 교양이 **부르주아** 문화를 부흥하여 '대중문화'를 제거함으로써, 노동계급에게 종속의 감각을 회복시켜주고, 중산층을 세련되고 관대한 계급으로 교육하여 노동층의 귀감으로 탈바꿈시킬 수 있다는 그 교양론은 문화적 복종을 강조함으로 사회질서의 유지를 지향하는 **부르주아**적 이론 바로 그것이었다.

아널드는 **카알라일**(Thomas Carlyle, 1795~1881)이나 **러스킨**(John Ruskin, 1819~1900)처럼 당시 영국에 꼭 필요하면서도 등한시되었던 또 다른 덕목들을 심고자 노력하였다. **카알라일**은 영국민 속에 진정한 **앵글로-색슨**Anglo-Saxon적인 미덕을 강화시킬 목적으로 그들의 **게르만**적 근원을 강조하는 동시에 **라틴** 계통의 문화를 무시하였으며, **헤브라이** 예언자들의 정열과 웅변으로 성서의 근본 진리를 동족들에게 강하게 전달하였다. **러스킨**은 중세기를 찬양하며 **르네상스**와 고풍스런 고전미의 기호로부터 영국민을 벗어나게 하려고 애썼다. 이들과는 달리, **아널드**는 영국민이 도덕과 문학에서 조화로운 완성을 기하기 위해서는 고전 정신을 회복해야 한다고 생각하였다. 영국은 너무 고립되어 있어서 우주적 전망과 폭넓은 세계관이 필요하며, 투박한 것을 버리고 섬세하고도 세련된 취미를 확립하는 것이 우선 중요하였다. 영국이 순수하고 명확한 지성을 탐구하기보다는 어렴풋한 개념에 더 많은 관심을 기울이는 형편이기에, 이를 벗어나려면 **헤브라이** 및 **게르만**이나 중세인에게서 효율적인 교훈을 받을 수 없고, 오히려 **헬라**(**그리스**) 문화 자체나 그 문화에 가장 잘 젖어든 **프랑스**인으로부터 가장 유리한 가르침을 받을 수 있으며, **앵글로-색슨**적 요소에 **켈트**Celt적인 특성이 어울려야 우아함과 유연성과 환상이 풍부해지리라고 보았다. 이렇게 **아널드**는 고전 정신의 중요성을 창도하면서 영국민들이 깔보던 고전 정신을 재확립하려고 부단히 노력하였다.

요컨대, **아널드**는 본래 독일 작가 **괴테**의 심오한 지성에 감복하고, **프랑스**적인 이지理智에 공감하였으며, **에르네스트 르낭**[76] 등에 의한 성서의 새로운 해석에도 지대한 관심을 보였던 만큼, 영국 문화의 결함과 약점을 뚜렷이 간파할 수 있었다. 당대 **빅토리아** 사회의 탐색적인 분석으로서 그의 글들은 조롱과 이죽거림의 논조가 역력하지만, 그는 궁극적으로 혼란스러운 당시의 사회에 문학이 어떠한 변화를 가져다주며 어떠한 책임을 져야 하는지를 능동적으로 고민하면서, 자신만의 확고한 사회비평적 견지를 개진하였다.

4) 종교비평가로서의 사고: 영국 성공회의 근본주의

사회적으로 중산계급의 치졸한 정신자세를 파헤치던 **아널드**는 말년에 이르러 평생 지속된 관심사였던 종교적 쟁점에 뛰어든다. **네덜란드**의 유태계 철학자 **바뤼흐 스피노자**(Baruch Spinoza, 1632~1677)와 [**아널드**의 아버지인] 역사가이자 교육자 **토머스 아널드** 박사(Dr. Thomas Arnold, 1795~1842)의 영향을 받아서인지, 그는 교회의식에 매료되어 있으면서도, 당시로선 꽤 이례적이게도 **예수**의 기적이나 사후세계와 같은 초자연적 요소들을 받아들이지 않았다. 신의 존재보다는 종교의 시적인 경향 및 그것

76) **르낭**의 저서 『기독교 기원사』(*Histoire de L'origine du christianisme*, 1863~1883) 총 7권 가운데 제1권 『예수전』(*La vie Jésus*)이 유명한데, 이 책은 **예수**의 생애에서 초자연적 요소를 배제하고 그리스도를 일개 인간 철학자로 묘사하였다. 그는 '자연이 곧 신적(神的)'이라 여기고 인간 본래의 자연성을 도덕적으로 보았다. **로마 가톨릭**은 그 책을 금서목록(禁書目錄, 라: Index Librorum Prohibitorum)에 올려놓았다. 한편, 검열 통과된 책은 표제지에 nihil obstat("저촉 없음")이나 Imprimatur("출판 인가")라는 표시어가 인쇄되었다.

의 대사회적인 미덕과 가치에 더 큰 관심을 둔 중도中道, a middle ground에 속하는 듯싶었다. 그는 당시 속물적인 중산층이 삶을 온전히 누리는 방법은커녕, 성서聖書, The Bible에 대한 이지적인 접근이나 합당한 예배 방식조차 모른다고 지적하였다. 영국국교회를 국회와 같은 거대한 국가 기관으로 본 그는, 역사상의 기독교정신이 믿을 만하다기 보다는, 사람들이 『**오디세이아**』와 같은 위대한 문학작품인 성서와 교회를 적절히 이해할 때에야 비로소 그것들이 '교양'의 실천자로서 인류를 보다 문명화시킬 수 있다고 믿었던 것이다.

아널드는 『성 **바울**과 개신교改新教』(*St. Paul and Protestantism*, 1870), 『문학과 독단적 교리』(*Literature and Dogma*, 1873), 『하느님과 성서』(*God and the Bible*, 1875), 『교회와 종교에 관한 최후 논설』(*Last Essays on Church and Religion*, 1877) 등의 저술들을 통해 영국 국교회의 '근대주의' 기반을 세우고자 하였다. 그는 당시 신예 과학사상의 대두로 위기를 맞이한 신앙을 되살리고 올바른 윤리적 지침을 세우기 위하여, 당시 기독교단의 신조에는 찬성하지 않았음에도 그 근본정신만큼은 되살려보고자 애썼다. 많은 민간 신앙이 '죽음의 손길을 지니고 있다'고 믿었음에도, 그에 못지않게 '종교 없는 인간의 절망'을 확신했으므로, 그는 실증적인 근대의 지성들조차도 인정하지 않을 수 없는 종교상의 '과학적 사실'을 찾으려고 노력했다. 그의 우아하고도 명석한 산문은 숨은 풍자와 세련미가 어우러져 숱한 관용구를 낳았다.

모든 종교적 자유주의자들처럼 그도 두 가지 입장에서 비난을 받았다. 우선, 정통파 교회 단체는 그가 무신론자이며 신을 '취향의 흐름'으로 전환시키고 확신 어린 믿음 대신에 모호한 감정을 주창한다고 비난했다. 한편, 무신론자들은 그가 교회에 집착한다고 비난했다. **아널드**의 종교적 입장은 다음과 같은 『하느님과 성서』의 서문으로 가장 잘 요약된다.

> 바로 지금, 눈을 가진 사람이라면 누구라도 그리스도교에 대해 두 가지는 분명히 볼 것이다. 하나는 사람들이 종교 없이는 살 수 없다는 것이고 다른 하나는 지금 이대로의 종교를 가지고는 살 수 없다는 것이다.

세 아들이 있었으나 모두 일찍 죽었던 탓으로 그의 삶은 내내 어두울 수밖에 없었던 **아널드**는 1888년 봄 영국 북서부의 **리버풀**Liverpool에서 심장마비heart failure로 돌연사 한다. 그의 글은 자신의 사상을 주장하는 데 치중하다 보니, 애용하는 **캐취워드**catchword, 표어 또는 선전 문구들을 무수히 반복하여 독자로 하여금 약간 염증을 느끼게 하는 험(허물)이 없진 않다. 하지만, 그는 문장 구조가 간결하고 억양이 잘 조화된 회화체會話體의 평이명확平易明確한 문체를 구사한다. 그의 글은 재치wit와 반어법irony을 즐겨 사용하면서도 전반적으로 소박하고 진지한 인상을 주는 학자풍의 문체로 알려져 있다.[77]

4. 월터 페이퍼: '예술을 위한 예술'의 대변자

영문학자이자 수필가인 **이양하**(李敭河, 1904~1963)의 글 「**페이터**의 산문」[78]으로 유명한 **월터 호레이쇼 페이터**(Walter Horatio Pater, 1839~1894)는 영국 **빅토리아** 시대의 가장 위대한 비평가이자 인문주의자이다.

페이터는 **런던** 동부의 **템즈**강 북안北岸 **쉐드웰**Shadwell에서 의사의 아들로 태어났으나, 일찍 아버지와 사별하고 **켄터베리**Canterbury의 **킹즈 스쿨**King's School을 나와 **옥스퍼드**Oxford의 **퀸즈 칼리지**Queen's College에서

---

77) **이해남** 외, 『영국문학사』(신구문화사, 1981), **이호근**(李晧根), 444-445쪽.

78) **페이터**가 **스토아**학과 철학자인 **로마** 황제 **아우렐리우스**의 『명상록』을 발췌하여 상상력과 소견을 곁들여 풀이한 글을 **이양하**가 명역(名譯)으로 소개한 내용. **아우렐리우스**의 인생관 및 **페이터**와 **이양하**의 사색이 서로 녹아들면서 삶의 깊이를 더해주는 이 글의 요지인즉슨, 대자연 앞에서 인간은 한갓 티끌에 불과하며 만사가 자연의 이치대로 될 뿐이므로, 짧은 생을 한탄하고 죽음에 대해 과민하거나 일상의 희로애락에 일희일비할 필요가 없이, 초연한 사색으로 깊은 관조의 삶을 누리며 오늘에 충실하게 살 것을 강조한다. 본고 291쪽 각주 69) 비교.

1862년에 학사B.A., 1868년에 석사학위M.A.를 취득한다. 앞선 1858년, 당대의 예술평론가 **존 러스킨**이 제4권까지 발행한 『근대 화가론』(*Modem Painters*, 1843~1856)을 접한 뒤로, **페이터**는 심미비평에 심혈을 기울인다. 다만 **러스킨**이 예술 이면에 종교적 목적을 둔 반면, **페이터**는 예술 자체를 목적으로 삼았다. 따라서 그는 사회적·윤리적 문제에 하등의 관심을 두지 않았으며, 이러한 입장은 세기말 유미주의唯美主義, aestheticism[79)] 의 원류가 된다. 1863년 **옥스퍼드** 평론협회인 **올드 모탤리티**Old Mortality의 회원으로 선출되고, 이듬해 **옥스퍼드** 대학교 **브레이스노즈** 대학Brasenose college의 고전학 특별연구원a classical fellowship으로 임용되어 평생을 보낸다. 이 무렵 고전에 대한 열정적 관심으로 인하여 목사가 되려던 어린 시절의 꿈은 이내 식어갔고, 1866년 기독교 신앙을 '예술이라

79) 19세기 후반에 대두된 심미주의(審美主義) 또는 탐미주의(耽美主義), 즉 미(美)의 창조를 예술의 유일지상(唯一至上)의 목적으로 삼는 예술지상주의적 사조. 미적 향수와 그 형성에 최고 가치를 두는 그 인생관은 고통과 혼란에서 해방된 평정상태(ataraxia, **아타락시아**)의 쾌락주의를 주창한 고대 **그리스** 철학자 **에피쿠루스**(Epicurus, 341~271 B.C.E.)로 소급된다. 근대 낭만주의에서, 미적 판단기준을 도덕적 선이나 유용성 및 쾌락 따위와 구별한 **칸트**에 의해 예술 기준의 자율성이 처음 정립되는데, 실용주의를 반대하고 상상의 자유와 순수 심미학을 강조한 그의 저작 『판단력 비판』은 유미주의론 발전의 연원이 된다. (본고 제272-275쪽 참조) 이어 **괴테**, **쉴러**(Friedrich Schiller), **셸링**(Friedrich Wilhelm Joseph Schelling, 1775~1854) 등이 그 이론을 전개하며, **프랑스**에서는 **포우**(Edgar Allan Poe, 1809~1849)의 영향 하에 **보들레르**(Charles Pierre Baudelaire, 1821~1867)가 구현하고, 영국에서는 **페이터**에서 시작되어 **라파엘** 전파(-前派)를 거쳐 **와일드**에 이르러 전성기를 이룬다. 이들은 정신보다 감각을, 내용보다 형식을, 현실보다 공상을 중시하고, 미를 진과 선 위에 두며, 때로는 악(惡)에서도 미를 발견하는 등의 공통점을 보였다. 유미주의는 예술관, 인생관 및 문학예술이라는 실제적 경향의 세 가지 국면에서 고찰된다. 예술관은 단순한 미의 존중을 넘어 '예술을 위한 예술' 즉 예술을 인생과 분리시켜 예술에서 교훈성(공리성)을 제거하고, 예술 형식을 더욱 중시하며, 교화적 요소보다 미적 쾌락에 역점을 둠으로써 순수예술을 지향한다. 인생관은 도덕적 금제(禁制)에서 벗어나고자 하여, 특히 영국에서 16~17세기 청교도의 엄정주의(嚴正主義) 도덕관에 저항하고 인생을 미적으로 관조하고 즐기려는 **에피큐리어니즘**(epicureanism)을 추구하는데, 이를 '관조적 유미주의'(contemplative aestheticism)라 한다. 현실 초탈 및 인생사로부터의 은둔이라는 관조적·소극적 태도는 **빅토리아** 시대에 자기교양(self-culture)의 지향으로 나타난다. 문학예술에서는 인생적·공리적 성향을 배제한 순수성을 존중하여, 실생활과 동떨어진 목가적 환상, 감각적 심상 묘사, 주제의 모호한 표현을 추구한다. 따라서 유미주의는 낭만주의와 가장 밀접하다 하겠다. 결국 이 사조는 형식·기교 중시의 극단에 치우쳐 퇴폐적 경향을 띠면서, 이후 상징주의와 실존주의로 연결된다.

는 종교'로 대체한다고 선언함으로써 '예술을 위한 예술'l'art pour l'art을 옹호하면서 독일 유미주의의 철학적 기반을 이론화시킨다. 그는 간혹 여름 휴가철에 북**프랑스**와 **이탈리아** 등지를 여행한 것 말고는 평생 술 담배는 물론 결혼도 하지 않은 채, 주로 **옥스퍼드** 학사學舍와 **런던** 시내에서 소수의 친구나 학생들을 만나는 등 예술 감상과 사색을 즐기면서, '미美를 향한 순교자'의 조용한 삶을 살았다.

페이터의 인생관은 **그리스**의 철학자 **헤라클레이토스**Heraclitus of Ephesus[80]의 만물유전론萬物流轉論을 그 기저에 깔고 있다. **헤라클레이토스**는 '변화'Change라는 개념을 발견한 최초의 인물이었다. '존재'being가 '형성'becoming에 선행하며 모든 변화의 바탕에 영속적이고 근원적인 실재가 있다고 주장한 동시대의 **파르메니데스**(Parmenides, c. 510~c. 450 B.C.E.)[81]와는 정반대로, 그는 실재의 근원을 끊임없는 유동流動과 변화 ever-present flux or change에 두었다. 그는 존재, 실재, 본질 등의 정적靜的 개념보다 형성, 과정, 진화 등의 역동적 개념을 더 강조하였던 것이다.

당대의 **그리스** 철학자들은 특히 중동지역의 동양사상에서 영향을 받아서, 세계를 물질의 총합이자 건축 재료로 구성된 거대 구조물a huge edifice의 **코스모스**Cosmos라고 보았다. 오랫동안 그들은 철학과 물리학을 구분하지 못한 채, 그 구조물의 안정과 균형을 구성하는 요소들을 집중 연구하였다. 그러나 **헤라클레이토스**는, 그의 유일한 저술 『자연론』*Peri Physeōs, On Nature*에서, 세상이란 일개 구조물이 아니라 하나의 거대

80) 본고 281쪽 각주 54) 참조. '웃는 철학자'(the laughing philosopher)라고 알려진 **데모크리토스**(Democritus, c. 460~c. 370 B.C.E.)와 대조적으로, **헤라클레이토스**는 '우는 철학자'(the weeping philosopher)로 불리는 등, 우울감에 사로잡힌 염세가(misanthrope)로도 알려져 있다.

81) **그리스** 철학, 특히 존재론(ontology) 즉 형이상학(metaphysics)의 시조(始祖). 모든 실재(實在)가 하나로서 변화가 불가능하고, 존재란 시간을 초월하며 한결같고 필연적이라고 본 그의 사고는 고대 **그리스**의 우주론(cosmology)과 연루되며, '사유와 존재는 동일하다'(Thought and being are the same), 또는 '무에서 무가 나오지 않는다'(Nothing comes from nothing, 라: ex nihilo nihil fit) 등의 경구로 집약된다.

한 과정one colossal process으로 보았다. 즉 세상은 삼라만상의 집합체the sum-total of all things가 아니라, 모든 변화하는 사건들이나 사실들의 총화 the totality of all events or changes or facts로서, '만물은 늘 유전流轉하며 정체되어 있는 것은 없다'Everything is in [a state of] flux and nothing is at rest; τα όντα ιέναι τε πάντα καί μένειν ουδέν는 것이다.

우주의 기본 원소로 '불'을 꼽았던 그는 '하나는 모든 사물들로 구성되어 있으며 그 모든 것은 하나로부터 왔다'The one is made up of all things, and all things issue from the one는 일원론一元論, monism을 주장하고, 또한 **디케 에리스**Dike eris; Δίκη έρις 즉 '투쟁이 곧 정의'Strife is justice이며, 인간이 원하는 모든 것을 가지는 것은 좋지 않다 하여 금욕주의를 강조하였다. 끊임없이 진행하는 변화의 실상에 역점을 두었던 그 사상의 요체는 '태양은 나날이 새롭다'the Sun is new every day라든가, 또는 '우리는 똑같은 강물에 두 번 발을 들여놓을 수 없다' You could not step twice into the same river; δὶς ές τὸν αὐτὸν ποταμὸν οὐκ ἂν ἐμβαίης[82]라는 경구로 귀결된다. 이후로 현대철학은 '변화하는 세계'를 해명하고 파악하는 쪽으로 기울어진다.[83]

---

82) 이 말은 **플라톤**(Plato, 428/427 or 424/423~348/347 B.C.E.)이 그의 저술 『대화』(*Cratylus*, 영: *Dialogue*)에서 인용하였는데, 이와 유사한 표현을 **플루타르코스**(Plutarch, c. 46~c. 120 C.E.)가 그의 저작 『**델피** 신전에 새겨진 글자 'E(Ei)'의 의미에 관하여』(*On the EI at Delphi*)에서 언급한 바도 있다. 또한, 같은 책에서 **플라톤**은 "모든 존재들은 움직이며, 그대로 머물러있는 것은 아무것도 없다"(All entities move and nothing remains still; τὰ ὄντα ἰέναι τε πάντα καὶ μένειν οὐδέν)라는 또 다른 말을 인용하였다. 한편 **그리스** 학자 **심플리키우스**(Simplicius, c. 490~c. 560)는 그의 저술 『**아리스토텔레스**의 '물리학'에 관한 주해』(*Commentary on Aristotle's Physics*)에서 '만물은 유전한다'(Panta rhei; everything flows or is in a state of flux)는 **헤라클레이토스**의 말을 인용한 바 있다.

83) 이를 바탕으로 미국의 철학자 **화이트헤드**(Alfred North Whitehead, 1861~1947)는 과정철학(課程哲學, Process philosophy)을 발전시켰다. 특히 1902년과 1930년 사이에 영국과 미국에서 전개된 이 철학의 핵심은 '과정이 곧 실재이다'라는 명제로 요약된다. 만물이란 변화의 과정에 있으며, 현실적인 것은 하나의 과정 중에 있고, 과정 중에 있지 않은 것은 충분히 성숙된 현실이 아니라고 본 이 '과정주의'(processism)는 '생성의 존재론'(ontology of becoming) 또는 '유기체의 철학'(philosophy of organism)으로서, 변화와 발전을 갖는 형이상학적 실재를 밝히고자 한다.

사람이 언젠가 사멸될 인생의 무상을 자각하면 과거에 대한 집착과 미래를 향한 희망을 내버리고 현재를 중시하게 된다. 현재란 시시각각 허망한 과거 속으로 눈 녹듯이 사라져버리는 찰나에 불과하므로, 그 찰나에 절대적인 의미를 부여하여 **데카당스**decadence의 절망적인 향락에 빠질 수 있다. 그러나 **페이터**는 절망하지 않고, 짧기에 더욱 인생을 사랑하고 매 찰나를 의의 깊게 되살리기 위하여, 영원의 상相에 있어서 파악되는 예술적 심미감을 통해 생의 충실함을 이룩하고자 하였다. 예술 활동만이 인간의 모든 능력을 순수하게 응결시켜주는 최고의 활동이라고 여긴 그의 예술관은 심미적 쾌락을 수반하는 인상 그 자체뿐이기에, 사회성이나 윤리적 문제 또는 미학 이론이나 법칙 따위는 하등 문제가 되지 않았던 것이다.

이러한 **페이터**의 '인상주의印象主義 비평批評'은 '대상을 본질적으로 실제 있는 그대로 보려고 노력하는' **아널드**의 비평 태도를 그대로 계승한 것이다. (본고 294쪽 참조) 본래 체제나 조직 같은 것을 썩 좋아하지 않았던 **아널드**는 어떤 대상을 다룰 때 순서나 방법 등에 신경을 쓰지 않았지만, **페이터**는 한 걸음 더 나아가 본래 동일 대상이 사람들에게 주는 인상이 똑같지 않으며 또 똑같지 않아도 좋다고 보았다. 그는 동일 대상이 동일인에게 주는 인상마저도 상황에 따라 달라질 수 있다고 보는 인상의 상대성을 수긍함으로써 현찰나現刹那의 '나'[자아自我]에 높은 비중을 두었

플라톤과 **아리스토텔레스** 시대 이후, 서구의 철학자들은 영원한 본질(permanent substance)에 근거한 참된 실재(true reality)에 집중하여, '과정'을 '영원한 본질'에 종속되는 것으로 보았다. 즉 고전존재론은 어떤 실재의 변화 자체를 부정하였다. 하지만, **헤라클레이토스**를 비롯한 **화이트헤드** 등은 '존재의 물리학'과 '생성의 물리학'을 구별하여, 고정 불변하는 실재(reality)란 세상에 존재하지 않으며, 철학적 개념〔또는 안목〕으로만 이해되는 우주는 진정한 우주가 아니라고 주장하였던 것이다. 한편, 만물의 변화와 유동성에 역점을 둔 이 **헤라클레이토스**의 사상은 훗날 T. S. **엘리엇**에게 지대한 영향을 끼친다. 그의 철학이 응축된 유명한 문구 두 개가 **엘리엇**의 1948년 **노벨** 문학상 수상작 『4개의 4중주(重奏)』(*Four Quartets*, 1943) 제1부 「**번트 노튼**(*Burnt Norton*)」의 제사(題詞)로 얹히게 된다.

다. 인상주의 비평이란 질서가 없이 얼핏 난잡한 주관적 감상이라는 비난도 일지만, **페이터**는 인상을 있는 그대로 수용하여 그 인상이 어떤 성질의 것인지를 분석하고 분별하여 명확히 함으로써 대상의 특질에 이르고자 한다. 그러한 노력은 세련된 감수성, 영혼의 깊이 및 드높고 폭넓은 교양에 의해 완전해지면서, 창조적인 심미주의 비평으로 격상된다. 그 인상은 허망한 윤리 도덕을 위한 수단이 되기에 너무나 드높으므로, 어떤 척도를 들이밀거나 가치의 고저를 두지 않는다. 오로지 인상 자체, 미 자체, 예술 자체, 경험 자체가 목적이다. 그것은 관조를 위한 것이며, 관조하는 생활은 목적과 수단이 일치하는 삶이기에 인간의 생과 심령을 고양시켜 준다. 이러한 심미관은 그야말로 난세를 표표히 항해하던 한국의 **김환태**에게 막강한 영향을 끼치게 된다.

페이터는 평론지에 발표했던 글들을 모아 평론집『문예부흥사 연구』(*Studies in the History of Renaissance*, 1873)를 간행하는데, 이 책은 인간의 예술적 추구가 빛을 발했던 시기인 고대 **그리스**와 **로마** 및 **르네상스**[84)]를 집중 조명한다. 특히 **르네상스** 시기의 화가들에 대한 탁월하고 감각적인 비평서로서, 섬세하고 꼼꼼한 문체를 통해, 저자 자신의 미에 관한 근본사

84) 원래 **프랑스**어인 **르네상스**(Renaissance)는 **이탈리아**어로 **리나시멘토**(Rinascimento)라고 하며, 14세기부터 16세기 사이 **이탈리아** 반도의 도시국가였던 **피렌체**(이: Firenze, 영: Florence)를 중심으로 시작된 문예부흥을 말한다. '다시 태어나다, 다시 회복하다, 다시 복구하다' 등으로 뜻풀이되는 **르네상스**는 지성과 상상력의 산물을 중시하고 인생을 좀 더 자유롭고 아름다운 방식으로 파악하려는 욕구로 나타나면서, 그러한 다양하면서도 통일된 정신적 동향을 표방할 새로운 원칙과 경험, 주제 및 형식의 예술을 예지해내도록 이끌었다. **르네상스**를 이끈 대표적 인물들로는, **피렌체 두오모**(Duomo di Firenze) 성당을 설계한 건축가 **필리포 브루넬레스코**(Filippo Brunellesco, 1377~1446), 화가 **보티첼리**(Sandro Botticelli, c. 1445~1510), **미켈란젤로**(Michelangelo, 1475~1564), **레오나르도 다빈치**(Leonardo da Vinci, 1452~1519), **라파엘로**(Raphael; Raffaello, 1483~1520) 등이 꼽힌다. 다면적이면서도 전인적인 교양과 예술 능력이 있는 인물들을 풍부히 배출한 **피렌체**를 중심으로 하여, 당대의 예술가와 철학자들이 상호소통을 통해 서로의 사상들과 교감하면서 정신상의 일치를 이룸으로 계몽사상이 싹트게 되어서 **르네상스**의 꽃을 찬란히 피웠다. 당시 **피렌체**의 명망 있는 가문인 **메디치**(Medici)가의 후원으로 귀족들이 **카메라타**(Florentine Camerata)라는 모임을 결성하였는데, 이 **카메라타**를 통해 **그리스**의 희·비극을 **르네상스**의 주제 아래 재현하려는 시도에서 **오페라**가 탄생하게 된다.

상과 비평적 입장 등 미적 인상의 강렬하고 풍부한 경험을 유일 목적으로 하는 허무적 심미주의의 이론적 근거를 제시한다. 가령, '제6장 **레오나르도 다 빈치**'에서, **다빈치** 그림의 풍경들을 묘사한 글은 적확的確한 미문美文으로 손꼽힌다. 또한, **베네치아** 화파-畫派, the Venetian school, 이: Scuola Veneziana를 다룬 '제7장 **조르조네** 화파론畫派論[85)]'에서, 저자는 '모든 예술은 끊임없이 음악 상태를 동경한다'All art constantly aspires towards the condition of music는 명언을 남기는데, 이는 모든 예술 분야가 음악성이나

---

85) **이탈리아**의 **르네상스** 미술은 **피렌체**파와 **베네치아**파가 주도하는데, 전자는 **피렌체**를 중심으로 14~16세기에 주류를 이룬 건축·조각·회화의 유파로서, 특히 회화에서 주지적 합리주의(主知的合理主義)와 조형적 형태주의(造形的形態主義)가 특징으로 나타난다. 후자는 좀 늦은 15~16세기에 북부의 **베네치아**(이: Venezia, 영: Venice)를 중심으로 형성된 화파로, 지중해의 화사한 자연풍광과 동방 **오리엔트** 지방과의 교류, 물질적 풍요에 따른 현세적인 향락 분위기로 인해 빛과 색채를 중시한다. 전자가 원근법과 해부학 등을 발달시키며 과학적이고 조형적인 접근을 시도한 것과 달리, 후자는 세속적인 내용의 주제, 관능적인 색감과 표면 처리, 화려한 배경 등을 결합하였다. '형태는 [**피렌체**파의 거두인] **미켈란젤로**에게서, 색채는 [**베네치아**파의 거두인] **티치아노 베첼리오**(Tiziano Vecellio, c. 1488/90~1576)에게서'라는 **유럽** 미술계의 오랜 금언은 두 화파 사이의 차이를 명확히 해준다. 10세기 말 지중해 무역으로 부를 축적한 **베네치아**는 14~15세기에 해상무역공화국으로서 전성기를 맞이하는데, 동방과 밀접한 상업 항구도시 특유의 지리적·문화적 환경은 감각적인 색채 회화의 번영을 이끌었다. 북**유럽**의 독일이나 **플랑드르**(Flandre) 미술과의 상호 영향 및 동방 여러 나라들과의 미술 교류를 통해 익힌 여러 양식들을 융합하여, 중후하고 화려한 색채주의라는 **베네치아**파 특유의 양식을 확립한 것은 **비바리니**(Vivarini) 일가와 특히 **벨리니**(Bellini) 일가였다. 북방의 **고딕** 양식에서 영향 받은 **야코포 벨리니**(Jacopo Bellini, c, 1400~1470)는 여기에 **베네치아** 전통과 동방의 **비잔틴** 미술 양식을 융합하였다. 그의 아들 **지오(조)반니 벨리니**(Giovanni Bellini, c, 1430~1516)는 대를 이어 경쾌하고 화려한 색채주의를 추진하여 **베네치아**파의 필두가 되었고, **카르파치오**(Vittore Carpaccio, c. 1455~1525), **조르조네**(Giorgione, c. 1477/78~1510), **티치아노** 등을 배출하면서 15세기 후반부터 16세기에 걸친 전성기에 **이탈리아** 화단을 장악한다. **베네치아**파의 화풍을 한층 더 발전시켜나가다 요절한 **조르조네**에 관해 알려진 바는 거의 없는데, 특히 그의 수수께끼 작품 「태풍」은 어느 조용한 촌락의 폐허를 배경으로 오른쪽 잔디 위에 젖을 물린 나체의 여인이 앉아 있고 왼쪽 끝에 젊은 병사가 서 있다. 구름은 낮게 깔려 있으며 번개가 번쩍인다. 1508년에 그리기 시작한 이 그림은 그의 죽음으로 미완성인 채 남겨졌지만, 그 풍경은 그를 계승한 **티치아노**에 의해 완성되었다. 이러한 빛과 색채의 경향은 줄곧 계승되어 오늘날 **유럽** 문명이 자랑하는 다채롭고 감각적인 색의 전통을 이룩했다. **베네치아**파의 또 다른 기여는 '돛'의 재료인 **캔버스** 천을 유화(油畫)의 화포(畫布)로 사용해 유화 미술의 진로를 크게 바꿔놓았다는 데 있다. 이전까지 유화는 나무판에 그렸다. 해상무역공화국으로서 16~18세기 **유럽** 최고의 조선(造船) 기술을 자랑했던 **베네치아**는 튼튼하고 질긴 **캔버스** 천을 다량 생산하였는데, 이후로 유화는 나무판의 제한된 크기와 무게, 떨어지는 탄력 등에서 벗어나 더욱 자유로운 표현을 구사할 수 있게 되었다.

음악 원리와 법칙을 채택하고 응용해야 한다는 뜻이 아니라, 예술 가운데 수단과 목적 및 형식과 내용이 가장 잘 일치하기 쉬운 것이 음악이라는 면에서, 모든 예술은 음악[의 상태]를 지향한다는 의미이다. '제9장 **빙켈만**'에서는, '미를 추구한 삶'을 산 독일의 미술사가 **빙켈만**(Johann Joachim Winckelmann, 1717~1768)의 인물상과 함께, 고대 **그리스** 예술의 특징을 분석한다. 마지막 제10장 결론에서, 매순간 예술에 헌신하는 삶이 보다 고양된 인간의 생활양식이며, 예술은 그 자체의 아름다움만을 위해 존재하므로 예술의 존재 이유에 도덕적 기준이나 실용적인 기능이 끼어들면 안 된다고 주장했다.

이렇게 **페이터**는 미적 인상의 강렬하고 풍부한 경험을 유일한 목적으로 삼는 심미주의를 역설하면서, 19세기 말 **데카당스** 운동의 이론적 지도자가 되었다. 그가 주창한 '예술을 위한 예술' 옹호론이 심미주의 운동의 한 원칙으로 자리를 잡게 되면서, 그는 시인 **찰스 스윈번**(Algernon Charles Swinburne, 1837~1909)이나 **라파엘** 전파 – 前派, Pre-Raphaelite Brotherhood, 또는 Pre-Raphaelites[86] 화가들과 연관되기도 한다. 한편, 이 책은 그리스도교 신앙에 대한 배척이 반영되었다 하여 상당한 논란과 물의를 일으키기도 하였다.

심미적이면서 종교적인 삶에 대한 **페이터**의 이상을 잘 보여주는 일종

---

86) 1848년 **W. H. 헌트**(William Holman Hunt, 1827~1910), **J. E. 밀레이**(John Everett Millais, 1829~1896)와 **D. G. 로세티**(Dante Gabriel Rossetti, 1828~1882)에 의해 창설된 영국의 화가, 시인, 비평가 등 예술가들의 모임. 이어서 **W. M. 로세티**(William Michael Rossetti, 1829~1919), **J. 콜린슨**(James Collinson, 1825~1881), **F. G. 스티븐스**(Frederic George Stephens, 1827~1907), **T. 울너**(Thomas Woolner, 1825~1892) 등이 합류하여, 총 일곱 회원의 동인(同人, Brotherhood)을 형성하게 된다. 이들은 **라파엘로**와 **미켈란젤로**의 뒤를 잇는 **매너리즘** 화가들의 기계적으로 이상화된 예술(the mechanistic approach first adopted by Mannerist artists)을 거부하고 쇄신하여 개혁을 일으키고자 하였다. 그들은 특히 **라파엘로**가 지향한 고전적 인물의 **포즈**와 고상한 구성(the Classical poses and elegant compositions)이 미술 이론에 퇴폐적 영향을 끼친다고 보고, **라파엘로** 이전의 고전주의를 지향하였다. 당시 그들은 '**슬로슈아** 경'(Sir Sloshua)이라 부르는, 영국 왕립 미술원(the English Royal Academy of Arts)의 창립자인 **J. 레이널즈** 경(Sir Joshua Reynolds, 1723~1792)의 영향력에 반기를 들었던 것이었다.

의 철학 소설 『향락주의자 **마리우스**』(*Marius the Epicurean*, 1885)는 **로마** 황제 **마르쿠스 아우렐리우스** 시대를 통해 19세기 후반의 특성을 반영한 저자 자신의 정신적 발달사를 그린다. 본래 **로마**의 국교國敎를 신봉했다가 장성하여 '향락주의자'가 된 주인공 **마리우스**는 **스토아** 철학자인 **아우렐리우스** 황제의 서기관이 되지만, 황제가 기독교를 탄압하자 이에 반감을 품으며, 주변 지인들의 기독교 신앙에 공감한다. 그런데 그는 그만 기독교도로 오인되어 박해를 받게 된다. 이 작품은 **페이터**가 점차 소박하고 순결한 희생정신의 영적인 경향 쪽으로 사상이 변모해갔음을 보여준다. 그밖에 『상상의 초상화』(*Imaginary Portraits*, 1887)는 그와 유사한 양식의 단편 철학소설집이다.

페이터는 비평론집 『감상집』(*Appreciations*, 1889)에서 주로 영국적인 주제를 다루면서 문체론을 전개하는데, 언어의 정확성을 강조한 **플로베르**(Gustave Flaubert, 1821~1880)를 '문체의 순교자'the martyr of style[87]라 칭하면서, 한 가지 사물에 오직 하나의 '적합한 낱말'만 있을 뿐이라는 그의 개념에 적극 공감한다.[88] **페이터**에게 있어서 문체란 어떤 다른 목적을 추구하는 수단이 아니라 바로 목적 자체였기에, 어휘의 선택과 그 율격 등을 여간 고심하여 쓴 것이 아니어서 그의 문장은 다채롭고 미묘하며 정교하고 우아한 미문이긴 하지만, 너무 기교적이어서 유창한 맛과 명확성이 결하기도 한다. 또 다른 저서 『**플라톤**과 **플라톤**주의』(*Plato and Platonism*, 1893)는 **플라톤** 철학을 그 논리적·변증법적 측면은 무시한 채

---

87) John J. Conlon, "*The Martyr of Style: Gustave Flaubert*," in *Walter Pater and the French Tradition*, 1982. ("Gustave Flaubert", From Wikipedia, the free encyclopedia)

88) **플로베르**는 **루이즈 콜레**에게 보낸 1846년 9월 18일자 편지에서 "생각은 형태에 의해서만 존재한다"(l'Idée n'existe qu'en vertu de sa forme)라고 언명한다. (『**루이즈 콜레**에게 보낸 서한』(*Lettres à Louise Colet*, 2003) **플로베르**는 '올바른 단어[의 구사]'('mot propre'(proper word) 또는 'le mot juste'(the right word))에 역점을 두었는데, 실상 한국에서는 이를 '일어일물설(一物一語說)'이라 하여 사실주의의 좌우명으로 내걸고 있지만, 정작 해외에서는 그러한 개념을 크게 강조하는 경우가 드물다. 본서 193-194쪽 각주 2) 비교.

철저히 문학적인 관점에서 다룬다. 유작遺作으로 『**그리스 연구**』(*Greek Studies*, 1895), 『다방면에 걸친 연구』(*Miscellaneous Studies*, 1895), 『**가디언 지에 실렸던 평론들**』(*Essays from The Guardian*, 1896)과 미완성 낭만소설 『**가스통 드 라투르**』(*Gaston de Latour*, 1896) 등이 있다.

페이터는 그리스도교적 경건함에 대한 극히 개인적인 견해를 고전 연구에 그대로 적용하였고, 그 연구를 극히 세련된 예술적 감각의 근원으로 여겼다. 당대의 **존 밀**(John Stuart Mill, 1806~1873)이나 **러스킨** 등은 심미적 의식과 인간의 윤리도덕 간에 긴밀한 연관성을 두고서 도덕적·교육적 가치로 예술작품을 평가하고자 하였다. 그러한 경향과 달리, **페이터**는 말년에 이르기까지 줄곧 예술작품 고유의 특질에 초점을 맞추었으며, 그러한의 문체와 사상은 **오스카 와일드**, **조지 무어**(George Edward Moore, 1873~1958) 등 1890년대의 심미주의자들에게서 뚜렷이 이어져 나타난다. 그들은 미의 자율성 곧 독립성에 역점을 두고서, 인생의 여타 양식과 동떨어진 것으로서의 예술과 그 고양된 가치를 강조하였던 것이다.

예술이 어떠한 **이데올로기**에 예속되어서는 안 되지만, 예술이 우리네 삶에서 모종의 초월적 지위를 누리거나, 삶과 동떨어진 어떤 것으로 여겨서도 안 될 터이다. 물질적인 밑받침이 전무한 궁핍 상태에서 대중이 예술적 삶을 추구하기란 얼마나 힘겨운 일이겠는가. 따라서 **페이터** 등의 유미주의적 자세는 대중과의 공감대 형성에 있어서 불화 쪽으로 기울기 쉽다. 예술의 가치를 망각한 채 살아가는 일반대중의 삶도 안타깝지만, 특히 피지배계층의 인생이 겪는 현실적 압박의 고단함을 참작할 때 그 계층을 예술에 관해 몽매한 집단이라고 함부로 매도해서도 안 될 터이다.

5. 글 말미

1920년대 한국문학에 **프로**계열의 계급주의 문학론을 도입한 것은 일본 유학파들이었다. 또한 그 목적론에 반기를 든 **김환태** 역시 일본 유학파였다. 따라서 한국문학의 치열한 이론적 논쟁은 해외파, 특히 같은 일본 유학파들에 의해 주도된 것이었다. **프로**문학은 **유럽**의 막강한 **러시아** 왕정을 붕괴시킨 반왕조反王朝 혁명파의 정치사상에서 그 동력을 얻었다. 반면에, 이에 대립각을 세운 **김환태**는 **유럽**의 한 축을 담당했던 식민주의적 대영제국大英帝國의 왕당파王黨派 문학이론에서 그 동인動因을 얻었다. 따라서 그 둘 사이의 대립은 정치사상적으로 반왕조 문학론과 왕당파 문학론의 내척관계였다. 즉, **프로**파의 계급주의와 **김환태**의 예술지상주의 간의 대립은 순수국내파가 아닌 일본 유학파들이 벌인 문학적 세勢의 정면충돌에 다름 아닌 바, 반왕조의 혁신적 문학론과 왕당파의 보수적 문학론 사이의 대결구도로 그 판세가 형성되었던 것이다. 그러나 이 두 파벌이 똑같이 간직한 것은 민족 독립의 여망이었다. 그들은 문학이론의 치열한 대립각 속에서도 자존적 민족애를 향한 희원만큼은 어느 누구보다도 한마음이었다.

19세기 영국의 주요 시인으로서 **매튜 아널드**는 '애수哀愁에 젖은 침사沈思'plaintive reflection의 분위기를 견지하면서도, 가급적이면 감정의 표출을 삼가곤 하였다. 시가 '인생의 비평'으로서 모종의 철학을 지녀야 한다고 본 그의 사상인즉슨, 참된 행복이란 내면에서 우러나오며 사람들은 각자 자신의 내면에서 선을 추구해야 하는 동시에, 외면적인 세상사의 소요로부터 멀리해야 한다는 것이었다. 그는 종교 질서의 붕괴와 그로 인한 회의에 기인한 고뇌를 겪는다. 그것은 '적극적이면서도 감정적인 기질'과 또 다른 '냉철한 지성' 사이의 상호 길항, 다시 말하면 신앙의 절실한 요구를 느끼는 '감성'과 냉혹하게 그 요구를 거부하는 '지성' 사이의 갈등이었다. 그의 시에 나타난 상징적 경관symbolic landscapes은 낭만주의의 유물이며, 회의적이고 염세적인 미래관his sceptical and pessimistic perspective은 **모더니즘**의 증표이기에, 그가 낭만주의와 **모더니즘** 사이의 가교 역할을 하였다는 지적은 틀린 말이 아니다.

시에서 손을 뗀 그는 비평가로서, 산업혁명 이후 사회 질서의 급변과 그로 인한 정서적 혼란에 처한 영국 및 **유럽**의 사회를 향하여 기존의 문학작품들이 제대로 역할을 하지 못한다고 생각하였다. 여러 분야의 논설들을 통해 적극적으로 사회 현실의 변화를 초래할 계기를 제공하면서, 그는 특히 『비평론집』의 「현 시대의 비평의 기능」을 통해 문학비평이 시대 상황에 걸맞은 역할을 적극적으로 완수해야 한다고 설파하였다. 그는 비평의 초석과 모든 사고의 핵심을 '교양'에 두고서 영국의 정치·사회·종교를 비판하였는데, 그 중 나름의 사회비평을 개진한 『교양과 무질서』는 대표적인 경세警世의 서書라 하겠다.

아널드는 근본적으로 인생의 비평인 '시'를 최고의 문학 **장르**로 여기면서, 문학 이외에 교육·정치·종교를 대상으로 삼아 당시의 물질주의와 영국인의 지방적 속물근성을 비판하였고, 고전적 정신에 의한 교양주의를 추진하면서 **그리스**(**헬라**)와 **헤브라이** 정신의 조화를 역설하였다. 또한 문학인들의 책임은 사회구성원들의 교양을 육성하는 일이며, 이를 위하여 '현실에 거리를 둔 비평'이 필요하다고 보았다. 얄궂지만, 현실에 거리를 두는 비평일수록 궁극적으로는 현실 문제를 해결할 수 있다는 것이다. '대상은 그 본질에 있어서 있는 그대로를 보아야 한다'라는 비평적 태도, 영국문학을 **유럽** 문화의 본류로 돌려 문학의 바른 전통을 명확히 설정하려는 입장 및 편협한 역사적 비판에 대한 반론 등은 냉정하고 회의적인 불가지론자不可知論者의 난삽難澁한 탐색을 연상시키며, 그를 '20세기의 비평가'로까지 간주하는 소이가 여기에 있다. 이러한 사고는 식민지배기의 울분에 사로잡혀 있던 한국의 **김환태**로 하여금 문학비평문에서는 그러한 감정을 최대한 억제하도록 영향을 주었다.

아널드의 「현 시대의 비평의 기능」으로부터 깊이 인상 받은 **김환태**의 인상주의 비평론은 **프로** 문학 비평론과 '적대적인 대화'를 주고받으면서, 그리고 동시에 일본 유학 시절 접했던 **아널드**와 **페이터** 중심의 서구 인상주의 비평론과 '호의적인 대화'를 나누면서 확립되었다. 하지만 그의 비평론은 체계 있는 문학 이론에 바탕하여 개진된 것이 아니라는 한계가 있다. 특히 그의 시론과 시에 관한 실제 비평은 불분명한 개념 설정에 기인한 이분법적 사고방식 탓에 자기모순에 빠지는 오류를 범하기도 하는 양 보이기도 한다.

김환태는 **아널드**와 **페이터**의 유미주의 비평정신을 그대로 수용하여, 문예비평이란 문예작품의 예술적 의의와 심미적 효과를 얻기 위해 '대상을 있는 그대로 보려'는 인간 정신의 노력이라고 규정한다.[89] 이 '인상주의 비평' 또는 '순수비평'은 지도적 정론성이 강한 **프로**문학과의 대결구도의 산물로서, 이념 제일주의에 대한 대항이라는 한국 평론의 토대와 전통을 구축한다. 이러한 문학사적 의의를 지니면서, 그는 비평이 작품의 의미를 제약하는 선험적 규준으로 작용해서는 결코 안 된다는 논지 아래, 비평[가]는 작가와 작품의 동반자이자 협력자로서 겸손하고 낮은 목소리로 교감하고 소통하는 본연의 자세를 지녀야 한다고 믿었다.[90] 바로 이는 엄중한 일제치하에서 사회주의의 편향적 목적성이라는 음울한 당대를 극복하고 예술성의 시대를 회복함으로 순수민족성의 복원을 부단히 염원한 문학적 노력이었던 것이다.

김환태는 1940년 2월호 《문장》에 평론 「주제의 선택과 응시」를 마지막으로 발표하고 일제의 조선어 말살 정책 등에 크게 반발하며 문단과 담을 쌓고 절연한다. 문단 활동기간은 6~7년밖에 되지 않지만, 그가 문학

---

89) 본고 294쪽과 307쪽 참조.
90) **김종회** 엮음, 『한국문학 명비평』, 170쪽.

의 입법자보다는 변호인이기를 자청하며 구축한 평론가로서의 입지는 뚜렷하다. 시인으로서 **정지용**을, 소설가로서 **김유정**을 높이 평가한 그는 현대 한국비평문학을 정립하는 데 이바지한 점은 현저하다. 이후 건강이 악화되어 폐결핵 증세가 깊어지자, 1943년 끝내 무학여고를 사직하고 전북 무주로 낙향한 그는 이듬해인 1944년 5월 26일 향년 35세로 영면에 든다. 그는 절필과 낙향으로 당대와 이별하였으며, 순수예술시대의 회복과 성립을 위한 그의 극복의지가 성공을 거두었는지의 여부는 후대後代 한국문학의 제반 현상이 판정해줄 것이다. 작고 후 『**김환태** 전집』(현대문학사, 1972; 문학사상사, 1988)이 출간되고, 1986년 덕유산 국립공원에 '김환태 문학비'가 건립되며, 1989년 '김환태평론문학상'이 제정된다.

한 가지 **김환태**의 후학들이 흔히 간과하는 사실이 있다. **김환태**가 문학예술의 독자적 자존성을 강조하면서 문학작품에서 얻은 인상을 재구성하는 비평론을 펴긴 했지만, 그렇다고 하여 그가 오롯이 **텍스트** 위주로 비평을 개진하는 신비평적인 입장을 취하지는 않았다는 점이다.

> 문예비평가가 사회를, 정치를 논하는 것을 나는 조금도 비난하지 않는다. 그러나 그가 사회비평과 정치론을 하는 것이 아니요, 문학론을 하고 있다면 그는 무엇보다도 먼저 사회나 정치를 문학과의 관련 하에서 논하지 않으면 안 된다. 다시 말하면 문학의 입장에서 그것들을 논하지 않으면 안 된다.[91]

김환태가 예술지상주의적 입장에 치중하느라 일종의 역사주의적인 견지를 철두철미 외면하지 않았음이 분명하다. 그런데도, 그가 그러한 견지를 구체적으로 밝힌 바가 거의 없다는 면에서 한계가 드러나며, 비록 당대 시국상 불가피한 일이었을지언정 그의 조기 절필이 못내 아쉬울 따름

---

91) 『김환태 전집』, 94쪽.

이다. 그는 목적론적 계급문학의 극단적인 정치이론이 문학을 장악하는 것에 대한 염증과 혐오에 치우친 나머지, 문학작품이 당대 사회의 소산물일 수 있음을 '재구성'해내는 문학비평의 역할과 그 복무를 다하는 데에는 미흡하였던 것이다.

또 한 가지 잊지 말아야 할 중요한 사실은 **김환태**가 한국비평문학사에 있어서 **프로**문학파가 기여했던 역사적 위상을 굳이 반대하며 부인하려 들지 않았다는 점이다.

> … 조선에 신문학운동이 시작된 그때부터 우리 문단에도 전혀 비평이 존재하지 않지는 않았으나, 비평이 비평으로서의 선명한 색채 띠고 나타난 것은 **프로**문학 비평이었다고 할 수 있을 것이다. 이리하여 이 **프로**문학비평이 우리 문단에서 비평문학을 수립하는 데 많은 공헌이 있었다는 것을 우리는 잊어서는 안 된다.[92]

김환태는 정작 자신이 **프로**의 계급문학론에 신랄한 반기를 내걸었음에도 불구하고, 1935년에 쓴 이 글에서 **프로** 문학론의 문학사적 공로를 솔직히 인정할 정도로 대범하고 객관적이었으며, 그 지적은 정확하게 들어맞는 말이기도 하였다.

김환태의 인상주의 비평은 나름대로의 제약이 없지 않았다. 그는 예술의 미적 자율성을 '절대적 현존'으로까지 지나치게 이상화시키고 비약하여 격상시키는 바람에, 식민지배기에 처한 한국문학이 필연적으로 지닐 수밖에 없었던 '시대의 정치적인 성격'을 구태여 외면하고 도외시하는 과오에서 자유롭지는 않다. 그는 계급문학의 목적성을 향한 비판에 치중한 나머지, 문학이란 당대의 산물이라는 기본원리에 큰 관심을 기울일 정신적 여유가 없었던 것이다. 스스로 식민지배의 참혹한 시대성에 대하여 극

92) 『김환태 전집』, 60쪽.

도의 울분을 품고 있었음에도 불구하고, 문학론에 있어서만큼은 그 당대성을 파악하고 반영하는 데는 다소 소홀하였다. 그 결과, 그의 인상주의적 비평은 체계 잡힌 방법론을 구비하지 못한 채, 문학의 효용성과 기능을 추상적이고 관념적인 인성론이나 도덕론 쪽으로 편중시키고 말았다. 문학 **텍스트**에 대한 독자 또는 평자의 반응이 곧 그 **텍스트**가 지닌 의미를 다 말해준다는 상대주의의 관점은 이른바 먼 훗날 신비평이 지적한 바 '감정(영향)의 오류'affective fallacy를 범하는 것과 상관된다. 그 오류는 독자의 인상에 과대한 중점을 두는 인상주의를 낳는 것이다. 따라서 **김환태**의 예술지상주의적 인상주의가 불과 그 뒤 30여년도 지나지 않아서 혹독한 문학이론적 핍박을 받게 되리라는 것은 어쩌면 이미 예견된 일이었는지도 모른다.

문학은 그 자율성이 모름지기 상대적이어서, 문학을 존재하게 한 모종의 토대들과의 관계망 속에서 과잉결정 즉 중층결정overdetermination이 되며, 하부구조의 초석과 무관하게 독자적으로 따로 존재할 수 없다. **김환태**의 '미적 자율성' 개념은 문학적 신념으로서 존재하는 것으로, 20세기 전반 식민지 조선의 역사적 개별성 속에서, 이는 '사실 명제'로 수렴될 성질의 것이 아니었다. 그런 맥락에서 볼 때, **김환태**의 평론이 한국문학비평사에서 근대미학의 진정한 출발을 알렸던 것만큼이나 그 임계점 또한 선명했다고 볼 수 있다. 그러한 한계를 자각하고 고민하며 극복할 시간적 여유가 없이, 그는 1940년대 이후 숭일보국문학이 문단을 휩쓸자 절필을 선언하고 은둔자가 되어 고독하게 병마와 싸우다가 향년 35세의 젊은 나이로 영면한 일은 한국문학비평사에 있어서 어지간한 손실이 아닐 수 없다. 그리하여 당대의 극복과 시대의 회복을 위한 그의 문학적 의지와 노력은 미완의 숙제로 우리네 후학들의 손에 맡겨지게 되었던 것이다.

(《눌인문학(訥人文學)》 제8호(2019) 및 제9호(2020) 분재)

〈초야우루草野雨樓 가는 길〉. **전용훈** 화백, **펜**화, 2020년작.

후기

자아와 민족 정신의 박탈을 강요받았던 엄혹한 시절의 가람 **이병기** 님과 눌인 **김환태** 님부터 굴곡진 근·현대사의 삶을 온몸으로 버텼던 최근 작가들까지 두루 망라하면서, 이들 모두가 일개 필부들로서 '올바른 시대를 복원하고자 그릇된 시대를 극복해 왔음'을 깨닫게 되었다. 그와 동시에, 어쩌면 가장 자신의 시대를 꼭꼭 곱씹으며 살았던 **장순하** 님과 **이철균** 님과 **황길현** 님 등에 관한 본격적인 연구가 꽤나 미진하다는 사실도 알게 되었다. 이분들에 관한 나의 애정 어린 소고小考가 보다 더 우수한 연구의 토대가 되었으면 좋겠다.

17세기 말 중국 청나라의 **장조**(張潮, 1650~?)* 는 그의 청언소품집淸言小品集『유몽영幽夢影』에서, '고금지예古今至藝 개혈루소성皆血淚所成'이라 했거늘, 과시 '예나 지금이나 지극한 예술은 모두가 피눈물로 이루어지지 않은 것이 없다.' 그럼에도, 근자의 평론이 편애가 심한 것은 애석한 일이다. 특히 덧없는 자본과 인기에 편승했거나 또는 추세라는 속류의 무분별한 수용에서 비롯된 편견이라면, 이보다 더 그릇된 비지성非知性이 있을까. 모름지기 당대의 평론가가 이행해야 할 시대적 책임 가운데 하나는 그 문학적 위상에 걸맞는 평가가 채 이루어지지 않은 작가들을 발굴하는 일이다. 그러한 연유로, 필자는 그 문학적 경지에 비하여 평가가 희소하거나 전무하다시피한 **이철균** 님과 **황길현** 님, 또한 무명작가들인 **이광소**

---

* 자는 산래(山來), 호는 심재(心齋) 또는 삼재도인(三在道人). 청대(淸代) 초기에 태어난 무명의 소품작가. **린위탕**(林語堂, 임어당, 1895~1976)에 의해 소품대가로 알려졌다.『단궤총서(檀几叢書)』,『소대총서(昭代叢書)』,『우초신지(虞初新志)』의 편찬자이기도 하다.

님, **박연신** 님, **강태구** 님 및 **신영규** 님에 관한 탐구에 거친 복무를 자원하였다. 앞으로도, 필자는 독자적인 문학의 노선을 묵묵히 추구해온 이른바 비주류 작가들을 발굴하는 일에 힘이 닿는 한 일정한 노력을 기울이고자 한다.

한편, 서랍 속 원고들을 뒤적거리다 보니, 어떤 경우는 문학적 대상에 관한 지고한 흥미와 순정한 애정으로 쓰기도 했으나, 더러 마지못해 쓴 부끄러운 글도 많았다. 이제 그간의 글들을 선별하면서, 단순히 친소親疏나 정실情實에 밀려 쓴 잡문들은 전부 폐기처분할 요량이다. 상황논리가 모든 것을 변명해주지 않으므로, '나'를 '나'답게 해준 글들만으로 장차 몇 권의 책을 더 엮으려 한다.

많은 나이도 아니지만 또한 적지도 않은 이 나이에 접어들면서, 이제껏 별 볼 일 없었던 '문단 살이'를 서서히 정리해가는 것도 나 자신과 후대後代를 위하여 당연한 도리가 아닐까 싶다.

전주시 완산구 평화 19길, 초야우루(草野雨樓)에서.

참고문헌

강태구. 『마음의 꼬리』. 도서출판 황금알, 2019.
구인환(丘仁煥)·구창환(丘昌煥). 『문학개론(文學概論)』. 삼영사(三英社), 1979.
권영민 편. 『김환태가 남긴 문학 유산』. 문학사상사, 2004.
그르니에, 쟝. Grenier, Jean. 김화영(金華榮) 역. 『섬』(Les Îles, 영: Islands). 민음사(民音社). 1985.
김매자(글) 조대형(사진). 『한국의 춤』. 재판본. 대원사, 2013.
김수영(金洙暎). 『김수영(金洙暎) 전집(全集)』(1-3권), 민음사, 1981.
김용옥. 『노자와 21세기』, 통나무, 1999.
김인환. 『상상력과 원근법』. 문학과지성사, 1993.
김제현. 『시조문학론』, 예전사, 1999.
김종회 엮음. 『한국문학 명비평』. 문학의숲, 2009.
김진송. 『현대성의 형성 – 서울에 딴스홀을 허(許)하라』. 현실문화연구, 1998.
김 현. 『문학사회학』, 민음사, 1983.
______. 『전체에 대한 통찰』. 도서출판 나남, 1990.
김환태. 권영민 엮음. 『김환태 전집』. 문학사상사, 2009.
박연신. 『목련꽃으로 피어나고 싶었다』. (주)여백미디어, 2007.
박영수. 『우리말 뉘앙스 사전』. 북로드, 2007.
박영희(朴英熙). 『문학(文學)의 이론(理論)과 실제(實際)』. 일월사(日月社), 1947.
박정만(朴正萬). 『해지는 쪽으로 가고 싶다』. 도서출판 나남, 1989.
박진환(朴鎭煥). 『현대시학이론(現代詩學理論)과 실제(實際)』. 자유지성사(自由知性社), 1993.
백문식. 『우리말 어원사전』. 도서출판 박이정, 2014.
송정란. 『한국 시조시학의 탐색』, 문학아카데미, 2003.
신영규. 『그리움처럼 고독이 오는 날』. 문화발전소, 2019.
오하근. 『한국 현대시 해석의 오류』, 집문당, 2003.
이경우·김경희. 『화법과 언어생활』. 도서출판 역락, 2009.
이광소. 『약속의 땅, 서울』. 도서출판 고요아침, 2014.
이기동(李基東) 역해(譯解). 『논어강설(論語講說)』. 성균관대학교출판부(成均館大學校出版部), 1992.
이덕무. 강국주 편역. 『깨끗한 매미처럼 향기로운 귤처럼–이덕무 선집』 돌베개, 2008.
이병기(李秉岐). 『가람문선(嘉藍文選)』, 신구문화사(新丘文化社), 1966.
이병기·백철. 『국문학전사(國文學全史)』. 신구문화사(新丘文化社), 1959.
이운룡. 『푸른 별 노둣돌』. 이랑과이삭, 2019.
이재창(李在昶). 『아름다운 고뇌』, 시와사람, 1999.
이철균(李撤均). 『신즉물시초(新卽物詩抄)』. 전북문인협회, 1992.
이태준(李泰俊). 임형택 해제. 『문장강화(文章講話)』. 창작과비평사, 1988.

이해남(李海南) 외. 『영국문학사(英國文學史)』. 영미어학문학총서(英美語學文學叢書) Ⅰ. 신구문화사(新丘文化社), 1981.
일연. 문경현 역주. 『역주 삼국유사(三國遺事)』. 민속원, 2015.
임종국(林鍾國). 『친일문학론(親日文學論)』. 평화출판사, 1966.
임형택(林熒澤). 『한국문학사(韓國文學史)의 시각(視角)』. 창작과비평사, 1984.
장순하(張諄河). 『장순하 문학전집』. 대한교육문화신문 출판부, 2010.
조동일(趙東一). 『우리 문학과의 만남』, 홍성사(弘盛社), 1978.
조병희(趙炳喜). 『완산(完山) 고을의 맥박(脈搏)』, 신아출판사, 2001.
조성오. 『철학에세이』. 개정3판. 도서출핀 동녘, 1994.
주균도(周鈞韜). 『미학에세이』. 유홍준 편역. 청년사, 1988.
황길현(黃吉顯). 『그리고 다시』. 전주: 대흥출판사(大興出版社), 1979.
__________. 『꽃은 미움의 비탈에 피고』. 여수: 동아사(東亞社), 1964.
__________. 『땀 그리고 빛』. 인천: 유림사, 1990.
__________. 『아픔은 땅에서』 전주: 신아출판사(新亞出版社), 1984.
__________. 『앙가바리의 반항(反抗)』. 서울: 배성출판사(培盛出版社), 1974.
__________. 『풀잎은 한을 삭이고 자란다』. 전주: 신아출판사, 1997.
황패강(黃浿江). 『한국(韓國)의 신화(神話)』. 단국대학교출판부, 1988.

『90년대 우리시 신춘문예 당선시집』. 태학사, 1999.
국어국문학편찬위원회 편. 『국어국문학자료사전(國語國文學資料事典)』(上, 下). 한국사전연구사(韓國 事典硏究社), 2000.
《문학사상》 1996년 3월호.
《열린 시조》 1997년 여름호.
《인문학논총》 제30집. 경성대학교 인문과학연구소, 2012.
《일본어문학》 제59집. 일본어문학회, 2012.
『전라기행』, 전북대학교 신문사. 신아출판사, 1993.
『큰 가람 깊은 소리』, 전북대학교. 전북대학교 문인작품집 간행위원회, 1997.
《현대시학》 1974년 3월호.

Bachelard, Gaston. Trans. Editor: R. S. Dupree. ***Water and Dreams. An Essay on the Imagination of Matter.*** The Pegasus Foundation, 1983.
Bate, Walter Jackson. (ed.) ***Criticism: The Major Texts.*** (Enlarged Edition) New York: Harcourt Brace Jovanovich, INC., 1970.
Daiches, David. ***A Critical History of English Literature.*** New York: The Ronald Press Company, 1970.
Eagleton, Terry. ***Marxism and Literary Criticism.*** London: Methuen & CO LTD., 1976.
Enright, D. J. and Chickera, Ernst De. (edited & notes) ***English Critical Texts.*** London: Oxford University Press, 1962.
Hall Jr., Vernon. ***A Short history of literary criticism.*** New Yok University Press, 1963.

Hawke, Ethan Green. ***Rules for a Knight: The last letter of Sir Thomas Lemuel Hawke.*** William Morris Endeavor Entertainment, LLC., 2015.

Lindbergh, Anne Morrow. ***Gift from the Sea.*** (1st ed., 1955). Chatto & Windus, 2015.

Lodge, David. (ed.) ***20th Century Literary Criticism.*** London: Longman Group Limited, 1972.

Lukács, Georg. ***Realism in Our Time: Literature and the Class Struggle.*** Translated by John & Necke Mander. Harper Torchbooks, 1964.

Lunn, Eugene. ***Marxism & Modernism: An Historical Study of Lukács, Brecht, Benjamin and Adorno.*** University of California Press, 1982.

Miles, Dudley & Pooley, Robert C. ***A History of English Literature.*** Chicago: Scott, Foresman and Company, 1948.

Selden, Raman. (ed.) ***The Theory of Criticism: From Plato to the Present.*** London: Longman Group UK Limited, 1988.

Thoreau, Henry David. ***Walden: or, the Life in the Wood.*** (1st ed., 1854). Princeton University Press, 2004.

New World Translation of The Holy Scriptures. Watchtower Bible and Tract Society of New york, Inc., 2013.

※ Internet Web-sites

나무위키(https://namu.wiki/)

두산백과사전(http://www.doopedia.co.kr)

『문학비평용어사전』. 한국문학평론가협회, 2006, 국학자료원(http://www.kookhak.co.kr)

위키백과(https://ko.wikipedia.org, & https://en.wikipedia.org)

『한국민족문화대백과』(http://encykorea.aks.ac.kr). 한국학중앙연구원(http://www.aks.ac.kr) 제공.

색인[굵은 글자 표기는 인명(人名)]

ㅂ

ㅅ

ㅈ

시대의 회복 시대의 극복 - 그 문학적 제반 양상

인 쇄 2020년 12월 1일
발 행 2020년 12월 15일

지은이 정휘립
펴낸이 김서종

펴낸곳 도서출판 Book Manager
전주시 완산구 메너머4길 25-6
전 화 (063)226-4321
팩 스 (063)226-4330

출판등록 제 95-3호
전자우편 102030@hanmail.net

ISBN ISBN 978-89-6036-449-3(03810)

이 도서의 국립중앙도서관 출판예정도서목록(CIP)은 서지정보유통지원시스템 홈페이지(http://seoji.nl.go.kr)와 국가자료공동목록시스템(http://www.nl.go.kr/kolisnet)에서 이용하실 수 있습니다.(CIP제어번호: CIP2020046622)

본 도서는 (재)전라북도문화관광재단 2020년 지역문화예술육성지원사업에 선정되어 보조금을 지원받은 사업입니다.

책값은 뒤표지에 있습니다.